現代憲法学の位相

現代憲法学の位相

国家論・デモクラシー・立憲主義

林 知更
Hayashi Tomonobu

岩波書店

目　次

序　章　複数の憲法，複数の憲法学 …………………………………… 1
1　戦後日本と憲法——第一共和政の苦闘?　1
2　戦後憲法と憲法学——普遍と特殊　5

I　憲法学の変容

第1章　危機の共和国と新しい憲法学 ………………………………… 17
　　　——カール・シュミットの憲法概念に関する一考察
1　危機と憲法学　17
2　政治的単一体の体系とその動揺　24
3　流転する秩序　35
4　「憲法」という分析視角　37

第2章　国家論の時代の終焉? ……………………………………… 43
　　　——戦後ドイツ憲法学史に関する若干の覚え書き
1　はじめに　43
2　戦後ドイツにおける国法学の展開　49
3　国家論の衰退が意味するもの　60
4　「ふたつの戦後社会」の距離——わが国への示唆　74

第3章　「政治」の行方 ……………………………………………… 85
　　　——戦後憲法学に対する一視角
1　戦後憲法学の出発　85
2　戦後ドイツ憲法学と「政治」　93
3　再び日本へ　112

第4章　国家学の最後の光芒？ ……………………………… 117
　　　　　——ベッケンフェルデ憲法学に関する試論

1　立憲君主政からの離脱　117
2　国家理論の刷新　123
3　憲法理論の場所　130
4　国家学としての憲法学？　136

第5章　国家理論からデモクラシー理論へ？ ……………… 141
　　　　　——憲法学の変遷とその意義をめぐって

1　はじめに——学問の変遷　141
2　「国家」——多次元的機能とその解体　145
3　「憲法」——法と法学の間　148
4　「デモクラシー」——新たな視座を求めて？　153
5　おわりに——憲法学の歴史的位相　155

Ⅱ　デモクラシーの諸相

第6章　議会制論の現在 …………………………………………… 159

1　議会の世紀の終わり？　159
2　「原理」への希求　164
3　諸権力の分節の中の議会　169
4　コードの乱立の中で　172

第7章　政治過程における自由と公共 …………………………… 177

1　公共性の配分　177
2　公共なき憲法論？　183
3　近代的思惟の行方　191

第8章　政党法制 …………………………………………… 193
　　　──または政治的法の諸原理について

1　はじめに　193
2　問題の諸次元　196
3　政党の憲法上の地位　199
4　秩序モデルの探究　206
5　おわりに──憲法原理の所在　211

第9章　憲法原理としての民主政 ……………………………… 215
　　　──ドイツにおける展開を手がかりに

1　設問の変容　215
2　「型」としての民主政原理　225
3　日本への示唆　239

III　多層的秩序の憲法理論

第10章　連邦と憲法理論 ……………………………………… 245
　　　──ワイマール憲法理論における連邦国家論の
　　　　　学説史的意義をめぐって

1　連邦国家をめぐる問い　245
2　連邦と法学的国家論──ビスマルク帝国　250
3　連邦と新しい憲法理論──ビスマルク帝国からワイマール共和国へ　258
4　連邦国家論の行方　271

第11章　EUと憲法理論 ………………………………………… 275
　　　──ドイツ公法学における国家論的伝統をめぐって

1　はじめに　275
2　国家か憲法か　279
3　理論と解釈　287
4　連邦と多層的システム　295

5　ヨーロッパと民主政　302
　6　おわりに　306

第12章　連邦・自治・デモクラシー　307
　　　　──憲法学の観点から
　1　本章の主題　307
　2　国家論の中の連邦と自治　311
　3　多層システムの中の連邦と自治　316
　4　多層的デモクラシーと憲法学　321

Ⅳ　日本憲法学の行方

第13章　戦後憲法学と憲法理論　329
　1　はじめに──ポスト「戦後民主主義」時代の憲法学？　329
　2　立憲主義憲法学の黄昏？　330
　3　戦後ドイツ憲法学の変容　335
　4　戦後憲法学を超えて　339
　5　結びに代えて　343

第14章　憲法秩序における団体　345
　1　本章の課題　345
　2　自由と秩序　346
　3　「憲法」と「立憲主義」　352
　4　自由の諸条件と憲法　356
　5　憲法学の可能性　368

第15章　論拠としての「近代」　375
　　　　──私人間効力論を例に
　1　主題　375
　2　議論の磁場　377

3　リュート判決再訪——またはリュートから見た三菱樹脂　383
　　4　日本憲法学の「近代」　392

第16章　「国家教会法」と「宗教憲法」の間 ………… 395
　　　　　——政教分離に関する若干の整理
　　1　政教分離原則の動揺？　395
　　2　制度・共同体・個人　402
　　3　結びに代えて　414

終　章　戦後憲法を超えて ………………………………… 417
　　1　ふたつの戦後憲法と憲法学　417
　　2　戦後憲法を超えるために　427

初出一覧 ………………………………………………………… 433
あとがきと謝辞 ………………………………………………… 435
人名索引 ………………………………………………………… 441

序　章

複数の憲法，複数の憲法学

1　戦後日本と憲法──第一共和政の苦闘？

(1)　合法性と正統性

　戦後日本の歴史において，憲法という主題は特殊な地位を占め続けている。敗戦と占領下での新憲法の制定，9条の下での再軍備とその活動範囲をめぐる争い，政権党による数次にわたる改憲の試みと野党による抵抗など，憲法は戦後70年を過ぎた今日まで，様々に形を変えながら政治的争いの中に位置してきたと言ってよい。

　この際にとりわけ我々の注意を惹くのは，そこでの争いが必ずしも個別具体的な法的論点の総和には解消されない点である。すなわち，憲法が国家の統治権力を組織し，これに制限を与える法である以上，国家諸機関の行為が憲法の制約に抵触しないかをめぐって解釈論上の議論が生じるのは，むしろ立憲国家の常態に属する。その歴史的蓄積の厚さの故に我々がしばしば参照対象とする立憲諸国，例えばアメリカ合衆国，フランス，ドイツの過去1世紀の歴史を回顧するだけでも，この種の法的争いの例には事欠かない。新たな問題に対して憲法改正による対処が提案され，これに賛否両論の意見が表明されることもまた，ここではさほど珍しいことではない。そもそも憲法が法であり，法が紛争の解決と密接に関係した存在である以上，解釈論にせよ立法論にせよ憲法が論争の主題となること自体はいわば当然と言えよう。緩やかな意味ではいかなる立憲国家にも妥当するかかる自明の理と比して，しかし戦後日本の憲法をめぐる問題状況は些か様相を異にする部分を有するように思われる。

　それは，そこでの争いの少なからぬ部分が憲法それ自体の正統性への問いと結びついている点である，と考えられる。国民主権を掲げる憲法が，しかし占

領軍の強い影響の下で制定されたという事実をいかに受け止めるかは，その後に続く様々な議論を引き起こす。9 条は先の大戦における惨禍の記憶と強く結びついているが故に，その解釈・運用をめぐる問いは，軍事法という各論的な一個別領域の問題であることを超えて，戦後国家と戦後憲法のアイデンティティに関わる問題として激しく争われる。保守派による憲法改正の試みがしばしばこのアイデンティティの書き替えという実質的な動機を背後に有する一方（従ってそこで改正点として挙げられる具体的論点は，いわば改憲のための口実として，その必要性や有効性についてしばしば批判の余地も与える[1]），これに対する反対論もまたこのアイデンティティの擁護が懸かる故にこそ独特の熱を帯びる。一言で言うなら，憲法をめぐる議論が，合法性の次元における醒めた専門技術的合理性の域を超えて，戦後国家の正統性への問いをしばしば含意せざるをえない点に，わが国の憲法論を規定する独特の磁場の存在を読み取ることができる。

(2) 戦争と体制転換

　かような状況は果たして戦後日本のみに特有のものであろうか？　翻って考えるなら，戦争の敗北の中から憲法が生まれ，この際に君主政もしくは帝政から民主政への政体変更を含めた国の基本原理の転換が行われ，その正統性が国論を二分して争われた例は，歴史上他に類を見ないわけではない。19 世紀後半のフランスでは，普仏戦争の敗北（1870 年）の中で帝政から共和政への体制転換が行われたが，君主派と共和派の対立は簡単には解消されず，第三共和政の安定にはなお相当の時間を要することになる（より長い視野で見るなら，フランスで君主政から民主政への転換が定着するには，フランス革命から約 100 年の時間を要したと見ることもできる）。更に 20 世紀のドイツでは，第一次世界大戦の敗戦と君主政の崩壊という混乱の中から新しい共和国が生まれるが，国民の間に根強く存在する反共和国的な心情は，政治的・経済的危機の昂進とともに共和国の空中分解とナチの政権掌握をもたらす。共和政がドイツ（少なくともその西半分）で

---

[1] その都度の文脈でこれに関する指摘は数多いと思われるが，環境権に関して最も真摯かつ踏み込んだ検討として参照，石川健治「憲法改正論というディスクール――WG 提案を読んで」ジュリスト 1325 号（2006 年）90 頁以下，同「環境権「加憲」という罠」樋口陽一・山口二郎編『安倍流改憲に NO を！』(2015 年) 63 頁以下。

最終的に受容され定着するには，二度目の敗戦による破局を経なければならない。

歴史的に見るならば，憲法はしばしば戦争の産物でもある。対外戦争の敗北からであれ，革命という名の内戦からであれ。時にこの戦争の衝撃が，体制転換を初めて可能にする。ここで生じた変動を国民が消化し吸収するために，様々な困難の克服と相当の時間とを必要とすることも珍しくない。こうした見地から敢えて尖鋭化するなら，日本の戦後憲法をめぐる上記の問題状況は，敗戦から生まれた日本史上の「第一共和政」——敢えて意図的に論争的な表現を用いるなら[2]——が自己を確立していく過程で，表面的には体制転換を軟着陸させることに成功してしまったが故に，その深層でなお完全に解決されずに残された困難の所在を示唆している，と解する余地があるかもしれない[3]。長い年月を経てそこに繰り返し回帰する古色蒼然たる対立軸が，時に「二度目は喜劇として」の様相を呈することがあったとしても。

少なくとも，憲法が政治社会の安定した共通基盤として受容され，その土台の上に通常の政治的・法的議論が展開されるという状態は，長い歴史的視野で見るなら，我々がしばしば観念するほどには自明でないかもしれない，と疑ってみる価値はあるように思われる。安定し成熟した戦後社会という表層の下に隠された古い断層が，我々の足下の地盤を時に深く揺るがしうるという教訓は，我々の近年の集合的経験に属するところでもある。

(3) 複数の憲法

以上の簡単な検討からも示唆されるように，憲法がその社会でいかなる役割

---

2) 共和政を君主政の対立概念と捉える用法に従えば，「第一共和政」という表現が適当か否かはもちろん天皇の地位をいかに理解するかに関わる。国民主権の下における「象徴」としての地位がかつての君主と根本的に異なると解するか否かによって，共和政か立憲君主政かの結論が分かれよう（問題が単なる分類論にとどまる限りは，分類基準の立て方次第でどちらの見解も成り立ちうると思われる。国際比較の観点からは，欧州にも数多ある，君主が政治的実権を失い儀礼化した君主政の一形態と位置づけるのが便宜に適おう）。
3) 旧体制と新体制の間の連続性と断絶およびここでの天皇の位置づけこそは，かつての主権論争（宮沢俊義・尾高朝雄）のテーマでもあった。学説上は宮沢の一種の断絶説が勝利したとされるが，社会的には天皇制の連続による軟着陸が成功した反面で，断絶部分をいかに評価するかが改憲論の形で長く燻り続けたと言えるなら，この論争には日本の戦後憲法をその後長く刻印する対立が既に示されていたと読むこともできる。

と機能を引き受けているかは，時代や国により必ずしも同一ではない。我々が憲法を国の統治の仕組みを定めた法的文書と理解する限りでは，多くの国が同じように憲法を有しているし，その内容も，基本的権利の保障や権力分立といった近代憲法の基本原理を受け入れている限りでは，ある程度まで似通っているように見える。が，この文書自体はそれのみでは一片の紙切れにすぎず，それを解釈・運用する実践によって初めて現実に憲法となる，と解することもできる（楽譜が演奏によって初めて音楽を生み，台本が演技によって初めて劇を生むように）[4]。この憲法と名付けられた文書がその社会の人々によってどのようなものとして認知され，その国の政治システムや法システムの中でいかに機能しているか，憲法をめぐる人々の実践の総体までを視界に入れるなら，そこにはしばしば顕著な違いを見出すことができる[5]。例えば，憲法が国民に広く受容されているか，それとも国論を二分する争いの対象となっているか。憲法が共通の価値基盤を体現するものとして理解されているか，あるいは統治の道具として理解されているか[6]。憲法の象徴的側面がいかなる効果を発揮しているか，立法・行政・司法（とりわけ違憲審査制）によって実務的に解釈・運用されるものとしての法技術的側面がどのような効力を認められているか[7]，等。これらはあくまで可能な観点のいくつかを例示したにすぎないが，我々が蓄積してきた比較法的知見は，異なる国や時代――西洋近代という共通の家族の中にあってすら――がしばしば特有の憲法観念を示すことを我々に教えている[8]。

---

[4] 二度の大戦を経ての成文憲法の世界的伝播は，（当時の共産圏や第三世界を含めて）近代的諸原理をある程度まで共有する諸憲法が，それにも拘わらず国ごとに果たす現実の機能の違いに注意を喚起する。芦部信喜の教科書で言及されることで（芦部〔高橋和之補訂〕『憲法〔第6版〕』（2015年）9頁）今日まで日本憲法学に痕跡を残すレーヴェンシュタイン（Karl Loewenstein）の憲法分類論に関しては参照，Karl Loewenstein, Verfassungslehre, 2. Aufl., 1969.（レーヴェンシュタイン〔阿部照哉，山川雄巳訳〕『現代憲法論』1986年）

[5] 憲法の条文が実質的に同じでも，それを受容する社会のあり方次第でその意味が大きく異なりうる点は，スメント（Rudolf Smend）の憲法論を貫く主題のひとつである。Rudolf Smend, Die Preußische Verfassungsurkunde im Vergleich mit der Belgischen, 1904; ders., Staat und Kirche nach dem Bonner Grundgesetz (1951); in: ders., Staatsrechtliche Abhandlungen, 3. Aufl., 1994, S. 411ff.

[6] ここではこの意味での憲法の機能論を正面から展開することはできない。戦後のドイツ連邦共和国における価値秩序としての憲法理解と，これに批判的な立場からの異なる憲法理解については，第3章，第4章，第15章も参照。

[7] 法秩序の中で憲法が担う役割をめぐっては，第14章，第15章も参照。

[8] 例えばフランスに関して，統治機構の法としての伝統的な憲法理解と，その第五共和政における

我々が有する日本の戦後憲法もまた，この意味で恐らくは他の多くの国と同様に，自らに特有のあり方を示しているものと考えられる。ここで浮かび上がるのは，ここでの憲法の存在態様が，我々の憲法についての理解や議論のあり方にいかなる影響を及ぼしているのか，という問いである。

2　戦後憲法と憲法学——普遍と特殊

(1)　憲法学という考察対象

　こうした関心から本書の考察が以下で焦点を当てるのは，政界や論壇での憲法論ではなく，アカデミズム憲法学である。自分たちの学問を先に進める上で，その現状と課題を反省的に見直すことが不可欠の前提作業をなすことは言うを俟たないが，かような考察がもし専門家集団の内向的な自己確認であることを超えて，もう少し広い視野から見た知的興味の対象たりうるとしたら，その理由として差し当たり以下の点を挙げることができる。

　憲法学という学問の課題は複層的であると考えられる。それはまず実定法学として，憲法の諸規定に関する解釈論上の疑義に解答を与え，生じうる(あるいは現に生じた)法的紛争を解決する上での指針を示すことをひとつの課題とする。もっとも他方で，これらの個別の問題は孤立した形では必ずしも解決されえない。憲法上の争点は，例えば個人の自由と公共の利益とをいかに調整するか，民主政と基本的権利の関係や，権力分立の構造における違憲審査の位置づけをどう理解するか等，国家と憲法が有すべき規範的な構造に関わる原理的問いを含むことが珍しくないため，個別の争点への取り組みはしばしば必然的に体系的な考察を要請するからである。この，いわば国家や憲法の全体に関する理解や意味づけをめぐる問いもまた，憲法学の不可欠の課題をなすと考えられる。換言すれば憲法学という営みの内部には，少なくともより実践的な層とよ

変化に関して参照，黒田覚「フランス人の憲法観理解のための仮説」神奈川法学2巻2号(1967年)3頁以下，樋口陽一『現代民主主義の憲法思想』(1977年)。他方，アメリカに関しては，高次の法の観念の下での違憲審査の早い発達などに加え，移民国家・多民族国家であるアメリカで憲法が他の国民国家以上に社会統合の上で重要な役割を果たす点などがしばしば指摘される。ここではスメントの古典的指摘のみを参照。Rudolf Smend, Ungeschriebenes Verfassungsrecht im monarchischen Bundesstaat(1916), jetzt in: ders., Staatsrechtliche Abhandlungen, 3. Aufl., S. 39ff.

り反省的で理論的な層という成層が存在し，これら複数の層が相互連関を形成している，と言うこともできる。本書ではこれを，憲法解釈と憲法理論という言葉で呼称している。この複雑な構成物としての憲法学が，どのようなアプローチや方法を内部に有し，いかなる構造を作り上げ，これによっていかなる意味体系を構築しようとしているかは，国や時代によって様々でありうる。

　この意味での憲法学は，憲法に関する社会一般のディスコースとは両義的な関係に立たざるをえない。すなわち一面で憲法学は，世間一般の憲法論から自らを切断し自律化しようとする傾向を有する（巷間の素人憲法論と同じことを言っていてはアカデミズムとしての存在意義がない以上，このこと自体は当然とも言える）。政治的議論がしばしば正統性や象徴性の次元の問題に関心を集中する一方で，そこでの考慮が有しうる具体的な法的帰結への配慮が時に不十分になったり（各種の改憲への試みはしばしばかような性格を示すように思われる9)），公共の議論がその時々に（時として多分に偶然的に）アジェンダに上った個別論点に対して各々の政治的選好の観点から関心を寄せる傾向を有するのに対して，法学としての憲法学は，合法性の次元に足場を置き，抽象度の高い基本原理から相当の幅を持った個別具体的ケースまでを広く視野に入れつつ，その全体を体系的に首尾一貫した整合的な形で説明する，という要請を引き受けなければならない。この意味で憲法学は，社会一般のディスコースから質的に区別された専門性の担い手であることによって，機能分化した社会における法システムの一翼としての自らの機能を果たそうとする。

　他面で憲法学は，言うまでもなく自らを取り巻く社会的環境から完全に自律した存在であることもできない。これは，学者集団がそれぞれの社会で占める社会学的な位置や態様，各論者の政治的コミットメントや参加の問題等にとどまらない。学問が自らの課題と方法を社会と無関係に決定することはできない以上，このことは何より学問内在的に当てはまるものと考えられる（例えば国家の建設期・安定期・動揺期，あるいは違憲審査制の未発達な時代と発達した時代とでは，

---

9)　この点で，例えばドイツ連邦共和国のように高度に発達した違憲審査制を持つ国では，しばしば法制度の導入や改革に際して，ありうべき違憲審査権による統制との関係をも意識した上で憲法改正という手法が選択される（従ってそこでの憲法改正は時に詳細で技術的な性格を帯びる。盗聴法との関係で定められた基本法13条3項以下はひとつの典型であろう）のと比べると，日本の憲法改正論議のあり方は対照的であるように思われる。

憲法についての学問の答えるべき問いが異なるのも自然である)。この際，あくまで法学的な観点から考えるなら(法学的憲法学か政治学的憲法学か，等の方法選択の問いをひとまず留保するとして)，憲法学が上述のように複層的な構造を持っており，この中に社会に向けて開かれた一種の水門が存在している点も重要な意味を持つように思われる。すなわち法および法学は，対立する意見・利害の紛争をできる限り中立的に解決することを規制的理念とするため，各人の主観的な価値判断が無媒介に裸のまま法学的論証の中に介入することを嫌い，「法が何を語るか」を明らかにするための固有の論証作法を発達させて，各々の主張をこの法学的コードに乗せて語ることを要求する。しかしこれは，立場の対立を枠づけこれに形式を付与することを意味するものの，価値や原理をめぐる対立それ自体を解消することはできず，対立点はこの法学的論証をより深部で規定する理論や方法の次元へとしばしば移行せざるをえない。この(緩やかな意味での)憲法理論の領域における原理的考察は，しばしば実定法の枠を超えたいわば政治哲学的考察とも境を接しており，国家と憲法の基本的理解をめぐる時代の設問や思想に対する開口部としての性格を併せ持つように思われる。ここで憲法に関するいかなる理論が要請され，これが憲法解釈といかなる関係に立ち，憲法学が全体としていかなるシステムを形成しているかは，学問にとっての環境としての社会から全く独立ではありえない。本書の結論をやや先取りして言えば，憲法の正統性を弁証するという課題(例えば「立憲主義」という鍵概念が示すように)が学問的課題の重要な部分を占め，これが憲法の法的側面の相対的な未発達とも相俟って合法性の次元における議論にまで時に深く浸透する点に，日本憲法学のひとつの特色を読み取ることができるように思われる。

　換言すれば，複雑な構成物としての憲法学は，その学問的体系の自律的な形成を通じて，時代の突き付ける設問を彼らなりの形で受け止め，これに解答を与えようとしてきた面を有するものと考えられる。もしこの意味で，戦後日本における憲法と憲法学のそれぞれのあり方に一定の相関関係が存在し，いわば憲法学という鏡の中に憲法それ自体の姿が(一定の屈曲を経た形で)映し出されているとすれば，日本の憲法学の学問的あり方を問い直す試みは，恐らく不可避的に日本の戦後憲法がどのように「生きて」きたかという問いをも含意せざるをえないものと思われる。我々は憲法学上の諸主題をめぐる議論の背後に，学

問的な理解や解釈によって具体的な形態を与えられると同時に，学問的な議論のあり方の中に鏡のように映し出された，日本の戦後憲法自身の姿を読み取ることになるであろう。憲法学のあり方を批判的に問い直すことは，学術の場における徹底した知的格闘によって構築される観念世界をできる限り内的に理解すべく試みることで，(例えば論壇における時局的な議論の表層をなぞるよりも恐らくは一段深い形で)戦後日本の憲法をめぐる精神史もしくは知の歴史(intellectual history)を理解する上での手がかりを与えてくれるものと思われる[10]。

(2) 普遍志向という特殊

かような考察を行うに当たって本書が以下で採用する方法は，しかし戦後日本の憲法学史をそれ自体として叙述することではなく，異なる知的伝統の下で異なる学問的特質を発展させた他国と比較し，これと対決することによってである。これは以下に述べる理由に基づく。

戦後日本の憲法学をしばしば強く特徴づけるのは，その「普遍」に対する強い志向であると考えられる。そして，そのことには恐らく十分な理由がある。まず，日本の憲法学にとって，比較法的研究方法は長く支配的な地位を占めてきた。19世紀後半に始まる立憲体制の導入と定着の試みが，主に西洋諸国で発展した制度や原理の摂取を通して行われた以上，このことは当然でもある。ここに第二次大戦後は新たな要因が付け加わる。西洋近代の諸価値に対する批判と懐疑をイデオロギー的な支えとする諸国が戦争に敗北した後で，新たな世界秩序を構想する際の重要な基礎のひとつとされたのは，人権など近代の普遍的理念に対する再度のコミットメントであり，例えば世界人権宣言(1948年)等に表現を与えられたかかる時代精神[11]は，敗戦と体制転換の後に「人類普遍の原理」を新たな自己同一性の核として掲げる日本国憲法の中にも，その明瞭な発露を見出すことができるように思われる。西洋の立憲諸国の憲法と憲法学は，

---

10) 憲法学史への取り組みががいかなる限度で憲法それ自体の歴史を明らかにしうるかを考えるに際して，その国の法学が法システムおよび社会全般の中でいかなる位置づけを有するかという視角を欠くことができないのはもちろんである。Vgl. Christoph Schönberger, Wissenschaftsgeschichte als Schlüssel zur Geschichte des öffentlichen Rechts?, in: Rechtsgeschichte 19 (2011), S. 285ff. この論点は終章で再度立ち返る。

11) Vgl. Thilo Rensmann, Wertordnung und Verfassung, 2007.

この意味で改めて憲法学にとっての重要な参照対象となる。もちろん，多様な潮流を内部に包摂し，量的拡大とともに内部分化を遂げていく憲法学の全体をこの普遍主義の一言で片付けることが過度な単純化であることは言うまでもない。が，戦後の憲法体制が日本に固有の国体や国柄といった「特殊」の思想の放棄に立脚しているが故に，憲法の基本的理解が議論の主題として浮かび上がる度に繰り返し，この普遍主義的思考が例えば「立憲主義」といった形で議論のモチーフとして顕在化することもまた，確かであるように思われる。

　かような普遍への志向は，近代的諸価値を共有する諸国の一員として日本を位置づけることによって，これら諸国における戦後の憲法発展(その最も重要なものは違憲審査制と基本権保障の発展であろう)を新たに継受する上でも背後で理論的支えを提供したものと考えられる[12]。が，他方，かような普遍主義は同時に，他国を参照する際の我々の視野を限定し思考を制約するバイアスとして働く危険をも併せ持っている。冒頭で示唆したように，アメリカ合衆国，フランス，ドイツといった国々を相互に，また異なる時代同士で見比べるだけでも，そこでの憲法のあり方が「人類普遍の原理」からは説明しきれない差異と多様性を示すことに気づかざるをえない(比較憲法研究がこの意味で各国固有の文脈に対して敏感さを増せば増すほど，普遍主義的な研究プログラムとの間での緊張と軋轢が露呈されることになる[13])。が，更に興味深いのは，これら諸国における憲法学のあり方である。憲法に関する知のあり方は，諸国の間で時に興味深い相互影響を示しつつも，驚嘆すべき多様性と変遷を我々に示している。

　こうした各国に固有の文脈と差異が普遍主義的バイアスによって多かれ少なかれ覆い隠される場合に，我々の視野から真に排除されてしまうのは，普遍を求めようとする我々の視線自体もまた実は我々自身に固有の特殊な文脈によって規定されているのではないか，という問題であるように思われる。実際のところ，立憲国家の憲法学が皆同じように立憲主義の基本的価値へのコミットメントを議論の柱にしているとは言えない(いわば実証主義的に実定法を可能な限り自己完結させ，超実定的な価値への遡及を排除する学風が支配的地位を占めることもあ

---

[12] このような普遍志向の比較法とその限界に関しては第２章も参照。
[13] 1990年代以降のフランスの憲法発展を題材にこうした問題意識を鋭敏に示すものとして参照，山元一「フランスにおける憲法改正の動向」『現代フランス憲法理論』(2014年)281頁以下。

るし，実定法解釈を嚮導する理論的観点が要請される場合でも，そこで中心的役割を果たすのはむしろ国家理論や社会理論であることもある）。我々がその学問的営みの中で憲法を普遍的価値によって正統化する必要性を常に感じ続けているとすれば，そのこと自体が既に我々の置かれた状況について何ものかを語っている可能性があるように思われる。

それ故，いったん視座を移動させて普遍主義の制約を外し（普遍が存在しうることを否定する必要はないが，普遍的価値を含めた様々な論拠がその学の構造や論証過程の中でいかなる役割を果たしているかを突き放して分析する，いわばイデアリスト的ではなくノミナリスト的な視座に一度身を置き），他国の憲法および憲法学のあり方をその固有の文脈と特性において捉えようとするとき，我々はこれまで盲点となってきた，他国と異なる文脈の中で異なる特性を発展させてきた自分自身の姿こそを発見することになる，と考えられる。現代日本の保守派の憲法論を「普遍の否定」と「他者の不在」というキーワードで批評する議論に引きつけて言うなら[14]，我々がここで試みるのは，普遍の再獲得よりも（それが有意義でありうることを否定するわけではない），むしろ我々にとっての他者を取り戻すことである，と言うことができる。この他者は，我々が暗黙に抱く期待をしばしば裏切り，安直な理解を拒むことで，ある種の苛立ちを与える存在でもある。しかし我々は，かような存在と向き合うことによってこそ，この他者という鏡によって浮かび上がらされる自分自身を知ることができるものと考えられる[15]。

(3) 複数の憲法学

以上の考え方に基づき，以下本書ではドイツ憲法学を主たる題材として，憲法学の学問的変遷，とりわけそこでの憲法理論の意義（第Ⅰ部），更には民主政（第Ⅱ部），多層的法秩序（第Ⅲ部）の諸問題について考察し，またこれとの対照で日本憲法学の現状をいくつかの側面から分析すべく試みる（第Ⅳ部）。章ごとに主題と切り口こそ異なれ，我々はいずれの考察においても，ドイツを問うことと日本を問うこととが相互に分かち難く結びついていることを確認すること

---

14) 参照，石川健治「エンジン・ステアリング・コントロール」憲法問題26号（2015年）142頁以下。
15) Vgl. Christoph Schönberger, Verfassungsvergleichung heute: Der schwierige Abschied vom ptolemäischen Weltbild, in: Verfassungs und Recht in Übersee 43 (2010), S. 6ff.

になろう。最後にもう一度この序章で示した問題意識に立ち戻り、日本の戦後憲法と憲法学について若干の考察を試みる（終章）。

　比較研究の候補として様々な国が考えられる中、ドイツの憲法と憲法学はとりわけ我々にとって興味深い考察対象であると考えられる。ひとつの理由として、ドイツが日本にとって歴史的な親近性も高く、いくつかの点で重要な共通性を有することを挙げることができる。明治憲法（1889 年）が制定される際に、ドイツ諸邦の立憲君主政憲法がモデルを提供したことはよく知られる。第二次世界大戦の敗北で旧体制が崩壊した後、国家主義の肥大化を封じ近代的価値に回帰することが再建の際の重要な課題とされ、とりわけ権力によっても侵しえない人権ないし基本的権利が新たな憲法の中心に置かれた点、またいかなる権力も乗り越えられない矩としての憲法改正限界説が採用されたと解されている点（ドイツ連邦共和国では憲法の明文の規定で、日本では通説的解釈[16]によって）なども日独で共通している。学問的に見ても、明治憲法下における日本憲法学の創設はビスマルク帝国期のドイツ公法学の圧倒的な影響の下で行われ、ドイツ語圏におけるその後の学問的発展もまた熱心に参照され続けた。第二次大戦後はアメリカ合衆国とフランスが参照対象国としての重要性を増し、ドイツの影響はある程度まで相対化されるが、ドイツ風の基礎はなお学説の体系上重要な地位を保持したと考えられる。基本的権利の領域を中心に戦後ドイツの新たな法発展を日本に継受する試みも近時とりわけ活況を見せている。

　だが、両国の戦後憲法と憲法学をもう一段深く観察するならば、両者の間に容易に架橋しがたい違いが存在することにも気づかざるをえない。例えば憲法改正を見るなら、両国ともに両院の 3 分の 2 という特別多数が必要とされる中（ドイツでは連邦議会と連邦参議院[17]の議決のみで改正が成立し、日本では国会両院による議決に加えて国民投票が行われるという違いがあるが）、ドイツで 60 回もの改正が成立する一方で日本では一度もこのハードルを越えられていないのは、両国の間で憲法の果たす社会的・法的役割に相当の違いがあることを示唆している、と考えられる（ドイツで 3 分の 2 の多数が比較的容易に成立するということは、

---

16) 参照、芦部・前掲註 4）396-399 頁。
17) ドイツの連邦参議院は厳密には議会の上院とは異なる特性と位置づけを有するが、この点は差し当たり度外視する。

憲法の基本的諸原理に対するコンセンサスが厚く，その枠内での改良について諸政党の間で交渉と妥協が可能であることを示唆するように見えるし，逆に日本の状況は憲法に関する政治的分断の深さこそを示しているものと解される）。更に甚だしいのは違憲審査権のあり方である。ドイツで憲法裁判所が憲法の規範内容を解釈を通して大幅に発展させ，その積極的な合憲性統制によって統治構造の中で枢要な地位を確立しているのに対して，日本では最高裁の違憲審査は近年若干の活性化傾向が見られるとはいえ依然として抑制的なものにとどまっている。かような憲法のあり方の違いは，憲法の意味に関する理解を社会に提供すべき憲法学のあり方の差異とも一定の相関関係に立っているものと推測することができる。

　この憲法学のあり方を考える上で重要なのは，しかしこの差異が国ごとに固定したものではなく，時代による大幅な変遷に服している，という事実である。ドイツ憲法学史が我々に示すのは，一面ではその歴史的な多様性であって，19世紀前半の初期立憲主義から後半の実証主義国法学の席巻，ワイマール期の新しい憲法理論の登場から戦後の連邦共和国における変遷まで，ここには様々な知的潮流が交互に登場する様子を確認することができる。学問が取り組むべき課題が時代状況によって異なり，学問の担い手を取り巻く社会状況も変化することから見れば，これはさほど不思議なことではない。しかし他面で注意すべきは，かような学問的な変化が単なる無原則な流行の変遷にすぎないものではなく，そこに一定の連続性と発展の論理が見出されると考えられる点である。これは，新しい世代が過去の議論の蓄積を武器庫とし，またこれとの対決を通じて自らの課題を果たそうとすることからすれば，自然なこととも言える。この点で法学の国ドイツは，その蓄積の厚みと透徹した思考においてとりわけ興味深い分析対象である。もちろんここでの発展の論理が何であるかは，いわば伝統をいかに解釈するかにも似て，見る者がいかなる問いを投げかけるかによって答えも少しずつ変わってくるであろう。本書が意図するのは，時代の課題と学問的伝統とがいかに切り結んできたのか，ここに含まれるこの発展の論理を我々なりの仕方で読み取ることで，連邦共和国における憲法学のあり方を可能な限り歴史的な相の下に捉えるべく試みることである。かような考察は，ドイツと日本の戦後憲法学がどのようにして成立しており，両国の違いを規定する深層の要因が何であるのかについて，我々の感覚を鋭敏にする効果を持つも

のと思われる。

　こうしてドイツの憲法と憲法学との対決をいったん経由した目で改めて日本の憲法と憲法学を眺めた時，我々は見慣れたはずの戦後日本が異化され，決して自明でも当然でもないものとして我々の前に現れるのを見るだろう。言うまでもなくそれは，単純にドイツを尺度に日本を批判したり，ドイツを模倣すべく主張することを意味しない。が，我々自身の特性を知ることは，克服すべき問題の所在をより良く認識することを助け，我々が実は今とは別様でもありうることを我々に教えるものと思われる。

　本書の標題『現代憲法学の位相』は，憲法学という学問が現代においていかなる位置と様相を有しているかを問うという本書の意図を表現している（副題の「国家論・デモクラシー・立憲主義」は，この際の我々の考察を導く三つの主要な切り口を指示する）。我々はどうすれば憲法についてより良く考えることができるのか。憲法学という学問は現代において何をすることができるのか。日本とドイツをめぐる思考の旅は，恐らく何らかの手がかりを与えてくれるものと思われる。それでは早速，我々の旅に出発することにしよう。

I

憲法学の変容

憲法学という学問が取りうる態様は実は多様である。我々にとって自明な存在である日本の戦後憲法学も，他国や他の時代の憲法学と比較したとき，それがどのような形で時代や社会の特殊な刻印を帯びた存在であるかが明瞭に意識化される。第Ⅰ部ではこうした関心から，我々にとっての比較対象であるドイツ連邦共和国の憲法学が，ワイマール，戦後から現在までいかなる発展を遂げたかを，いくつかの側面から検討する。ドイツにおける学問的発展に内在する論理とは何なのか。またここでの発展を背後で規定する憲法と憲法学をめぐる社会的条件はいかなるものか。かような考察は，翻って，問いを投げかける我々自身の姿を映し出す鏡としての意味を併せ持つことになると考えられる。

　第1章は，戦後ドイツ憲法学の「前史」として，ドイツ憲法学史上の一種の黄金時代であるワイマール共和国の憲法学がいかなる革新性を有していたのか，その一断面をカール・シュミットの憲法概念に即して検討する(ワイマール期憲法学の特質については連邦制との関係で検討する第10章も参照)。第2章は，ドイツ連邦共和国の戦後憲法学が，このワイマールの遺産を継承しつつも，これと大きく異なる特質をいかに発展させていったかを，マクロな視点から概観し考察する。ここでの問題意識は，本書全体の出発点としての意味を持つものである。第3章は，前章の問題意識を，憲法学における「政治的なもの」の位置という視角から更に踏み込んで検討すべく試みる。第4章は，戦後ドイツを代表する憲法学者の一人であるベッケンフェルデの憲法学の中に，ドイツの戦後憲法学が内に抱える諸要素の緊張や対立がいかなる形で表れているかを分析する(ベッケンフェルデについては第9章も参照)。第5章は，以上の検討を踏まえ，そこにおける国家論の衰退と，近年における新たな理論動向の登場がいかなる意味を有するかについて，若干の考察を行う。

第1章

危機の共和国と新しい憲法学
――カール・シュミットの憲法概念に関する一考察――

1 危機と憲法学

(1) ワイマール共和国の憲法学

　憲法学，すなわち国家や政治をめぐる諸問題を法的な視角から考えるという知的営みにとって，ワイマール共和国は優れて両義的な時代である。それは，約14年の存続の間，常に政治的な不安定さに脅かされ，最終的にナチに政権を譲り渡して崩壊した，民主政の失敗事例である。しかしそれは同時に，新しい憲法体制の下で，国家や憲法の基本問題について根源的な議論が行われ，今日に至るまで我々の思考に刺激を与え続けている，知的な黄金時代としての側面も有している。一般に，政治的な危機の時代であると同時に文化的な爛熟の時代でもあるという両義性がワイマール共和国を特徴づけるとすれば，この特徴は法と国家をめぐるより狭い問題領域にも，顕著に見出すことができる[1]。

　このふたつの側面は無関係ではなく，むしろ時代の動揺が新しい思考を誘発するという形で，相互に密接に関係していると考えられる[2]。第一に，ビスマルク帝国の崩壊と共和国の成立は，法と国家に関する思考の前提条件を大きく動揺させた。国家の正統性原理ないし主権の所在の変動やその後の政治的動揺は，法の背後にある政治の存在を意識の表層へと浮かび上がらせる。ここで憲

---

1) ワイマール共和国の憲法学に関して概説として参照，Michael Stolleis, Geschichte des öffentlichen Rechts in Deutschland, Bd. 3, 1999; Manfred Friedrich, Geschichte der deutschen Staatsrechtswissenschaft, 1997. ワイマール文化につき差し当たり参照，ピーター・ゲイ（亀嶋庸一訳）『ワイマール文化』（1999年）。

2) 但し，ビスマルク帝国末期の知的変動がワイマールを準備した側面につき参照，Stefan Korioth, Erschütterungen des staatsrechtlichen Positivismus im ausgehenden Kaiserreich, in: AöR 117, 1992, S. 212ff. より広く1890年代以降の社会的・知的変動に関して参照，Christoph Schönberger, Das Parlament im Anstaltsstaat, 1997.

法学に突きつけられるのは、かような状況から生じる諸問題を適切に主題化し、その解決策を探ることができるような、新しい学問的な言語の探究であったと考えられる。

　第二に、より具体的にワイマール憲法の中身を見るならば、そこには法学的な解決を必要とする新しい論点が数多く存在していた点を挙げることができる3)。①まず、連邦の統治機構が大きな変化を被った。君主が去り、議院内閣制が法定されることで、議会が統治構造の中心へと進み出るが、他方で執政府の長として民選の大統領が設置されたため、宰相を含めた三者それぞれの権限や相互関係をいかに理解すべきかが大きな問題となる。②次いで、これに劣らず重要な意味を持ったのは、連邦制の変容である。ビスマルク帝国の連邦国家がプロイセンのヘゲモニーによって支えられていたとすれば、ワイマール共和国はプロイセン自体を解体することなく、しかしその特権的な役割を剥奪してこれに一定の制限を課することで、その構造を大きく変化させる。もはやプロイセンが連邦と州とを繋ぎ止める連結部としての役割を果たすことのない中、新たな連邦制はどのように機能しうるのか。加えて、諸邦の君主たちの水平的な友誼や礼譲をひとつの支えとしてきたビスマルク帝国に対して4)、ワイマール共和国は連邦・ラントともに共和政を採用し、これは連邦制の機能のあり方にも当然に影響することが予想される(君主政連邦国家から共和政連邦国家への転換)5)。③最後に、ワイマール憲法は基本権と違憲審査という新しい問題領域を憲法論の主題に付け加えた。連邦レベルでの基本権保障を持たなかったビスマルク帝国に対して、ワイマール憲法は極めて浩瀚で多様な内容を持つ基本権保障を導入する。その意義をいかに理解し、その諸規定をいかに解釈するかは、重要な法学的課題となる。しかもこの時代は、国事裁判所や通常裁判所が法令や国家行為の憲法適合性を審査する権限をどこまで有するかが、大きな争点とされた時代であった。憲法の規律範囲が内容的に拡大された中で、裁判権力が

---

3)　ワイマール憲法の特徴の整理として、差し当たり参照、Christoph Gusy, Die Weimarer Reichsverfassungs, 1997. 歴史的背景と展開に関して詳しくは参照、Ernst Rudolf Huber, Deutsche Verfassungsgeschichte seit 1789, Bd. 6, 1981; Bd. 7, 1984.
4)　Vgl. Rudolf Smend, Ungeschriebenes Verfassungsrecht im monarchischen Bundesstaat (1916), in: ders., Staatsrechtliche Abhandlungen, 3. Aufl., 1994, S. 39ff.
5)　参照、林知更「連邦と憲法理論——ワイマール憲法理論における連邦国家論の学説史的意義をめぐって」(第10章)。

これを司る存在として現れるとすれば，これは国の統治構造全体のあり方にとっても無視しえない意味を持つ。

　第三に，ワイマール時代は，かような問題状況を前にして，新しい世代が学界の前面へと登場した時代である[6]。この時期に生じた新しい理論潮流の担い手となったのはエーリッヒ・カウフマン(Erich Kaufmann, 1880-1972)，ハンス・ケルゼン(Hans Kelsen, 1881-1973)，ルードルフ・スメント(Rudolf Smend, 1882-1975)，カール・シュミット(Carl Schmitt, 1888-1985)，ヘルマン・ヘラー(Hermann Heller, 1891-1933)ら，1880年代以降に生まれた世代であった。彼らは20代から30代の頃に第一次世界大戦を経験し，共和国発足の時にはまだ40歳になっておらず，30代から40代という研究者として最も充実した年代に共和国を生きた世代である。一言で言えば，旧秩序が崩壊し，新たな諸問題が突きつけられ，従来の方法では答えが見つからないと感じられる時代状況の中で，新世代による様々な実験的試みが行われたのが，この時代の新しい憲法学であった，と特徴づけることができるように思われる。

(2)　新しい憲法概念の登場

　「民主的議会政国家の抱える諸々の社会的・経済的弱点は，政府の危機や憲法上の諸制度の危機としてではなく，およそ国家と憲法の「構造的危機」として理解された，そしてこの危機の思考は，憲法概念自体をも動揺させ，本質的に拡大させることになった」[7]。ワイマール期には，公法学の議論の枠組みや基本概念が動揺を被ることになるが，「憲法(Verfassung)」の概念はその代表的なもののひとつである。シュミット[8]，スメント[9]という二人の中心人物の主著に見られるように，伝統的に「国法(Staatsrecht)」という呼称で自らの対象を指示してきたドイツの憲法学(と我々が呼ぶところのもの)において，それまで

---

[6]　世代間の争いという観点に関して参照，Christoph Möllers, Der Methodenstreit als politischer Generationenkonflikt — Ein Beitrag zum Verständnis der Weimarer Staatsrechtslehre, in: Der Staat 35, 2004, S. 399-424.

[7]　Florian Meinel, Verfassungsumbruch bei Kriegsende in der Staatsrechtslehre 1918-1939, in: Christoph Gusy(Hrsg.), Demokratie in der Krise: Europa in der Zwischenkriegszeit, 2008, S. 122ff., 131.

[8]　Carl Schmitt, Verfassungslehre, 1928.

[9]　Rudolf Smend, Verfassung und Verfassungsrecht, 1928.

副次的な位置づけであった「憲法」が中心概念へと躍り出る。

　この二人の憲法理解には一定の志向の共通性が読み取れるが、それは、例えば今日我々が違憲審査制の下で憲法を裁判規範として観念するものとは、その様相を大きく異にしている。スメントが法としての憲法の背後に想定するのは、人々が国家へと統合される精神的な過程である。「憲法とは国家の法秩序であり、より精確には、国家がそこで生の現実性を有するところの生、すなわちその統合過程の法秩序である。この統合過程の意味は、国家の生の全体性を常に新たに創り出すことにあるのであり、憲法とはこの過程の個々の側面の法律的な規律である」[10]。またシュミットは、その体系の基底となる「絶対的」憲法概念を、「政治的な単一体と秩序の全体状態(Gesamtzusatand politischer Einheit und Ordnung)」[11]、「あらゆる存在する政治的単一体に自ずと存する具体的な存在態様(Daseinsweise)」[12]、と規定する[13]。

　かような新しい憲法概念が含意するのは、ビスマルク帝国期の実証主義国法学が確立した憲法概念に対する離反である。そこでは憲法とは、国家機関の組織や作用、相互関係について定めた法規範を指示し(実質的意味の憲法)、あるいは改正手続の加重といった形式的徴表を備えた法規範を指示する(形式的意味の憲法)ものと理解されていた[14]。これに対してスメントやシュミットの見解は、憲法学の考察対象としての憲法をかような法規範を超えた次元へと大胆に拡大する。そこで彼らが関心の中心に据えるのは、あるいは国家の統合過程であり、あるいは国家の「存在態様」ないし「状態」である。そもそも法規範としての憲法が国家の基本構造を法的に形成し規律しようとするものであるとするならば、彼らの憲法概念が問題とするのは、憲法規範そのものよりも、この憲法規範を生み出し、またそれが規律し秩序づけるところの、現実の国家のあり方それ自体である。換言すれば、法的意味での憲法を自己充足的なものと捉えるのではなく、これをその背後にある政治的共同体の構造や態様との相互関係にお

---

10) Smend, Verfassung und Verfassungsrecht, jetzt in: ders., Staatsrechtliche Abhandlungen, 3. Aufl., 1994, S. 119ff., 189.
11) Schmitt, Verfassungslehre, S. 3.
12) Ebenda, S. 4.
13) シュミットは自らの立場とスメントの憲法概念との間に一定の共通性を見出し、両者をともに「絶対的憲法概念」の一種として説明する。後述2(1)を参照。
14) Vgl. Georg Jellinek, Allgemeine Staatslehre, 3. Aufl., 1914, S. 531-539.

いて理解しようとする点に，こうした見解の特徴が存するように思われる。新しい憲法理論は，憲法の背後にある「憲法」(Verfassung，英・仏語なら constitution で，本来は「国制」，「構造」，「体制」といった語義に近いものと思われる)を問うことによって離陸を遂げる。

　ここで重要なのは，かような憲法理論が国家の本質を抽象的に問うにとどまるものではなく，それが具体的な憲法上の諸問題をいかに理解するかと密接に結びついていた点である。憲法論の対象としての憲法をいかに理解するかは，具体的問題をいかなる枠組みで分析するかをも不可避的に規定する[15]。例えば連邦制は，かような憲法論の革新を顕著に示す論点のひとつである。ビスマルク帝国期に確立された連邦国家論の枠組みに従えば，ワイマール共和国はビスマルク帝国と同じく「連邦国家」として整理されるにとどまるところで，シュミットとスメントはそれぞれの理論的視角から，新しい国家の「全体状態」ないし「存在態様」を描き出し，帝国と共和国との間に存在する転換と断絶の存在を鋭く浮かび上がらせた[16]。

(3)　現実性と規範性

　かような憲法論の革新の学問的意義をいかに評価すべきは，両義的でありうる。一方には，ここに有意義な学問的刷新を見出す見方が存在する。「ゲルバー(Carl Friedrich von Gerber)・ラーバント(Paul Laband)学派」の名で呼ばれるビスマルク帝国期の通説的立場が，国法学の法律学化を徹底し，非法学的な考察方法を排除したことをもって，一種の視野狭窄であり，法学的な推論を背後で導く真の論拠を隠蔽するものと解する場合には，かかる新機軸には，憲法論を価値や現実へと開放することで，その議論の可能性を豊かなものにするという意義が見出されうる[17]。

---

15)　学問的プログラムとしてのワイマールに関して参照，Oliver Lepsius, Die Wiederentdeckung Weimars durch die bundesdeutsche Staatsrechtslehre, in: Christoph Gusy (Hrsg.), Weimars lange Schatten — „Weimar" als Argument nach 1945, 2003, S. 354ff. ワイマールから連邦共和国の憲法学における憲法解釈と憲法理論をめぐる問題連関に関して参照，林知更「国家論の時代の終焉？——戦後ドイツ憲法学史に関する若干の覚え書き」(第2章)。

16)　参照，第10章。

17)　これはシュミット，スメントやヘラーらワイマール新派の自己了解でもあったものと思われる。戦後におけるシュミットやスメントの代表的な弟子たちは，彼らなりのやり方でビスマルク帝国期

他方で，スメントやシュミットの憲法概念は，法規範としての憲法の背後に実在としての国家を想定し，前者を後者に関係づけることで，逆に法が現実に対して有するはずの規範性を相対化ないし軽視する危険がある，という疑念も提起されうる。こうした視角からは，ワイマール共和国とそれに続くナチス期の憲法概念の変遷が，憲法の規範性の崩壊のプロセスとして描き出されうることになろう[18]。ドイツ連邦共和国において，例えばヘッセ(Konrad Hesse)が「憲法の規範力」を強調することで戦後憲法論のひとつの礎石を築いたのは，恐らく理由のないことではない[19]。

このふたつの見方は必ずしも矛盾するものではなく相互に両立可能であり，実際に戦後有力となったのは，ワイマールの学問的刷新の意義を評価しこれに接続しつつも，これを立憲国家の基本原理に適合的に規範的方向へと修正し発展させる，というものだったように感じられる[20]。が，かような見方自体が，ナチスから自由民主主義体制への転換という戦後の問題状況による時代拘束性を帯びていることも，否定しえないように思われる。これは恐らくワイマール期憲法学の多様な可能性に対するひとつの読み方であるにすぎず，なお再度の読み直しに対して開かれた部分を有するものと考えられる。

(4) 実験場としての共和国末期

本章では，かような読み直しのための小さな準備作業のひとつとして，新しい憲法概念が，共和国末期の危機の政治状況に対していかなる反応を示しえたのかについて，若干の考察を試みる。

の実証主義国法学と批判的に対決することから出発する。Vgl. Horst Ehmke, Grenzen der Verfassungsänderung (1953), in: ders., Beiträge zur Verfassungstheorie und Verfassungspolitik, 1981, S. 21ff.; Ernst-Wolfgang Böckenförde, Gesetz und gesetzgebende Gewalt, 1958. ベッケンフェルデに関しては第4章も参照。

18) 例えばグリム(Dieter Grimm)は，「憲法律(Verfassungsgesetz)の手続的解体」(スメント)，「憲法律の決断主義的解体」(シュミット)を経て，ナチス下における「規範的憲法の終焉」(シュミットとフーバー)に至る崩壊のプロセスという筋書きで整理する。Dieter Grimm, Der Verfassungsbegriff in historischer Entwicklung (1990), in: ders., Die Zukunft der Verfassung, 1991, S. 101ff., 146-152.

19) Konrad Hesse, Die normative Kraft der Verfassung (1959), in: ders., Ausgewählte Schriften, 1984, S. 3ff.

20) Vgl. Frieder Günther, Denken vom Staat her: Die bundesdeutsche Staatsrechtslehre zwischen Dezision und Integration 1949-1970, 2004. 第2章，第3章も参照。

ワイマール共和国の憲法学と一口に言っても，その14年間の営みを一体として扱うことが適切か否かは，いくらか注意を必要とするように思われる。実際のところ，ワイマールの新しい理論的潮流における重要な業績は，いわゆる相対的安定期(1923-29年)に集中している。「方法・方向論争」の舞台となったドイツ国法学者大会の重要な集会がこの期間に開かれたのみでなく[21]，ケルゼンの『一般国家学』(1925年)[22]や『デモクラシーの本質と価値』(1929年)[23]，既に触れたシュミット，スメントの主著(ともに1928年)など，新潮流に属する論者たちの主要業績の少なからぬ部分がこの時期に生み出されている。もしここでの学問的刷新がある限度で時代状況との関連を否定しえないものだとすれば，共和国末期の政治的危機の深刻化は，彼らの議論のあり方にも一定の影響を与えた可能性が考えられる。

そこで，話をシュミットとスメントに限るなら，次のような問いが頭に浮かぶ。1928年の段階ですでに自らの理論構想を提出していた彼らにとって，1929年以降の政治的・経済的危機の深刻化は何を意味したのか。とりわけ憲法概念を法規範の背後に存する政治的状態へと拡大することで憲法論の地平を拡げた彼らにとって，他ならぬ共和国の政治的状態の悪化は，その理論構想に対するいかなる挑戦を意味し，彼らの理論はこれにいかに対応しえたのか。ワイマールを学問上の実験室と見るならば，共和国最後の数年間は，彼らの理論的試みの意義と射程を探る上で，とりわけ興味深い実験の場と見ることができる。

以下ではこうした関心から，このうちシュミットが『憲法理論』以後，ワイマール末期においてその憲法概念をいかに変化させていったかについて，『憲法の番人』(1931年)[24]と『合法性と正統性』(1932年)[25]に焦点を当てて検討し

---

[21] 1924年に開かれた第1回大会(イェーナ)でシュミットが大統領の非常事態権限について報告している他，特にそのハイライトとなったのは第3回(1926年ミュンスター)，第4回(1927年ミュンヘン)，第5回(1928年ウィーン)大会である。第3回ではカウフマンが法の下の平等について新理論を提示し，第4回ではスメントが意見表明の自由を，またヘラーが法律の概念を論じ，そして第5回ではケルゼンが国事裁判権の本質と発展に取り組んでいる。それぞれ Veröffentlichungen der Vereinigung der Deutschen Staatsrechtslehrer の第1巻(1924年)，第3巻(1927年)，第4巻(1928年)，第5巻(1929年)参照。

[22] Hans Kelsen, Allgemeine Staatslehre, 1925.

[23] Hans Kelsen, Vom Wesen und Wert der Demokratie, 2. Aufl., 1929.

[24] Carl Schmitt, Der Hüter der Verfassung, 1931.

(2)、次に師・シュミットと興味深い批判的対決を試みているフーバー(Ernst Rudolf Huber, 1903-1990)の議論を対照として検討した上で(3)、最後にシュミットの流れを継ぐ他の論者をも視野に入れつつ、かかる憲法概念の拡大が有する学問上の可能性について若干の考察を行いたい(4)。

2　政治的単一体の体系とその動揺

(1)　政治的単一体の体系——『憲法理論』

まず、検討の出発点として、シュミットが『憲法理論』においていかなる体系を組み立てていたかを、同書第1部「憲法の概念」から簡単に確認しておく必要がある。シュミットはその最初の数章で、自らの理論的立場から憲法概念の整理を試みているが、ここで重要な役割を果たすのは「絶対的憲法概念」、「相対的憲法概念」、「実定的憲法概念」の三つである(同書ではこれに次いで「憲法の理想概念」が論じられているが、その体系形成に対して果たす積極的役割は相対的に小さいものと考えるため、ここでは論じない)。

シュミット自身の論述に従ってそれぞれの概念規定を確認するなら、まず「絶対的憲法概念」(その章には「一体的な全体としての憲法(Die Verfassung als einheitliches Ganzes)」との副題が付される)[26]として位置づけられるのは、「あらゆる存在する政治的単一体に自ずと存する具体的な存在態様」[27]——歴史上の理論的系譜が念頭に置かれるが、ワイマール期公法学で言えば具体的にはシュミット自身やスメント——か、「最上級にして終局的な諸規範の統一的で完結的な体系」[28]——同じくケルゼン——のふたつである。一見したところ異質な両者が同一の憲法概念の下に包摂されるのは、「どちらの場合にもその憲法概念が絶対的である、なぜならそれが(現実のもしくは思考上の)全体を示すものだから」[29]、すなわち国家の現実の態様であれ抽象的な法規範の総体であれ、それが国家の「全体(ein Ganzes)」のあり方を問おうとするものであるためである。

---

25)　Carl Schmitt, Legalität und Legitimität, 1932.
26)　Schmitt, Verfassungslehre, S. 3-11.
27)　Ebenda, S. 4.
28)　Ebenda, S. 7.
29)　Ebenda, S. 3.

これに対して，一般には一定の形式的な特質(成文であることや改正手続の加重)を備えた個別の法律のことを指して「憲法」と呼ぶことがある。この意味での憲法がいかなる内容を有するかは多分に偶然的でありうる。シュミットは，この(例えばワイマール憲法第2編に見られるように)種々雑多な内容を持ちうる，個別の法規範としての憲法を，上記の「絶対的憲法概念」との対比で「相対的憲法概念」と呼ぶ[30]。この両者の区別は本質的である。「憲法と憲法律とが区別されたときにのみ，憲法の概念が可能となる。……憲法理論にとって，憲法と憲法律の区別は全てのその先の論究の出発点である」[31]。
　では，この絶対的意味の憲法はいかにして形成されるのか。「本当のところ，ある憲法が妥当するのは，それが憲法制定権力(すなわち力もしくは権威)から発し，その意思によって定められているからである」[32]。この憲法制定権力の決断を指すのが「実定的意味の憲法」である[33]。「実定的意味の憲法は，憲法制定権力の行為から生じる。憲法を定める行為は，それ自体としては何らかの個別の規範づけを含むものではなく，一回的な決断によって政治的単一体の全体を，その特別な実存形態(Existenzform)に関して決定する。この行為が，その存在が前提とされるところの政治的単一体の形態と態様を構成する。「憲法が制定される」ことによって初めて政治的単一体が成立するわけではない。実定的意味の憲法が含むのは，政治的単一体が決断したところの，特別な全体的形態(Gesamtgestalt)の意識的な決定のみである」[34]。これに対して，法規範としての憲法律は，この意味での憲法を前提とし，これを根拠としてのみ妥当するものとされる[35]。
　以上を多少平たく言い換えるなら，あらゆる国家は，それが国家として存在する以上，常に一定の秩序づけを有している(絶対的憲法概念)。フランス革命に典型的に見られるように，近代国家は憲法制定権力の発動を通して，この秩序づけの形態を意識的に決定しようとする(実定的憲法概念)。かような政治的

---

30) Ebenda, S. 11-20.
31) Ebenda, S. 20f.
32) Ebenda, S. 9.
33) Ebenda, S. 20-36.
34) Ebenda, S. 21.(強調は原文)
35) Ebenda, S. 22.

決定を根拠に，法規範としての憲法が制定され，その効力を獲得する(相対的憲法概念)。但しここには，この国家の基本原理に関する憲法制定者の基本的決定を具体化した規定のみでなく，その形式的効力(とりわけ改正手続の加重)の故にそれ以外の種々の規定が憲法に盛り込まれることがある。以上の意味で，シュミットの憲法論の骨格は，近代革命の論理を概念の次元で写し取ろうとする試みとして理解することができるように思われる。

ここから導かれる重要な含意は，憲法典が種々様々な規定を有するとしても，それらは全て等価とは限らず，実定的意味の憲法との関係に応じて異なる法的価値を持ちうる，という点だと考えられる。具体的には，憲法によって定められた通常の憲法改正手続によって，憲法制定権力の基本的決定(実定的意味の憲法)自体を変更することは許されない[36]。シュミットはその内容を，法治国的構成部分と政治的構成部分との対立という見地から分析し，ワイマール憲法もその一種であるところの近代的な市民的法治国憲法の構造を描き出していく。

(2) 憲法概念と憲法状態──『憲法の番人』

ア 新たな問題状況

かような『憲法理論』の枠組みは，近代憲法を支える論理の概念的抽出として明快なものであるが，政治的現実に対してどの程度の説明能力を有するかは別の問題として残されるように思われる。とりわけ末期のワイマール共和国が直面したのは，この政治的単一体としての国家が敵対する諸政党へと分裂し，政治的な行動能力を失っていく，という事態であったからである。実際に『憲法理論』後のシュミットは，著書や小論，講演の中で，この政治的多元主義が突き付ける問題に取り組んでいく[37]。が，ここで我々の関心を惹くのは，多元主義に対するシュミットの態度それ自体よりも，これが『憲法理論』の体系に対するいかなる挑戦を意味したのか，という問題である。こうした見地から興

---

[36] Ebenda, S. 25f.

[37] 主要なものとして Schmitt, Positionen und Begriffe, 1940 所収の諸論攷(中でも Staatsethik und pluralistischer Staat(1932)，Die Wendung zum totalen Staat(1931)，Weiterentwicklung des totalen Staats in Deutschland(1933)等)や，Schmitt, Der Begriff des Politischen, 1932 等を参照。生前単行本に収録されなかった小論や講演などを含むものとして参照，Carl Schmitt(Hrsg. von Günther Maschke), Staat, Großraum, Nomos, 1995.

味深いのは,『憲法の番人』に関する一連の議論である[38]。憲法裁判権[39],議会と大統領,連邦制など憲法上の複数の論点に跨る形で,かつ数度の段階を経て書き足された著作であるが故に,『憲法の番人』には独特のわかりにくさが付着しているように感じられるが,そこで用いられる憲法概念に着目するなら,ここには少なくともふたつの点で『憲法理論』を超える視角を見出すことができるように思われる。順次検討しよう。

　イ　契約としての憲法

　ここに第一に浮かび上がるのは,「契約(Vertrag)としての憲法」という側面である。

　実はこの論点は,『憲法理論』でも,憲法制定権力の決断としての憲法(実定的憲法概念)と対抗関係に立つものとして折に触れ言及され,謂わば形影相伴うかのように伏在していた論点でもあった[40]。実際,国家ないしは政治的秩序,憲法の成り立ち等を契約によって説明する議論は古くから存在し,近代自然法論において社会契約論として大きく展開されるに至る。19世紀でも,立憲君主政の下で,憲法を君主と国民との間の契約として捉える見方が存在したことは周知の通りである(協約憲法)。さらに連邦国家の場合には,諸構成国家間の条約(Vertrag)によって新国家の設立が取り決められることが珍しくない。国民という単一の主体が自らの一方的決断によって憲法を生み出す,という構想は,歴史的には必ずしも当然の考え方ではないのである。

---

[38]　シュミットはこの主題について主に都合三つの論攷で取り組んでいる。①「憲法の番人としてのライヒ裁判所」(Das Reichsgericht als Hüter der Verfassung (1929), in: Schmitt, Verfassungsrechtliche Aufsätze, 1958, S. 63ff.),②雑誌論文「憲法の番人」(Der Hüter der Verfassung, in: Archiv des öffentlichen Rechts, Neue Folge 16, 1929, S. 161ff.),そして③単行本『憲法の番人』(Der Hüter der Verfassung, 1931)である。やや雑駁にまとめるなら,一連の議論の出発点は裁判所の違憲審査権の問題である。国事裁判所が判決の中で自らを「憲法の番人」と自己規定し,またライヒ裁判所が増額評価法についてその憲法適合性の審査に踏み出すなど,裁判所が立法や行政などに対して憲法の擁護者としての地位を主張する場面が生じる中,裁判所が憲法適合性判断をどこまで行使しうるべきなのかを理論的に究明しようとするのが①以来の主題であり,次いでそこに,「そもそも憲法の番人とは何なのか,裁判所が憲法の番人たりえないなら誰が憲法の番人なのか」,という問いが加わる。この問いにライヒ大統領との答えを与えるのが②論文の結論である。③では更に,かかる問いが生じる背景,すなわち何故現在「憲法の番人」が問われなければならないのかについて,「現代の具体的な憲法状況」に対する分析が加わり,議論の深化が試みられる。

[39]　Vgl. Olivier Beaud, Pasquale Pasquino (Hrsg.), La controverse sur 〈le gardien de la Constitution〉 et la justice constitutionnelle, 2007.

[40]　Schmitt, Verfassungslehre, S. 61-75.

これに対してシュミットは，まず社会契約論に対しては，それが国民の政治的単一体(=国家)の成立を説明する議論のひとつであって，憲法の成立を説明するものではない，として退ける[41]。憲法は，あくまで国家の存在を前提に，その憲法制定権力によって定められる。次に，協約憲法という観念は，立憲君主政の下，主権ないしは憲法制定権力が君主と国民のいずれに存するかという問題を解決できないが故の一種の妥協を意味するものにすぎない(従ってそれは，欽定憲法の下で，憲法改正に立法の手続が要請され，このため議会の同意が必要になるのと，機能的に等価である)。元来，契約ないし協約のためには，複数の主体の存在が前提とされるところ，一個の政治的単一体の中には複数の憲法制定主体は存在しえないのである[42]。これに対してシュミットが「契約としての憲法」の真正の例として唯一認めるのは，自立した複数の政治的単一体が自らを維持したまま新たな政治的単位を立ち上げる連邦条約の場合のみである[43]。

しかしながらシュミットの理解によれば，この連邦も民主政の下では次第に契約的側面を喪失していく。連邦構成国(州)の境界を越えて人々の同質性が強まり，連邦全体で一体としての国民を形成するという意識が生じることで，構成国は自立した政治的単位としての性質を喪失していくためである。かくしてここに生じるのは，連邦としての実質を失いながらその組織構造のみを残存させた，「連邦的基礎を欠いた連邦国家」である(シュミットはワイマール共和国の連邦制をかようなものとして理解する)。政治的単一体の論理は連邦をも飲み込むのである[44]。

だが，現実のワイマール共和国の動きが示しているのは，この連邦制的組織にわずかに痕跡を残すにすぎないはずの憲法の契約的側面が持つ意外な潜勢力であった，と考えられる。『憲法の番人』によれば，これを顕にするのが国事裁判所である。その役割とそこでの憲法争訟の性格を考究する際には，そこで下敷きとされる憲法の本質にまで遡って考えなければならない，とシュミットは言う[45]。国事裁判所は連邦国家と密接に結びついた制度であり，州と州の間

---

41) Ebenda, S. 61.
42) Ebenda, S. 63f.
43) Ebenda, S. 63.
44) Ebenda, S. 65f., 388-391.
45) Schmitt, Der Hüter der Verfassung, 1931, S. 53. この論点につき更に参照，Ders., Das Reichs-

もしくはライヒと州の間の非私法的紛争と州内における憲法争議を(他に管轄する裁判所がない限りで)解決する役割を負う存在であるため(ワイマール19条)、その背後には連邦制的組織構造に体現された憲法の契約的側面が常に伏在している、というのが彼の見立てである。国事裁判所がかかる性格を有する以上、原告適格の拡大などを通じて国事裁判所の権限を非連邦制的な紛争にまで拡大したり、法治国家的な関心からこれに凡そ「憲法の番人」としての役割を負わせようとする場合には、国民の政治的決断としての憲法の犠牲の下に契約の論理が不当に拡大されることになる[46]。

　シュミットによれば、現実における多元主義的な勢力の登場は、かような危険な傾向をさらに加速する。政党や種々の利益団体、宗教団体などが、自らの獲得したもしくは影響下に収めた憲法上の地位を恰も自己自身の権利のようにみなし訴訟等で主張する場合には、憲法は諸々の勢力の間の「妥協」と化してしまう。シュミットがその国事裁判所論の背後で真に警戒し敵視するのは、かかる国家の多元主義的解体である[47]。

　では、かような国制構造の変動を生み出している深層の原因はどこに存するのか。彼の分析は、ここから憲法本質論とは別の次元へと移行していく。

　　ウ　現代の具体的な憲法状態
　『憲法の番人』の第2部「現代の具体的な憲法状態」が主題化するのは、かような現象の背後にある国家の現実の態様ないし構造の変動それ自体である。ここで論じられるのは、憲法秩序の多元化を示す三つの現象、すなわち多元主義(Pluralismus)・ポリクラシー(Polykratie)・連邦主義(Föderalismus)である。では、これらはいかなる意味を持った現象なのか。ここで最も多くの分量が割かれる多元主義論を中心に見ていこう。

　表層的に見るなら、多元主義とは、政党や利益団体が政治過程における影響力を強めることで、議会がもはや統一的国民を代表(再現前)したり理性的討議が行われる場であることをやめ、これら諸勢力が自己の利害関心を主張する舞

---

　　gericht als Hüter der Verfassung(Anm. 38), S. 73-89; ders., Der Hüter der Verfassung(AöR)(Anm. 38), S. 198-212.
46)　Ebenda, S. 48-60.
47)　Ebenda, S. 60-70.

台に転化する,という現象を指すものと考えられる。実際,シュミットがその議会主義論において以前から提示していたのはかような分析であり[48],『憲法の番人』もまた基本的な点でその理解を継承しているように見える(多元主義を論じる款には「多元主義システムの舞台への議会の発展」との標題が付される)[49]。が,ここで重要なのは,議会政治より更に深層の部分で生じている構造変動の存在である。一言で述べるなら,国家と社会との関係が,19世紀的な市民的法治国の憲法が前提するものとは,大きく異なるものになってしまったのである。

19世紀的な憲法が前提とするのは,国家と社会の区別であった。軍と官僚に支えられた君主政国家に対して,「国家から自由な」社会が対峙し,この両者の均衡と二元主義が憲法の基本構造を形作る。憲法(君主と国民との協約憲法),法律,法規命令,予算,自治など,「全ての重要な概念形成において,二元主義的な基本構造が現れている」[50]。この19世紀の市民的法治国家は,立法を国家活動の中心領域とする立法国家であり,その場である議会にこそ憲法の保障が見出される[51]。しかしながら,これは自由主義の下,自律的な存在として屹立する国家による社会への介入を最小限に抑制することが課題とされる限りで,有意味なものでありえた。今日ではこの対立構造自体が失われている。「今や国家は「社会の自己組織化」となったからである」[52]。社会が自らを国家へと組織し,国家と社会が原則的に同一となるところでは,全ての社会的・経済的問題は直接に国家の問題となり,国家的・政治的領域と社会的・非政治的領域とを区別することはできなくなる。「社会の自己組織化と化した国家においては,少なくとも潜在的に国家的かつ政治的でないような事柄は存在しない」[53]。ここに生じるのがシュミットの意味での「全体国家」である[54]。さらに,社会が国家を組織し,国家が社会に介入するという新たな条件の下では,政党,選挙,議会もまたその意味を変える[55]。

---

48) Carl Schmitt, Die geistesgeschichtliche Lage des heutigen Parlamentarismus, 1. Aufl., 1923; 2. Aufl., 1926.
49) Schmitt, Der Hüter der Verfassung, S. 73-91.
50) Ebenda, S. 74.
51) Ebenda, S. 76f.
52) Ebenda, S. 78.
53) Ebenda, S. 79.
54) Ebenda.

19世紀の市民的法治国家の憲法構造と，現実の憲法状態との間に，架橋しがたいまでの懸隔が生じてしまったのだとすれば，ここに生じる苦境に対処する上で19世紀的な立憲主義の観念を持ち出すことは本質的な意味で助けにならない。今日の議会が多元主義の舞台に他ならないとすれば，その機能不全に対する救済策はどこに求めたらよいのか？

エ　市民的法治国家の終焉

　これに対してシュミットは，多元主義的な諸勢力に対する種々の「中立性」ないし「中立化」の可能性を検討し，最終的に「中立権力」としてのライヒ大統領に「憲法の番人」の役割を求める，という結論にたどりつく[56]。かような構想が19世紀前半の自由主義思想(重要な知的源泉として挙げられるのはバンジャマン・コンスタン(Benjamin Constant)である)を支えとする限りで，シュミットはなお「近代」の論理の枠内で事態の解決を探るかにも見える。が，これが何を意味するかは既に本章の関心を超えた問題である。ここで再び，「憲法」概念をめぐる問題連関に戻ることにしよう。

　以上の検討によれば，シュミットは「憲法の番人」をめぐる一連の議論の中で，憲法の本質と憲法状態というふたつの次元で，『憲法理論』における自身の構想と緊張関係に立つ現象と対決を試みている。この両者はいずれも重要な意味を持つ問題である。まず前者について言えば，国家の統一性が多様な諸個人や諸勢力によって形作られており，この意味で「複数性の中の統一性」こそが国家の特質を成すとするならば，「契約としての憲法」をめぐる問題連関は，政治的な単一性を基軸に置いたシュミットの体系の中に，なお解決されない問題として残る複数性の所在を鋭く指し示していると考えられる。国家の内部における複数性(現在なら連邦制のみでなく例えば機関争訟などもこの連関で論じることができよう)を理論的にいかに位置づけるかについて，シュミットは時代状況への論争的対決を超えた，理論的に満足のいく解答を提示することに成功していない。

　だが，『憲法理論』の体系に対してより本質的な問題を提起しているのは，後者の「具体的な憲法状態」をめぐる問題連関であるように思われる。それが

---

55)　Ebenda, S. 83–91.
56)　Ebenda, S. 132–159.

示すのは，現実の憲法状態が時代の変化とともに変遷し，これがシュミットの体系の基礎にある政治的単一体のあり方と緊張関係に陥りうる，という洞察だと考えられるからである。このことは，『憲法理論』の憲法概念が有するある重要な特質を明瞭に浮かび上がらせる。それは，彼の憲法概念に隠された規範性である。シュミットは憲法律（相対的憲法概念）の背後に，憲法制定者の決断の存在（実定的憲法概念）と，これによって形成されるところの政治的単一体の存在態様（絶対的憲法概念）を読み取っていたが，この法規範の背後に存在する秩序が，単なる事実ではなく，何らかの規範的な秩序理念に基礎づけられているが故にこそ[57]，それは事実として生じる秩序の変遷と対立関係に立ちうるのだと考えられる。すなわち，ここに存するのは，「あるべき秩序」に対する「現実に生じた秩序」の対立である。

　シュミットは自らの『憲法理論』を「市民的法治国家の憲法理論」と特徴づけていた。「この種の国家が今日でも一般になお支配的であり，ワイマール憲法も完全にこの類型に対応している」[58]。これに対して，『憲法の番人』における「現代の具体的な憲法状態」の分析が明らかにしたのは，国家と社会の関係の変容によって，まさにこの19世紀の国家類型である市民的法治国家が，新しい国家類型（「全体国家」）へと急速に変貌しつつある，という事態であった[59]。この意味で，『憲法の番人』の「憲法状態」論が浮き彫りにするのは，国家像における「近代」と「現代」の対立だと見ることもできる。かような事態を受け止めるには，憲法学は市民的法治国家の理論化を超えた新たな道具立てを必要とするものとも考えられる。が，それは具体的にいかにして可能なのか？

(3)　未完の試み──『合法性と正統性』

　1932年夏の『合法性と正統性』は，この意味での新たな思考の端緒を探る作品と位置づけることが可能なものと思われる。それが主題化するのは，「今

---

57)　これもまた既に『憲法理論』で提起されていた論点ではある。Schmitt, Verfassungslehre, S. 87-91.
58)　Ebenda, S. XIII.
59)　全体国家論はワイマール末期シュミットの関心のひとつの柱となる。Schmitt, Die Wendung zum totalen Staat (1931), in: ders., Positionen und Begriffe, 3. Aufl., 1994, S. 166ff.; ders., Weiterentwicklung des totalen Staats in Deutschland (1933), in: ebenda, S. 211ff.

日のドイツの国内状態」における「議会政立法国家の崩壊(Zusammenbruch)」である。シュミットは，それが書かれた前後の緊迫した政治情勢にも拘わらず，これを時事的な時代診断ではなく「専門学術的(fachwissenschaftlich)」な関心に基づく分析として提示する[60]。

シュミットは『憲法理論』で，市民的法治国家の憲法の全体構造を，法治国家的構成部分と政治的構成部分との緊張を孕んだ併存として描き出していた。市民的法治国家は，個人主義の立場から，国家を法による拘束に服さしめ，社会の奉仕者たらしめようとする。その基本原理は，「個人の自由は原則として無限定であり，この領域に介入する国家の権限は原則として限定されている」という配分原理と，これを実現するための組織原理たる権力分立である[61]。が，かように国家の制限を主眼とした法治国家も，それが国家である限り，法治国家には解消されない政治的な構成部分を持たざるをえない。かくしてシュミットは，ここに自らの秩序理想を投影しつつ[62]，種々の政治形態を論じていく。

しかしながら，『憲法の番人』における時代診断を前提とするなら，こうした体系は大幅に有効性を喪失せざるをえない。第一に，かような法治国家的構成部分と政治的構成部分の対置が前提とする国家と社会の区別が失われたためであり，第二に，現実の議会政の機能不全は，この政治的な構成原理自体が孕む矛盾や欠損の存在を強く示唆するからである。市民的法治国家の「あるべき秩序」を描くのではなく，その限界が引き起こす「現実に生じた秩序」の危機をその深層構造において分析するためには，憲法理論は別の概念的枠組みを獲得する必要がある。

かくしてシュミットが『合法性と正統性』で議論の軸に据えるのは，すでに「憲法の番人」をめぐる一連の論攷でも用いられていた，「立法国家」，「司法国家」，「行政国家」，「執政国家」という，国家活動の中心領域に基づく国家類型論である[63]。今日の国家の危機は，19世紀に定着を遂げた立法国家の危機に

---

60) Schmitt, Legalität und Legitimität (1932), in: ders., Verfassungsrechtliche Aufsätze, 1958, S. 263ff., 263.
61) Schmitt, Verfassungslehre, S. 125-129.
62) カトリック教会の秩序像との関係(Vgl. Carl Schmitt, Römischer Katholizismus und politische Form, 1925)につき参照，和仁陽『教会・公法学・国家——初期カール＝シュミットの公法学』(1990年)。
63) Schmitt, Legalität und Legitimität, S. 263-274. この「国家の生の核心的実質(Kernsubstanz

他ならない。こうした見地からシュミットは，この機能主義的で価値中立的な議会政立法国家の構造の内に危機の淵源を抉り出していく[64]。

が，それではこの危機にいかに対処することができるのか？ シュミットが最後に期待を寄せるのは，「ドイツ人の基本権と基本義務」を定めたワイマール憲法第2部である。一定の形式手続を踏めば制度上はいかなる決定を下すこともできる多数決システムではなく，実体的な価値や内容に基づく実質的な秩序を定めた憲法第2部こそが「ドイツの憲法＝国制の本質により強く関係する」のであり，この二種の異なる憲法のうち前者ではなく後者を選び取らなければならない[65]。これは言い換えれば，議会政立法国家の「現実に生じた秩序」を掣肘する「あるべき秩序」の所在が，憲法の政治的構成部分から基本権へと移動したことを意味する。が，かかる着想がより具体的に何を意味するかは，十分明らかにされないままに残されたように思われる。その約半年後，この点の更なる学問的深化を俟つことなく，ワイマール共和国は崩壊する[66]。

ナチス政権下の新たな政治体制で「現実に生じた秩序」に帰順し，それが「あるべき秩序」の具現化であることを弁証する役割を自らに引き受けたとき，この両者の緊張関係によって特徴づけられていた共和国末期のシュミットの憲法論は，根本的な部分で変質せざるをえない。その先にあるのは，「具体的な秩序」という名における現実性と規範性との合致によって特徴づけられた世界像であったように思われる[67]。

---

des staatlichen Lebens)」がどの領域に存するかによる国家分類論は，1929年の論文 Das Reichsgericht als Hüter der Verfassung（前掲註38））では「憲法理論」ではなく「一般国家学」上の問題として提示され(S. 97-100)，その後の単行本『憲法の番人』でも行論中で用いられるようになる。

64) Ebenda, S. 274-293.
65) Ebenda, S. 344f.
66) 1932年夏以降のシュミットの政治的立場を示す講演として参照，Schmitt, Konstruktive Verfassungsprobleme(1932), in: ders., Staat, Großraum, Nomos, S. 55ff.; ders., Starker Staat und gesunde Wirtschaft(1932), in: ebenda, S. 71ff. とは言え，かかる憲法政治的判断と本文で検討した憲法学の枠組みとの関係は不分明にとどまった印象を受ける。なお，シュミットに対して批判的な立場からの総括として参照，Olivier Beaud, Les derniers jours de Weimar, 1997.
67) Vgl. Carl Schmitt, Über die drei Arten des rechtswissenschaftlichen Denkens, 1934.

3　流転する秩序

　フーバーは，かようなシュミット憲法論の共和国末期における展開と最も深く対決し，これを憲法概念の次元で捉え直そうと試みた論者であったように思われる。論文「カール・シュミットにおける憲法と憲法現実」[68]におけるその分析の要点を一言で述べるなら，それは『憲法理論』が有する決断主義的構造の相対化と憲法秩序の動態性の承認にあると考えられる。

　シュミットは，憲法制定権力の決断が政治的単一体の形態と態様を決定する，という契機を重視するが，実は革命の状況を想起すれば明らかな通り，制憲権が行使されうるのは，その時点ですでに政治的単一体が一定の形態づけを有しているからであり（我々はここで，アンシャンレジームにおける集権化を前提としてフランス革命が初めて可能となったことを想起することもできる），制憲権はかかる前提の下で，ある限られた範囲で国制構造の形成を行いうるにすぎない[69]。換言すれば，絶対的意味の憲法は，実定的意味の憲法によって規定し尽くされない一定の自律性を持った存在である。『憲法の番人』における「具体的な憲法状態」の分析が明らかにするのは，この意味での憲法，すなわち政治的単一体の現実のあり方が，決して静的に固定したものではなく，制憲者の意識的な決断や意思とは独立に進行する自然な発展の法則によって変化する，ということであった。憲法現実は，シュミットの描き出すような静態的なものではなく，むしろスメントの統合理論が描く動態性に近い性格を有するのであり，「万物は流転する」のである[70]。

　とは言えフーバーは，現に生じた変化を全て「憲法」の内容として承認するわけではない。憲法理論が対象とするのは，単に事実として存在するのみでなく，そのことによって持続的な妥当（Geltung）をも要求するような秩序である。「具体的な支配は，それを担う政治的理念によって正統化されており，そのこ

---

68) Ernst Rudolf Huber, Verfassung und Verfassungswirklichkeit bei Carl Schmitt (1931/32), in: ders., Bewahrung und Wandlung, 1975, S. 18ff.
69) Ebenda, S. 21-25. この点自体は元来シュミット自身も意識している（前掲註34）とその本文を参照）が，フーバーは以下のようにここから一歩踏み込んだ帰結を導く。
70) Ebenda, S. 26.

とによって持続的な妥当を要求しうるのである」[71]。自然法論者ならぬフーバーが、かかる現実の秩序に内在する規範的理念として想定するのが、国家の政治的統一(politische Einheit)である。かような理念に照らした場合、シュミットが『憲法の番人』で分析する事象のうち、多元主義・ポリクラシー・連邦主義がいずれもこの政治的統一を危うくする点で、およそ国家と憲法に反し正統性を欠くものであるのに対して、「全体国家」への転換は、現代における政治的統一の新たな種類と形態が生成しつつあることを示している。その意義を憲法理論的にいかに受け止めるかという点にこそ、憲法理論の課題が見出されるのである[72]。

ワイマール末期におけるシュミットの変化のうちに、時代状況への譲歩や理論的退却ではなく積極的な意義を見出そうとする、かようなフーバーの分析は、シュミット解釈を通して自らの立場を展開するものであり[73]、ワイマール期の憲法概念が示す理論的可能性に対するひとつの受容と発展のあり方を示すものと見ることができる。フーバーにとって秩序とは生々流転するものであり、その現実性の中に規範性を有している。かくしてこの両者の弁証法的統一を志向するフーバーは、体制転換後は新進気鋭のナチス法学者として、当時の新ヘーゲル主義[74]の思潮に立ちつつ、憲法[75]と憲法史[76]の領域における代表的論者の一人として自らのキャリアを歩んでいく。

---

71) Ebenda, S. 28.
72) Ebenda, S. 29-32.
73) 共和国末期のフーバーは政治的にはパーペン(Franz von Papen)・クーデターなどシュミットと行程をともにする。Vgl. Ernst Rudolf Huber, Reichsgewalt und Staatsgerichtshof, 1932.
74) Vgl. Karl Larenz, Rechts- und Staatsphilosophie der Gegenwart, 2. Aufl., 1935. 当時の思潮の中での位置づけに関して参照、Oliver Lepsius, Die gegensatzaufhebende Begriffsbildung, 1994.
75) 憲法概念をめぐるフーバーの思考は、Huber, Wesen und Inhalt der politischen Verfassung, 1935; ders., Vom Sinn der Verfassung, 1935 を経て、ナチス憲法の代表的教科書 Huber, Verfassung, 1937; ders., Verfassungsrecht des Großdeutschen Reichs, 1939 へと結実する。
76) 憲法史の分野を中心としたフーバーのナチス期の歩みに関して参照、Ewald Grothe, Zwischen Geschichte und Recht, 2005.

4 「憲法」という分析視角

(1) 憲法論の地平拡大

　以上に瞥見したような共和国末期のシュミットの憲法概念をめぐる問題連関から何を読み取ることができるかは，必ずしも容易な問いではない。その歴史的意義を確定するにはナチス法学との関係を避けて通れないが，これは現時点では今後の課題とする他ない。その中で，本章の最後にいくつか指摘することが許されるとしたら，それはここに含まれる憲法論の地平拡大と，その裏面に存在するイデオロギー性の危険に関わる。

　シュミットが行った憲法概念の拡大は，憲法学にとっての考察の地平をいくつかの点で大きく拡げる意義を持つ。まず，『憲法理論』が我々に示したのは，実定憲法典の諸規定の背後に，それを支える秩序状態を想定することで，憲法学の新たな体系化と解釈のための指針が獲得される，という点であった。同書が古典として今日なお読者を刺激し続けているとすれば，それはその秩序構造を摑み出す分析の鮮やかさに多くを負うものと考えられる。

　しかし同時にかかる秩序像は，近代憲法の基礎にある理念を体現した，いわば「あるべき秩序」の形象化であるが故に，それは現実の政治的状態の変遷によって動揺を被りうる。「憲法」という分析視角は，ここではこの「あるべき秩序」と「現実に生じた秩序」というふたつの秩序像の対照を通じて，現代における国家の具体的状態を照らし出す，という役割を果たすことになった。『憲法の番人』の「憲法状態」論が描き出すのは，19世紀的な近代国家から20世紀的現代国家への国家像の変容に他ならない。

　以上の意味でかかる憲法概念の拡大は，狭義の憲法解釈論のみでなく，それを超えた次元，いわば国制構造論までをも視野に収めるものであり，かような認識の射程にその学問的魅力が存することは否定しがたいように思われる。が，同時に，ここでは相互に区別されるべき複数の問い（「実定憲法は何を定めているのか？」，「国家の現実の状態はいかなるものか？」等）が単一のディスコースへと連結されることによる，議論や観点の混淆と，それによる論証の合理性の低下が危惧されるところでもある。かような現実性と規範性を共存させた憲法概念が，

存在と当為との峻別という禁則を破った一種の自然法論であり、イデオロギー的機能を営む、という批判は、そのひとつの現れにすぎない[77]。

いずれにせよ、かような検討に照らすなら、こうした新しい憲法概念の登場を「規範的憲法の終焉」に向けた一連の流れの中に位置づけるのは、恐らく若干のミスリーディングな部分を含むように思われる。かかる憲法概念は、ワイマール末期も、またナチス期すらも、独自の規範性を保ち続けたのであり（それはむしろナチス体制下でその国制を規範的に正統化しようとしたものと解される）、むしろその特質は、実定憲法典の諸規定の有する自立した規範的意義が相対化される一方、より高次の規範性を体現するものとされた、法規の背後に存する秩序の次元へと考察の焦点が移行した点に求められるように思われる。

これに対して、戦後の連邦共和国における「憲法の規範性」の復権が、憲法裁判権の発展と相携える形で、憲法学の主たる関心を再び法規範としての憲法の次元へと移行せしめたとすれば、それは法規範としての憲法をその背後の秩序をめぐる問いからある程度まで自立的に論じるための前提条件が回復したことを含意するように思われる。それがいかなる意味を持つのか——例えばそれが規範性の復権なのか、あるいは法治国家の内向[78]なのか、等——は、また別に改めて検討されるべき問題である。いずれにせよ、かような関心の変化は、ワイマール末期における憲法概念をめぐる問題連関のうち重要な部分、すなわち憲法解釈の前理解としての憲法理論[79]にとって直接のレレヴァンスを欠いた剰余となる部分が、その後の主流派憲法学の問題意識から見失われていくことをも含意したものと推測される[80]。

(2) 戦後における継承

かくして、シュミットやフーバーらの問いは、戦後憲法学の中でもマイナーな周辺領域において静かに継承されていったように感じられる。それは、時代

---

77) Vgl. Hans Kelsen, Wer soll der Hüter der Verfassung sein?, 1931.
78) Vgl. Ernst Forsthoff, Der introvertierte Rechtsstaat und seine Verortung (1963), in: ders., Rechtsstaat im Wandel, 2. Aufl., 1976, S. 175ff.
79) Vgl. Horst Ehmke, Prinzipien der Verfassungsinterpretation, in: VVDStRL 20, 1963, S. 53ff.
80) この点でスメントと戦後スメント派の距離に関して指摘されることは、より一般的に当てはまる可能性がある。Vgl. Stefan Korioth, Integration und Bundesstaat: Ein Beitrag zur Staats- und Verfassungslehre Rudolf Smends, 1990, S. 303ff. これについては第2章の他、特に第3章を参照。

批判的な国家論と憲法史である。

　前者の代表者として，フーバーと同年代のシュミット弟子であるフォルストホフ（Ernst Forsthoff, 1902-1974）の名を挙げることができよう。既にナチス期の生存配慮（Daseinsvorsorge）論[81]で，政治的憲法よりも下位の行政の次元で進行する国家構造の変容を分析していたフォルストホフにとって[82]，国制秩序の現代的変容は戦後にまで継続する関心の対象であったと考えられる。こうした見地からは，『変容する法治国家』（1964年）[83]，『産業社会の国家』（1971年）[84]といった諸著作は，意図的に時代の局外者としての立場を選び取った論者が，理想化された近代国家の原像を下敷きにして，これに対する現代の憲法状態の頽落を照射しようとした時代批判の書として理解することができるように思われる。フォルストホフや W. ヴェーバー（Werner Weber）[85]ら第一世代のシュミット学派が，戦後，国家の時代の終焉を描く没落の物語の語り部として自らを任じたとすれば，我々はここにワイマール期に登場した「憲法」という分析視角のひとつの継承のあり方を見て取ることができるように思われる[86]。

　他方フーバーは，戦後，長い追放の時期を経て学界に復帰した後，自らの精力を主に憲法史へと傾注していった。彼が向かったのは，戦後の与件の下で憲法秩序の現実性と規範性の関係を新たに考え直す営みよりも，むしろ過ぎ去った時代の中に規範性と現実性を統一する自らの理想とする秩序像を見出そうとする試みであったようにも思われる。憲法史研究の大家として不朽の大著『ドイツ憲法史』全8巻[87]を著し，狭義の政治的領域のみならず経済・文化・宗教など国民生活の諸領域をも包括する憲法＝国制の歴史を描き出そうとしたフーバーは，シュミットと対抗的な動態的な秩序像を基礎に，伝来の多元性の中に国家的統一を果たしたビスマルク帝国をドイツ史上の偉大な時代として賞揚す

---

81) Ernst Forsthoff, Die Verwaltung als Leistungsträger, 1938.
82) マイネル（Florian Meinel）はこれを「憲法＝国制としてのインフラストラクチャー」をめぐる議論として位置づける視点を示す。Florian Meinel, Verfassungsumbruch bei Kriegsende in der Staatsrechtslehre 1918-1939（Anm. 7）, S. 138-140.
83) Forsthoff, Rechtsstaat im Wandel, 1. Aufl., 1964; 2. Aufl., 1976.
84) Forsthoff, Der Staat der Industriegesellschaft, 1971.
85) Werner Weber, Spannungen und Kräfte im westdeutschen Verfassungssystem, 3. Aufl., 1970.
86) 第3章も参照。また，「喪失概念としての国家概念（Staatsbegriff als Verlustbegriff）」に関する整理として参照，Christoph Möllers, Staat als Argument, 2000, S. 141-147.
87) Ernst Rudolf Huber, Deutsche Verfassungsgeschichte seit 1789, Bd. 1-8, 1957-1990.

ることになる[88]。これに対して，この点でシュミットの理論的立場に比較的忠実なベッケンフェルデ(Ernst-Wolfgang Böckenförde, 1930-)が，19世紀立憲君主政を主権の所在をめぐる争いを解決できなかった過渡期にすぎず，固有の国家形態を有しないものと否定的に評価するとき[89]，我々がこの両者の論争の中に見出すことができるのは，ワイマール末期にシュミットとフーバーにおいて生じた憲法理解の揺れに含まれていた対立の，歴史理解の場における再演であったと解する余地があるように思われる[90]。ある意味で憲法史は，ワイマール以来の憲法概念をめぐる理論的思考を受け継ぐ隠された水脈だったのではあるまいか。

(3) 「日本」という主題

かように遠くドイツの地で静かに視界から消えていった思考の地下水脈は，しかし我々とも決して無縁なものではない。これと通底する思考の型，すなわち「あるべき秩序」たる理念としての近代国家に対して，未だ前近代性を拭い去ることのできない日本社会の状態を対置しようとする試み——樋口陽一の名を挙げるのみで十分であろう——は，戦後啓蒙の進歩的立場を憲法学において継承するものとして，この国で近時まで無視しえない重みを有してきたように思われる[91]。国家の終焉を語る戦後ドイツの保守的な時代批判[92]とある意味で

---

[88] Ernst Rudolf Huber, Die Bismarcksche Reichsverfassung im Zusammenhang der deutschen Verfassungsgeschichte (1970), in: ders., Bewahrung und Wandlung, 1975, S. 62ff.

[89] Ernst-Wolfgang Böckenförde, Der deutsche Typ der konstitutionellen Monarchie im 19. Jahrhundert (1967), in: ders., Recht, Staat, Freiheit, 2. Aufl., 1992, S. 273ff. ベッケンフェルデがここで直接の論争対象としているのは，フーバーの『ドイツ憲法史』第3巻冒頭で展開される立憲君主政論である。Huber, Deutsche Verfassungsgeschichte, Bd. 3, 1963, S. 4ff. フーバーからの反論として参照，Huber, Die Bismarcksche Reichsverfassung (Anm. 88).

[90] シュミット・ベッケンフェルデ的枠組みが，主権の所在すなわち最終的決定を下しうる審級へと関心を集中することで，長期的に生じる多面的な国制構造の変容を正しく捉えることを妨げるという点につき，シェーンベルガー(Christoph Schönberger)の批判は説得的であるように思われる。Christoph Schönberger, Der Vorrang der Verfassung, in: I. Appel, G. Hermes, C. Schönberger (Hrsg.), Öffentliches Recht im offenen Staat: FS für Rainer Wahl, 2011, S. 385ff., 393-396.

[91] これは樋口の1980-90年代の議論に特に顕著であるように感じられる。参照，樋口陽一『近代国民国家の憲法構造』(1994年)，同『近代憲法学にとっての論理と価値』(1994年)。

[92] シュミットやその弟子たちとワイマール期の「保守革命」の関係については研究の進展が見られるが，その検討は他日を期したい。フォルストホフのワイマール期の自己形成とその後の学問的展開については参照，Florian Meinel, Der Jurist in der industriellen Gesellschaft, 2011.

同型の思考は,「あるべき秩序」としての近代国家像と対照される「現実に生じた秩序」を現代国家から前近代社会へと切り換えることで,進歩的な議論へと価値の符号を転換しうることになる。

　我々はここに,違憲審査制を前提とした法律学的憲法学とは異なる,もうひとつの憲法学的思考93)の可能性を見出すことができるのかもしれない94)。とは言え,すでに触れたように,かような思考が現在の学問水準に耐える形で今後どこまで継承されうるのかは,必ずしも疑問なしとしない。旧来の国家論一般について指摘されるのと同様,ここでもグランドセオリーを志向することと裏腹に生じる議論の脱分化が逆に我々の認識に足枷を与えはしないか,とりわけ自らの理想を投影した歴史的な秩序像への固着が,過去のみならず現在をも正しく把握することを制約しはしないか,などの疑問も浮かび上がる95)。

　とは言え,これら過去の議論が今日の我々に直ちに有益な解答を与えはしないとしても,それはかような基本的な問いに直面させることを通して,現在における憲法学的思考の可能性を改めて問い直すことを我々に迫るものであるように思われる。ワイマールの実験室は,今なお我々の思考を刺激してやまない知的源泉であり続けている。

---

93)　Vgl. Rainer Wahl, Der Vorrang der Verfassung (1981), in: ders., Verfassungsstaat, Europäisierung, Internationalisierung, 2003, S. 121ff., 158.
94)　これはドイツのみに限定された問題ではない。フランスに関する指摘として参照, Olivier Jouanjan, Faut-il au droit constitutionnel une théorie de l'État?, in: Revue universelle des droits de l'homme, 2003, pp. 99-107, 106.
95)　歴史理解に関しては参照, Möllers, Staat als Argument, S. 214-227. 憲法理論に関する近時の注目すべき動向の中で,ワイマールの憲法理論との差異として意識される点のひとつは,憲法学内部の学問的分化の深化であるように見える。Vgl. Matthias Jestaedt, Die Verfassung hinter der Verfassung, 2009; ders., Verfassungstheorie als Disziplin, in: Otto Depenheuer, Christoph Grabenwarter (Hrsg.), Verfassungstheorie, 2010, S. 3ff.

第2章

国家論の時代の終焉？
――戦後ドイツ憲法学史に関する若干の覚え書き――

1 はじめに

(1) 差し当たりライナー・ヴァール(Rainer Wahl)の評価に従うならば，第二次大戦以降のドイツ連邦共和国における公法の発展は，大きくふたつの局面に分けることができるという[1]。第一の局面を導くのは，1949年のボン基本法の制定である。ここでは「憲法の優位」が確立され，連邦憲法裁判所の主導の下，憲法が全法秩序を指導するものとして（とりわけ基本権の客観法的側面を通じて）これに深く浸透するとともに，主観的公権の拡大や裁判所による権利保護の強化が進められ，ドイツ特有の「法治国家」の相貌を形づくることになった。ヴァールはこれを，（彼自身の規範的評価によれば，行き過ぎた）「法化(Verrechtlichung)」と「裁判化(Justitialisierung)」の進展として特徴づける[2]。

これに対して，ヴァールの見立てによれば，ドイツ公法は現在，新しい第二の局面を迎えている。これを動かすのは，各法領域におけるヨーロッパ化と国際化の進展である。ここではEU法の国内法への浸透に加えて，他のヨーロッパ諸国などとの間で法的な同化・順応と競争への圧力が生じることになる。ドイツ法は，従前のように自国固有の発展を推し進めるよりも，むしろ自らの外部を志向してこれに対して自己を開放していくことが求められる。ヴァールのように，上記の「第一の局面」におけるドイツ特有の発展に批判を抱く論者は，ここに，自国の発展を相対化し批判的に反省するための，ひとつの好機を見出そうとするであろう[3]。

---

1) Rainer Wahl, Zwei Phasen des Öffentlichen Rechts nach 1949, in: ders., Verfassungsstaat, Europäisierung, Internationalisierung, 2003, S. 411ff.
2) Ebenda, S. 414-422.

かような時代診断の基礎となる彼の理論的・規範的立場に対する賛否如何という問題は、ここではひとまず措く。少なくとも、近年のヨーロッパ化・国際化の進展によってドイツ公法が全く新しい時代に直面している、という意識は、多かれ少なかれ他の論者にも共有されているように思われる。これに対応して、ワイマール期やナチス期のみならず、上記の「第一の局面」たる戦後の公法および公法学の発展もまた徐々に「歴史」の領域へと移行しつつあるように感じられる。ここでは、戦前と戦後との間の連続性と断絶、戦後の発展の特質とこれを可能にした要因といった主題などが、ひときわ興味深い論点として浮上するであろう[4]。他方、例えば戦後の「シュミット学派」や「スメント学派」といった呼称がワイマールと戦後との連続性の意識をある限度で表現していたとすれば、逆に近時の議論の中でしばしば目にするのは、これら過去の偉大な諸理論との間に横たわる、埋めようのない断絶の意識である。例えばシュトライス(Michael Stolleis)によれば、ワイマールの理論家たちが自明の前提としたような主権的な国民国家という対象は、今日ではもはや失われた。「確かに国家はなお存在するが、それはグローバルな経済やグローバルなリスクに対して無力な国家である」[5]。かくして彼は、ワイマール期の方法論論争に関する講演の最後に、次のように結論づけざるをえない。「ワイマールの国家理論の遺産は、〔我々の思考を鍛えるための〕知的な砥石としては役立つのかもしれないが、しかし今日ではもはや我々にとって決定的な助けにはならない。問題が本質的に異なるものになってしまったのだ」。このことは、距離を置いた歪みのない歴史的分析のためには好都合であろう。しかし他方、グローバル化などがもた

---

3) Ebenda, S. 422-435. また、関連して参照、Wahl, Die zweite Phase des Öffentlichen Rechts in Deutschland, in: Der Staat 38, 1999, S. 495ff.; ders., Der Einzelne in der Welt jenseits des Staates, in: ders., a.a.O.(Anm. 1), S. 53ff.; ders., Konstitutionalisierung — Leitbegriff oder Allerweltsbegriff?, in: Festschrift für Winfried Brohm zum 70. Geburtstag, 2002, S. 191ff.; ders., Herausforderung und Antworten: Das öffentliche Recht in der letzten fünf Jahrzehnte, 2006.

4) 例えば参照、Christoph Gusy(Hrsg.), Weimars lange Schatten — „Weimar" als Argument nach 1945, 2003; Birgit von Bülow, Die Staatsrechtslehre der Nachkriegszeit(1945-1952), 1996. 特に憲法理論に着目するものとして、参照、Peter Unruh, Weimarer Staatsrechtslehre und Grundgesetz: Ein verfassungstheoretischer Vergleich, 2004. 戦後ドイツ法学に関する概観として参照、Dieter Simon(Hrsg.), Rechtswissenschaft in der Bonner Republik, 1994.

5) Michael Stolleis, Der Methodenstreit der Weimarer Staatsrechtslehre — Ein abgeschlossenes Kapitel der Wissenschaftsgeschichte?, 2001, S. 20.

らす現代の課題に取り組むには,「古典的テクストの解釈に代わって,現代の学問理論・法理論を助けとした,新しい自立した思惟が登場しなければならない」,とされるのである[6]。

(2) 果たして我々にも親しみのあるかつての憲法理論が,本当に現代的な有効性を喪失してしまったのか,という問いを追求することは,ここでの主題ではない。むしろ日本の憲法学者の立場から見て興味を引くのは,かようなドイツ公法の変動が,わが国の憲法学における学問的実践として長年営まれてきた比較法的研究方法に対していかなる意味を有するか,という問題である。特にヨーロッパ統合の進展は,西欧諸国のアクチュアルな問題状況が,日本のそれとますます異質なものになることを意味するであろう。先進立憲主義諸国の最新の動向を分析することが,直ちにわが国になにがしかの示唆を与える,というかたちの幸福な比較法は,これまで以上に容易に成立しなくなることも予想される。

芦部信喜はかつて,「近代憲法には各国に通ずる共通法ともいうべき原則が存在すること,しかし同一の原理や制度であっても,その意味または機能が国によって大きく異なる場合が少なくないこと,比較研究は理念型を追求しながら,その理由を明らかにしなければならないこと」を「比較憲法のイロハ」と呼んだ[7]。比較研究を通じ,それぞれの国の特殊な文脈を超えて,「憲法に内在し,または憲法の背後に宿る普遍の法理念ないし政治理念の存在」[8]を探り当てていくこと。かような想定は,わが国の憲法をより良く理解するためにこそ全く異なる文化圏に属する異国から学ぶ,という必ずしも自明とは言えない営みを,一定の限度で支えてきたものと推量される。これについてしばしば用いられる「準拠国」「反・準拠国」といった表現[9]は,我々が欧米立憲主義国に向ける眼差しの中に,いかなる期待と願望が込められていたのかを,如実に

---

6) Ebenda, S. 21. また,参照,Stolleis, Staatsrechtslehre und Politik, 1996. 新たな理論動向など問題状況の整理として参照,Thomas Vesting, Die Staatsrechtslehre und die Veränderung ihres Gegenstandes: Konsequenzen von Europäisierung und Internationalisierung, in: VVDStRL 63, 2004, S. 41ff.
7) 芦部信喜『憲法と議会政』(1971 年) i 頁。
8) 同 ii 頁。
9) 参照,樋口陽一『近代憲法学にとっての論理と価値』(1994 年) 216 頁以下。

示すものであろう。この限りで外国憲法研究は，欧米という他者の言葉を借りて我々自身の問題を語る営為としての意味を持ち続けてきた。かような見地から見て，わが国の戦後ドイツ憲法研究の特徴として指摘されうるのは，恐らくはかつての「準拠国」に対する一種の憎愛，「第一の局面」の戦後ドイツが体現する特殊性と普遍性に対するアンビヴァレントな感情である[10]。

これに対して，ヨーロッパ諸国が共通に抱える独自の文脈がいっそう強く意識される「第二の局面」においては，かような我々の従前の態度にも，あるいは一定の変容が要求されうるかもしれない。上記のような比較法的研究が当然の前提としていた「国家」という枠自体の変容に対して，冷静な距離を置いた観察の対象という以上に，わが国の問題状況との関係でいかなる接点を探っていくべきかは，恐らく今のところまだそれほど自明のことではない。

（3）　他方で，ドイツにおいて戦後の憲法および憲法学の発展が今後ますます歴史的研究関心の対象へと移行していくとすれば，このことはわが国のドイツ憲法理解にとっても有益な契機を意味しうるように思われる。戦後ドイツ憲法史に対する我々の理解の深化は，従来の予断から相対的に自由に，「準拠国」か「反・準拠国」かという枠組みを超えて，適度な距離から冷静にドイツと向き合うことを可能にするであろう。

ドイツ憲法が我々にとって興味深い研究対象であるというのは，わが国の憲法学がここから一定の範囲で直接の影響を受けているという理由だけによるのではない。かつてわが国が君主政の下で実証主義国法学を継受することで，ドイツと日本が共通の学問的な「根」を有していたと言えるとすれば，その後わが国が主たる「準拠国」をアメリカ・フランスへと変更することで，両者の道は再び大きく分かれてしまった。これに対してドイツは，外国からの影響は受けつつも，むしろより強く自国の伝統との内在的な対決を通じて「戦後」が突き付ける諸課題に取り組んできたように見える。民主政や法治国家（法の支配），社会国家（福祉国家）などの憲法原理の転換を始め，戦後の両国の憲法学が抱え

---

10)　わが国におけるドイツ憲法研究史の概観として，参照，渡辺康行「ドイツ憲法研究の50年」法律時報67巻12号（1995年）14頁以下，高田篤「戦後ドイツの憲法観と日本におけるドイツ憲法研究」樋口陽一編『講座憲法学別巻　戦後憲法・憲法学と内外の環境』（1995年）41頁以下。

た課題にもしも一定の共通性が存在するとすれば，わが国自身がかかる課題に対してどのように取り組み，何を成し遂げ，何を積み残してきたのかを改めて問う上でも，ドイツは極めて有益な比較対象であると見ることができる。我々は，自己の姿をより良く認識するためにこそ，鏡としての他者を必要とする。わが国でドイツ憲法史・憲法学史に取り組むことのひとつの意味は，この点に求めることができよう。

（4）　もっとも，戦後，あるいはこれに先立つワイマール期・ナチス期を含めた前世紀のドイツ憲法・憲法学の発展をひとつの全体像として把握するには，種々の個別的な論点からの論究の蓄積を俟たなければならない。そこで以下では，上記の研究関心に向けた準備作業のひとつとして，2004年に出版された，この領域におけるある先駆的かつ野心的なモノグラフィーの紹介と検討を行うことにしたい。検討の対象とするのは，フリーダー・ギュンター（Frieder Günther）著『国家からの思考――決断と統合のはざまにおけるドイツ連邦共和国の国法学・1949年―1970年』[11]，2003年にテュービンゲン大学哲学・歴史学部に提出された博士論文である。その主題は，いわゆる「シュミット学派」と「スメント学派」の対立と盛衰に焦点を当てた戦後ドイツ公法学の発展史であり，就中公法学的思考における「国家論」の衰退過程の分析に他ならない[12]。

著者ギュンターの探求を導くのは，例えば60年代初頭における次のような問題状況である。「国家は，数世代にわたる国法学者にとって，その思考の出

---

[11]　Frieder Günther, Denken vom Staat her: Die bundesdeutsche Staatsrechtslehre zwischen Dezision und Integration 1949-1970, 2004, S. 363. なお，同書の書評として，参照，Rolf Grawert, Buchbesprechung, in: Der Staat 44, 2005, S. 151ff. 同書が扱う戦後公法史の当事者の一人による書評として興味深いのが，Ernst-Wolfgang Böckenförde, Staatsrecht in der Bonner Republik, in: Rechtsgeschichte 6, 2005, S. 220ff. である。

同書のように，自らが公法学者ではない論者によって書かれた公法学史に，外からの視点が持つ利点と限界という両面が存することは疑いえない。本章が以下で取り組むのは，同書が我々に示すいわば知識社会学的な知見や洞察を，憲法学を営む者としての学問内的視点からいかに受け止め，憲法学のあり方に関する我々自身の反省的考察のためにここから裨益しうるか，という点にある。

[12]　なおドイツで国法（Staatsrecht）ないし国法学（Staatsrechtslehre）というとき，広義では（例えば「ドイツ国法学者大会」のように）公法（学）一般を指すものとして，狭義では（大学の科目や教科書名で Staatsrecht が用いられるように）憲法（学）を指すものとして用いられるようである。ギュンターは，多くの場合は行政法を含めて広義にこれを用いるように思われるので，以下の紹介においては「国法（学）」の語は原則としては「公法（学）」と互換的に使用する。

発点として機能してきた。しかし今や，この国家というカテゴリーは，変容する政治的現実からも，後進の世代からも，ますます疑問に付される。伝統的な国家からの思考は，その中に権威的・官憲的な過去の時代の遺物を見出す批判の増大にさらされたのである」[13]。1960年代を通じて，「国家からの思考」は次第に個別具体的な問題解決を導く能力を喪失していく。ギュンターがその分析の最後にたどり着くのは，次のような結末である。「ドイツ公法学の歴史的発展の基礎としての国家からの思考は，約100年の後に終焉を迎えた。ドイツの国家理解の方向性は，西欧的・大西洋的な方向性と合流し，ドイツの伝統と西洋の伝統の混合が生じた。加えて，国法学という学問分野の理論的基礎について(とりわけ国家について)徹底的に熟考され議論された，約50年にわたる国法学のひとつの時代も，終焉に至ったのである」[14]（傍点引用者）。かようなギュンターの時代理解は，恐らくドイツでは決して孤立したものではない。

　ギュンターがここで述べる，ワイマール共和国[15]から1970年前後に至る約50年の理論的思考の時代を，非常に緩やかな意味で「憲法理論の時代」と呼ぶことができるとすれば，ドイツではこの時期，「国家からの思考」とともに「憲法理論の時代」もひとつの区切りを迎えた，ということになる。ここでは，単に立憲君主政以来の「権威的・官憲的」な国家像が有効性を大幅に喪失したというのみではなく，「シュミット学派」対「スメント学派」といった理論的対立軸自体が，次第に時代の突き付ける学問的課題にそぐわない「イデオロギー的な足枷」[16]と見なされるようになっていった，というのである。この時期に，ドイツ公法学にいったいなぜ，いかなる変容が生じたのか。ギュンターは，当時を知る学界の長老たちへのインタビューや，既に物故した公法学者たちの遺品に含まれる膨大な書簡類などをも駆使しつつ，ひとつの学問共同体の変容過程を生々しく描き出していく。

　以下本章では，まずギュンターの議論の概要を紹介し(2)，次いでその中に含まれるいくつかの論点について検討し(3)，最後にわが国の憲法学との関係

---

13) Günther, a.a.O.(Anm. 11), S. 9.
14) Günther, a.a.O.(Anm. 11), S. 321.
15) 但し，始点をカイザーライヒの末期に求める見解として，参照, Stefan Korioth, Erschütterungen des staatsrechtlichen Positivismus im ausgehenden Kaiserreich, in: AöR 117, 1992, S. 212.
16) Günther, a.a.O.(Anm. 11), S. 319.

について若干の所感を述べる(4)ことにしたい。

2　戦後ドイツにおける国法学の展開

　ギュンターは，本論に先立って「1945 年以前の国法学と国家」(第 2 章)に瞥見を与えたあと，主たる分析対象となる 1949 年から 70 年という期間を，三つの時期に区切って検討を加える。第一は「50 年代の終わりまでにおける国法学の再建」(第 3 章)，第二は「60 年代前半における変革」(第 4 章)，第三は 60 年代後半を扱う「変容した学問」(第 5 章)である。最後は終章「国家なき国法学」で締めくくられる。順を追って見ていくことにしよう(以下，括弧内の数字は同書のページ数を指示する。なお，公法学者の生没年については，主に Helmuth Schulze-Fielitz, Staatsrechtslehre als Mikrokosmos, 2013 などによって補完した)。

　(1)　戦後のドイツ公法学の出発点を考える上でひとつのポイントとなるのは，そのナチス期との関係である。「戦後西ドイツの国法学者の多くは，国家社会主義の時代をできる限り表舞台から消し去り，自らをワイマールの公法学の直接の後継者として理解することによって，1920 年代の学問的発展に接続しようと努力した」(47)。しかしながら，ナチス期に公法学が被った変化は決定的な性格を有していたため，「1949 年以降に「黄金の 20 年代」に断絶なく接続することは全く不可能だった」(48)。では，この時期に生じた最も重要な変化とは何なのか。「国法学のその後の発展にとって決定的だったのは，国家社会主義の時代に，本質的に行政と同一視された国家像が定着したことである」(53)。少なからぬ国法学者にとって，今や現代国家の最も中心的な機能は行政だと見なされた。ある時期以降の行政への関心は，一面では，イデオロギー的な負荷が少なく相対的に非政治的な研究領域への避難という性格を持ったが，しかし他面では，「党から明瞭に一線を引きつつ，全体主義的支配に下位の段階で抑制を与え，国家の機構が信頼できかつ規則的なかたちで機能するよう保つ」(54)という企図にも支えられていた。かような傾向の中から，例えばともにシュミット学派の若手であるエルンスト・ルドルフ・フーバー(Ernst Rudolf Huber, 1903-1990)の経済行政研究やフォルストホフ(Ernst Forsthoff, 1902-

1974)の給付行政論のように，国家と社会の新たな関係を志向した行政法学の重要な刷新が生じていく。こうして「ワイマール共和国の最終段階ととりわけ国家社会主義期に，国民保守派に属する国法学の多数派において，反議会主義的・行政中心的・国家介入的な傾向がさらに押し進められた」(56)。かような，一定の刷新を遂げた「国家からの思考」が，戦後の発展に対して一定の文脈を提供することになる。(以上第2章)

(2)　戦後ライプホルツ(Gerhard Leibholz, 1901-1982)やカウフマン(Erich Kaufmann, 1880-1972)らが亡命先から帰国したり，また新しい世代の学者が登場したりするものの，全体として眺めれば，戦争直後の国法学界の人的構成はナチス期との連続性によって強く規定されていた。1945年以前に学問的キャリアを開始した学者の多くは，ナチス期も戦後もそのキャリアを継続し，学界から排除されたのはシュミット(Carl Schmitt, 1888-1985)やケルロイター(Otto Koellreutter, 1883-1972)，ヘーン(Reinhard Höhn, 1904-2000)ら少数にとどまる(非ナチ化で当初職を失った学者も多くは50年代初めには復帰し，フーバーは遅れて57年にようやく大学への復帰を果たす)。彼らの多くにとって，同僚の過去を詮索するのは気まずく不快であり，学界の一般的雰囲気としては表面的な調和とコンセンサスへの努力が支配していくことになった。「国法学は，ラディカルな新しい出発を目指すのではなく，むしろ控えめに過ぎ去った時代に接続することによって，自らの仕事を継続しようと試みた」(76)のである。ワイマール期の方法論論争の舞台となったドイツ国法学者大会の再建は，ワイマールの伝統への接続という試みの制度的な表現でもあった。こうした回帰志向，調和的な秩序への希求は，50年代に社会全体で支配的であった保守的な雰囲気にも対応するものであり，その変革は新しい世代の到来する60年代を待たなければならない。(以上第3章第2節)

1949年のボン基本法の制定は，国法学のその後の発展にとっても決定的な転機となった。冷戦の尖鋭化する中で，西側の憲法思想は再建のための唯一可能な基礎とみなされたのである(もっともここでは，西側憲法からの影響のみでなく，フランクフルト憲法からワイマール憲法に至る自らの民主的伝統との対決が重要な役割を果たした)。かくして国法学者の多くはワイマール期とは異なり，新たな憲法

秩序に対する原理的な批判を控えて順応的な態度を示すことになる。これに対してヴェルナー・ヴェーバー (Werner Weber, 1904-1976)，フォルストホフらシュミットの周辺に位置する論者は，ボン基本法への仮借なき原則的批判者として異彩を放ったものの，「50年代半ば以降は孤立したアウトサイダーとしての役割に甘んじなければならなかった」(91)。新憲法への適応は，より解釈論的・規範主義的ないしは実務志向的な方向性を持つ論者にとってはより容易であり，「国家」「社会」「憲法」「代表」といったイデオロギー性を帯びた概念によって思考を規定された論者ほど困難であった。

　こうした中，これら少数派を含めて，当時ほぼ全ての国法学者によって受け入れられ，ボン基本法の基本的性格を規定する鍵と見なされたのは，「法治国家」の概念であった。法治国家は，国家社会主義からも共産主義からも明瞭に自らを画することができ，また国法学界の全ての潮流が依拠することができたからである。もっとも，その具体的な内実をめぐっては，形式的・技術的な自由主義的法治国家から，実質的法治国家，それに英米的な「法の支配」流の立場まで，多様な見解が競い合い，ひとつの論争の舞台を提供することになる。
(以上第3章第3節)

　この時期，後に見る「シュミット学派」と「スメント学派」以外に，学界内には更にふたつの集団が形成された。第一は，アーベントロート (Wolfgang Abendroth, 1906-1985) を中心に，ヘルムート・リッダー (Helmut Ridder, 1919-2007)，マルティン・ドラート (Martin Drath, 1902-1976) らによる左派の集団である。彼らは，法治国家ではなく社会的な民主政および社会国家をボン基本法の中心概念と理解し，主に民主的な立法を通じた社会主義的な改革に道を開くことを目的としたが，多数派には受け入れられず，60年代には諦念とともに国法学者大会の表舞台から退却していく。これに対して第二は，キリスト教的に刻印された，学派と呼ぶには緩やかな集団である。彼らは協力して，憲法秩序を不当な批判から擁護したり，(ケルロイターやフーバーの学会復帰問題，シュミット記念論集問題など)ナチス期の過去を背負った学者が復権しようとするのを妨げるべく試み，一定の境界線を踏み越えた者たちを道徳的見地から排除する役割を果たした。彼らの多くは，戦後の自然法の復権の時期にはこれに従ったものの，50年代半ば以降自然法論が支持を失うと，客観的価値秩序論の方向へ

と傾斜していく。ここにはナヴィアスキー(Hans Nawiasky, 1880-1961)、マンゴルト(Hermann von Mangoldt, 1895-1953)、ハンス・ペータース(Hans Peters, 1896-1966)、フリーゼンハーン(Ernst Friesenhahn, 1901-1984)、バッホフ(Otto Bachof, 1914-2006)、デューリッヒ(Günter Dürig, 1920-1996)らの名前が挙げられている。なおこの他、50年代の国法学の発展を理解する上で無視できないのは、51年に設立された連邦憲法裁判所が急速にその役割を増大させていったことであった。(以上第3章第4節)

このような時代背景の下で、「シュミット学派」および「スメント学派」の意義と特質をどのように理解できるだろうか。まず「シュミット学派」は、一種のカリスマ的な教師であるシュミットと弟子との間の個人的な結びつきによって成立し、学界多数派による排除のメカニズムに抵抗する中で、その尖鋭な反時代性を含め、学派としての凝集性を高めていった。戦後シュミット自身は隠遁を余儀なくされるものの、その著作の復刊が企てられ、厳しい批判を乗り越えてシュミット70歳記念論集が刊行され、そして当時の若手ベッケンフェルデ(Ernst-Wolfgang Böckenförde, 1930-)とシュヌーア(Roman Schnur, 1927-1996)によって雑誌『国家(Der Staat)』の創刊が準備されるなど、「沈黙の安全の中の会話」にとどまらない一定の抵抗が試みられていく。このシュミット学派の思考の特質としては、第一に「例外状態」の意義を重視する決断主義的思考、第二に国家をその思考の基軸に据える国家主義的思考、第三に反多元主義的で政党や利益団体に敵対的な「代表」理論を挙げることができる。これらの点で、シュミット派は英米的な多元主義的思考とは相容れないドイツの国法学的思考のひとつの伝統を濃厚に維持し続けたのである(この故に、外国の政治理論が参照される際も、アメリカではなくフランスに好んで視線が向けられることになった)。これは60年代以降、彼らの時代への適応に明瞭な限界を与えることになる。またかような思考の下、ここでは憲法の解釈においても自由主義的法治国家の立場から厳格で制限的な手法が重視された。かような意味での「法学的」な思考手続を重視するシュミット派は、連邦憲法裁判所や当時の学界の趨勢に対して極度に批判的であり(彼らにとってスメント学派は一種の「贖罪の山羊」としての意味を持っていた)、他方50年代に大学の科目として定着しつつありアメリカの影響も強かった政治学に対しても冷淡にとどまった。もっとも、具体的に個々

のメンバーを見るなら、シュミットとの人的および学問的距離は様々であり、一般には弟子たちが時代適応への努力を進めるにつれて、次第にシュミットとの距離もまた拡大していくことになる[17]。

　これに対して「スメント学派」は、戦後ゲッティンゲンのスメント・ゼミナールをひとつの拠点として発達した。そのリベラルかつ寛容で学識を重んじる雰囲気は、調和を重んじる彼の思考と人柄とも相俟って、エームケ(Horst Ehmke, 1927-)を始め、保守的なスメント(Rudolf Smend, 1882-1975)とは立場の異なる左派の若手をも惹きつけた。ここでのワイマール期を中心とした国家理論・憲法理論の再読作業の中から、戦後スメント学派はスメント自身の当時の立場とは部分的に異なる答えを発展させていく。彼らの特徴のひとつは、外国の憲法理論・政治理論、とりわけ強い国家の伝統を持たないスイスやアメリカに対する関心である。いわゆる「チューリッヒ学派」やハンス・フーバー(Hans Huber, 1901-1987)らスイスとの影響関係に加えて、アメリカともレーヴェンシュタイン(Karl Loewenstein, 1891-1973)、キルヒハイマー(Otto Kirchheimer, 1905-1965)らアメリカ亡命者を通じたコンタクトが維持された。また同様に新しい隣接領域たる政治学との協働にも比較的積極的であり、ヘンニス(Wilhelm Hennis, 1923-2012)やエルツェン(Peter von Oertzen, 1924-2008)ら若手政治学者がスメント・ゼミに参加する一方、例えばエームケはこの時期フレンケル(Ernst Fraenkel, 1898-1975)の著作にも積極的に取り組む。これらは、多元主義的な思考を受容し、60年代の変革を準備するための土壌となった。この戦後スメント学派の発展にとって決定的なのは、スメント自身もが、スイスの憲法学者や弟子たちの批判に応えるように、規範性を重視する方向へと思考の変化を遂げたことである。統合の要請が憲法を突き破って貫徹するのではなく、む

---

17)　ギュンターは学派のメンバーとして、第一世代と呼ぶべきフォルストホフ、ヴェーバー、フーバー、フリーゼンハーン、シュナイダー(Hans Schneider, 1912-2010)、ルンプフ(Helmut Rumpf, 1915-1986)それに第二世代のカイザー(Joseph H. Kaiser, 1921-1998)、シュヌーア、ベッケンフェルデの9人を検討の対象とし、このうち、この時期シュミットの思考から距離を置き始めスメント統合理論に接近したフーバーと、既に1933年以降シュミットから離反したフリーゼンハーンを除く7人を、50年代におけるシュミット学派の構成員として認定している。この他、シュミットと直接の師弟関係はないもののその思考において一定の親近性を持つ論者として、イプセン(Hans Peter Ipsen, 1907-1998)、マウンツ(Theodor Maunz, 1901-1993)、ケットゲン(Arnold Köttgen, 1902-1967)の3人が、また学派の周辺としてフォルストホフの弟子であるグレーヴェ(Wilhelm Grewe, 1911-2000)、フォイクト(Alfred Voigt, 1913-1998)が挙げられている。

しろ憲法こそが国家を統合し形づくる，という側面が従来以上に重視される。こうしてスメント派において「国家からの思考に代わって，いわば憲法からの思考が登場した」(166)。「もはや国家ではなく，公共体全体の法的基本秩序へと価値を高めた憲法が思考の出発点となった」(168)のである。国家の統一性は，所与の前提であるよりも，実現されるべき「課題」としての性格が強調される。かかる構想は，多元主義的な要素を受容するに足る適応能力を備えるものでもあった。こうした思考の特質を持つスメント学派が，法実証主義もシュミット学派もともに否定的に評価したのは，ある意味で自明のことであろう。なお注目すべきは，連邦憲法裁判所の価値体系論に対しても時に明瞭な距離が置かれたことであった[18]。(以上第3章第5節)

これら明確な特徴を備えた対照的な両学派の対立をひとまず措けば，50年代の学界は全体としてはその保守性によって特徴づけられる。戦後自然法論や，その衰退後を引き継いだ客観的価値秩序論が，主に保守的な秩序像を背景に主張された。かような議論の基礎となる「超実定的」な法的思考は，国家社会主義との連続性が問題とされうるはずだったが，法実証主義に全ての責任を押しつけることでかかる側面は黙殺された。国法学の諸論点においても，伝統的な国家主義的思考はおおよそ維持され，国家は「いっそう危険を増していく社会の多元主義に抗して，全力を以て守られるべき」(198)存在と見なされた。結局のところ，この時期は学問的革新への希求よりも，自らの伝統に再接続する必要性の方が上回ったことになる。とは言え，「伝統的な思考方法が，果たして法の外部で変容していく現実と調和しうるのか，基本法は根本的な思考の変化を要求しているのではないか，という疑問」(208)もまた徐々に意識されるようになっていく。(以上第3章第6節)

(3) 50年代末になると，こうした復古的雰囲気にも変化が訪れ，新しい世代の到来とともに社会全体の政治文化も多元化・リベラル化の方向に向かうこ

---

18) この時期のスメント派のメンバーとしては，ウルリッヒ・ショイナー，ヘルベルト・クリューガー，それに若い世代に属するヘッセ，エームケ，エルツェン，ヘンニス，ボイムリン，ツヴィルナー (Hennig Zwirner, 1927-1985) が検討の対象とされている。このうちクリューガーは，その国家主義的思考のために，50年代には既にスメント派と見なすことは困難であったとして除外される。この他この時期比較的近い立場にあった論者としてはライプホルツが検討されている。

とになる。公法学界においても、60年代の変化を主導したのはエームケ、シュヌーア、ベッケンフェルデ、クヴァーリチュ(Helmut Quaritsch, 1930-2011)、ルップ(Hans Heinrich Rupp, 1926-)ら若い世代の論者たちだった。スメント派の拠点もまた、スメントのゲッティンゲンから、ヘッセ(Konrad Hesse, 1919-2005)とエームケのフライブルクへと移動する。彼らは学界の同調的な雰囲気を打破して、ここに多元的で論争的な空気を持ち込もうとした。シュミット学派に対しても、排除やタブー視を超え「学派の境界を越えて純粋に学問的な対決をするべき時が到来した」、と考えられたのである。もっとも学派間の対話は、両派の立場の違いを際立たせはしたものの、その先に踏み込んだ対決や一致にまで至ることは容易でなかった。この時期、シュミット派は雑誌『国家(Der Staat)』を創刊して自らの拠点としたのに対して、権威ある伝統的な『公法雑誌(Archiv des öffentlichen Rechts)』の方では新たにスメント派のヘッセとエームケを編者に加えることで巻き返しを図り、代表的なふたつの学術雑誌を舞台に両派が対抗しあうことになる。(以上第4章第1節)

　国法学における伝統的な国家主義への批判は、まず外部から訪れた。台頭する政治学は、「西欧的な民主政の学」としての自己了解の下、英米の憲法的伝統をひとつの模範としつつ、シュミット学派に典型的に見られるような「権威的で官憲的」な国家像との対決を図ったのである。これに対して、国法学の側でも対応する動きが現れる。象徴的なのは、1958年のドイツ国法学者大会におけるヘッセの報告「現代国家における政党の憲法上の地位」であった。以後スメント派においては、元来スメントの体系の中心をなしていた国家概念に対して多元主義的・反国家主義的な転回が加えられるとともに、国家と社会とを横断する政治の領域が重要な役割を果たすことになる。かような新傾向を無視することは学界にとってももはや不可能であり、若い世代にもかかる端緒の支持者が現れた。しかし他方シュミット学派においては、法解釈学と政治学のあいだに明確な境界線を引くことで、かかる傾向は拒絶された。(以上第4章第2節)

　かくしてスメント派は、この時期に解釈論の次元でも重要な刷新を進めていく。憲法解釈方法論の領域では、エームケの1961年国法学者大会報告において、具体的問題を思考の出発点とするトピク的解釈方法の受容が試みられ、同

時に解釈者の前理解としての実質的な憲法理論の必要性が主張された。ここでは同時に連邦憲法裁判所に対する批判が含意される。エームケはまた教授資格論文において経済憲法の問題に取り組み，立法者の優位を尊重するアメリカ最高裁の判例理論を手がかりにドイツの理論的伝統との対決が試みられた。「法治国家」概念をめぐっては，ショイナー（Ulrich Scheuner, 1903-1981）の端緒を受け継いでヘッセが，法治国家と民主政との密接な関連性を強調する。ヘッセは政党論の領域でもショイナーとともに，政党の半国家化とも政党への伝統的懐疑とも異なる，第三の理解を打ち出した。ショイナーはシュミット流の「代表」概念の克服を企てる。そして基本権論の領域では，ヘーベルレ（Peter Häberle, 1934-）がその博士論文で制度的基本権理解を提唱して，賛否両論の反響を呼んだ。これらの当時の理論的革新の端緒は，既にワイマール期の統合理論の中に含まれていたと見ることも不可能ではない。彼らがある程度まで英米を意識していたとしても，「これら新たな諸構想は，直接にアメリカ憲法から由来するのではなく，ドイツの法システムの文脈におけるその思考様式の継続的発展を意味したのである」(256)。かくしてスメント派は60年代前半の変化の先導者となった。（以上第4章第3節）

言うまでもなく，この時期に思考の変化が生じたのはスメント派だけにはとどまらない。重要な領域のひとつは行政法である。ここでは基本法の民主的な憲法構造の下で，議会法律の行政へのいっそうの浸透が必要であると主張され，「法律の留保」論をはじめとするイェッシュ（Dietrich Jesch, 1924-1964）やルップらの新たな方向性は若手の行政法学者の間で反響を引き起こした。「その出発点は新たな国家理解である。ここでは，国家が公共の利益の当然の擁護者とみなされるのではなく，国民が全ての国家権力の正統化の基礎を意味した」(260)。かような新機軸は，年長の行政法学者との間で世代間の対立を生む。興味深いことに，クヴァーリチュやシュヌーアという第二世代のシュミット派はこの新しい動きに左袒する一方，エームケはこれと批判的な距離を保ち，結果的に古い国家理解の側に立った。50年代とは議論の際の前線が変化したのである。かような「ねじれ」の背後にあるのは，イデオロギー性を帯びた国家理論的考察が後景に退き，より強く憲法規範を志向した思考や機能的な考察，プラグマティックな考慮などがこれに代わっていく，という基本的態度の変化であった。

（以上第 4 章第 4 節）

　フォルストホフやヴェーバーら第一世代のシュミット学派は，かような新しい潮流に対する批判を強めるものの，期待した反響は得られず，時代から取り残され孤立を深めていく（フォルストホフの国法学者大会からの脱退をめぐる 65 年の騒動は象徴的である）。クリューガー（Herbert Krüger, 1905-1989）の『一般国家学』（1964 年）は，衰退を強める科目に関する時ならぬ大著として注目を集めたが，若い世代や政治学の側からの厳しい批判を浴びた。これに対して，ベッケンフェルデら第二世代のシュミット学派は十分な適応能力を示すことができ，ここにはハンス・フーゴー・クライン（Hans Hugo Klein, 1936-），デーリング（Karl Doehring, 1919-2011），ツァイドラー（Karl Zeidler, 1923-1962），ヘンケ（Wilhelm Henke, 1926-1992）ら，もはやシュミットとは直接の結びつきを持たない新たな若手も加わっていく。とりわけ 57 年の博士論文から 64 年の教授資格論文に至るヘンケの政党に関する立場の変遷などは，彼らの思考の柔軟性を示す良い例であろう。第一世代とは違い，彼らにとってボン基本法はその思考の前提である。彼らの関心も例外状態から平常状態へと重心を移す。そして「彼らの思考の出発点は国家理解の変化であるよりも，むしろ学派の思考様式の中心的要素を，主にリベラルな特質を持った現代へとどこまで移し替えることができるか，という問いであった」(276)。ここでは行政法の領域を中心に，計画，社会国家の変容，国家の経済介入，議会の役割などをめぐって革新的な仕事が行われていくことになる。

　他方で 60 年代には，シュミット派にもスメント派にも分類できない若手も登場して注目を集めた。その代表的な例としてレルヒェ（Peter Lerche, 1928-2016）を挙げることができよう。「レルヒェから示唆されるところでは，国家理論的な問題設定は退却しつつあり，具体的な問題や法学的な手続を中心に据える思考によって取って代わられた」(282)。こうした端緒は未だ個別的な現象にすぎなかったが，時代は少しずつこの方向へと動いていく。（以上第 4 章第 5 節）

　(4)　60 年代半ばには，社会全体としても，伝統的な世界観対立に代わって「脱イデオロギー化」への傾向が顕著になっていく。かような傾向は，学界の雰囲気にも変化をもたらした。（以上第 5 章第 1 節）

こうした中，60年代初めに徐々に広がりを見せた新たな動きは，60年代後半には穏健化しつつ多数派において貫徹・定着していく。政党助成に関する66年のヘッセン判決(BVerfGE 20, 56)が学界のほぼ一致した批判を浴びたように，国家と社会が相互に絡み合う現代では両者の「分離」という理論構想は時代適合的でない旨が多数の承認を得た。他方でなお国家と社会の「区別」は必要である点もシュミット派の枠を超えて強調される。利益団体の政治的役割はほぼ承認され，反多元主義論に対する破壊力を失った。議会の地位の強化をめぐる議論は，個別の規範やプラグマティックな考慮を志向する傾向を強めつつ継続していく。国家の経済への介入はなお重要な主題であったが，国法学は現実を後追いする傾向を強め，現実に対する影響力を失っていった。基本権論ではその客観法的側面ないしは制度的側面がいっそう前面に躍り出る。かような多面にわたる変容プロセスの終着点として著者が選ぶのは，70年の国法学者大会における報告「基本法における民主政の原理」である。ここで報告者クリーレ(Martin Kriele, 1931–)は，アングロサクソン系の民主政理解を強く意識しつつ手続的側面をその中心に据える。シュミット派にもスメント派にも属さないクリーレによる，かような60年代スメント派にも親近的な議論は，討議の場において広範なコンセンサスによって迎えられることになった。ここに，この間に遂げられた学界の基本的な変化を明瞭に見て取ることができるだろう。
(以上第5章第2節)

　スメント学派の思考様式は，かような60年代後半の政治的雰囲気に適合していた。社会民主党が大連立内閣に参画し，次いで政権を獲得する中，エームケは政治の世界に転出し，ブラント政権の中枢を支える。彼らの学問的企図も徐々に学界の同意を見出していき，67年にはその後長くスタンダードな教科書となるヘッセの『憲法綱要』が出版される。若い世代では，ヘーベルレは憲法の動態化を押し進めつつ70年代以降は次第に伝統的な法学の枠を超えた越境者としての性格を強めていくのに対し，フリードリヒ・ミュラー(Friedrich Müller, 1938–)は逆に解釈方法論の領域で憲法の規範的側面を中心に据えていった。他方シュミット学派の方は，シュミットの老齢化に伴い学派の紐帯もまた弱まっていく。フォルストホフ，ヴェーバーはますます時代への不適合を深めていき，若い世代は，スメント派を上記のような学問的発展の黒幕とみなしつ

つ，その不幸な帰結に対してできる限り建設的な仕方で警告するより他にはなかった。

　こうして両学派の対立と差異は，若い世代によっても維持されていった。しかし個別的な問題を見るならば，その具体的な帰結において両学派の間にはもはやさほど大きな違いがないことも明らかになる。ひとつの良い例は，69年国法学者大会における「良心の自由」についてのボイムリン(Richard Bäumlin, 1927-)とベッケンフェルデの報告であろう。また「国家と社会」をめぐる両派の有名な論争も同様の意味で理解することができる。理論的次元での対立はほとんど「信仰の問題」であり，これを度外視するなら，国家と社会の具体的な関係をめぐる個別の論点については広範な一致が存在した。こうして，エームケの問題提起に対する約10年遅れの論駁である70年代前半のベッケンフェルデの議論を承けて，ヘッセが75年に反論を提出した後は，もはやかかる解釈論にとっての有益性の疑わしい議論を継続する者は誰も現れなかった。（以上第5章第3節）

　(5)　かようなプロセスを経て「国家は，思考のカテゴリーとしては，70年代初めには国法学者の多数派において完全に後景へと退いた。既に60年代初めにレルヒェの思考に暗示されていたものが，こうして多数を得て貫徹した。国家理論的な考察はいまや法学的な問題解決にはあまり役に立たないものと見なされたのである。……これに代わって用いられたのは，強度に形式的な志向を持ち厳格に法学的・規範的な思考方法だった……」(321)。かくて伝統的な国家観の解体を主導したスメント学派は，最終的な勝者となることはできなかった。多数派はスメント学派の立場にある程度までは接近するものの，しかしその個々の理論的な前提までを共有することはなかったのである。国家は退場し，しかし（例えば「公共体」のような）新たなカテゴリーが空位を埋めることはなかった。

　このような変化をもたらした要因は何なのだろうか。著者はまず，連邦憲法裁判所の判例の意義が増大することによって，国家理解をめぐる理論的問題が劣後を余儀なくされたことを挙げる。また，国法学の内部で素材の専門化と細分化が進むにつれて，公法の全領域を概観することはほとんど不可能になり，

包括的な問題設定も失われていった。ヨーロッパ化・国際化が従来の国家理解に与えた影響も無視しえないであろう。

かような変化から浮かび上がるのは，学派の違いを超えた深甚な世代間の対立である。「国家理論的な考察がもはや何の役割も果たさない国法学というのは，50年代から60年代の発展を決定的なかたちで規定し60年代末には定年を迎えた年長の世代の国法学者たちにとっては，奇異なものであった」(324)。国法学という学問の有り様が彼らの時代とは何か根本的な変化を遂げてしまったのを，ショイナーやフォルストホフらは諦念を以て眺めるしかなかった。かくて戦後ボン基本法の下における約20年の発展が最終的にもたらしたものは，「国家なき国法学」であった。(以上終章)

3 国家論の衰退が意味するもの

(1)　以上が同書におけるギュンターの議論の概要である。著者はかような国法学の変容過程を，冷戦やアメリカ化の影響の下において，戦後ドイツの政治理念において一般に生じた「西洋＝西側化(Westernisierung)」の一環として特徴づける。たしかに，主に憲法理論的な次元で，ドイツの伝統的な国家像が，英米の影響を受けたより多元主義的な民主政像によって克服されるプロセスについては，このような位置づけはある程度までは説得的であるように思われる。エームケ自身が「市民社会(civil society)」と「政府(government)」という外来の概念によって「国家」観念との対決を試みたように，またアメリカ亡命者を中心として伝統的な国法学的思考の克服を目指した政治学[19]からの憲法学への影響も指摘されるように，当時の理論的刷新の当事者たちも，多かれ少なかれかかる文脈を意識していたと見ることができよう。それ故，多様な論点にまたがる著者の分析の中でも，政党や利益団体の位置づけを含め，とりわけ民主政論に関わる諸論点は，同書の叙述の中で重要な役割を果たすことになった(これは，民主政原理に関するクリーレの学会報告[20]が行われた1970年が「西洋化」プロ

---

[19]　参照，Alfons Söllner, Vom Staatsrecht zur „political science"?, in: Politische Vierteljahresschrift 31, 1990, S. 627ff.

[20]　Martin Kriele, Das demokratische Prinzip im Grundgesetz, in: VVDStRL 29, 1971, S. 46ff.

セスの終着点として選ばれるという同書の構成にも現れている)。そしてまた,(よく知られた「国家と社会」論争を含め)かような国家像・民主政像に関わる問題は,著者が分析の柱に据える「シュミット学派」と「スメント学派」の差異と対立が比較的明瞭に現れる論点のひとつであったと見ることができる[21]。

このような戦後憲法学の変容は,いかなる理論的前提の下で可能になったのか? この点でとりわけスメント学派において重要な役割を担ったのが,ギュンターも言及するように「国家」ではなく「公共体」および「憲法」を中心に据えた思考[22]への転換であったと解することができる[23]。少なくとも緩やかな意味では,「国家からの思考」から「憲法からの思考」への転換は,スメント学派の枠を超えて,しばしば戦後のドイツ憲法学における重要な転換点とも見なされている[24]。ここにおいて行われた対決の意味を問うことは,これとの比較

---

[21] かような対立の意義につき,政党を題材に分析するものとして参照,林知更「政治過程の統合と自由(2)-(5・完)」国家学会雑誌116巻3・4号(2003年)33頁以下,同5・6号(同年)66頁以下,同11・12号(同年)1頁以下,117巻5・6号(2004年)1頁以下。

[22] かような立場を最も明瞭に示すものとして,参照,Konrad Hesse, Grundzüge des Verfassungsrechts der Bundesrepublik Deutschland, 20. Aufl., 1995, Rn. 1-48. なおヘッセの同書が果たした意義については,参照,Günther, a.a.O.(Anm. 11), S. 165f. シュミット学派にシュミットの Verfassungslehre(1928年)が存在したのに対して,スメント学派には長く,学派の基本的な思考様式をわかりやすく集約した書物が欠けていた(スメントの Verfassung und Verfassungsrecht は内容の難解さと文体の複雑さという大きな難点があった)。かような欠損を埋めるべく,最初ショイナーが体系書の執筆に取り組むものの,多忙のために結局実現しなかった後に,代わってその役を果たしたのがヘッセの同書だったことになる。

[23] スメント自身の立場について問題を投げかけるのが,再軍備問題をめぐるスメントの鑑定意見である。Rudolf Smend, Gutachtliche Äußerung zur Frage der Erforderlichkeit einer Änderung des Grundgesetzes für die Bundesrepublik Deutschland als Voraussetzung des deutschen Wehrbeitrages zur Europäischen Verteidigungsgemeinschaft, in: Der Kampf um den Wehrbeitrag, 2. Halbband, 1953, S. 559ff. その意義について参照,Stefan Korioth, Integration und Bundesstaat: Ein Beitrag zur Staats- und Verfassungslehre Rudolf Smends, 1990, S. 229-245. また憲法裁判権に対するスメントの立場も好意的な方向に変化する。Smend, Das Bundesverfassungsgericht(1962), in: ders., Staatsrechtliche Abhandlungen, 3. Aufl., 1994, S. 581ff. なお,戦後スメント学派における,スメントとの関係における「憲法」概念の拡大について,参照,Korioth, ebenda, S. 295-299.

[24] 差し当たりハッソー・ホフマン(Hasso Hofmann)の一連の指摘を参照,Hasso Hofmann, Zu Entstehung, Entwicklung und Krise des Verfassungsbegriffs, in: Festschrift für Peter Häberle zum 70. Geburtstag, 2004, S. 157ff.; ders., Vom Wesen der Verfassung, in: Jahrbuch des öffentlichen Rechts der Gegenwart 51, 2003, S. 1ff.; ders., Von der Staatssoziologie zu einer Soziologie der Verfassung?, in: JZ 1999, S. 1065ff. スメントの弟子によるかような転換への批判として,参照,Wilhelm Hennis, Integration durch Verfassung?, in: JZ 1999, S. 485ff. もちろん,国家学の伝統を継承しようとする立場からは,かような国家の忘却は嘆息すべき事態である。例えば参照,Peter Badura, Die Allgemeine Staatslehre heute, in: ders., Die Methoden der neueren allgemeinen Staatslehre, 2. Aufl., 1998, S. VIIff., XIIIf.

でわが国の戦後憲法学における「国家からの思考」の変容[25]を再読する上でも，少なからぬ意味を持つように思われる(但し以下本章ではこの側面についてはこれ以上立ち入らない)。

(2) しかし他方，上記の要約だけからでも明らかなように，この間に国法学が被った多岐にわたる変化[26]は「西洋化」の概念で括ってしまうには複雑で多義性を帯びたものである(特に基本権や憲法裁判権の問題を考える際には「西洋化」という視角の限界もまたより強く意識されるものと思われる)。(行政法の領域[27]を含め)恐らくはむしろ社会国家化の文脈で語られるべき諸問題がここに多く含まれている点を措くとしても，著者の論述のもうひとつの柱である解釈論の領域からの理論の衰退という論点は，上記の理論それ自体における変容とは差し当たり区別される必要があろう。換言すれば，ギュンターが同書で主たる関心の対象とする60年代の発展は，「憲法理論の変容」と「憲法理論の衰退」というふたつのプロセスが重層的に進行したものとして理解されるべきように思われる。

この後者の側面の意味を明らかにするには，憲法論における「理論」と「解釈」の相互関係を改めて問い直す視点が必要になるはずである。そしてまさにここに焦点を当てながら，ワイマールとの関係における戦後憲法学の展開過程を分析するのが近年のオリヴァー・レプジウス(Oliver Lepsius)の所論である[28]。レプジウスが出発点に据えるのは，ワイマール期の方法論論争に対する次のような理解である。「ワイマールの論争において重要なのは，方法論的問題と個別具体的問題との間の特殊な関係である。ワイマールでは具体的問題は方法論の問題から切り離せない。具体的問題への対応は方法論についての争いの結果であり，逆に具体的問題を解決するためには方法論的な前提と立場に取り組む

---

[25] 例えば主権論から民主政論への変化(ここでは高見勝利「主権論――その魔術からの解放について」法学教室69号(1986年)16頁以下のみを挙げる)という問題などもこの連関で論じられよう。
[26] ここでは，1976年の時点における栗城壽夫の古典的な整理を参照，栗城壽夫「西ドイツ公法理論の変遷」公法研究38号(1976年)76頁以下。
[27] 戦後の発展の概観として参照，Michael Stolleis, Verwaltungsrechtswissenschaft in der Bundesrepublik Deutschland, in: Simon(Hrsg.), a.a.O.(Anm. 4), S. 227ff.
[28] Oliver Lepsius, Die Wiederentdeckung Weimars durch die bundesdeutsche Staatsrechtslehre, in: Gusy(Hrsg.), a.a.O.(Anm. 4), S. 354ff.

ことが必要である」[29]。レプジウスはこれを「〔学問的〕プログラムの意味におけるワイマール」と呼ぶ。その背後には，「憲法が新しい正統性の基礎に依拠し，国法学上の諸カテゴリーにとっての政治的背景は変容し，認識論的・哲学的な新傾向の時代が幕を開けた」[30]という時代の動揺を見て取ることができる。「ワイマール共和国ではしばしば憲法について判断する尺度が存在しなかったために，この尺度を獲得するために方法論争が引き起こされた」[31]のである。この「具体的問題が方法問題と構成的に結び付いている」というワイマールの学問理解が，戦後いったいどのような変遷を遂げたのか。これについてのレプジウスの分析は，概ねギュンターの描き出すところと一致するように思われる。

レプジウスは1949年から60年を「ワイマールのプログラムの継続」として，そして60年から80年をその「退却」として位置づける。60年代以降に世代交代とともに生じたのは，具体的な解釈問題と方法論的問題が関連を失い，相互に自立化していく傾向であった。「若い世代の目には，差し迫った具体的問題は，方法論に従属した基礎的な地平にあるのではなく，基本法それ自体から生じるものであった」[32]。憲法裁判権の確立も影響し，憲法典から生じる個別具体的問題が憲法学の関心の中心を占めるようになり，これらは方法論的な足枷から解放されて，それぞれの特殊な文脈の下，より機能的視角から[33]議論されるようになる。かように解釈論の中で「方法論への嫌悪」が広まっていく一方，方法論は具体的問題からいっそう切り離されて独立した一分野へと化していく（但しここでは基本権論はひとつの例外をなしたと言われる）[34][35]。

上述の国家像・民主政像の「西洋化」だけでなく，この文脈でもスメント学

---

29) Ebenda, S. 356.
30) Ebenda.
31) Ebenda, S. 375.
32) Ebenda, S. 383.
33) レプジウスがひとつの例として挙げるのは，民主政論の領域における機能的思考の浸透である。Ebenda, S. 387. とりわけヘッセ政党論を中心とした機能的アプローチの意義に関しては，参照，林知更「政治過程の統合と自由(4)」国家学会雑誌116巻11・12号47頁以下，同「同(5・完)」同117巻5・6号19-22頁。
34) もっともヴァルター・シュミットは，基本権の領域でも解釈論に対する理論の後退という傾向を指摘する。Walter Schmidt, Grundrechte — Theorie und Dogmatik seit 1946 in Westdeutschland, in: Simon(Hrsg.), a.a.O.(Anm. 4), S. 188ff.
35) Lepsius, a.a.O.(Anm. 28), S. 383-390.

派は重要な役割を担うことになった。レプジウスが60年代初頭における転換の象徴として挙げるのも[36]，61年国法学者大会におけるエームケの報告「憲法解釈の諸原理」[37]である。60年代がワイマールの継承・発展と断絶の点で両義性を帯びた時代であったとすれば，この両義性はスメント学派，とりわけ当時の中心人物のひとりだったエームケにも当てはまることになろう。

　ここでのエームケの議論の意義と特質を，その師スメントとの関係で明らかにするのがシュテファン・コリオート(Stefan Korioth)の分析である。「スメントの出発点は憲法理論の確立であった。憲法解釈の問題は，憲法の本質規定の帰結として登場したのである」[38]。スメントにとって憲法解釈は，国家の統合過程という確固とした準拠点によって規定されており，国家の本質を究明することによってこそ，統合過程の法たる憲法の具体的解釈が導かれるはずであった。この点でスメントはなお，概念や体系性を志向する伝来の法学的思考の枠内にいたのであり，その中心に位置するのはあくまで「国家の統一性」の観念であった[39]。

　かようなスメントにおける「理論」の「解釈」に対する優位は，エームケにおいて転倒する。もはや「彼にとって憲法理論は，憲法解釈の構成要素であり，その手段である」[40]にすぎない。解釈の出発点は体系や理論ではなく個々の具体的な問題であり，この問題解決のためにそれに適した視点が選択される。理論はかような解釈過程の中で「問題の地平(Problemhorizont)」を切り開き，判例実務(Fall-Praxis)を加工して，解釈のための指導的な視点を提供するものとして要請されることになる[41]。憲法の開かれた性格が，スメントにおいては憲法の背後に存在する国家の統合過程の動態によって規定されていたとすれば，これはエームケにおいては「解釈」の構造それ自体から帰結するのである。かように導かれた解釈論的結論の説得力は，解釈の前理解たる憲法理論の説得力によって規定されざるをえず，これは「すべての「理性的かつ公正に思考する

---

36) Ebenda, S. 384f.
37) Horst Ehmke, Prinzipien der Verfassungsinterpretation, in: VVDStRL 20, 1963, S. 53ff.
38) Korioth, a.a.O.(Anm. 23), S. 303.
39) Ebenda, S. 305f.
40) Ebenda, S. 303.
41) Ehmke, a.a.O.(Anm. 37), S. 64.

人たち」のコンセンサス」に拠って判断される他ない[42]。かくして憲法解釈は，潜在的に社会全体を包括する開かれた討議のプロセスと化する。ここではスメントと異なり「憲法理論と憲法解釈はもはや国家を必要としない」[43](傍点引用者)。ここからヘーベルレの「憲法解釈者の開かれた社会」[44]まではあと一歩であろう[45]。

かくして国家理論・憲法理論は解釈論に対する優位を喪失し，両者の関係は逆転する。極論すれば，いまや「理論」は「解釈」にとって有益である限度でその存在意義を認められるにすぎず，解釈論の枠を超えた問題設定はしばしば見失われる。他方，判例の発展などを通して解釈論がその守備範囲を拡大し，細分化して個別の問題の文脈が特殊化すればするほど，包括的な理論構想が困難になり，エームケらの意図を超えて「解釈」が「理論」との内的な連関を失っていくのも，ある意味で見易い道理であろう[46]。解釈は，肌理の粗い国家論に対して自らを閉じ，可能な限り自己完結的に基本法の諸規定から厳格に規範的に議論することによって[47]，自らの「質」の確保を図る。レプジウスは，かかる傾向が80年前後に頂点に達したという見立てを示している[48]。ここでは国家論は，せいぜい例えばボン基本法下における「国家の喪失」を語る反時代的な社会批判のための場として役立ちうるにすぎまい[49]。かくして，「シュミット学派」対「スメント学派」というワイマールを想起させる構図で語られる戦後憲法学の水面下で進行していたのは，規範と事実の対立を止揚して国家の

---

42) Ebenda, S. 71.
43) Korioth, a.a.O.(Anm. 23), S. 306.
44) 参照, Peter Häberle, Die offene Gesellschaft der Verfassungsinterpretation, in: JZ 1975, S. 297ff.
45) Korioth, a.a.O.(Anm. 23), S. 304.
46) もちろんエームケ自身は，「国家と社会」論争を始め，新たな憲法理論の必要性を主張し続けたのであり，この意味でも彼の位置づけはアンビヴァレントである。Ehmke, Wirtschaft und Verfassung(1961), in: ders., Beiträge zur Verfassungstheorie und Verfassungspolitik, S. 208ff., bes. 209f.; ders., „Staat" und „Gesellschaft" als verfassungstheoretisches Problem(1962), in: ebenda, S. 300ff. なおメラースは，国家の統一性に関するシュミット学派とスメント学派の理論的対立が，結局のところ解釈論への実質的なレレヴァンスをほとんど有さず，せいぜい学界における学派形成に役立つにすぎないものとの総括を与える。Christoph Möllers, Staat als Argument, 2000, S. 228-255.
47) 恐らくかような志向は，例えば法源論の次元でも見出すことができよう。Vgl. Heinrich Amadeus Wolff, Ungeschriebenes Verfassungsrecht unter dem Grundgesetz, 2000.
48) Lepsius, a.a.O.(Anm. 28), S. 389f.
49) 典型的には参照, Ernst Forsthoff, Der Staat der Industriegesellschaft, 1971. メラースはこれを „Staatsbegriff als Verlustbegriff" と名付ける。Möllers, a.a.O.(Anm. 46), S. 141-147.

政治的「現実」をその全体性において把握しようと企て[50]，ここから個別の解釈論を導出しようと試みる[51]，シュミットやスメントらによるワイマール期国家理論・憲法理論の伝統の静かな解体過程であった，ということになろう[52]。

　(3)　それでは，かかる憲法学のあり方の基本的な変化をもたらした要因はいったい何なのか。ギュンターの行論からも示唆されるように，戦後憲法の正統性に対する広範なコンセンサスが浸透し，憲法解釈論の「脱イデオロギー化」が進行したという側面も無視しえない意味を持ったものと思われるが[53]，とりわけほぼ一致して挙げられているのは，憲法裁判権の導入によって，憲法学の主要な課題が裁判における憲法解釈の準備および批判へと軸足を移した，という点である。ここでは，今や古典的なヴァールの「憲法の優位」に関する論攷(1981年)[54]における指摘に耳を傾けよう。違憲審査権の導入は，法秩序における憲法の地位・役割に重要な変化をもたらしただけでなく，憲法に関する我々の思考をも法的なものや裁判形式を重視する方向へ大きく変えてしまった。しかしこれは，他方で憲法の政治的な側面が見失われる危険をも孕んでいる。「憲法は厳格に「法学的」に理解された実定憲法律の技術性に解消されうるの

---

50)　その例証として本書第1章を参照。ワイマール期からナチス期への展開に含まれる問題については参照，Oliver Lepsius, Die gegensatzaufhebende Begriffsbildung, 1994. また，シュミットのこの点における方法論的問題について参照，Panajotis Kondylis, Jurisprudenz, Ausnahmezustand und Entscheidung, in: Der Staat 34, 1995, S. 325ff.

51)　シュミットとスメントにおける国家論の地位についてメラースの分析も参照，Möllers, a.a.O. (Anm. 46), S. 58ff., 100ff. 関連するものとして参照，Ders., Der Methodenstreit als politischer Generationenkonflikt, in: Der Staat 43, 2004, S. 399ff.

52)　かような変質を示すひとつの典型例と目されているのはシュテルン(Klaus Stern)の Staatsrecht der Bundesrepublik Deutschland である。「国家なき国法学」とはベッケンフェルデがまさにこのシュテルンに与えた評である。Ernst-Wolfgang Böckenförde, Der Staat als sittlicher Staat, 1978, S. 9f., Anm. 2. シュテルンに関してはヘンケによる辛辣な書評も参照，Wilhelm Henke, Buchbesprechung: Klaus Stern, Das Staatsrecht der Bundesrepublik Deutschland, 1. Band, in: Der Staat 18, 1979, S. 441ff.; ders., Buchbesprechung: Stern, Das Staatsrecht, 2. Band, in: Der Staat 21, 1982, S. 277ff.

53)　正統性の問題が「憲法の基礎づけ」のレベルに吸収されるほど，憲法の内側では専ら合法性の次元における醒めた議論が可能になるはずである。この意味では「ワイマールのプログラム」は，ある程度までは不安定な憲法状況の反映だったとも言えるように思われる。かような視角は，わが国の憲法学の特質を理解する上でも一定の限度で有益であると考えられる。後述の本文(4(4))も参照。

54)　Rainer Wahl, Der Vorrang der Verfassung (1981), in: ders., a.a.O.(Anm. 1), S. 121ff.

第2章　国家論の時代の終焉？──67

だろうか？ これによって，実証主義を克服してワイマールの憲法論争がもたらした，憲法の「政治的」性格についての洞察が，危険に晒されるのではないか？」[55]だが，ここでも我々が直面するのは，ワイマールと戦後との間の，連続性ではなく断絶の意識である。もはや我々は単純にワイマールに回帰することはできない。憲法学を営む際の制度的な前提条件がワイマールとは異なるものになってしまったからである。「……基本法はここで根本的に新しい状況とワイマールへの断絶を作り出してしまった。それ故，憲法解釈学と憲法理論との方法論的な関係は，新たに考え抜かれる必要がある。ワイマールにおいて，実証主義的理解を超えて「政治的」な憲法のメルクマールと認知されたものすべてを，憲法裁判権にとっての基準となる実定法としての憲法理解の中に持ち込むことはできない」[56]。しかし，解釈論が「政治的」な憲法理論からの分化と自立を遂げた違憲審査制の下で，新たな憲法理論の試みは具体的にいかに可能となるのか？

　もっとも，アメリカ憲法学を少し横目で眺めれば了解されるように，解釈の領域からの理論の衰退は違憲審査制の必然的な帰結ではない。とすれば，ここには何かドイツ憲法学特有の事情が作用しているはずである。ヴァールと同じくシュミット学派第三世代に位置づけられうるベルンハルト・シュリンク（Bernhard Schlink）が，80年代末に皮肉をこめて憲法学の変容を「連邦憲法裁判所実証主義」と定式化した背後にも，かような問題意識が存在したものと思われる[57]。かつて憲法学は，私法学とは違って詳細な法典とも判例の権威とも対決する必要がなかった。違憲審査制度は存在せず，また憲法典の文言は緩やかで解釈の余地を広く残すものであったからである[58]。これに対して連邦憲法裁判所の設置が憲法学に全く新しい状況をもたらしたとすれば，その要点は，憲法学が取り組むべき権威的な素材が急速に増大して，これに対して方法論的・教義学的な見地から適度な批判的距離を取ることが困難になり，学知の素材に対する優越性が相対的に失われた点にあると解することができよう。

---

55)　Ebenda, S. 158.
56)　Ebenda, S. 160.
57)　Bernhard Schlink, Die Entthronung der Staatsrechtswissenschaft durch die Verfassungsgerichtsbarkeit, in: Der Staat 28, 1989, S. 161ff.
58)　Ebenda, S. 167f.

かような理解が正しいとすれば，違憲審査制は憲法学に新しい課題と新しい素材を突き付けるものではあるが，個別具体的な解釈問題を超えた包括的な問題設定を必ずしも否定するものではない。むしろ逆に，しばしば「憲法裁判所実証主義」への批判とともに提起されるのは，この点で学説の果たすべき積極的役割に対する期待である。例えばレルヒェは，判例との関係における学説の役割を次の三点に求めている[59]。第一は判例に先立ちこれを準備する役割，第二は事後的に判例の意義を批判的に検討する役割，第三は訴訟要件の制約の下で個別具体的な事例しか扱うことのできない判例に対して，より広い問題連関を視野に入れた方法論的・理論的性格の議論を提示することである。恐らくここでの問題は，とりわけこの第三の役割が具体的にいかなるかたちで可能になるのか，という点に存しよう。少なくとも，もしもこの意味で学説と裁判所とのあいだに協働の関係が存在するとすれば，憲法裁判権の導入を一面的に学説の凋落として捉えるのは，均衡を失したことになるように思われる。違憲審査権が不在で，憲法学が政治的現実に対して無力に置かれる状態と比較すれば，政治に対する裁判的コントロールの強化は，法学的言説を通じて裁判所に協働する学説の飛躍的な意義増大をも帰結するはずである[60]。また，憲法の規定からは一義的な解釈上の帰結が導き難い場合などに，裁判所の「決断」を前提として初めて有意義に法的な議論の対象になしうる問題も存在するはずである[61]。これらの点で，学説は同時に違憲審査制の受益者でもある。

もしも以上のようなコンセプトに従う場合には，現代における憲法理論の課題は，かつてシュミットやスメントが構想した „Verfassung" の理論とは異なり，もはや例えば国家の本質や態様を存在論的に問う，といったものではありえないだろう。むしろ理論は第一義的には，それがいかなる形態や抽象度を取るにせよ，憲法解釈論上の多様な素材に圧倒されることなく，より広い文脈から問題解決に向けた有効な指針を示すことが期待されることになる。憲法理論は，法システムの内部における解釈論のための反省的審級として，自らの存在

---

59) Peter Lerche, Rechtswissenschaft und Verfassungsgerichtsbarkeit(2002), in: ders., Ausgewählte Abhandlungen, 2004, S. 529ff.
60) Lerche, a.a.O.(Anm. 59), S. 530.
61) Ebenda, S. 537; ders., Verfassungsnachholung, insbesondere im Kleide der Interpretation, in: Festschrift für Peter Häberle zum 70. Geburtstag, 2004, S. 631ff.

を正当化すべく企てるのである[62]。かくて今や「国家理論は国法の関数であり，その逆ではない」[63](傍点引用者)。ここにおいて「理論」はいかに再び「解釈」に拮抗し，これを繋ぎ止めることができるのか。かような課題に取り組む上で必要なのは，少なくともひとつには，「国家」や「憲法」をはじめとした憲法理論的な基本概念とそれぞれの分野の解釈論的課題との関係を具体的に検討し，その有効性を検証し鍛え上げていく作業であると考えられる。

（4） こうした見地から再度確認しておく必要があるのは，「国家からの思考」の命脈が本当に尽きてしまったのか，という問いであろう。「国家」概念は解釈論に対してこれまでいかなる機能を果たし，そして今日なおどのような可能性が残されているのか。数多くの具体的な公法学上の争点を横断しながら，理論と解釈のはざまで法学的言説における「国家」概念の意義を追求する注目すべきモノグラフィーが，クリストフ・メラース(Christoph Möllers)の『論拠(Argument)としての国家』(2000年)[64]である。その多岐にわたる分析から浮かび上がるのは，種々の国家理論的な負荷ないし含蓄を負った実質的な国家概念が，事柄に即した問題への取り組みをしばしば妨げており，国家概念は高度に形式化された法概念として限定的な役割を果たしうるにすぎない，という結論である。

かような問題が再び浮上するひとつの時代背景としては，80年代以降のドイツにおける国家理論の復権という傾向が存在するように思われる[65]。これを

---

62) かくして，例えばヘーベルレの弟子に当たるマルティン・モルロック(Martin Morlok)が，ある種の曖昧さを伴う「憲法理論」の概念に一定の明確な輪郭を与えてこれを擁護すべく試みる際も，その性質を強く規定するのは，解釈とのあいだの両義的な関係である。彼によれば，一方で憲法理論はドグマーティクにとってのメタ理論として，解釈論が被る制約から自由に，法システムとその「環境」との関わりを含め，より原理的な問題に取り組むべきものとされる。しかしそれはあくまで法システムの内部で解釈論と分業の関係に立つものであり，法学的諸問題をより良く解決するのに寄与することを目的とする。それは憲法規範の特性，とりわけその開放性に基礎を持つものである。Martin Morlok, Was heißt und zu welchem Ende studiert man Verfassungstheorie?, 1988. もっとも，かかる構想が具体的にいかに果たされうるのか，「理論」が「解釈」に対していかにすれば生産的な関係に立ちうるかは，未だ必ずしも明確にされていないように思われる。
63) Christoph Möllers, Skizzen zur Aktualität Georg Jellineks, in: S. L. Paulson, M. Schulte(Hrsg.), Georg Jellinek, 2000, S. 155ff., 170.
64) Möllers, a.a.O.(Anm. 46). なお，同書の第2版(2011年)には新たな序論が付される。
65) Möllers, a.a.O.(Anm. 46), S. 147-149; Günther, a.a.O.(Anm. 11), S. 324. より広い文脈では，隣接する社会科学との協働や国法学の基本概念に対する学説史的関心の増大などを含めて，レプジウ

象徴するものとして挙げられるのが，87年に刊行が始まったイーゼンゼー(Josef Isensee)とキルヒホフ(Paul Kirchhof)の編集による『国法学ハンドブック』である。もっとも，この復古的・保守的な立場からの企てに対しては，しばしば否定的な評価が突き付けられている。シュルツェ＝フィーリッツ(Helmuth Schulze-Fielitz)は，この『国法学ハンドブック』に関する論争的な書評論文の中で，国家の憲法に対する優位や，国家の存在論的な実体化など，その議論に含まれるイデオロギー性を厳しく批判するとともに，(主に行政法の領域で論じられる)現代における国家の機能変化を適切に受け止めきれていない旨を指摘する[66]。新たな社会学的現実から生み出される諸問題を前に，国家理論が空転する危険は容易に解消されない，ということになろう[67]。

かような，(レプジウスの言い方を借りれば)「ワイマールのプログラム」の現代における再生の可能性を探る上で，その前提として近時意識されている具体的な解釈論上の課題は，より多く行政法の領域から生じているように見える。例えば上述のメラースは，「公法は新たな方法・方向論争を必要とするか？」(1999年)[68]という挑発的なタイトルの論攷において，公法学のアクチュアルな争点として，民主政原理と行政組織，法治国家原理と行政の効率性，公私双方の出資による法人の基本権享有と基本権拘束，それに行政法改革論争という四つを挙げている[69]。かような国内的文脈の他に，言うまでもなくヨーロッパ化・国際化などに伴う諸問題も付け加わる[70]。これらの諸問題の背後に横たわる現実の国家の変容は，かつての国家理論の有効性にも影響を与えずにはいまい。かくして，ヨーロッパ法・憲法・行政法が相互に絡み合う中で，ここで突

スは80年代以降に学問的関心の変化の兆しを読み取り，80年代以降を「ワイマールのプログラムの再発見」との標題の下で論じている。Lepsius, a.a.O.(Anm. 28), S. 391ff.

66) Helmuth Schulze-Fielitz, Grundsatzkontroversen in der deutschen Staatsrechtslehre nach 50 Jahren Grundgesetz, in: Die Verwaltung 32, 1999, bes. S. 252f., 274ff.

67) レプジウスも，上記メラースと同様の見地から，国家論の復権には否定的な評価を下す。Lepsius, a.a.O.(Anm. 28), S. 391f. なお，関連して参照，Oliver Lepsius, Steuerungsdiskussion, Systemtheorie und Parlamentarismuskritik, 1999, S. 48-51.

68) Christoph Möllers, Braucht das öffentliche Recht einen neuen Methoden- und Richtungsstreit? in: Verwaltungsarchiv 90, 1999, 187ff.

69) Ebenda, S. 188-196. 特に憲法との関係に関して，参照，Ebenda, S. 196. ドイツ公法学界において，行政法学がかように活況を呈しているのに対して，憲法学の側が一種の停滞に陥っている旨も指摘される。Schulze-Fielitz, a.a.O.(Anm. 66), S. 253, Anm. 60, S. 280f., Anm. 201.

70) 参照，Lepsius, a.a.O.(Anm. 28), S. 393.

き付けられる新たな諸問題をも意識しながら，伝統的な「国家」概念に代わる新たな理論枠組みを探りつつあるのがドイツ憲法学のひとつの現状である，とひとまずは理解することが許されるように思われる[71]。

(5) ところで，果たして国家論の可能性は，かような解釈論との対話の中に尽きてしまうのだろうか。たとえ法規範の解釈に対して直接のレレヴァンスを持たなくても，例えば国家や憲法が事実的な次元で孕む政治性は，それ自体有意義な学問的関心の対象でありうるはずである。むしろ国家論は伝統的な「一般国家学」を継承しつつ，解釈論からは独立に，国家の本質それ自体を考究する学問として生き残っていくことはできないのだろうか。かような問い自体は一定の限度では正当なものを含んでいるように感じられるが，実際には戦後「一般国家学」というジャンルは，一方では法学の内部で周縁化し，他方では政治学によって強く浸食されることで，衰退の一途を辿ってきた[72]。これがなお将来に向けた可能性を見出すことができるかは，政治学や社会学など隣接諸学との協働[73]の可能性も含め，ひとつにはここでも「国家」という問題設定の適切さに懸かってくるようである[74]。

なお，かような問題を考える上で興味深いのは，19世紀末における一般国家学という科目の成立が抱える歴史性である。シェーンベルガーの分析に従うならば[75]，一般国家学は，ゲルバーやラーバントの実証主義国法学によって国法学から非法学的問題が追放された際に，その受け皿としての役割を果たした。「1890年代以降，帝国の深部に達する憲法＝国制の変遷との関連で，実証主義

---

71) 例えば参照，Oliver Lepsius, Braucht das Verfassungsrecht eine Theorie des Staates?, in: EuGRZ 2004, S. 370ff. 他方，「国家」の救出を試みる例として，参照，Udo Di Fabio, Das Recht offener Staaten, 1998; ders., Die Staatsrechtslehre und der Staat, 2003.
72) 例えば参照，Günther, a.a.O.(Anm. 11), S. 234, 267-271, 321; Möllers, a.a.O.(Anm. 46), S. 129f.
73) 近時の試みとして，参照，Gunnar Folke Schuppert, Staatswissenschaft, 2003.
74) 例えば参照，Möllers, a.a.O.(Anm. 46), S. 418-422. 他方，国家学の可能性に期待を示す例として参照，Helmut Quaritsch, Standort und Aufgaben der Staatslehre heute, in: Festschrift für Kurt G. A. Jeserich zum 90. Geburtstag, 1994, S. 355ff.; Badura, a.a.O.(Anm. 24).
75) Christoph Schönberger, Der „Staat" der Allgemeinen Staatslehre: Anmerkungen zu einer eigenwilligen deutschen Disziplin im Vergleich mit Frankreich, in: Olivier Beaud, Erk Volkmar Heyen(Hrsg.), Eine deutsch-französische Rechtswissenschaft?, 1999, S. 111ff. 以下に関しては，コリオートもほぼ同旨の指摘を行う。Korioth, a.a.O.(Anm. 23), S. 282f., Anm. 260.

国法学の硬直に対する不満はますます強まり，この不満が勃興期の一般国家学に表現されたのである」[76]。この世紀転換期こそは一般国家学の唯一の黄金時代であった。ワイマール期になると，実証主義批判の高まりの中で，一般国家学が前提とした法学的国家像と社会学的国家像の区別自体が厳しい批判にさらされる。「ワイマールの論争によって，歴史的・政治的・憲法理論的な論証を，再び実定憲法の議論の中に堂々と持ち込む可能性が開かれた。こうして，カイザーライヒの末期に実証主義国法学の危機という条件の下で一般国家学が担った特別な機能は消失した。今や一般国家学に回避しなくても，現実の憲法＝国制の政治的発展や変遷を，実定憲法の枠の中で議論することができたのである」[77]。シュミットやスメントが好んで「国家」ではなく「憲法＝国制」の概念を用いた背後には，かような第二帝政期の国家学・国法学からの離反という意識が存在した[78]。

かくして学問的な停滞に陥った一般国家学は，その初期近代的な「国家」像への固着がある種の理論的硬直を生んだことも手伝い，戦後に政治学が自立すると，その存在意義をいっそう減少させていく[79]。一般国家学は，ワイマール期憲法理論の戦後における解体過程の中でも，再びその受け皿になることはできなかった，ということになる。

かような戦後における衰退プロセスの背後に恐らく読み取ることができると思われるのは，法学や政治学，社会学など，かつて一般国家学の内実を構成していた諸学問の分化・自立というひとつの大きな流れである。もしも，これら諸学がそれぞれの問題設定の下，独自の方法や概念構成を模索していくことによって，「国家」概念からこれらをひとつの学問としてまとめ上げる共通基盤としての機能が失われていった，と理解することができるとすれば，憲法解釈

---

76) Ebenda, S. 117. 背景として参照，Christoph Schönberger, Das Parlament im Anstaltsstaat, 1997; ders., Ein Liberaler zwischen Staatswille und Volkswille: Georg Jellinek und die Krise des staatsrechtlichen Positivismus um die Jahrhundertwende, in: Paulson, Schulte, a.a.O.(Anm. 63), S. 3ff. 前者の紹介として，林知更「学界展望」国家学会雑誌114巻11・12号(2001年)143頁以下。
77) Ebenda, S. 120.
78) ラーバント，イェリネックの学統との関係におけるシュミットの両義性については，参照，Christoph Schönberger, „Staatlich und Politisch"(20-26): Der Begriff des Staates in Carl Schmitts Begriff des Politischen, in: Reinhard Mehring(Hrsg.), Carl Schmitt. Der Begriff des Politischen. Ein kooperativer Kommentar, 2003, S. 21ff.
79) Schönberger, a.a.O.(Anm. 75), S. 120-122.

学からの国家概念の退却と一般国家学の衰退とは、この限りでいわば同じコインの両面を意味することになるだろう。この意味では、上述のメラースの書は、伝統的な国家論に対する最終的な死亡宣告として理解することもできる[80]。少なくとも、ドイツにおける国家論の衰退は、例えば単に学説が実務や法曹養成に迎合して軽薄化したなどという以上の、真剣に受け止められるべき学問的意義を有しているように考えられる。もっともかような諸学問の分化の進展は、「学際性」への希求というかたちで、隣接諸学問への再度の接続への需要を生みうる。これが具体的にどのように果たされうるかは未だ必ずしも明らかではないものの、少なくとももはやアナクロニズムな方法論的混淆主義に陥ることなしにかつての一般国家学に回帰することが困難なことだけは、ほぼ確かなようである。

　(6)　こうして今や我々は、初めに掲げたギュンターの同書における結論——1970年前後までに、カイザーライヒ以来約100年にわたる「国家からの思考」の時代と、ワイマール以来約50年にわたる憲法理論の時代が、ともにひとつの終焉を迎えた——が孕む含意を、より深く理解することができるように思われる。「憲法学とはいかなる学問なのか」という問いに対する答えは、時代によって大きく変化し、決してひとつではありえない。ドイツにおける国家論の衰退が我々に提起するのは、ひとつには自らの学問の存立基盤への問いである。同時に、かような戦後憲法学の変容が多かれ少なかれワイマールの解体過程としての意味を持っていたとすれば、そしてもしもシュミットやスメントらワイマールの憲法理論が(その問題性をも含めて)今日なお我々に強い魅力を放ち続けているとすれば、ここで我々に突き付けられるのは、「いったいワイマールとは何だったのか」という問いでもあろう。

　もっとも、以上の検討が示す学説史理解の構図が、実際にいかなる程度において有効性を発揮しうるかは、再度個別的な論点などに即してより具体的に検証されなければならないだろう。いずれにせよ、かような近時の戦後ドイツ憲

---

80) Möllers, a.a.O.(Anm. 46). なお、一般国家学の衰退の要因の整理として、参照、Andreas Voßkuhle, Die Renaissance der „Allgemeinen Staatslehre" im Zeitalter der Europäisierung und Internationalisierung, in: JuS 2004, S. 2ff.

4 「ふたつの戦後社会」の距離——わが国への示唆

(1) かように形成されてきた戦後ドイツ憲法学の特質が、他国、例えばアメリカと比較して、その理論と解釈(ないし実践)の関係において全く異なる性格を有することは、ドイツ人自身によってもしばしば強く意識されているように思われる。例えばウルリッヒ・ハルテルン(Ulrich Haltern)は、これを米独のあいだの「法の支配(Rule of Law)」に関する捉え方の違いとして特徴づける。ハルテルンによれば、「法の支配とは、それに従って我々が生きるところのひとつの社会的実践である。それは、それを通して我々が、個人、共同体と自己、時間と空間、権威と代表といったものを知覚するところの、ある信念の体系を内容とする。法は社会的実践のイマジネーションとして、例えば政治的行為のような他の競合するイマジネーションとのあいだで競争の関係に立つ」[81]。このような、法というひとつの社会的な意味の体系が、他の非法的な意味の体系といかなる関係に立つものとして理解されるかという点で、アメリカとドイツは対照的である。ハルテルンの見立てによれば、アメリカではリアリズム法学に始まり、「法と経済学」や批判的法学研究に至る理論的展開の中で、法の客観性や中立性といった観念は常に強い疑念に付されてきた。「ここでは法は憲法理論から消滅しかかっている」[82]。法学は法の自律性に対して挑発的なまでに対立的な態度を示し、専ら非法的なものや隣接諸学問を参照するのである。こうした中で、一方では異なる学派同士ではほとんど話が噛み合わず、他方では裁判官は長大なロー・レヴュー論文に目を通さなくなり、学説と実務がそれぞれ相互に孤立する、という事態が生じる。もっとも他面では、まさにかような特質のために、アメリカの法理論は、その関心の広さと学際性によって「魅惑的な思考の計り知れないほどの宝庫」ともなった。これに対してドイツでは、

---

81) Ulrich Haltern, Die Rule of Law zwischen Theorie und Praxis, in: Der Staat 40, 2001, S. 243ff., 243.
82) Ebenda, S. 250.

法に対する信念がいまだ強固であるために、学説が実務に密着し、法が隣接諸学の影響から孤立させられ、しばしば視野の狭さがもたらされることになる。しかしこのおかげでドイツの法的な討議は、安定性と紛争解決ないし紛争回避能力を獲得することができた[83]。かくして、ドイツとアメリカというふたつの国を前にするとき、我々が目にしているのは、「理論と実践のあいだの緊張に正反対の方法で取り組み、しかしそれぞれまだ満足のいく解決を見出していない、ふたつの法文化」[84]である、ということになる。

かような、ドイツとアメリカの差異を強調するハルテルンの刺激的な分析が、とりわけアメリカ憲法の分析としてどこまで正鵠を得たものであるかという問題は、(基本的な点で説得力は感じるものの)立ち入って判断できない。いずれにせよハルテルンの議論が我々に示すのは、ひとつには憲法学にとって「理論と実践」ないし「理論と解釈」の関係がいかに多様でありうるのか、という洞察であるように思われる。理論は、一方では法実践に対して反省を可能にする距離を必要とするが、他方で法の支配が実践のレベルで現実に果たしている機能の自律性を否認してもならない、というディレンマに直面する[85]。前節で検討したような、戦後ドイツにおける解釈論の国家論からの自律化過程がもたらした正と負の側面に照らせば、学説にとってこのディレンマは切実である。ここに「満足のいく解決」を探っていくことは、それがもしも既存の「法文化」の変革をも含意するとすれば、ある意味では気の遠くなるような課題であろう。同時にハルテルンの議論から示唆されるのは、我々が自らの法的な営みを相対化し、その意味を問い直すためにこそ、異なる時代や異なる国との比較を必要とする、という意味での比較法の有り様である。解釈とはいったん区別された反省的な次元で、理論的ないしは基礎的な研究領域が確保されることのもうひとつの意味は、この点に存在するものと思われる[86]。憲法学は、まさに自らの現在をより良く理解し、また恐らくは未来に向けて次の一歩を踏み出すために、

---

83) Ebenda, S. 252f.
84) Ebenda, S. 253f.
85) Ebenda, S. 253.
86) ハルテルン自身の構想のスケッチとしては、参照、Ebenda, S. 267-271. かような、法を外側から距離を置いて「鳥瞰的」に観察する憲法理論の方向性は、解釈論と対話する憲法理論の方向性 (典型的には Lerche, a.a.O.(Anm. 59)が示唆するような)とは異なる、もうひとつの可能性ということになろう。

自らの過去と取り組み，また異なる国との対話を試みていく必要に迫られるであろう。そうであるとすれば，ドイツに向けて投げかけられた我々日本憲法学からの眼差しもまた，ここで再び我々自身の上に立ち返って来なければならないはずである。

(2) これまで検討してきた戦後ドイツ憲法学の特質をめぐる議論は，我々が日本の憲法学を考える上でも，一定の示唆を与えるように思われる。とりわけ，上記の議論から導かれる最も重要な視点のひとつは，憲法学のあり方を憲法理論と憲法解釈との相互連関から理解するという視角である。これはハルテルンの意味での「法文化」の問題だけではなく，その時々の解釈論的課題の有り様によっても規定されるはずであり，時代によっても国によっても決して同一ではありえない。卒然と眺めただけでも，わが国とドイツのあいだでは，違憲審査権によって統制される憲法の規範的射程に大きな違いがある。また，法秩序のヨーロッパ化がもたらす問題は，わが国の憲法にとっては当面のあいだ対岸の火事であろう。加えて，ドイツの公法学者が視野に入れる課題は，（善し悪しは別にして）憲法学と行政法学との分業が比較的強く確立しているわが国よりも広範囲のはずである[87]。かように意識される解釈論上の課題が異なれば，これを克服するための理論構想が議論される際の水準もある程度異なることになって不思議はない。ドイツとの関係に限らず，一般に異なる憲法を持つ異なる国のあいだで，同じ地平で共通の理論的問題を論じうることは，必ずしも自明のことではあるまい。

我々が他国の理論的営みから何かを学びうるとすれば，それはひとつにはある程度まで課題の共通性が存在する場合であろう。憲法理論は真空の中で営まれるわけではない。ここではまた，他国は，我々自身の学問的実践を批判するための尺度としても，それほど容易かつ無媒介には引照することができないだろう。そうであるとすれば，我々にとって必要なのは，性急に外部に継受の対

---

[87] 安念潤司の批判的な指摘も参照，安念潤司「憲法と憲法学」樋口陽一編『ホーンブック憲法〔改訂版〕』(2000 年)66-67 頁。もっともこれは，ドイツとわが国のあいだにおける，憲法と行政法との相互関係自体の違いとも関わりを持つはずである。憲法と法律の関係に関しては，後掲註99)も参照。

象ないしは批判の尺度としての「準拠国」を求める前に，まずは日本の憲法学がこれまでいかなる課題を引き受け，この中でいかなる特質を発展させ，いかなる問題点を抱えてきたかを，距離を置いて見直し，これをできる限り内在的に批判すべく試みることであると考えられる。

　(3)　もっともこのためには，ギュンターがドイツを対象に行ったのと同様に，わが国の戦後憲法学史に関する一冊のモノグラフィーが必要とされるのかもしれない。ここでは理論と解釈の関係という視角から若干の印象論的なスケッチのみを行うなら，これまで検討してきた戦後ドイツと比較した場合[88]，わが国の憲法学の特質のひとつは，理論的思考が個別の解釈論と比較的強く結び付き，しばしば前者が主導的な役割を果たす点に求めることができるように思われる。これはひとつには，わが国が違憲審査権の消極性に問題を抱えており，判例の提示する解釈論的素材の洪水に圧倒される（「連邦憲法裁判所実証主義」）という事態には至らなかった点に原因を求めることができよう。むしろ学説はこれまで，判例の批判者としてその発展をリードするべく努めてきたのであり，この際に要請されるのは，個々の解釈論上の主張の正当性を根拠づける原理的な説得力を持った議論であったように思われる。特に人権論の領域で，学説が解釈論上の素材としてアメリカの判例理論を組織的に継受した後には，これを統一的かつ整合的に説明しうる規範的な理論構想が，アメリカ憲法理論や英米系の法哲学を題材にして追求されることになった[89]。ここでは，解釈論の根拠づけが実証主義的に憲法典の枠内に自閉することはしばしば嫌忌される[90]。他方，統治機構論においては，フランスの政治学的憲法学が戦後ひとつの影響源

---

[88]　以下は，上に論じてきたドイツとの対比を重視する観点による叙述であり，日本憲法学自体の全体像をバランスを良く概観するべく試みるものではない。

[89]　ここでは長谷部恭男，松井茂記の二人の名を挙げるにとどめたい。ここにおける憲法理論の英米化は，「国家」論がかかる解釈論との関係でこれまでさほどの有用性を発揮できなかったことの裏面でもありえよう。この限りで憲法論における「国家からの思考」の消長は，例えば「ルソー・ジャコバン型」か「トクヴィル・アメリカ型」か，という抽象度の高いモデル間の純粋な決断の問題としては捉えきることはできないものと考えられる。

[90]　参照，長谷部恭男「憲法典というフェティッシュ」国家学会雑誌 111 巻 11・12 号（1998 年）162 頁以下。もっとも，憲法理論的ないし道徳哲学的な思考に規定された憲法「解釈」は，法実践のレベルにおける「法律家固有の議論の様式」とは厳しい緊張関係に立ちうる。同「法源・解釈・法命題」藤田宙靖，高橋和之編『憲法論集 樋口陽一先生古稀記念』(2004 年) 287 頁以下。

になったという要因もあり，厳密な意味の法解釈論の枠を超える広がりを持った問題設定が，主権論や民主政論のかたちで追究されることになった。違憲審査制の導入にもかかわらず，ヴァールが警告するような憲法の「政治的」性格の忘却は，ここでは生じなかったことになる。更に全体として言えば，わが国の戦後憲法学の大きな潮流は，「近代立憲主義」を日本に定着させる，という一種の使命感を背負ってきたように思われ，この意味でも立憲主義というプロジェクトの根源に触れるような原理的なレベルでの問題提起が好まれる部分があったように感じられる。

このような「理論」の「解釈」に対する優位は，主に立憲主義の母国たる欧米を題材として，学説史・判例を対象としたオーソドックスな比較憲法研究だけでなく，哲学的・政治学的・思想史的アプローチをも含めた多様な研究スタイルを開花させることになった。一見したところ，ここでは国家学的伝統ないしは「ワイマールのプログラム」が今なお生き続けており，我々にとって「憲法理論の時代の終焉」は当分のあいだ無縁であるように見える。「国家からの思考」をめぐる文脈も，恐らく現在のドイツとは大きく異なるはずである[91]。

もっともこれは，わが国の憲法学が方法論的にある種の未分化を抱え続けていることの裏面であるかもしれない。かような方法論的多元主義は，異なる方法論的な端緒のあいだにおける対話の困難とも結び付きやすい。加えて，かような「理論」的な側面での自由度の大きさは，憲法判例の未発達などに起因する，対決すべき共通の解釈論的素材の相対的な乏しさとも表裏一体であり（むしろここでしばしば素材として意識されるのは任意の外国の判例理論である），恐らくは憲法学の法的実践に対するレレヴァンスの小ささという代償によって購われている点も無視できないように思われる。ここではまた，上述のハルテルンが

---

91) 樋口陽一の問題提起による，わが国における国家論の再生は，解釈論とは必ずしも直接的な結びつきを持たない立憲主義論のレベルを本拠地として行われたように思われる。ここでは国制史的・思想史的な観点に依拠することによって，現状に対する批判のための距離を獲得する点に固有の意味があったと考えることができようが，その分，かような国家論と解釈論との具体的な関係については不分明な部分が大きく残されたように感じられる。なお参照，林知更「政治過程の統合と自由（5・完）」国家学会雑誌117巻5・6号1頁以下，73-74頁。わが国で解釈論に密着した部分ではむしろ英米的な民主政像が要請されていることは既述の通りであり，かくして異なる議論の次元ないし問題領域ごとに様々な国家像が併存・混在する（もちろんここでは国家法人説的な国家像もまた強固に生き残っていることも忘れてはならない）という一種の理論的な多元性がわが国の憲法学の現状を特徴づけることになったように思われる。

指摘するような全く異なる「法文化」からの影響92)が，学説相互，とりわけ理論と解釈の対話を一層困難にしている可能性もある。ここに生じうるのは，「憲法学とはいかなる学問なのか」という最も基本的な問いに関する，異なるコンセプションの衝突，混合，ないしは相互の対話を欠いた併存である。学説と判例との対立の固定化も，理論と解釈とのあいだの生産的な対話にとってあまり有益な効果をもたらさないだろう。もしも憲法理論の隆盛に比して，ドグマーティクの基礎的な枠組みがわが国で相対的に未発達にとどまってきたと言えるとすれば，それはかような事態とも全く無関係ではあるまい93)。いずれにせよここでは，わが国でもドイツの国家論とは異なるかたちで，モノローグ化した諸理論の空転が生じる危険は，十分意識しておく必要があるように感じられる。

　（4）　かような現状を規定する要因は様々でありうるが，これについてひとつの仮説を立てることが許されるなら，このようなわが国の憲法学の特質は，ある程度まではわが国の憲法状態それ自体の特質の反映でもあるように思われる。わが国の憲法は，その政治的側面においても法的側面においても，「戦後」が突き付ける課題を十分に解決できないまま，今日に至っているように見える。
　民主的な立憲国家における憲法の機能を，ここでは単純化しつつ次のようなモデルに従って理解しておきたい94)。リベラルな民主政において，政治的意思

---

92)　かような差異を明瞭に示すひとつの良い例は，違憲審査権の限界画定という論点であろう。例えばアメリカを題材とした阪口正二郎『立憲主義と民主主義』（2001年）とドイツを題材とした宍戸常寿「憲法裁判権の動態(1)-(6・完)」国家学会雑誌115巻3・4号（2002年）1頁以下-117巻3・4号（2004年）73頁以下（現在では同『憲法裁判権の動態』2005年），という近時のふたつの優れた研究が明らかにするのは，ひとつには両国の基本的な発想ないしアプローチの相違であるように見える。長く有力であった「司法消極主義」というアメリカ由来の思考をその出発点において限定しようと試みる宍戸の議論も参照。宍戸「憲法訴訟」山内敏弘編『新現代憲法入門〔第2版〕』（2009年）347頁以下。両傾向の今後の一層踏み込んだ対決が期待されよう。
93)　安念は「メタ理論」の「高踏化」という傾向を指摘し，「解釈論への橋渡し」は将来に残された課題であるという評価を下す。安念・前掲註87)77-78頁。主に英米系の議論を知的資源としたメタ理論に加えて，近時はドイツを素材として基本権論を中心に，法学的な共通言語としてのドグマーティクの復興という動きも観察されるところであり，この両者の関係がいかに形成されていくかも注目されよう。
94)　不十分ながら，ひとつの思考様式の暫定的整理として参照，林知更「憲法学が民主政を論じる意味——毛利透『民主政の規範理論』（勁草書房，2002年）をめぐって」比較法史研究第12号（2004年）262頁以下，266-269頁。

形成は多かれ少なかれ多元的な諸勢力の競争プロセスとしての性格を示す。これが機能しうるためには、競争に敗れた少数者も多数者の支配を受け入れうることが必要である。ここでは予め、多数者の意思によっても奪うことのできない個人の基本的な自由や、平等で開かれた政治的競争のルールなどについて、国民のあいだに基本的な合意が存在しなければならない。かくして、立憲国家においてかような国民の政治的な共通基盤となるべき文書が、憲法に他ならない。憲法は、通常の政治プロセスにおける多数者の処分に委ねられるべきではない、政治的共同体の基本的な秩序を規定し、これに法律に優位する効力を与える[95]。この意味で憲法は、一面では統一的な国民の共通意思によってその正統性を支えられつつ、他面では法秩序の最上位に位置する法規範として国家権力に制限を与えるのである[96]。ここではこの前者の側面を憲法の政治的側面、後者を法的側面と呼ぶことにしよう[97]。

「戦後」のわが国が立憲国家として自らを確立するためには、近代立憲主義の「普遍の法理念ないし政治理念」によって日本国憲法の正統性を基礎づけると同時に、憲法の規範性を保障する仕組みとしての違憲審査制の活性化を図ることが、不可欠の課題とみなされてきたように考えられる[98]。これらの課題は、今日までに十分に果たされたであろうか。前者の側面に関しては、今なお憲法は、政治的争いの共通基盤であるよりも政治的争いの対象である、という性格を完全には脱ぎ捨てることができなかったように見える。他方、法的側面に関しては、違憲審査権は多くの学説が期待したものとは大きく異なる方向へと向

---

95) なお、憲法へのコンセンサスと民主政プロセスの負担軽減に関しては差し当たり参照、Dieter Grimm, Verfassungsfunktion und Grundgesetzreform (1972), in: ders., Die Zukunft der Verfassung, 2. Aufl., 1994, S. 315ff.
96) 立憲国家の構造的メルクマールとしての違憲審査制に関する整理として参照、Rainer Wahl, Elemente der Verfassungsstaatlichkeit, JuS 2001, S. 1041ff.
97) 憲法がもしもその政治的側面において国民を統合する一種のシンボル的な機能を発揮し、他方その法的側面では裁判規範として機能するとすれば、この両者は時として相互に緊張関係に立ちうるはずである。憲法の過度な技術化が前者の側面を損なうことはありうるし、逆に憲法の法的な規範性が弱い場合には専らその政治的機能が前面に出るであろう。Vgl. Wahl, a.a.O. (Anm. 54). もっとも両者の関係は恐らくそう単純ではなく、統治機構と基本権という領域ごとにも異なる考慮が必要なはずである。Andreas Voßkuhle, Verfassungsstil und Verfassungsfunktion, AöR 119, 1994, S. 35ff.
98) 芦部信喜はその憲法制定権力論などで前者の側面に、憲法訴訟論で後者の側面に取り組むことで、戦後憲法学の中心的役割を担ったものと理解することができると思われる。

かった。学説が恐らく最も精力的に論じた「表現の自由」の優越的地位は実現せず、またわが国はひとつのリュート判決[99]も持つことはなかった。見方によっては、「憲法パトリオティズム」[100]が語られ、また連邦憲法裁判所の役割の過剰がしばしば問題とされるドイツとは、わが国は対照的な発展を遂げたようにも思える。

　かくして、立憲国家の実現という点では[101]、わが国は今なお、長く続く

---

99)　BVerfGE 7, 198. 同判決も歴史的関心の対象となりつつあるように見える。近時、次のような研究書も出版されている。Thomas Henne, Arne Riedlinger(Hrsg.), Das Lüth-Urteil aus (rechts-)historischer Sicht, 2005.
　　なお、憲法と法律の関係に関するヴェルナー・ホイン(Werner Heun)の比較法的分析によれば、欧米諸国のあいだには憲法の優位や裁判官の実質的違憲審査権などの成立に時間的な隔たりがあるにも拘わらず、私法を含めた法秩序への憲法の浸透は多くの国ではほぼ同時期に、おおよそ1960年代ごろに始まったものとされる。Werner Heun, Verfassungsrecht und einfaches Recht — Verfassungsgerichtsbarkeit und Fachgerichtsbarkeit, in: VVDStRL 61, 2002, S. 80ff. わが国はドイツ風の第三者効力説の継受などを通してかかるプロセスを共有すべく試みたものの、結局果たせなかった、ということになろうか。もっとも、これについては裁判所システムの違いという問題を考慮に入れる必要があると思われる。ドイツでは、憲法裁判所が他の裁判所から独立しており、憲法裁判所が例えば私法上の争訟に関する通常裁判所の判決に介入するには、あくまで問題を憲法上の争いとして構成する必要がある。これに対して、通常の裁判所が違憲審査権を行使するアメリカ型では、例えば最高裁は憲法を引き合いに出すことなく私法内在的に自らの見解を貫徹する余地が大きい。ここではドイツ流の「法秩序の憲法化」の論理を敢えて持ち込む必要性は裁判所にとってさほど高くない。Ebenda, S. 109-113. この意味で法律に対する憲法の浸透、とりわけ基本権の客観法的側面に関しては、(特にUrteilsverfassungsbeschwerdeなど訴訟要件との関連も含めて)ドイツの特殊性がしばしば強調されることになる。ホインと同旨の指摘を含む国際比較の試みとして、参照、Rainer Wahl, Die objektiv-rechtliche Dimension der Grundrechte im internationalen Vergleich, in: Detlef Merten, Hans-Jürgen Papier(Hrsg.), Handbuch der Grundrechte in Deutschland und Europa, Band 1, 2004, S. 745ff. 換言すれば、法秩序全体に占める「憲法の領分」の広さは国ごとに同一であるはずがなく、憲法の実体的な内容がとりわけ裁判所の解釈によっても発展させられる以上 (Vgl. Brun-Otto Bryde, Verfassungsentwicklung, 1982)、これはある程度までは違憲審査制の仕組みの違いにも依存する、ということになろう(この意味でも、この論点のみに限らず一般に「憲法の領分」がかなり広範にわたるドイツが、どの程度までわが国にとっての尺度となりうるかは、問題領域ごとの慎重な考慮が必要であろう)。アメリカ型の裁判所制度を取るわが国において、ドイツ流の間接効力説は結局のところ一般条項の解釈問題に帰呈し、無効力説と決定的な違いをもたらさずに空転してしまう危険もある。こうした見地からは、近時無効力説の再評価という動きが生じていることも理解に難くはない。参照、高橋和之「「憲法上の人権」の効力は私人間に及ばない」ジュリスト1245号(2003年)137頁以下。もし仮に突破口ないし「ビッグバン」(！)としての「リュート判決」(Vgl. Robert Alexy, VVDStRL 61, 2002, S. 9)がわが国では今後も困難であるならば、これは広くドイツ流の基本権の「客観法的側面」の継受という試みにとっても深刻な課題を投げかける可能性があるように思われる。ドイツで「リュート判決」が歴史化しつつあるのと同様、わが国でもその継受史について批判的な距離を置いた省察が求められているとも言えるのかもしれない。なお、本書第15章も参照。
100)　参照、毛利透『民主政の規範理論』(2002年)第1章、高田・前掲註10)53頁以下。
101)　この他、国民主権論ないし民主政論の領域においても、政治的競争という側面から(例えば政

「終わらない戦後」を引きずっているように感じられる。憲法学が取り組むべき課題は，その国の憲法状況によっても大きく規定されざるをえない。日本の立憲主義憲法学が引き受けようとしたのは，一面ではかかる現状に対する批判者ないしは改革者としての役割であったように思われる。もしもわが国の憲法学がある程度まで理念的・原理的思考への志向によって特徴づけられるなら，これは恐らく部分的にはわが国の立憲主義が基本的な部分で不安定性を抱え続けていることの反映でもあろう。憲法を「厳格に「法学的」に理解された実定憲法律の技術性に解消」するための前提条件が，ここにはそもそも存在したであろうか。憲法の権力に対する法的な統制力が弱いところでは，憲法学は恐らく実定法学的な形式性・技術性とは別の次元からこれを補塡するべく余儀なくされるはずである[102]。法を超えた「現実」との対決こそは，一方で解釈論の確立を目指す我々の営みの背後に隠されたもうひとつのモチーフではなかったか[103]。それは一面では「戦後」のわが国の現実に規定された事態だが，他面では非西欧圏で立憲主義憲法の継受に取り組む際に不可避的に生じる問題かもしれない。

　こうして我々は，自らの生きる文脈の中で，その時々の自らの課題に取り組むために，知的および精神的な拠り所として立憲主義の母国たる欧米に視線を向ける。ある場合には輸入すべき解釈論上の素材を求めて，ある場合には我々の思考を導く理念・思想を求めて，ある場合には模範とすべき「近代立憲主義」の原像[104]を求めて。我々が他者に向ける眼差しは，ある程度まで我々自身の欲求と願望の反映でもある。

　　権交代可能で競争的な政治の実現という見地に立つ場合には）同様の欠損を指摘できるように思われる。
102）　一般にかような状況からは，理論が法的な形式化を経由せずに「政治」の実質を直接に捉えようとする傾向は容易に生じえよう。ドイツのワイマールから戦後にかけての変化は，わが国の憲法学の特質を理解する上でも種々の差異を超えて示唆的でありうるかもしれない。なお参照，Christoph Möllers, Das parlamentarische Gesetz als demokratische Entscheidungsform, in: Christoph Gusy(Hrsg.), Demokratisches Denken in der Weimarer Republik, 2000, S. 415ff. なお，合法性と正統性の両次元の議論の関係についての指摘として，参照，石川健治「Arma virumque cano」現代思想 2004 年 10 月号 102 頁以下，104-107 頁。
103）　ひとつの明瞭な表現として，参照，高橋和之「「イデオロギー批判」を越えて」『国民内閣制の理念と運用』(1994 年)1 頁以下。
104）　棟居快行の挑発的な問題提起も参照，棟居快行「鏡の国の憲法学」現代思想 2004 年 10 月号 121 頁以下，123 頁。

(5) しかし言うまでもなく、他国は他国で、自らの文脈の中で自らの課題を生きている[105]。現実の他者は、そう容易には我々の理想化を（あるいは反理想化をも）受け入れない。少なくとも現在のドイツ憲法学は、これまで論じてきた範囲においては、遠い昔に「戦後」を終えて、我々とは違う時空を生きているように感じられる。憲法学という学問が何を自らの課題として引き受けるかも、ここでは恐らく必ずしも我々と同一ではない。

とは言え、これは比較法的研究方法が果たしうる機能の、ごく一面にすぎまい。他国の憲法学の歩みは、我々が現在どこにいて、いかなる課題に直面しており、我々の行う選択にどのような意味があるのかを照らし出すためにも有益でありうる[106]。もしも我々が自らの学問的実践の意味を反省し、その批判の尺度を自らの内側から育て上げ、そして我々自身の閉塞により良く立ち向かっていくためにこそ、異なる他者との対話を必要とするのであれば、少しずつ「歴史」の領域に移行しつつあるドイツ憲法学の「戦後」史は、我々にとってなおアクチュアルな関心の対象たることを失わないように思われる。

---

105) なおヨーロッパ統合の影響もあり、ドイツでヨーロッパ相互の比較憲法に関心が寄せられる際、しばしばヨーロッパ共通の法文化が指摘される一方、例えば日本との比較においてはその法文化の違いが強く意識されることがある。これは、共通の普遍的価値・理念を志向するわが国の伝統的な比較研究とはある意味では対照的であるように感じられる。Vgl. Rainer Wahl, Verfassungsvergleichung als Kulturvergleichung (2000), in: ders., a.a.O. (Anm. 1), S. 96ff.; Christian Starck, Rechtsvergleichung im öffentlichen Recht, in: JZ 1997, S. 1021ff.
106) 参照、山元一「憲法解釈と比較法」公法研究66号（2004年）105頁以下。公法における比較法の意義一般については差し当たり参照、Rudolf Bernhardt, Eigenheiten und Ziele der Rechtsvergleichung im öffentlichen Recht, in: ZaöRV 24, 1964, S. 431ff.

第3章

「政治」の行方
―― 戦後憲法学に対する一視角 ――

1 戦後憲法学の出発

(1) 憲法の自足性と開放性

　憲法学は，自らの対象としての憲法を自己完結的なものとして捉えることができるか。これは，時を隔てて繰り返し提起される古くて新しい問いである。例えば，実定法を正義や道徳などに関する各人の主観的な信念から自立したある種の客観性を備えるべきものとして捉え，それによってこそ実定法は自らに固有の機能を果たすことができると解する立場と，実定法は正義や道徳などに基礎を持ち，具体的な法解釈にあたってもこうした超実定法的な観点が考慮されざるをえないとする立場の対立は，しばしば「法実証主義か自然法論か」等といったかたちで定式化されてきた。憲法が実定法，それも最高位の実定法であるとするなら，憲法をめぐる諸問題の中にかかる法の本質に関わる原理的な問いが時として尖鋭なかたちで現れるとしても不思議なことではない。

　こうした主題は，第二次世界大戦後の日本憲法学にとって，とりわけ切実さを帯びたかたちで突き付けられたものと考えられる。欧州や自国における，基本的自由や権力分立を侵害する不法国家の経験を経た後で，そもそも国家の権力によっても超えることのできない普遍の法原理が存在すると考えるべきか否かが，憲法論上の重要な主題として浮上する[1]。他方，学問的には，日本憲法学の出生時に大きな影響を与えたビスマルク帝国期ドイツの実証主義国法学――それは，その代表者たるラーバントの有名な言葉が語るように，歴史的・

---

[1]　国民主権かノモス主権か，という宮沢俊義と尾高朝雄との主権論争にも，この主題はねじれた形で表れている。主権論争を含め，戦前戦後の憲法学の連続性と変化を宮沢俊義に即して検討する，高見勝利『宮沢俊義の憲法学史的研究』(2000年)も参照。

政治的・哲学的な考察等を法学的推論から排除すべきものと主張する[2]——に対して，その限界が戦間期以来夙に指摘されてきていた。戦後憲法学は，この残された課題に対して自分なりの解答を与えることが求められる。

ここでは，憲法を超実定法的な観点を排除して自己完結的にそれ自体の内側から理解することができる，という想定は，決して自明ではない。大きな捉え方をするなら，戦後日本憲法学の再出発を規定した与件のひとつとしてこの憲法の自己完結性の動揺を挙げることは，恐らく許されるように思われる。

(2) 「政治」という問い

この際に留意すべきは，ここでの問題状況が先に触れたような「法実証主義か自然法論か」といった単純な構図には必ずしも回収されえないという点である。当時の問題状況の全体を主題化することは将来の課題として留保せざるをえないが，忘れられてはならないのは，ここで「政治」という項が重要な役割を果たしたと見られることである。

まず，憲法学史的に見るなら，（フランスやオーストリア等の憲法学への参照によって相対化されたとはいえ）当時の最も主要な参照対象国だったドイツの憲法学において，実証主義国法学への対決の中でワイマール期に既にいくつかの解答の試みが提出されていた。実定法の学としての純化と形式化を徹底するケルゼンの学派がウィーンを席巻するのに対して，ドイツのこの時期の新潮流を主導したのは，これに対抗して実質的・内容的な観点から法学的な論証作法を拡大しようとする方向であったと考えられる。この際に，憲法解釈に際して超実定的な法原理を引照し，この点で自然法論とも親近性を有するエーリッヒ・カウフマンのようなアプローチと並んで[3]，注目すべき新機軸を提供したのは，「政治」もしくは「政治的なもの(das Politische)」[4]を端緒とするいくつかの議

---

2) Paul Laband, Vorwort zur zweiten Auflage, in: Staatsrecht des Deutschen Reichs, 5. Aufl., Bd. 1, 1911, S. IX.
3) Vgl. Erich Kaufmann, Die Gleichheit vor dem Gesetz im Sinne des Art. 109 der Reichsverfassung, in: VVDStRL 3, 1927, S. 2ff.; Günther Holstein, Von Aufgaben und Zielen heutiger Staatsrechtswissenschaft, in: AöR NF 11, 1926, S. 1ff.
4) 本章では「政治」と「政治的なもの」を，「法」に対置されたものとして原則として（参照するドイツの論者が意識的に区別して用いていることが確認されない限りで）互換的に用いる。政治学では，「政治的な(る)もの」と「政治」とを対置する用法が見られる。参照，川崎修『「政治的なるも

論であった。学界の重鎮トリーペル(Heinrich Triepel)が 1926 年のベルリン大学総長就任講演で「国法と政治」の関係を主題化すれば[5]，他方では新潮流の中核に位置するスメントとシュミットがそれぞれの憲法理論の構想の中で，憲法にとっての「政治的なもの」の重要性を指摘する。もちろんここで「政治」ないし「政治的なもの」の名の下で何を理解するかが大きな問題であるが，今は差し当たりこれが当時の憲法学の学問的刷新の試みにおけるキーワードのひとつであったことが確認できれば十分である。こうした理論的な新動向が，宮沢俊義[6]や黒田覚[7]らの論攷が示すように，同時代の日本でも熱心に参照されたことは言うまでもない。

　他方で，その後に引き続くナチス体制が，法によって政治権力を縛るという法治国家思想の否定を含意したと見られることにも鑑みれば，(ワイマール期憲法学における「政治」の復権とナチス体制とを連続的に捉えるのがあまりにも過度な単純化であるとしても)憲法・憲法学と「政治」との関係をいかに考えるかという主題が戦後の日本憲法学にとって積年の宿題を意味したと見ることには，理由があるものと思われる。かくして例えば芦部信喜は，自らの学問的離陸期である 1950 年代における自己の学問的課題を振り返って，次の 3 点を挙げている。

> 「第一に，憲法それ自体が一定の歴史と環境のもとで作られた複雑な構造をもつ法であり，憲法上の基本概念も政治的・社会的な現実との関連で具体的に形成されたものであるから，憲法の存在構造を明らかにするには，規範的考察だけでなく歴史的・政治学的・社会学的考察を必要とすること，その意味で，ケルゼンとは反対に，むしろ「対象が方法を決定する」と考えるべきであること，つまり「唯一の方法の帝国主義は，どの精神科学の領域でも無収穫であることを免れない」こと(ヘルマン・ヘラー)，第二にしかし，対象の政治性と方法の政治性を混同し，ワイマール末期の政治法学

の」の行方』(2010 年)，森政稔『〈政治的なもの〉の遍歴と帰結』(2014 年)。
5) Heinrich Triepel, Staatsrecht und Politik, 1927.
6) 参照，宮沢俊義「公法学における政治」(1932 年)『公法の原理』(1967 年)43 頁以下，同「法および法学と政治」(1938 年)前掲書 107 頁以下。
7) 参照，黒田覚「Integration の理論とファシズム」法学論叢 27 巻 2 号(1932 年)202 頁以下，同「多元的国家論と政治概念」法学論叢 31 巻 6 号(1934 年)931 頁以下，同「「政治」をめぐる諸問題」思想 185 号(1937 年)429 頁以下。

のように，憲法の規範性を主観的な政治観によって歪曲してはならないこと，第三に，憲法に内在し，または憲法の背後に宿る普遍の法理念ないし政治理念の存在を認識しなければならないこと」[8]。

　これを我々なりの言葉で言い換えるなら，第一に憲法は自己完結的なものではなく，非法的な諸要因によって大幅に規定されたものであり，憲法の十全な理解のためには純粋な法学的方法を超えた考察が必要であること(実証主義やケルゼンの純粋法学の否定)，第二にしかしここで広い意味での「政治」を学問的対象とする際は(「対象の政治性」)，自らが政治的なイデオロギーに堕することのないような方法論的な予防が必要であること(「方法の政治性」を理由としたワイマールの「政治法学」の拒絶)，第三に最も重要な点として，この「政治」によっても超えることのできない「普遍の法理念ないし政治理念」こそが憲法学にとっての中心的主題とされるべきこと(憲法の規範性の復権の支持)。ここでは，ワイマールの新潮流(とその「政治」の再発見)がもたらした学問的革新を踏まえつつ，それを規範的に乗り越えることが自らの課題として提示されていると理解することもできる。

　この際に注目されるのは，この芦部の立場に「政治」に対するふたつの異なる接近方法が示されていることである。一方では，憲法が「政治的・社会的な現実」に規定されていることを認めた上で，これを論者の主観的な政治観から自由に，いわば「科学的」に認識する，という道がある。この，芦部の師・宮沢俊義が既に1930年代に示唆していた方向[9]——芦部も言及するヘルマン・ヘラーの社会学的な国家学の他，恐らくはフランスの政治学的憲法学の受容をこの延長線上に位置づけることが可能であると思われる[10]——に対して，芦部自身がより重視したのは，彼自らが認めるように，「普遍の法理念ないし政治理念」によって「政治」を枠づけるというもうひとつの道であったように思わ

---

[8]　芦部信喜『憲法と議会政』(1971年)i-ii頁。
[9]　前掲註6)を参照。
[10]　芦部の統治機構に関する諸論文にはデュヴェルジェ(Maurice Duverger)等の文献が使われ一定の影響を窺わせるが(例えば芦部信喜「議会制度」(1958年)『憲法と議会政』307頁以下)，こうしたフランスの理論動向自体が必ずしも正面からの論究の対象とはならない。他の論者も含めた日本におけるその受容史については今後の課題としたい。

れる。かくして芦部は、「人間価値の尊厳」という「中核的・普遍的な法原則」と、「この原則を中核とする価値・原理の総体」を、超実定法的な「近代憲法の根本規範」とし、ここから最上位の政治的な力である憲法制定権力の限界を基礎づける[11]。のみならず、こうした価値・原理を憲法の内側で現実化する仕組みとしての違憲審査制の研究に精力を注ぎ、この領域での憲法解釈論のスタンダードを築き上げていく[12]。

　芦部一人を以て戦後憲法学全体を代表させることができないことは言うまでもないが(仮に同時代に存在する理論的諸要素が共通でも、論者の立場次第で学問上の布置状況の捉え方は様々でありえる)、後に日本憲法学の第一人者として通説形成を指導することになる若手学者の状況認識を通して、戦後憲法学の形成期の問題状況の一端を推知することは、十分に可能であると思われる。

(3)　ワイマール期憲法学再訪

　もし以上の意味で、「政治」という問いが戦後日本憲法学にとっての出発点のひとつを意味したと言えるとすれば、この問いに説得力のある解答を与えることに成功したか否かは、戦後憲法学のあり方を分析する上でひとつの重要な切り口を提供するように思われる。

　この際まず我々の注意を引くのは、上記の芦部におけるワイマール期ドイツ憲法学に対する評価の意外なまでの低さ(「政治法学」!)である。これはドイツで一般的に、ワイマール期が稀に見る知的に生産的で魅力的な時期であり、時期的な短さと危機的な政治的・社会的状況の故に十分に成熟されなかったとは言え、そこでの議論が戦後の憲法学にも重要な影響を与え(シュミット学派とスメント学派は代表的である)、今日に至るまで繰り返し読み直される古典としての地位を獲得している、という状況に照らしても、とりわけ注目に値する。もちろん、当時の芦部の評価とその後のドイツの一般的評価が一致しなかったからといって、そこから直ちに前者が誤っているという結論が導かれるわけではない。が、芦部が自らワイマール期憲法学とさほどには深く対決した痕跡のないまま、その学問的キャリアの比較的早い時期にチューリッヒ学派などの助け

---

11)　芦部信喜「憲法制定権力」(1961年)『憲法制定権力』(1983年)3頁以下(引用箇所は41-42頁)。
12)　代表して参照、芦部信喜『憲法訴訟の理論』(1973年)。

を借りながら[13]これを「克服」したのだとすれば，この際にワイマール期憲法学のうちの何か重要な部分が見落とされはしなかったか，という問いを設定することは，十分な正当性を有するように思われる。

　もちろん「ワイマールとは何であったのか」という問題に対しては，元来様々な角度からの接近や解釈が可能なはずである。本章ではこれについて，憲法解釈と憲法理論の相互関係という分析視角を設定してみたい[14]（従って本章が関心を向けるのは，「政治は法を破ることができるか」，「いかなる政治的な力といえども破ることのできない上位の法は存在するか」，等の法哲学的な問いではなく[15]，憲法学という法学上のディシプリンの中で「政治」という論点設定がいかなる学問的意義を持ちえたか，という問題である）。こうした視角から見た場合，この時期の憲法学の刷新は，解釈と理論の双方が相互に連動しながら新しい議論の様式を生み出していったものと理解しうるように思われる。まず憲法解釈の領域では，概念法学的な構成という方法の限界が既に強く意識されるに至っていた，という状況が挙げられる。学界の重鎮であり穏健かつ正統的なスタイルを取るトリーペルが，『国法と政治』で法解釈に「政治」（ここでは目的ないし価値評価）が必然的に流入せざるをえないことを指摘し，ゲルバー・ラーバント的方法の支配の終焉を明確にしたのは象徴的である。が，具体的に新しい解釈方法の必要性が明瞭に意識されたのは，とりわけ既存の主流派学説によっては十分な解答が与えられていない新しい解釈論上の論点の発見を通してであったと思われる。かくして，例えば連邦国家における連邦忠誠[16]，国家作用における執政権の位置づ

---

13) Vgl. Werner Kägi, Die Verfassung als rechtliche Grundordnung des Staates, 1945. ケーギ（Werner Kägi）からの影響については芦部自身の回顧として次の箇所も参照，芦部『憲法制定権力』315-317頁。
14) 以下，この問題に関しては参照，林知更「国家論の時代の終焉？——戦後ドイツ憲法学史に関する若干の覚え書き」（第2章）。本章は，筆者の最初のドイツ留学中に書かれた同論文で提起された問題意識に対する，10年を経ての自分なりの回答という性格を併せ持つ。
15) 参照，尾高朝雄『法の窮極に在るもの』（1947年）。芦部の回顧にしばしば窺われるのは，彼におけるかような法哲学的な問題意識の強さであるように感じられる（芦部信喜『憲法制定権力』の「はしがき」と「補遺」など）。本章はかような問題連関を意図的に捨象することで，これとは別の側面——当時の政治状況や時代思潮との連関とは別に，そもそもこの時期に学問としていかなる構造転換が起ころうとしていたのか——を切り取ることに関心を集中する方針をとる（従って，例えばワイマール期憲法学に存在していた反自由主義的傾向に対する賛否といった恐らく芦部らにとって重要であった論点もまた敢えて度外視するが，このことは言うまでもなく本章が反自由主義的立場に与することを意味するわけではない）。
16) これはビスマルク帝国期に遡り，ワイマール期に継承される。Vgl. Rudolf Smend, Ungeschrie-

け[17]，緊急事態における独裁権[18]，憲法改正の限界[19]など，それに何よりもワイマール憲法によって連邦レベルの憲法に初めて持ち込まれた基本権の解釈に関する諸論点をめぐって[20]，カウフマン，スメント，シュミット，ホルシュタイン（G. Holstein），ライプホルツら比較的若い世代に属する論者たちが実験的な新しい解釈論を提起していく。

ところで，かような新しい解釈論に基礎づけと方向性を与えるには，何らかの体系性を持った理論による支えが必要となりうる。この点で，国家法人説のような従来の法学的枠組みは，これら新たな内容的・実質的な諸問題に解答を与える上でも，また革命による正統性原理の転換や民主政における諸現象など眼前の国家論上の課題を主題化しこれに説明を与える上でも，その理論的魅力を大幅に喪失していたものと解される。かくしてとりわけスメントやシュミットは，国家と憲法に関する独自の新しい理論構想を提示するとともに，ここから憲法解釈論上の諸問題に対しても体系的な見通しを示そうとする。この際に（例えば「正統性」などと並んで）鍵概念のひとつとなったのが「政治」であると見られる。スメントはその執政権論（1923年）で，執政権の性質を「政治」的権力として規定し，これを国家の「統合」という見地から説明するが[21]，この視角は執政権論という狭い論点を超えて，国家理論・憲法理論・実定憲法の解釈という三層からなるスメントの憲法論の全体を導く軸としての役割を果たすことになる（1928年）[22]。他方シュミットの「政治的なものの概念」（1927年）[23]

---

benes Verfassungsrecht im monarchischen Bundesstaat (1916), in: ders., Staatsrechtliche Abhandlungen, 3. Aufl., 1994, S. 39ff. 関連して参照，林知更「連邦と憲法理論——ワイマール憲法理論における連邦国家論の学説史的意義をめぐって」（第10章）．

17) Vgl. Rudolf Smend, Die politische Gewalt im Verfassungsstaat und das Problem der Staatsform (1923), in: ders., Staatsrechtliche Abhandlungen, 3. Aufl., 1994, S. 68ff.

18) Vgl. Carl Schmitt, Die Diktatur des Reichspräsidenten, in: VVDStRL 1, 1924, S. 63 ff.; ders., Die Diktatur, 2. Aufl., 1928.

19) Vgl. Carl Schmitt, Verfassungslehre, 1928, S. 25f.

20) 文献は当然数多いが，差し当たり本章が焦点を当てるスメントとシュミットのものとして参照，Rudolf Smend, Das Recht der freien Meinungsäußerung, in: VVDStRL 4, 1928, S. 44ff.; Carl Schmitt, Grundrechte und Grundpflichten (1932), in: ders., Verfassungsrechtliche Aufsätze, 1958, S. 181ff.

21) Smend, Die politische Gewalt (Anm. 17), bes. S. 79f.

22) Vgl. Rudolf Smend, Verfassung und Verfassungsrecht, 1928.（なお以下本章では，スメントの同書からの引用は，この1928年版の頁数による。）

23) Carl Schmitt, Der Begriff des Politischen, in: Archiv für Sozialwissenschaft und Sozialpolitik,

は，それ自体としては法解釈へのレレヴァンスを直接に意識しない理論性の高い論文であるが，同時期に執筆された『憲法理論』(1928年)[24]との密接な関係に鑑みても，それが彼の憲法論の体系の外枠を提供する役割を果たしたものと理解することができる。

以上の意味で，今日の視点から振り返ってみた場合，ワイマール期ドイツ憲法学における「政治」の再発見は，憲法解釈と憲法理論の刷新過程において両者の接点に打ち立てられた新しい構想を導く着眼点のひとつとして理解することが許されるように思われる。それは，法学的な諸問題を考察するにあたって法の外にある「政治」の参照を求める点で，いわば憲法論を現実に向けて開くと言える側面を有するが，他方でそこでは法学的な規範論との密接な関連が前提されており，その「政治」像もまた一定の規範性(あるいは規範的な枠組みによって解釈された現実としての性格)を帯びる意味で，現実性と規範性を同時に併せ持った性格を有すると考えられる。上に引いた芦部の見解がもし何か見落としたものがあるとしたら，それはかような性質の憲法理論というものが憲法学上いかなる意義を有しうるか，という問題に在ると考えられる。そこでは，宮沢によって受容されたケルゼン的な法的認識と法的実践の峻別論によって，純然たる認識であるべき理論に対する論者の価値観の混入(「方法の政治性」!)が批判される[25]。他方この戦間期はまた，ドイツからの影響を相対化するもうひとつの知的源泉たるフランスでも，規範と現実の両面性を帯びた憲法理論がより実証的な現実認識を志向する政治学的方向によって押しやられ，同時に例えばルソー(Jean-Jacques Rousseau)のような古典の持つレレヴァンスも低下しつつ

58, 1927, S. 1ff.
24) Schmitt, Verfassungslehre, 1928.
25) 話がドイツの文脈から逸れるが，その後の芦部が主たる研究対象とした違憲審査制の文脈では，90年代日本で，松井茂記の論争誘発的な問題提起をきっかけに審査基準論を正当化する規範的な憲法理論をめぐる議論が(主にアメリカの議論を下敷きに)活性化する。これもまたデモクラシー，すなわち現実の次元に位置する政治についての，規範論の基礎に置かれるべきモデルをめぐる争いであるが，これが認識と実践の混淆だとしてイデオロギー批判の対象とされなかったとしたら，この時期までに既に法認識・法実践の峻別論が影響力を失っていたという事情が大きいと考えられる(ここではまた，「法は政治である」との立場に立つ批判的法学もまた，好意的もしくは中立的に参照・紹介される)。かような新たな与件の下でワイマール期憲法学をもう一度見直す場合には，当時の議論が孕んでいた政治的危険を斟酌した上でもなお，宮沢・芦部の時代とは大きく違った像が描かれうることになると思われる。

ある学説史上の転換期でもあった，とも指摘されている[26]。敢えて大きな捉え方をするならば，恐らく日本憲法学は既にこの時点までに，オーストリアとフランスからの継受の影響を含め，かつての準拠国たるドイツとは異なる学問的発展の経路を自覚的に選択し始めており，上述の芦部の理解——ここでは新たにスイスという流れが合流する——は，部分的にはここに生じつつあった学問モデルの揺らぎの現れとしても解釈しうる余地があるかもしれない，と思われる。

(4) 戦後ドイツへ

以上の検討(誤解のないよう付け加えれば，それは芦部憲法学自体を批判することを目的とするものではなく，今日まで影響力を保つ戦後日本憲法学の主流を形成した芦部の初期の指摘を手がかりに，その特質の一端を明らかにしようと試みるものに過ぎない)が示すように，戦後日本憲法学がワイマール期憲法学の発見した「政治」の重要性を意図的に拒絶した潮流をその中核に擁していたと言えるとすれば，これに対して(やや誇張した言い方をすれば)日本が袂を分かったかつてのドイツ憲法学の流れを継ぐ戦後の連邦共和国では，この「政治」的学統はその後いかなる発展を遂げたのだろうか。一言で言えば，ドイツにおいてもまた「政治」の命運は，日本とは異なる意味で困難に直面していくことになったものと思われる。とは言え，本章ではある一定の視角から我々の関心にとって示唆的なひとつの断面を切り出すにとどめざるをえない。節を改めて検討しよう。

2　戦後ドイツ憲法学と「政治」

(1)　合法性の再建と憲法学

ボン基本法下における憲法発展がいかなるものであったかは，既に良く知られている。当初暫定的と考えられていた基本法が目覚ましい定着を見せ，一面では議院内閣制が安定化するとともに，他面では法治国家の再建と強化が進められたこと，中でも憲法に関しては連邦憲法裁判所が急速にその役割を拡大し

---

[26] Olivier Beaud, Joseph Barthélemy ou la fin de la doctrine constitutionnelle classique, Droits 32, 2000, pp. 89–108.

憲法秩序のあり方を大きく規定する要因となったことなどを当面想起しておけば足りる。ナチス体制の崩壊後、自然法論の復権が法思想を席巻するが、次第に退潮し、50年代後半にはこれに代わって憲法の規範性が法秩序の指導原理としての地位を奪取したこと、しかし連邦憲法裁判所の判例が蓄積し受容されていくとともに、法の実定性を超えた根拠づけ(自然法であれ価値であれ)に遡及する必要も低下し、かような蓄積を前提にこれに内在的に議論する志向が強まること(「連邦憲法裁判所実証主義」[27]!)、憲法学者たちもワイマール共和国とは異なって、憲法の正統性を当然の前提とした上でそこで生じる具体的諸問題の解決を議論する傾向を強めていったことなどを付け加えることもできる[28]。

　ここでワイマール期憲法学の知的遺産、とりわけそこでの「政治」の再発見はいかなる役割を果たしたのだろうか。少なくともその役割が両義的であったと述べることは許されると思われる。一面では、「憲法解釈の前理解としての憲法理論」という簡要な定式が示すように[29]、憲法の提示する様々な解釈論上の問題に一貫性のある解決を提示する上で、これを嚮導すべき憲法理論を自覚的に論じることの意義が指摘されている。実際にもヘッセやベッケンフェルデなど、ワイマール期のスメントやシュミットから影響を受けた理論志向の強い論者たちが、連邦共和国の憲法学の形成期に指導的な役割を果たしており、この意味ではワイマールによる革新が戦後の基礎を築いたと解しうる面が存在するのは確かである[30]。

　他方で、ここに一定の留保が必要であることも否定しえないように思われる。かような憲法理論上の学派対立が具体的な解釈論に対する意義をどこまで有したかには懐疑的な見解もありうるところである(実際に1970年代以降はスメント学派とシュミット学派の対立も収束していったものと指摘される)が[31]、本章が問題

---

27)　Vgl. Bernhard Schlink, Die Entthronung der Staatsrechtswissenschaft durch die Verfassungsgerichtsbarkeit, in: Der Staat 28, 1989, S. 161ff.
28)　戦後連邦共和国の憲法学については、徐々に歴史的研究関心の対象とされつつあり、関連する文献も増えつつあるが、ここでは代表してMichael Stolleis, Geschichte des öffentlichen Rechts in Deutschland, 4. Band, 2012を挙げるだけにとどめる。また、第2章に掲記した諸文献も参照。
29)　Vgl. Horst Ehmke, Prinzipien der Verfassungsinterpretation, in: VVDStRL 20, 1963, S. 53ff.
30)　こうした側面に焦点を当てた日本での代表的な研究として参照、渡辺康行「憲法と憲法理論の対話(1)-(6・完)」国家学会雑誌103巻1・2号(1990年)1頁以下、105巻1・2号(1992年)90頁以下、111巻5・6号(1998年)110頁以下、112巻7・8号(1999年)40頁以下、113巻5・6号(2000年)1頁以下、114巻9・10号(2001年)25頁以下。

としたいのはもうひとつの別の問題である。それは，そもそもこの戦後の弟子たちとワイマール期憲法学の間には，何か重要な差異が存在したのではないか，という疑問である。それは，例えば「政治」や「政治的なもの」といった観念の位置づけにも読み取ることができるように思われる。それらはヘッセにおいてもベッケンフェルデにおいても，ワイマール期のスメントやシュミットと少なくとも同様の意味で彼らの体系の中心に位置しているようには見えないのである。換言すれば，戦後におけるワイマールの「継承」は，そのある部分を受容し発展させる一方，別の部分を切り捨てることで成り立っていたと見るべきではないか。

　本章ではこれを上述の憲法解釈と憲法理論の関係という見地から次のように捉えてみたい。戦後，合法性の秩序が再建され，憲法体制が安定する中で，法学としての憲法学にはこの憲法体制の基本的性格や基本原理を論究し，憲法の諸規定の解釈を通じてこれを継続的に発展させる役割が課せられる。この憲法解釈の際に何らかの憲法理論の存在が要請される，というのが「憲法解釈の前理解としての憲法理論」という観念の主張するところであろうと思われる。が，ワイマール共和国でスメントやシュミットが新しく自らの憲法理論を構想したとき，そこで憲法理論に与えられた役割というのは，これとはいくらか異なるものではなかったか。そもそも敗戦と革命，憲法体制の絶えざる動揺は，合法性の体系を当然の前提として議論すること自体の自明性に疑問を投げかける。実定法としての憲法はその背後にあるより大きな「何か」によって支えられ，また覆されうる，というのがかかる経験の示す教訓であったと思われる。この「何か」——「政治的なもの」とはこれを捉えようとする一視角として理解されうる——が何であるかを理論的に主題化しつつ，ここから実定法としての憲法を捉え直そうとすることが，彼らの試みのひとつの核心ではあるまいか。この意味での憲法理論は，従って単なる「憲法解釈の前理解」であることを超えた，より包括的で広い射程を有していたと考えられる。スメントにあっては，例えばその主著『国制と憲法』(1928年)が，彼から見たドイツ人の国家観の欠陥——非政治的に国家から逃避するか非政治的に権力を崇拝するかという両極

---

31) Vgl. Frieder Günther, Denken vom Staat her: Die bundesdeutsche Staatsrechtslehre zwischen Dezision und Integration 1949-1970, 2004.

に陥って，国家や政治に対する安定した関係を築くことができない――の克服を主題のひとつとしていたように[32]。また例えば共和国最末期にあたる1933年1月18日の講演「ドイツ国法における市民（Bürger）とブルジョワ」で，市民＝公民が有すべき国家の担い手としての倫理的な使命（Beruf）に共和国を救う最後の望みを託そうとしたように[33]。あるいはシュミットにおいては，例えば共和国の危機が次第に深まる中で大統領を「憲法の番人」と捉える憲法構想が，狭い意味での法解釈論にとどまらず憲法政治上の改革をも含意したと考えられるように[34]。また例えば，19世紀的な「国家と社会」という二元的国制構造から両者の同一化する「全体国家」への変遷という診断が，単なる憲法解釈の背景理論としてではなく，何より現実の「現代の具体的な憲法状況」の分析として提示されていたように[35]。ここには，思想としての国家観やそれを支える公民の倫理，現実の憲法政治やその背後の国制構造といった多様な主題が関係している。

　それ故，一口に憲法解釈と憲法理論といっても，その相互関係が具体的にいかに形成されているかは，時代や論者によって異なりうる。かような考察から仮説的なモデルを抽出するなら，スメントやシュミットのワイマール期憲法理論が，合法性の体系を超えた地点（「政治的なもの」）へと遡行してここに自らの足場を置き，そこで構想された憲法理論から憲法解釈を含む（しかしそれのみには必ずしも限られない）種々の具体的帰結を導こうとするのに対して，戦後の連邦共和国では合法性の秩序が安定化し，かつそこで与件とされる法学的素材（とりわけ憲法裁判所の判例）が飛躍的に増大する中，あくまでもそこでの憲法解釈を背後で方向づける枠組みとしての憲法理論が，時に要求され，あるいは時に解釈論上の課題への有効性の喪失故に退けられた，とひとまず考えることができる（憲法解釈が憲法理論の函数である時代から，憲法理論が憲法解釈の函数となる時代への変化，とも言い換えられる）。もちろんこれは一箇の仮説であり，このモ

---

32) Rudolf Smend, Verfassung und Verfassungsrecht, 1928, S. 1-4.
33) Rudolf Smend, Bürger und Bourgeois im deutschen Staatsrecht (1933), in: ders., Staatsrechtliche Abhandlungen, 3. Aufl., S. 309ff.
34) Carl Schmitt, Der Hüter der Verfassung, 1931.
35) Ebenda, S. 71ff. ここにおけるシュミットの規範的であると同時に現実的な憲法概念の意義に関する検討として参照，林知更「危機の共和国と新しい憲法学――カール・シュミットの憲法概念に関する一考察」（第1章）。

デルにどこまでの説明能力があるかは，連邦共和国の個々の論者に即して改めて検証されなければならない。この際に論者ごとに様々な偏差が浮かび上がるであろうことはもちろんである。ビスマルク帝国期やワイマール期に存した厚い国家学的な蓄積から裨益しつつ，あるいはその残り香に包まれながら学問的自己形成を遂げた世代にあっては，合法性の論理が憲法学の本流を再び覆う中にあっても，なおこれを超えた主題を自らの学問的なレパートリーの中に守り続けたとしても，何の不思議もない(ゲルバー・ラーバント以前に遡る国家学的伝統が意識的に再度参照されることも含めて)。

　にも拘わらず，もし仮にかような理解を，大勢としての憲法学の発展のあり方について何か本質的な点を衝くものとして(憲法解釈に軸足を置くディスコースとこれを超えた問題を主題化するディスコースとが，相互に内面的な連関をますます失って分化していくという意味も含めて)我々の考察の出発点に置くことが許されるとするなら，ここで浮かび上がるのは次のような問いである。ワイマールの憲法理論の遺産のうち，主として連邦共和国でその新たな与件に適合した部分のみが法学的に受容されたのだとすれば，ここにはかような主流的な憲法学説には上手く接続されずに残された「剰余」の部分がなお存在することになる。そもそもこのワイマールの「剰余」とは何であり，それは連邦共和国の思想空間の中でなおいかなる意味を持ちえたのか。かくして「政治」の行方をめぐる我々の考察は，次にこの「剰余」の部分に学問的な可能性を見出した反主流派の論者たちに向かわなければならない。

(2)　「政治」の忘却？——フォルストホフから見た連邦共和国

　こうした初期の連邦共和国における憲法発展とそこでの憲法学の変容を最も厳しく批判し続けた論者のひとりが，エルンスト・フォルストホフ(Ernst Forsthoff, 1902-1974)であったと思われる。ワイマール期に学問的自己形成を遂げた第一世代のシュミット学派であり，行政法学の革新者として斯界における地位を確立したフォルストホフはまた，戦後における広い意味での憲法論・国家論的な時代批判によって，連邦共和国の憲法体制の一面を鋭く照射した論者でもあった。

　50年代前半にボン基本法の基本原理の理解をめぐって独自の法治国家論を

展開したフォルストホフは[36]、とりわけ連邦憲法裁判所による基本権判例の飛躍的展開によって戦後憲法体制が今日にまで至るその基本的性格を明瞭にし始めた50年代末以降、いわば時代のアウトサイダーとしてその舌鋒の鋭さを強めていく。嚆矢をなすと見られるのは、シュミットの70歳記念論文集(それは、ナチス期の過去のため学界を追放状態にあったシュミットの一定の復権を含意するが故に、スキャンダルとして激しい論争を引き起こす)に寄稿され論争を呼んだ論文「憲法律の改変」(1959年)であり[37](この論文はまたシュミットによる時代批判の書『価値の専制』(1960年)[38]と表裏の関係に立つと指摘される[39])、フォルストホフは爾後、「憲法解釈の諸問題について」(1961年)[40]、「内向する法治国家とその位置づけ」(1963年)[41]、更には「国法の学から法治国家の学へ」(1968年)[42]、「憲法理論の今日的状況について」(同年)[43]などの諸論攷において自らの思考を深化させていく。これらが我々にとって今なお興味深いのは、それがワイマール期憲法理論の発展形態のひとつとして憲法学的思考のひとつの興味深いあり方を示しているためである[44]。

---

36) Ernst Forsthoff, Begriff und Wesen des sozialen Rechtsstaates, in: VVDStRL 12, 1954, S. 8ff., jetzt in: ders., Rechtsstaat im Wandel, 2. Aufl., 1976, S. 65ff.
37) Ernst Forsthoff, Die Umbildung des Verfassungsgesetzes, in: Festschrift für Carl Schmitt zum 70. Geburtstag, 1959, S. 35ff., jetzt in: ders., Rechtsstaat im Wandel, 2. Aufl., 1976, S. 130ff.(以下、引用は『Rechtsstaat im Wandel』第2版の頁数による。)
38) Carl Schmitt, Die Tyrannei der Werte, 3. Aufl., 2011.
39) Christoph Schönberger, Werte als Gefahr für das Recht? Carl Schmitt und Karlsruher Republik, in: Carl Schmitt, Die Tyrannei der Werte, 3. Aufl., 2011, S. 57ff.
40) Ernst Forsthoff, Zur Problematik der Verfassungsauslegung, 1961, jetzt in: ders., Rechtsstaat im Wandel, 2. Aufl., 1976, S. 153ff.(以下、引用は『Rechtsstaat im Wandel』第2版の頁数による。)
41) Ernst Forsthoff, Der introvertierte Rechtsstaat und seine Verortung, in: Der Staat 2, 1963, S. 385ff., jetzt in: ders., Rechtsstaat im Wandel, 2. Aufl., 1976, S. 175ff.(以下、引用は『Rechtsstaat im Wandel』第2版の頁数による。)
42) Ernst Forsthoff, Von der Staatsrechtswissenschaft zur Rechtsstaatswissenschaft, in: Studium Generale 21, 1968, S. 692ff., jetzt in: ders., Rechtsstaat im Wandel, 2. Aufl., 1976, S. 188ff.(以下、引用は『Rechtsstaat im Wandel』第2版の頁数による。)
43) Ernst Forsthoff, Zur heutigen Situation einer Verfassungslehre, in: Epirrhosis. Festschrift für Carl Schmitt zum 80. Geburtstag, 1968, S. 185ff., jetzt in: ders., Rechtsstaat im Wandel, 2. Aufl., 1976, S. 202.(以下、引用は『Rechtsstaat im Wandel』第2版の頁数による。)
44) 以下で行うのは、フォルストホフがこの1950年代後半から70年前後までの間に上記文献を中心に展開した憲法論を、その論理構造という観点から簡潔に再構成することである。フォルストホフの論述自体がしばしば体系的でなく時評的で、また同じ論点が様々な論攷に分散した形で、かつ微妙に表現を変えながら何度も繰り返し登場するため、テクストの該当箇所を逐一掲げるとすると相当に煩雑になることを避けられない。このため以下では、註記はあくまで例示的かつ最小限にと

フォルストホフがその批判の直接的な対象として選ぶのは，連邦憲法裁判所の基本権解釈と，その基礎にある憲法解釈の方法である。憲法の条文による明瞭な根拠に必ずしも支えられないまま，解釈によって基本権の第三者効力を導出し，基本権の性格に重要な変化をもたらしたリュート(Lüth)判決(BVerfGE 7, 198)の例に典型的に見られるように，かような新展開を可能にしたのは法律解釈の方法に関する伝統的理解——ここでフォルストホフは例えば法の文言への拘束45)，三段論法と包摂46)，サヴィニー(Carl von Savigny)が整理した四つの解釈方法(文法的解釈・論理的解釈・歴史的解釈・体系的解釈)47)等を想起する——を超えた新しい憲法解釈のあり方である。フォルストホフはその核心を「価値体系」として憲法を理解する考え方に見出し，かような連邦憲法裁判所の立場に基礎を提供する「黒幕」として，ワイマール期に提唱された新たな方法論たる「精神科学的方法」，就中スメントの憲法論を厳しく論難する48)。

だが，そもそもかような開かれた憲法解釈が何故それほど厳しく拒絶されなければならないのか？ フォルストホフの行論を支えるのは，その特有の歴史観と憲法の機能に関する理解であると考えられる。フォルストホフは法実証主義の時代が終焉したと理解する点で自然法論者とも共通の見解に立つが，その理由は彼らとは全く異なっている。そもそも法実証主義は，法内容の正しさに対する無関心や倫理的な相対主義を背景とするものではない。むしろ法の実現すべき正義の観念が生き生きと保たれ，国家の諸制度がその実現のために正しく機能することに対する信頼が存在するからこそ，安んじて実定法を法そのものと同一視することができたのである。かような信頼が第一次大戦後にもはや失われたことが，法実証主義の終焉の真の理由である。ここで自然法論を持ち出すことは，しかし本質的な意味では助けにならない。自然法自体が，任意の内容で充たすことのできる一箇の形式に他ならず(ナチス自然法論すら存在する！)，この意味で自然法による特定の価値の絶対化は世界観対立の中におけ

どめることとした。
45) Forsthoff, Die Umbildung des Verfassungsgesetzes(Anm. 37), S. 134.
46) Ebenda, S. 135.
47) Forsthoff, Zur Problematik der Verfassungsauslegung(Anm. 40), S. 173f.
48) Vgl. Forsthoff, Die Umbildung des Verfassungsgesetzes(Anm. 37). 4年後の論文「Der introvertierte Rechtsstaat und seine Verortung」(Anm. 41)になると，スメント批判は後退し，スメントとその戦後の弟子たちの間の差異こそが強調される(S. 178-182)。

る闘争手段としてすら機能しうるからである[49]。同様の意味で, 上述の「価値秩序」論のような開かれた憲法解釈は, その時々の支配的な勢力が自らの価値観を憲法へと読み込み, あるいは価値をめぐる社会的な対立が憲法の内側へと転写されることを生むにすぎず, その憲法構造上の帰結は憲法の解釈を司る司法による憲法の支配, すなわち司法国家に他ならない[50]。換言すれば, 20世紀が経験した様々な価値の対立や変遷, いわば諸価値の交換可能性という現実を前にして, 自然法も価値秩序も無力にとどまるのである。フォルストホフはこれに対して, いかなる権力といえども従うべき形式としての憲法が権力をなおも制限する力にこそ期待を寄せることになる[51]。

かくしてフォルストホフは憲法をその形式性・法技術性において理解し, 様々な価値が相争い変遷する世界の中で確たる「決定」としての一義性を要求する[52]。ここにフォルストホフの論述の諸断片の背後に隠された憲法理論がその姿を現す。憲法とは, 国家の政治的な実存に表現および形式を与える「政治的」な「決定」である[53]。ここにその師シュミットの憲法理論の影響もしくはその変奏(そこにシュミットとの間の小さくない差異も存在するとは言え[54])を見出すことはさほど困難ではない。価値の揺らぎと対立の中で, なお秩序を支える確実な支点としての憲法の核心を構成し, その客観性を担保すべき憲法解釈方法の厳格性という要請を基礎づけるのは, 憲法制定者の政治的決定であるという

---

49) Ernst Forsthoff, Zur Problematik der Rechtserneuerung(1947/48), in: Werner Maihofer(Hrsg.), Naturrecht oder Rechtspositivismus?, 1962, S. 73ff., 73-79. 従ってフォルストホフは, 自らが自然法論を採らないことはもちろんとして, 自らの立場が法実証主義への回帰とも異なることを強調する。Forsthoff, Zur Problematik der Verfassungsauslegung(Anm. 40), S. 169-174.
50) Forsthoff, Die Umbildung des Verfassungsgesetzes(Anm. 37), S. 143-152.
51) Forsthoff, Zur Problematik der Verfassungsauslegung(Anm. 40), S. 164f.
52) 憲法の「決定」としての性格に関する言及は何度も繰り返される。例えば参照, Forsthoff, Die Umbildung des Verfassungsgesetzes(Anm. 37), S. 147; ders., Zur Problematik der Verfassungsauslegung(Anm. 40), S. 168.
53) 「あらゆる憲法の実存は政治的なものに根ざしている」。Forsthoff, Zur Problematik der Verfassungsauslegung(Anm. 40), S. 164. この「政治的なもの」という観点がとりわけ重視されるのが, シュミット学派の拠点であった雑誌『Der Staat』に掲載された「Der introvertierte Rechtsstaat und seine Verortung」(Anm. 41)である。例えば, 憲法律は「国家公共体の政治的実存の表現と形式」として理解された場合のみ, 一体(Einheit)として理解することができるものとされる(S. 176)。
54) 重要な違いのひとつは, フォルストホフがシュミットと異なり憲法の法律としての性格を強調する点に存すると思われる。例えば参照, Forsthoff, Zur Problematik der Verfassungsauslegung (Anm. 40), S. 171.

ことになる[55]。

　だが，かような憲法理論はなお現実性を主張しうるのだろうか。敗戦と東西分断という与件による制約の下で制定されたボン基本法が言葉の真の意味で制憲権を有する国民の自由な政治的決定と呼びうるかは，多分に疑いの余地がある[56]。かかる憲法が経済復興の中で定着を果たし，フォルストホフが厳しく批判する連邦憲法裁判所の新しい役割やその判例，それを支える憲法解釈も社会的に広く受容されていったことは，彼の見方の時代に対する不適合こそを証明してはいないだろうか。実際にフォルストホフは，更に問題を一段深層へと遡り，上述のような彼の憲法観とは正面から対立するかような戦後社会のあり方こそを批判の対象としていく。それは一言で言えば，非政治化された社会，「政治的なもの」を見失った社会である。例えば官民の協調やテクノクラートの主導などによって物事が非政治的に処理されていく社会，国政において合理的に可能な経済政策等の選択肢の幅が減少し，それぞれの政党が他党との違いを際立たせるのに苦労するような社会，広く国家のあり方に関する観念ないしイデオロギーがもはや無力化し，豊かさの中でのコンセンサスに覆われた社会においては，近代における政治的な秩序原理としての国家の特有の意義――すなわち（例えば宗教内乱の中から近代国家が生まれたように）異なる立場の間の激しい政治的対立の中でもなお秩序と平和を成り立たせる仕掛けとしての意義――もまた見失われてしまう[57]。上に見たような憲法解釈の変容も，また広く憲法学の変容――かような「内向する法治国家」を機能させるための個別の諸問題へと関心を拡散させていき，国家という本来の中心主題を見失った憲法学のあり方――もまた，かかる戦後の「産業社会」が生み出した諸現象のひとつとして解釈されることになる[58]。

---

55) 「合法性を憲法の確固たる核心的実質（Kernsubstanz）に拘束すること」が要求される。Forsthoff, Zur Problematik der Verfassungsauslegung（Anm. 40）, S. 164.
56) Vgl. Werner Weber, Spannungen und Kräfte im westdeutschen Verfassungssystem, 3. Aufl., 1970.
57) 上記の諸論攷で分散して言及される他，参照，Forsthoff, Strukturwandlungen der modernen Demokratie（1964）, jetzt in: ders., Rechtsstaat im Wandel, 2. Aufl., 1976, S. 90ff.; ders., Verfassung und Verfassungswirklichkeit der Bundesrepublik（1968）, in: ebenda, S. 25ff.
58) とりわけ「Der introvertierte Rechtsstaat und seine Verortung」（Anm. 41）と「Von der Staatsrechtswissenschaft zur Rechtsstaatswissenschaft」（Anm. 42）全体の主要な関心は，かような社会の変化と憲法・憲法学（国法学）の変容の関係に向けられる。

これに対してフォルストホフは、「政治的なもの」をこの世界から消去することは不可能であること[59]、かような戦後社会があくまで平穏で安定した平常状態という前提に依拠するものにすぎず、ひとたび緊急事態が生じたときには再び「政治」が浮上せざるをえないことを指摘し――20世紀に生じた革命や動乱、内戦、独裁を想起するなら、どうして政治の終焉を信じることができよう――、時代の学問的潮流に抗して、彼の意味における国家理論を維持することを主張する[60]。ここでは、この来るべき緊急時にこそ、価値の対立の中における確固たる支点としての憲法がその意義を試されることになるはずである。平常状態と緊急事態の区別、後者において「政治的なもの」が顕現すると解する点など、我々はここにもシュミットの痕跡を明瞭に読み取ることができよう。……が、この「産業社会」は、果たしてそれほどに脆いものなのだろうか。例えば1968年のパリ5月革命の衝撃が結局は既存秩序によって吸収されたように、この社会の平常状態は思いの外に堅固なのではあるまいか？ フォルストホフの最晩年の書『産業社会の国家』(1971年)は、時代に対する諦念を更に深めるものであるように見える[61]。

以上のようにフォルストホフは彼の地の戦後憲法学を、いわば豊かで平和な戦後社会という繭の中で自閉し、その外に存する真の問題、国家や個人の実存に関わる問いに目を閉ざすものとして痛烈に批判した。かようなフォルストホフの「産業社会」論は、シュミットの「国家と社会の区別」から「全体国家」への移行という分析とも共通する地平で、その先に生じた全体社会の更なる構造変化を主題化する意味を持つように思われる。かような憲法学の視野拡大――あるいは深層の社会構造への関心の拡大――が、もしシュミットにおけるVerfassung概念の革新をひとつの突破口として可能になったと言いうるとすれば[62]、我々はここにもフォルストホフにおけるワイマールの影響を看取しうることになる。フォルストホフによるワイマールの革新の摂取が効力を発揮

---

59) もし仮に国家の時代が終わったのだとしても、「少なくとも、国家とともに政治、より正しくは政治的なものが世界から消滅することはないであろう」。Forsthoff, Der introvertierte Rechtsstaat und seine Verortung(Anm. 41), S. 184.
60) Ebenda, S. 186f.
61) Ernst Forsthoff, Der Staat der Industriegesellschaft, 1971, S. 167f.
62) 参照、第1章。

したのは，少なくとも戦後の憲法論の領域では，新しい法学的言語による憲法解釈の内容の拡張ではなく，学知による認識の次元で国家や社会の時代状況を照らし出すという側面[63]においてであったように見える(逆にここから法学的に厳格な憲法解釈についての極めて古風な要請が導かれすらする)。シュミットの憲法理論は，その反自由主義的な志向とも相俟って，「内向する法治国家」の外部に全体社会を見る視座を与えるという側面をも有しており，このことが右派であるフォルストホフのみでなく左派の社会批判とシュミットの間の一定の親近性をもある程度まで説明するように思われる。この意味で，戦後のフォルストホフの反時代的な批判が我々に示唆しているのは，法学的な解釈論の内側に吸収されないワイマールの「剰余」が有していたひとつの可能性であるとも言えるのではなかろうか。

(3) 「政治」の法化？——スメント学派をめぐる問題

では，フォルストホフがこの際に名指しで論難の対象としたスメントと彼の学派は，本当にかかる批判に値するのだろうか。これは控え目な言い方をしても大いに議論の余地があると考えられる。連邦憲法裁判所の「価値秩序」論とスメント憲法理論とが容易に同一視しえないというだけではない[64]。我々も見たように，ワイマール期のスメントもまた「政治」の立ち現れる地点から自らの議論を構想していたはずであり，自然法に依拠して「政治」を消去する立場とも，また理論性・体系性を見失って個別具体的な法的諸論点の寄せ集めへと自らを解消する立場とも大きく異なっている。

ただ，この際に「政治的なもの」をどう観念するかはシュミットの流れとの間で大きな違いがある。シュミットが友と敵とを区別する決断という契機に着目し(典型的には国家間の戦争や国内の内戦などが念頭に置かれる)，平時と異なる例外的瞬間にこそ普段隠されている事物の本質が顕現すると解するのに対して，

---

[63] 従って憲法解釈の次元で法の形式性を極めて重視するフォルストホフはまた，学知としての国家学において，規範主義的な見方のために「人間」やその「徳」の問題が十分に主題化されない状況を批判する。Ernst Forsthoff, Der moderne Staat und die Tugend (1950), in: ders., Rechtsstaat im Wandel, 1. Aufl., 1964, S. 13ff.

[64] 両者に大きな差異があり同一視できないことはしばしば指摘される。一例として参照，Horst Dreier, Dimensionen der Grundrechte, 1993, S. 15-17. この件でのスメントとフォルストホフの間の遣り取りに関して参照，Florian Meinel, Der Jurist in der industriellen Gesellschaft, 2011, S. 412.

スメントは(例えばエルネスト・ルナン(Ernest Renan)の「日々の国民投票」という句の引用にも表れているように[65])日常行われる人々の精神的な相互作用によって国家が統合されるプロセスに関心を寄せる。この際にスメントが、憲法規定の文言に一見したところ反するような慣行でもかかる統合を効果的に成し遂げるのであれば憲法には違反しない、という帰結を時に導いたのに対して[66]、戦後の弟子たちは、憲法の諸規定がその背後の統合過程によって意味を与えられるのみでなく、憲法の諸規定が統合過程を規範的に制御するという側面(「憲法の規範力」)をより重視する形で、議論の力点を変化させたように思われる[67]。かくしてヘッセを筆頭にスメントの影響を受けた戦後の論者は——あるいはスメント自身もまた[68]——、いわば憲法による統合、憲法を通した政治的公共体の秩序づけ(「公共体の法的基本秩序としての憲法」[69])という見地から、連邦共和国の憲法発展に概ね肯定的かつ建設的な姿勢で対峙していったように感じられる。

とは言え、ここで実際に生じた戦後憲法秩序の独特の有り様が、一定の批判の余地を有することもまた否定しえないように思われる。憲法の規範性が一面的に強調され、これを司る憲法裁判権がその権力と役割を過剰に拡大していく場合には、その反面で「政治」の領域、すなわち国民が公共の事柄を自由に決定することのできる領分が大幅に制約される危険があるのではないか。かような見地から連邦共和国の基礎にある憲法理解を批判した一人がヴィルヘルム・ヘンニス(Wilhelm Hennis, 1923-2012)であった。ゲッティンゲン大学のスメント・ゼミナールで学び、彼の下で博士号を取得するも、その後政治学に転じて草創期の戦後政治学の創設者の一人となったヘンニスは、その晩年に至るまでかつての師に対する尊敬の念を語り続け、この意味で憲法学界の主流を担ったヘッセなどとは異なる形でスメント憲法理論を継承した、いわば異端のスメン

---

65) Smend, Verfassung und Verfassungsrecht, S. 18.
66) 初期の連邦国家における不文憲法論に、かかる傾向は既に明瞭である。Vgl. Smend, Ungeschriebenes Verfassungsrecht im monarchischen Bundesstaat(Anm. 16).「憲法変遷」という論点はここに連なる。Vgl. ders., Verfassung und Verfassungsrecht, S. 75-80, 137f.
67) Vgl. Konrad Hesse, Die normative Kraft der Verfassung(1959), in: ders., Ausgewählte Schriften, 1984, S. 3ff.
68) Vgl. Rudolf Smend, Das Bundesverfassungsgericht(1962), in: ders., Staatsrechtliche Abhandlungen, 3. Aufl., 1994, S. 581ff.
69) Vgl. Konrad Hesse, Grundzüge des Verfassungsrechts der Bundesrepublik Deutschland, 20. Aufl., 1995.

ト学派と捉えることも可能であるように思われる[70]。

　ヘンニスの憲法観が最も明瞭に表れているのが『憲法と憲法現実――あるドイツ的問題』(1968年)である[71]。ここでヘンニスは，憲法規範が重要な社会的要因をすべて把捉し，憲法と現実の秩序が一致するべきだとする憲法観念を，いわばドイツ人の伝統的な宿痾と理解し，その歴史的・思想的な起源に遡って批判を加えようと試みる。例えば立憲君主政の憲法が重要な社会的要因を憲法へと取り込もうとしたように，また例えばシュミットが議会主義の理念と現実の乖離を批判し，一般にも代表制と政党国家との対立が問題視された(それ故に，政党が伝統的に不信の目で見られ，またボン基本法の政党条項による政党の憲法化がかような乖離を埋めるものとして歓迎された)ように，今なお連邦共和国における憲法上の論議を様々な面で制約するのもまた，かかる憲法観念である(ヘンニスはこれを「列車時刻表としての憲法」[72]，「政治的な土地登記簿」[73]と喩える)。連邦憲法裁判所や学説が，憲法から実体的な価値秩序を引き出し，憲法に過積載をもたらしつつ政治による決定の余地を狭めているとしたら，これもかかる伝統に連なる[74]。これにヘンニス自身が対置するのは，憲法を「統治の章典(Instrument of Government)」として捉える見方である。憲法はあるべき秩序像を定めるのではなく，政治を可能にするための文書であり，何が正しい統治かを決めるのは，憲法ではなく，政治に固有の基準――公共善――である[75]。

　かくして政治学者ヘンニスは，この意味での憲法のあるべき解釈をではなく，この政治の領域に固有の思考様式を歴史的に探究するとともに，これを手がか

---

70)　ヘンニスの学問的生涯については，自身による晩年の回顧的講演として参照，Wilhelm Hennis, Politikwissenschaft als Beruf(1998), in: ders., Regieren im modernen Staat, 1999, S. 381ff. 他にヘンニスを論じたものとして参照，Stephan Schlak, Wilhelm Hennis――Szenen einer Ideengeschichte der Bundesrepublik, 2008; Andreas Anter(Hrsg.), Wilhelm Hennis' Politische Wissenschaft, 2013. なお，日本憲法学の文脈でヘンニスの重要性に早くから着目していたのは日比野勤である。日比野勤「「市民」と「公論」――政治参加のありようと動機づけをめぐって」『小林直樹先生古稀祝賀 憲法学の展望』(1991年)251頁以下，同「憲法における正統化とコンセンサス」国家学会雑誌105巻11・12号(1992年)1頁以下。
71)　Wilhelm Hennis, Verfassung und Verfassungswirklichkeit ― Ein deutsches Problem(1968), in: ders., Regieren im modernen Staat, S. 183ff.
72)　Ebenda, S. 188f., 199f.
73)　Ebenda, S. 194.
74)　Ebenda, S. 196-200.
75)　Ebenda, S. 211-213.

りに現代の政治的事象(例えば世論,執政,政党国家など)を分析しようと試みる[76]。この際にヘンニスを第一に導くのは,実証主義的ないし科学主義的な学問観によって見失われたアリストテレス(Aristoteles)に遡る旧ヨーロッパの学問的伝統であり,「実践哲学」としての政治学の再興という問題意識である[77]。かような関心に基づき,政治的な現実を規範的な範疇で捉えることを重視するヘンニスは,従ってアメリカ流の political science のみならずモーリス・デュヴェルジェ(Maurice Duverger)に代表されるフランス政治学——これは言うまでもなく戦後日本にも影響を与えた政治学的憲法学と接する——にも批判的であり[78],また他方ではユルゲン・ハーバマス(Jürgen Habermas)らマルクス主義的左派が唱える晩期資本主義の正統化危機論との間でも,その基本概念をめぐって華々しい論戦を繰り広げることになる[79]。

　かようなヘンニスと師スメントの関係をいかに理解すべきかは,両義的であると考えられる。ヘンニスのスメントに対する評価はとりわけ論文「憲法による統合?」(1999年)に窺われる[80]。一方でヘンニスは,ヘッセを筆頭とする戦後スメント学派の「規範主義的転回」[81]によって陰に隠れたスメント理論の重要な側面を鋭敏に捉え,これに接続しようとした,と評しうる面を有するように思われる。スメントによれば「憲法を他の法秩序〔法領域〕から区別する基準はいつでもその対象の「政治的」性格である。……それ故に,政治的なものの概念は国法学にとって欠くことができない」[82]。すなわちスメントは「政治的価値」と「法的価値」を明瞭に区別した上で(その背景にはかつての国家学の国家目的論における法目的・権力目的・福祉目的という三分論への再接続が存する[83]),憲

---

76) ヘンニスの論集『Regieren im modernen Staat』(1999年)収録の諸論攷などを参照。
77) Wilhelm Hennis, Politik und praktische Philosophie(1963), in: ders., Politikwissenschaft und politisches Denken, 2000, S. 1ff.
78) Ebenda, S. 77-80.
79) Wilhelm Hennis, Legitimität. Zu einer Kategorie der bürgerlichen Gesellschaft(1976), in: ders., ebenda, S. 250ff. この論争に関しては参照,日比野「憲法における正当化とコンセンサス」前掲註70)。
80) Wilhelm Hennis, Integration durch Verfassung? — Rudolf Smend und die Zugänge zum Verfassungsproblem nach 50 Jahren unter dem Grundgesetz(1999), in: ders., Regieren im modernen Staat, S. 353ff.
81) Ebenda, S. 362.
82) Smend, Verfassung und Verfassungsrecht, S. 133.
83) Ebenda, S. 82-84.

法の固有の特性をその前者との関係に見出すのである。彼が自らの理論を構想したワイマール期は，違憲審査制はまだ黎明期と呼ぶべき状況であり，ここでは憲法は政治権力に対して外側から適用される法である以上に（こうした側面が徐々に重要性を増しつつあったことは確かである[84]），法の名宛人たる権力自身によって解釈・適用される法としての性格を大幅に保持していた。かような与件を前提に展開された彼の「政治的」思考が，連邦憲法裁判所の役割の拡大によっていわば「法的価値」が一方的に肥大化した連邦共和国の憲法状況と単純には順接しない，とヘンニスが考えるのは，恐らく理由のないことではない[85]。ヘンニスは，スメント理論の規範主義的な継承という路線からはこぼれ落ちた，このいわば彼にとっての「真の」スメント，憲法とその背後に広がる政治的現実との関係への鋭敏な感覚に支えられた「政治的」スメントを，今なお我々に洞察を与える知的な源泉として救出しようとする。

　他方で，両者の間には明瞭な差異もある。ヘンニスと異なり，スメントはあくまで法学者であった。スメントは外国と比較したドイツ法学の特性を，「〔全体から議論するのでなく〕個別の事柄から議論し，それを多かれ少なかれ形式主義的に扱い，その後で，例えばかような方法の不備を補う必要が生じた際には，しばしば意識的に，これを政治的な考慮から補充する」，という点に求めている。このため法学にとって，「全体としての対象」を支配することがしばしば困難になる。だが他方，外国で「全体としての憲法の意味と本質」から議論することがドイツより容易であるのは，そこで方法論的にナイーブな議論が許容されているからでもある。「かかる議論を行いうるために外国に存在する精神的な前提，とりわけ「批判以前の(vorkritisch)」思考のナイーブさを，ドイツで復元することは不可能である」[86]。これに対してスメントが自らの課題とし

---

[84] 当時の状況に関して参照，宍戸常寿『憲法裁判権の動態』(2005 年)第 1 部第 2 章。

[85] Hennis, Integration durch Verfassung?(Anm. 80), S. 362–366. もっとも余談ながら，ヘンニスと戦後憲法の「規範主義的転回」の関係は実はもう一段複雑である。連邦憲法裁判所のかような展開を象徴するリュート判決(BVerfGE 7, 198)において，憲法異議の申立人エーリッヒ・リュート(Erich Lüth)の訴訟代理人を務めたのが社会民主党の代議士で弁護士でもあるアドルフ・アルント(Adolf Arndt)で，当時アルントの助手をしていたヘンニスが憲法異議の申立書の原案作成を担当し，ここに師スメントの 1928 年の「意見表明の自由」論の影響などが流れ込むことになる。ヘンニス自身の回顧や当時の訴訟書類などを含め参照，Thomas Henne, Arne Riedlinger(Hrsg.), Das Lüth-Urteil aus (rechts-) historischer Sicht, 2005.

[86] Smend, Verfassung und Verfassungsrecht, S. 138. この関連で興味深いのは，スメントによる

たのは,「批判以後」の憲法学,すなわち具体的にはとりわけ新カント派などによる法学的な認識論批判の洗礼を踏まえた上で,なおこれに耐えうる形で「憲法の意味と本質」を「全体」として捉えうる憲法論を構築することであったと考えられる(このための方法論的な支えとして1928年時点のスメントが恐らくは手探りの中から依拠しようとしたのが現象学的社会学者テオドール・リット(Theodor Litt)であり,このことがスメントの議論を更に難解なものとすることになる)。換言すれば,スメントは憲法学を彼の理解する当時の学問水準に照らして内側から変革しようとしたのであり,憲法を「全体」として捉えるためにこそ法を超えた「政治」もしくは「統合」という視点が呼び出された,と理解することができるように思われる。

これに対してヘンニスはどうだったか。戦後の憲法秩序が軌道に乗り飛躍的な発展を進める中,ヘンニスが見ていたのは,「個別の事柄から」,「形式主義的に」議論し,しばしば「全体」を見失う,とかつてスメントが批評したドイツ法学の姿とよく似た光景であったかもしれない。それはまた,上に見たフォルストホフが目にした「内向する法治国家」の光景とも,またスメントがこの言葉を発してから約60年後にシュリンクが「連邦憲法裁判所実証主義」という言葉を発明した際に見ていた光景とも通底していよう。ここでヘンニスが行おうとしたのは,しかしこの肥大化していく憲法の内側になお全体としての「憲法の意味と本質」を捉えうる理論を追究するのではなく,その外側に「政治」という別の領域を新しく確保し,ここに彼にとっての本来の問題を主題化しうる自由な学問の場を切り開くことだったように思われる。かくしてヘンニスは,ワイマール期にスメントを制約していたであろうような方法論上の良心の呵責に苦しめられることなく(この意味でヘンニスが,スメントに対するリットの影響を,スメントの本来の思考にとって非本質的であり無視して差し支えない,と切り捨てるのは,彼の立場からは極めて一貫している[87]),易々と vorkritisch な(批判哲

モーリス・オーリウ(Maurice Hauriou)に対する言及である。「国法学的なものや心理学的なもの,物理的なものへと射程を及ぼすことのできるオーリウのような生産的な理念論(Ideenlehre)が有する特有の力は,ドイツの批判以後(nachkritisch)の学問の領域ではもはや考えられない」。Ebenda, S. 72. ゲルバー・ラーバント流の国法学の克服を目指す点では共通した志向を有するフランス第三共和政期憲法学とドイツのワイマール期憲法学の関係を考える上でも示唆に富んだ指摘と思われるが,ここでは論点の提示にとどめる。

87) Hennis, Integration durch Verfassung?(Anm. 80), S. 377-379.

学以前の)旧ヨーロッパの知的伝統に接続することができ，更には近代のマックス・ヴェーバー(Max Weber)などまでをも縦横無尽に論じながら[88]，自らの政治学を展開していった。ここでのヘンニスの活躍の内容を更に追うことは，いずれまたの機会に譲ることにしよう。少なくとも我々は，かようなスメントとヘンニスという師弟の継承関係のあり方の内に，ワイマールとボン(更にはベルリン)との連続性と断絶のひとつの表れを読み取ることが，あるいは許されるのではないか，と考える。

(4) 法学的な，あまりに法学的な？

かくして我々は，ワイマールの「剰余」，もしくは戦後の憲法解釈に吸収されない「政治」の行方を駆け足で追ってきたことになる。この「剰余」とは何だったのか。それは，とりわけ我々が見た二人の論者——その政治的・学問的立場は対極的なまでに異なってはいるが——においてはともに，ますます堅固に自己を増強し自己充足的に「内向」していく戦後国家の合法性の体系に対して，これを反省的かつ批判的に距離を置いて見る視点，と呼ぶこともできるように見える。

本章の理解を改めて図式的に整理してみよう。連邦共和国の戦後憲法体制は，憲法の規律範囲を裁判所や学説の解釈によって飛躍的に拡大し，包摂的な憲法を築き上げていった。ワイマール期の知的革新は，ここでの解釈やその体系化に有用な限りで摂取され利用されたが，増大した法的素材を前に憲法論は，しばしば理論性や体系性，「全体」への見通しの欠如を指摘されるようになった。他方，これに対してワイマールの「剰余」を継承する論者たちは，ボン基本法の下で発展する合法性の体系を外側から鋭く射貫く批判的視角を獲得することで，今日に至るまで我々に対して(賛否は別として)興味深い洞察を伝えるものの，それはまた法学界の大勢という点では孤立したアウトサイダーの議論たるにとどまった。

ワイマールの新しい憲法学が本来いかなる射程を有していたかは，広い意味で戦後の主流を形成していった系統のみでなく，この反主流的な系統による継

---

[88] Vgl. Wilhelm Hennis, Max Webers Fragestellung, 1987; ders., Max Webers Wissenschaft vom Menschen, 1996.

承のあり方までをも視野に入れることによって，より良く理解することができると思われる。それは，憲法学の改革を求め解釈論に影響を及ぼす法学上の試みであったが，単なる「憲法解釈の前理解としての憲法理論」といった定式の中におとなしく収まるものでもなかった。ワイマールの憲法学がなおひとつの学問の中に抱え込むことのできていたこのふたつの側面が，戦後次第に質的に異なるディスコースとして分化することを余儀なくされたものと上述の発展を理解することができるとすれば，かような分解過程の中には恐らく戦後の憲法発展の持つひとつの特質が表れている。

　かように前世紀のドイツ憲法学史における「政治」の命運を考える際に浮かび上がるのは，この「政治」が常にそれぞれの時代の合法性の体系と知的な意味で厳しい緊張関係の中に立っていた，という事実であると考えられる。スメントやシュミットの憲法学は，当時支配的だった実証主義的な学風を克服し，ここに新風を送り込むことを自らの課題としていた。しかし，かような緊張を更に尖鋭化された形で表現するのは，戦後の異端者たる「剰余」の系譜である。もしこの意味での「政治」がその後のドイツ憲法学から弾き出され，静かに退場していったとすれば，ここで「政治」を表舞台から葬ったのは，恐らくは高次にある自然法でも，「人間の尊厳」でもない。それは，法哲学上の法実証主義とは異なり，法学者や実務家の日々の法実践の積み重ねから生じる，いわば実践としての法実証主義，もしくは法文化としての合法性とでもいうべきものではなかったか，と想像される。

　シュミットはある論文で次のように記している。「ドイツ人について，彼らは「涙ぐましいまでに合法性を欲する国民(ein rührend legalitätsbedürftiges Volk)」だ，と言われたものだ」[89]。シュミットはヘンニスに対する書簡(既に触れた『憲法と憲法現実』の献本に対する礼状)の中で，この「涙ぐましいまでに合法性を欲する国民」という表現がスメントの言葉であることを明かしている[90]。

---

[89] Carl Schmitt, Das Problem der Legalität (1950), in: ders., Verfassungsrechtliche Aufsätze, 1958, S. 440ff., 446. 同様の表現は既に1930年の時点で見出される。Ders., Das Problem der innerpolitischen Neutralität des Staates (1930), in: ebenda, S. 41ff., 48.

[90] Carl Schmitt an Wilhelm Hennis, 5. 12. 1968, in: Dorothee Mußgnug (Hrsg.), Briefwechsel Ernst Forsthoff–Carl Schmitt [1926–1974], 2007, S. 495. なお，以上のエピソードについてはホルスト・ドライヤー(Horst Dreier)の著書の脚註における指摘に負っている。Vgl. Horst Dreier, Gilt das Grundgesetz ewig?, 2009, S. 95, Anm. 219.

恐らくは本章の登場人物たちの思考の機微に触れるであろうかかる言葉によって具体的に何が含意されていたのかを精確に知ることは、今日の我々にはもはや不可能である。ただ、我々はかような言葉で描写される社会的土壌の上で憲法学を営むことの意味について、若干の想像力を働かせてみることができるにすぎない。一面で、合法性が強固に支配し、法によって社会が強度に構造化されている国では、法学はこの法を分析し体系化することによって、国家と社会の構造やこれを支える基本原理の解明を期待することができる（ドイツは伝統的に法学が国家学の中軸を担っていた国でもある）。しかしながら他面で、かような知的に野心的な試みに対して、現実の合法性はしばしば抵抗する。種々の個別具体的争いに解決を与えるために、膨大にして多岐にわたる実定法を実定法として機能させるための法的議論は、「個別の事柄から」「形式主義的に」議論して「全体」を見失うという危険とも表裏であり、ここで「全体」を捉える試みは、かかる具体の議論に対して十分な有効性を示せない場合には、外在的な議論として空転せざるをえないからである[91]。「政治」をめぐる我々のスケッチが示唆するのは、憲法学が国家ないし社会を理解しようとする際の挑戦がかような合法性との知的格闘の中にこそ存する、という洞察であると思われる[92]。それはまた、もし仮にワイマールの「政治」が長い遍歴の末に戦後の新しい合法性に敗れてその寿命を終え、歴史の領域へと移行したのだとしても、憲法学が学問としての活力を失わない限りは、恐らくそれぞれの時代にそれぞれの時代の合法性との対決の中から、別の新しい形で、我々が生きる社会の構造やそこでの「全体としての憲法の意味と本質」を捉えるための試みが登場して来るであろう、という希望でもあるように思われる（例えば、近年、欧州統合の深化や多層的法システムの重要性の増大といった合法性の構造の変容に応じて、これを捉える

---

91) 憲法学が憲法をもはや一箇の整合した体系として捉えることができないという事態は、一定の軸（例えばシュミットやフォルストホフにおけるような「政治的なもの」）を通してのみ憲法を総体として説明できるはずだと解する立場からは、単なる自己の学問の敗北であることを超えて、憲法と国家自体が現実性（またはその政治性）を喪失したものと解釈され批判されることになる。Forsthoff, Zur heutigen Situation einer Verfassungslehre (Anm. 43), S. 222.
92) 戦後ドイツ憲法学の広い意味での主流派において、かかる格闘がなおいかに行われたかをベッケンフェルデを題材に検討するものとして参照、林知更「国家学の最後の光芒？――ベッケンフェルデ憲法学に関する試論」（第4章）、同「憲法原理としての民主政――ドイツにおける展開を手がかりに」（第9章）。

ための新たな学問上の議論が活性化を見せつつあるようにの))。

　かくして，芦部やその師・宮沢によるワイマールの「政治法学」に対する否定的評価を出発点とした我々の考察は，彼らとは異なる結論に到達することになった。あの時代に彼らがそのような見方を取ったこと自体には，恐らく十分な理由があったのだろうと思われる。彼らが見ていたドイツは，ワイマールの混乱，ナチスの暴政，東西分断と冷戦の中での再建という，波乱に満ちた時代であった。この中で「政治法学」が時に政治的な「毒」を放ったことも，シュミットらに鑑みれば誤りではない。が，恐らく芦部たちの拒絶の最も根本にあるのは，何よりも，「学」としての「政治法学」が解こうとした問いを彼らがそもそも共有していなかったという点ではないのか，と我々には感じられる。今，約半世紀の時を経てドイツの法発展を改めて振り返ったときに，もし芦部たちが十分に視野に捉えていなかったと感じられるものがあるとしたら，それは「政治法学」がそこから生まれ，それに抗い，それとの関係でその学問的な意味を獲得したところの，この合法性という歴史的に蓄積された厚い土壌の存在[94]だったと言えるのではあるまいか[95]。

3　再び日本へ

　かくして戦後日本憲法学は，ドイツとは異なる法文化的土壌[96]の上で，ドイ

---

[93]　特に2000年代に入ってから活性化している新傾向の全体を見渡し，その意義を確定することは，現時点では容易でなく，将来の課題とせざるをえない。筆者による部分的な検討の一例として参照，林知更「EUと憲法理論——ドイツ公法学における国家論的伝統をめぐって」(第11章)。

[94]　この意味でのドイツ的伝統の特性が，近年の憲法学の理論的活性化の際のドイツとフランスの間での着眼点やアプローチの違いにも表れているのではないか，という問題意識からの試論として参照，林知更「自己省察としての比較憲法学——山元一・只野雅人(編訳)『フランス憲政学の動向——法と政治の間』(慶應義塾大学出版会，2013年)を中心に」法律時報86巻13号(2014年)340頁以下。

[95]　「政治法学」の代表者と目されるシュミットの中に脈打つ概念法学の伝統の存在を剔抉した石川健治のシュミット論の画期的性格も，かような観点から理解しうる。参照，石川健治『自由と特権の距離〔増補版〕』(2007年)。

[96]　この連関では，例えば「日本人の訴訟嫌い」論に見られるように(参照，川島武宜『日本人の法意識』(1967年))その法化を嫌う文化が問題とされ，またそれ故ドイツの法文化との対峙に際しては，社会秩序を構成する上で法や権利が彼の地で果たす重要な意義をいかに歴史的に理解するかが大きな主題とされたこと(参照，村上淳一『『権利のための闘争』を読む』(1983年))を想起することもできる。また例えば，法学上，日本において概念法学的伝統が十分に根付く前に自由法論等の

第3章 「政治」の行方——113

ツとは異なる出発点を選択し，ドイツと必ずしも同一でない問いに答えようとしてきた，と述べることがあるいは許されるかもしれない。とは言え，かような主題を正面から追究することは，将来の課題とせざるをえない。ここでは，いくつかの論点のみを指摘して本章を締め括ることにしたい。

まず留意すべきは，戦後日本の憲法論が，憲法の正統性をめぐる長い争い（護憲・改憲論争）と，憲法レベルにおける合法性の未発達（違憲審査の消極性）という問題状況を暗黙の与件としてきたと考えられることである。この中でこの国の憲法論は，憲法の正統性の弁証と憲法的合法性の確立というふたつの要請を同時に引き受けるという課題を負っており，芦部憲法学は「人間価値の尊厳」による憲法の正統化と，実用に耐える憲法訴訟論の提唱という組み合わせによって，日本憲法学のスタンダードを確立することになった。

その反面，芦部が拒絶したドイツの「政治法学」の系譜と改めて比較してみると，芦部憲法学に存するいくつかの「欠缺」の存在もまた明らかになるように思われる。

まず，芦部はワイマールの「政治法学」を「方法の政治性」の故に拒絶したが，彼自身は法認識と法実践の峻別をケルゼン流に貫いて法の科学者として生きたわけではなかった。むしろ彼が主たる研究領域としたのは法の解釈であり，解釈は時にこれを嚮導する理論を（意識的なものにせよ無意識的なものにせよ）必要とする。この際に芦部が依拠しようとしたのが「人間価値の尊厳」という高次の「法理念」であったと思われる（但し，かように複雑性の低い「理論」が解釈をどこまで嚮導しえたかについては議論の余地が残る[97]）。すなわち，憲法の実定性を超えた規範的観点を持ち込むことで憲法の具体的理解を獲得しようとした点では，芦部とワイマールの「政治法学」との距離は議論の構造の上では実はさほど大きくなかったようにも思われる（ワイマール期はカウフマンのような自然法的な議論

洗礼を受けた歴史的脈絡や（参照，石川健治「憲法学の過去・現在・未来」横田耕一，高見勝利編『ブリッジブック憲法』（2002年）274頁以下），憲法学でも厳格な論理性や概念性よりも実質的な考慮を柔軟に認める学風が有力な地位を占めたこと（参照，高見勝利『芦部憲法学を読む』（2004年）16頁以下），過去の日本の憲法学者たちの少なからぬ部分が，その学問形成上，政治学など非法学的背景を有していたこと（参照，高見勝利「日本憲法学を築いた人々」横田，高見編・前掲書，295頁以下）などを想起することもできる。

97) 芦部による憲法の「人間の尊厳」による基礎づけと，その後の憲法訴訟論とが十分に整合しているか，疑問を呈する見解として参照，石川・前掲註96)290-291頁。

も存在していたことをここで想起することもできる[98])。

　その上でなお，両者の間に重要な差異があるとすれば，それは「政治法学」が憲法の適用対象であり憲法を動かす動因でもあるところの政治的現実へと視線を向けて自らの理論を構築したのに対して，芦部は実定憲法より上位の法原理に視線を向け，この意味で両者の視線のベクトルが全く異なっている点である。これは芦部憲法学にいくつかの欠落をもたらしたのではないか，と考えられる。第一に，政治的現実を対象に理論を形成する際には，国家の構造を原理的にいかに理解するか等によって様々なヴァージョンの理論構成が比較的容易になる(シュミット学派とスメント学派はその可能な一例にすぎない)。とりわけ憲法のように様々な価値観が相争う法分野では，かように理論上の対立軸が形成されることを通して，立場の対立を構造化し合理化するという効用を期待することができる。これに対して，視線を上方へと向け，しかも「人間価値の尊厳」のようなもはや誰も反論できない高次の価値を中心に体系が組まれる時は，この意味での考え方の相違を理論の次元で写し取ることができず，本来ありうべき対立の所在が不可視化されてしまう危険があるように思われる。

　第二に，「政治法学」の系譜は，憲法の背後の現実へと視線を向けることによって，国家の「状態」を分析するための学問的言語を用意しようとした，と言いうる面を有する。これは，上に見た「剰余」の系譜に顕著なように，その社会における現実の法実践のあり方自体を対象化し，批判的に観察する視座をも提供しうる[99]。これに対して，「普遍の法理念」から出発する場合，現実の法実践を見る視角は，かかる普遍的な憲法価値を十全に実現しえているか否かという単純な二者択一に縮減されてしまう危険がある。

　それ故，かような学問上の「欠缺」を埋める別種の憲法理論が(ワイマール的な「毒」を注意深く取り除いた形で)登場し，芦部憲法学の後を襲い，あるいはこれを補うものとして重要な地位を占めたとすれば，それは十分な理由のあることであったと思われる。我々はここで樋口陽一の，比較憲法的・憲法思想史的

---

98) この両面を含めた回顧としてとりわけ参照，Ernst Rudolf Huber, Verfassungswirklichkeit und Verfassungswert im Staatsdenken der Weimarer Zeit, in: Hans-Wolf Thümmel(Hrsg.), Festschrift für Gustaf Klemens Schmelzeisen, 1980, S. 126ff.

99) ヘンニスが戦後ドイツ憲法学に欠けていると見るのも，かかる側面である。Hennis, Integration durch Verfassung?(Anm. 80).

知見に裏打ちされた見事な日本社会批判(とりわけその「中間団体からの個人の解放」論)や,「ルソー・ジャコバン型」対「トクヴィル・アメリカ型」の対置のような鋭い対立形成の手法を想起することができる[100]。とは言え，ここでもまたドイツとの差異は覆うべくもない。最大の違いは，それがドイツにおけるような高度に発達した合法性の体系との対決から生まれたものではない点に求められると考えられる。それ故，そこでの議論は憲法に関心を持つ知識人や公衆をも広く読者として獲得しうるだけの魅力を放つ一方で，時として法学的に見た複雑性の低さと，これに由来する具体的な法的問題に対する有効性の限界とも無縁ではないように感じられる[101]。

かくしてドイツと我々の比較は，ドイツと異なる戦後日本憲法学の特質と，それを制約する土壌ないし社会的な与件の存在を浮かび上がらせる。芦部憲法学が価値と解釈の両面で共通基盤を提供しながら，この上に，現実志向的で構造の析出に優れ対立軸の形成を容易にする更なる学問的試みが付け加わる，という複合[102]は，かような与件の中でこれまで十分に機能し，相当程度に安定的であるようにも見える。この複合は今後も永く日本憲法学を支えて行くであろうか？

そこには既に変化の兆しも感じられる。憲法の正統性をめぐる争いが解決されず，むしろ激化しつつあるように見える一方で，合法性の次元では違憲審査制が徐々にその統制を拡大するなど，緩やかながら着実な進展が観察される。合法性の秩序における複雑性の増大が，従来の理論の解釈論への有効性を失わせる一方で，正統性の次元における憲法危機は，憲法の正統性の弁証に向けられた種類の理論をなお要請する，という分裂がここには生じないだろうか？ここでは，合法性の側の要求に応えるために編み出された，有用ではあるけれども「全体」への問いを欠いた解釈学説と，正統性の側の要求に応えるために保持される，合法性との対決を通して十分に鍛え上げられていない法学的に

---

100) 多数にわたる著書のうち，ここでは参照，樋口陽一『自由と国家』(1989年)，同『近代国民国家の憲法構造』(1994年)，同『近代憲法学にとっての論理と価値』(1994年)。
101) 樋口の団体批判論に関する検討として第14章を参照。より一般的に，憲法理論と憲法解釈の関係について従来の憲法論が抱える困難を分析すべく試みる第15章も参照。
102) なお，これはあくまで主に「東京学派」を念頭に置いた試論であり，それ自体としての説得力の有無とは別に，例えば「京都学派」や「京城学派」等々の視座からは違う構図が描かれるであろうことを排除しない。

「ナイーブ」(スメント)な理論学説とが，相互に内的な連関を欠いたまま併存することにはならないだろうか？　その谷間で「全体としての憲法の意味と本質」という我々の学問にとって切実なはずの問いが見失われはしないだろうか？[103]　これらは開かれた問いであり，今後の発展は誰にも確実に予見できない。ただ，少なくとも言えるのは，かような不透明さの中から我々の進むべき道を探る上で，自国や他国の歴史との取り組みを通して我々自身の位置を確かめる学問的営みは，今後もなお一層重要性を増していくことだと考えられる。

---

[103]　本章の考察は，この意味で旧稿の問題意識を継続する。参照，林知更「戦後憲法学と憲法理論」(第13章)。

第4章

国家学の最後の光芒？
―― ベッケンフェルデ憲法学に関する試論 ――

1 立憲君主政からの離脱

(1) わが国にとって，ドイツ憲法学は両義的な存在であり続けているように思われる。それは一面で，明治憲法下における日本憲法学の草創期に準拠すべき模範を提供した，我々にとっての源流のひとつである。特に19世紀後半に確立した，ゲルバーやラーバント，イェリネックの名によって代表されるドイツの実証主義国法学は，その法学的形式化によって，国や文化の違いを超えて通用する普遍的な枠組みを提供するかのようにも見えた。しかし他面で，このドイツの古典学説こそは，萌芽的には既に戦前から，これと対抗関係に立つフランスやウィーンの憲法学などを手がかりに，実は強度に君主政的な刻印を受けた特殊ドイツ的な憲法論として，相対化の対象ともされてきたように思われる[1]。特に第二次大戦後，「外見的立憲主義」としてのドイツ憲法の批判と克服が図られる中，これと反比例するかたちで増大したのが，共和政憲法の母国としてのフランスおよびアメリカの憲法論からの影響であろう。我々が新憲法の下で過去からの離脱を図るに当たって，この主たる参照対象国の変更(と言って言い過ぎならば，その多様化[2])は，重要な転機の少なくともひとつを意味したように考えられる。

かような転換によって，日本憲法学を新しい理論的基礎の上に打ち建て直すことに果たして成功したのだろうか。これは，今日に至るまでそれぞれに個性

---

1) ドイツ実証主義国法学の政治性を指摘する文脈でケルゼンとバルテルミー(Joseph Barthélemy)に言及する例として参照，宮沢俊義「法および法学と政治」(1938年)『公法の原理』(1967年)138頁。また参照，同「ドイツ型予算理論の一側面」(1938年)『憲法の原理』(1967年)245頁以下。
2) なお樋口陽一は「オモテの準拠国」と「蔭の準拠国」という区別を提示する。樋口陽一『近代憲法学にとっての論理と価値』(1994年)216-218頁。

的な種々の理論構想が積み重ねられてきた中で，論者によって評価が分かれるかもしれない。ただ，少なくとも教科書・体系書のレベルで言うならば，それがバランスに配慮し標準化を志向したものであるほど，異なる理論的・比較法的影響からの折衷的性格を帯びており，ここにかつてのドイツ国法学の遺産も残存していることは否定しがたいように思われる。例えば総論の領域におけるドイツ由来の法学的国家論とフランス風主権論・代表論の重層，統治機構論における法学的憲法学と政治学的憲法学の並立，そして人権論におけるアメリカ的学風とドイツ的学風の緊張を孕んだ共存などによって，法学的な多文化主義ともいうべき混淆主義的な学説状況が生じている。戦後自然法論とアメリカ憲法訴訟論の摂取によって日本憲法学に新境地を切り開いた論者の教科書の冒頭に，古風なドイツ風国家論がなおも配置されることは，象徴的である[3]。ここでは，学問的多様性のもたらす恩恵の反面として，時としてこれら異質な諸要素の相互関係が十分に明晰にされない危険も生じよう[4]。これに対して，参照対象国の分断を超えて，その理論的一貫性・整合性を点検し，学問としての憲法学の方法論的反省を加える作業は，なお十分には果たされていない未完の課題であり続けているように思われる。

　ところで，ドイツ憲法との関係で見るならば，比較的近年わが国で目につくのは，この既に「克服」されたはずのドイツ憲法の影響の再強化であるように見える。これは主題としては特に基本権の領域を中心に，また連邦憲法裁判所の判例法理の分析などにおいて顕著である。これは表層的に眺めるならば，異国にも摂取可能な解釈論を多く産出することによって，ドイツ憲法が君主政の崩壊・ナチス・東西分断などの試練を乗り越えてかつての輸出大国としての地位を回復したものと片付けることもできようが，いくらか穿った見方をするなら，これは我々のドイツ理解の質に疑問を投げかける契機をも孕んでいるように感じられる。もし仮に，日本憲法学の出発点に基礎を提供した19世紀後半のドイツの憲法学説と現在のドイツの憲法学説との間に，その内容的な変遷にも拘わらず，例えば強度なドグマーティクへの志向など，深層においてその内

---

[3]　参照，芦部信喜（高橋和之補訂）『憲法〔第6版〕』(2015年)3頁。
[4]　参照，石川健治「憲法学の過去・現在・未来」横田耕一，高見勝利編『ブリッジブック憲法』(2002年)274頁以下。

在的発展に何かしら通底するものが存在するとすれば、この「克服」されたはずのドイツ憲法学の時ならぬ回帰は、実は我々の従来のドイツ理解の不十分さこそを示唆してはいないだろうか。その理解が十分に深層にまで及んでいないからこそ、我々はかつてあれほど容易にドイツを「克服」したつもりになることができ、またいまほど簡単に実用主義的にドイツに再接続することができるのではないか。かような皮相さは、全く異質な法文化からの影響を易々と受容し折衷する上記のような混淆主義的な学説状況の原因にも、深いところで関わってはいないだろうか？——以上の問いは、一種の挑発として、敢えて尖鋭化して提示したものではあるけれども、全く根拠のない思いつきでもないように思われる。例えば、古色蒼然たる19世紀ドイツ的な「概念法学」の伝統と再度取り組む必要性を主張する比較的近時の有力な学説動向の背後に、かような「深層」への関心を読み取ることは、必ずしも不当とは言えまい[5]。この意味では、我々なりのやり方で改めてドイツ憲法学の伝統と対決し、その発展の中に変化するものと持続するものを読み取るという課題は、同時に、これを鏡として日本憲法学自身のあり方を問い直すことをも含意するように思われる。これは、ドイツにおける憲法理論の可能性という本章の主題にとっても、例外ではない。

(2)　かような関心からドイツ憲法学に接近する際の切り口は様々でありうるだろうが、ひとつの可能性として考えられるのは、この立憲君主政下における実証主義国法学の古典学説に対して、他ならぬドイツの戦後憲法学自身がいかに対決したのか、という問題設定である。その意義と射程を問うことは、翻って、類似の課題に直面したはずの我々自身の戦後を問うことにもつながるであろう。

　ところで、戦後ドイツ憲法学史におけるひとつの画期をなすのは、1960年代であると言われる[6]。この時期、ボン基本法の下で学問形成を遂げた比較的

---

[5] 参照、石川健治『自由と特権の距離〔増補版〕』(2007年)、同「憲法解釈学における「論議の蓄積志向」」法律時報74巻7号(2002年)60頁以下。
[6] Vgl. Frieder Günther, Denken vom Staat her, 2004. また参照、林知更「国家論の時代の終焉？——戦後ドイツ憲法学史に関する若干の覚え書き」(第2章)。

若い世代の公法学者が続々と学界に登場し、その基礎となる国家像・民主政像を含めた学問的刷新が進められたという。かような動向は、わが国でも既にこの 30 年来、「シュミット学派」対「スメント学派」といった軸に依拠するかたちで紹介・分析されている。もっとも、この時期の憲法学を、シュミットやスメントといったワイマール期憲法理論の発展・継承による学派形成という見地のみから分析することは、いずれの派にも分類できない重要な学者が多数存在することを別にしても、事柄の別の面を捉え損なうことになる危険があるように思われる。確かに、革命と敗戦の混乱の中から民主政への転換を遂げたワイマール共和国では、当時の若手によって、実証主義国法学の枠を超えた問題を主題化しようとする多様な新しい憲法学の試みが登場し、学問的な実験室としての様相を示したとされる。しかしながら、アンシュッツ(Gerhard Anschütz)やトーマ(Richard Thoma)ら実証主義の流れを引く年長の論者がなおも主流的地位を維持する中、共和国自体が短命に終わったこともあり、かかる新たな試みは十分な成熟を迎えることのないままナチス期に突入してしまう[7]。第二次大戦後、ナチス以前の公法学の伝統に再接続が図られた際に、このカイザーライヒ以来の古典学説の遺産がなおも一定以上の影響力を保持し続けたのだとすれば、戦後の若い世代が最初に直面し、まず直接に対決すべき対象もまた、まずは立憲君主政下で形成されたかかる実証主義国法学の伝統だったのではないか。

例えば、戦後「シュミット学派」の代表者にしてこの 60 年代の発展の中心人物の一人と目されるベッケンフェルデ(Ernst-Wolfgang Böckenförde, 1930-)[8]が、彼の自己形成の時期を回想して記すところによれば、彼が大学 3-4 年生で初めて読んだシュミット『憲法理論』は、それまでイェリネックやギールケを勉強して得ていた理解に照らして、当初は謎めいたものと感じられた。後に『政治

---

7) なお世代間抗争としての方法論論争という側面に関連して参照, Christoph Möllers, Der Methodenstreit als politischer Generationenkonflikt — Ein Beitrag zum Verständnis der Weimarer Staatsrechtslehre, in: Der Staat 35, 2004, S. 399ff.

8) ベッケンフェルデの 2000 年までの業績一覧は、彼の 70 歳記念コロキウムをまとめた Rainer Wahl/Joachim Wieland(Hrsg.), Das Recht des Menschen in der Welt, 2002, S. 157ff. に掲載されている。なお、以下では Suhrkamp 社から刊行されたベッケンフェルデの 3 冊の論文集 Ernst-Wolfgang Böckenförde, Recht, Staat, Freiheit, 1991; ders., Staat, Verfassung, Demokratie, 1991; ders., Staat, Nation, Europa, 1999 についてそれぞれ、„RSF", „SVD", „SNE" の略称で引用する。

的なものの概念』と取り組んで初めて，シュミットの構想が一歩一歩理解できていった，という[9]。ベッケンフェルデにとってシュミットは，少なくともこの文脈では，学問的原点であるよりはむしろ，彼の眼前になお現存していたカイザーライヒ期国法学からの離脱を可能にする触媒のひとつであったと見る余地はないのか。

そのベッケンフェルデの後年の業績は，「国家と社会」論争や基本権理論・民主政理論などの憲法理論的主題，それに有名な世俗化テーゼなど国家哲学の領域での仕事の他にも，憲法(国制)史や国家教会法など，極めて広範囲に及んでいる。しかし，その法学の領域における出発点は，博士論文『法律と立法権』(1958年)[10]，教授資格論文『執政の領域における組織権力』(1964年)[11]に見られるように，あくまで統治機構論の古典的テーマを舞台とした実証主義国法学との対決であった。前者がその中心概念たる「法律」概念をその前史まで深く遡って学説史的な検討対象にしたとすれば，後者の主題はその現代における具体的な応用問題としての側面を有すると見ることができる。もしもワイマールによってカイザーライヒ期の古典学説が完全に過去のものとされていたならば，彼は直接にシュミットを出発点にすることもできたはずであろう。換言すれば彼は，実証主義国法学がいかなる方法的・理論的前提に立脚し，これがいかなる限界に直面しているかを，改めて自分自身の手でひとつひとつ批判的に検証しなければならなかった。ワイマールの実験室が切り開いた様々な端緒の意義と限界は，かような対決の際に助けとなる知的資源のひとつとして，いかなる役割を果たしうるかによって測定されることになるはずである[12](なおこの意味では，ベッケンフェルデがしばしばシュミットのみでなくヘラーに依拠して議論することにも留意が必要であろう)。

類似の状況は，恐らくは彼以外の他の論者にも，程度の差こそあれ見出され

---

9) Ders., Der Begriff des Politischen als Schlüssel zum staatsrechtlichen Werk Carl Schmitts (1988), in: ders., RSF, S. 344ff., 344.
10) Ders., Gesetz und gesetzgebende Gewalt, 2. Aufl., 1981.
11) Ders., Die Organisationsgewalt im Bereich der Regierung, 2. Aufl., 1998.
12) この点では，彼の1961年に刊行された歴史学の博士論文 Die deutsche verfassungsgeschichtliche Forschung im 19. Jahrhundert, 2. Aufl., 1995についても，彼のオットー・ブルンナー(Otto Brunner)への高い評価と併せて，そのモチーフに通底するものを読み取ることができるかもしれない。

るものと思われる13)。もちろんこの際に，かような戦後における再対決の前提となる政治的・法的な文脈は，ワイマール期の先達のそれとは異なっている14)。中でも憲法構造上は，とりわけ違憲審査制と憲法の優位の確立が，憲法学の課題と方法にも徐々に重要かつ決定的な影響を与えていくことになるであろう15)。それ故ここで浮上するのは，戦後の新しい与件の下で，戦後憲法学がカイザーライヒ以来の国法学の伝統と改めていかに対決したのか，この際にワイマールやそれ以外の過去の議論が提示する可能性をどのようなかたちで摂取もしくは利用しえたのか16)，という問いであるように思われる。「シュミット学派」対「スメント学派」といった対立軸がそもそもいかなる意味を持ったかは，かような問題連関の中で位置づけられ相対化される必要があろう。戦後，ボン基本法のために真に固有の国家理論の構想は生み出されなかったのであり，ほとんどの場合は伝来の概念がボン基本法に適合的なかたちで継受されたにすぎない，という示唆もなされているが17)，仮にそうだとすれば尚更，いかなる文脈の中で何がどのように何のために受容されたのか，という観点が重要になる。ここで問われなければならないのは，憲法理論上の対立軸よりも先に，当時の憲法学にとって憲法理論がいかなる意味で必要とされたのか，という問いであるように思われる。

　(3)　以上のようにこの時期の憲法学を，カイザーライヒとの対決と(必要に応じた)ワイマールの選択的な継承・発展というふたつの課題の重層として捉えるという視角は，言うまでもなくあくまで暫定的な作業仮説であるにすぎず，当時の学説の具体的な分析を通した検証を必要とするものである。もっとも，関係する論者も論点も多数に上る以上，かような課題を全面的に果たすことは

---

13)　例えばスメント学派のエームケの出発点にも，ワイマール以降も持続した「ビスマルク帝国の遺産」との対決というモチーフを読み取ることができる。Horst Ehmke, Grenzen der Verfassungsänderung(1953), in: ders., Beiträge zur Verfassungstheorie und Verfassungspolitik, 1981, S. 21ff.
14)　Vgl. Böckenförde, Bonn ist nicht Weimar, Archiv des öffentlichen Rechts 92, 1967, S. 253f.
15)　Vgl. Rainer Wahl, Der Vorrang der Verfassung(1981), in: ders., Verfassungsstaat, Europäisierung, Internationalisierung, 2003, S. 121ff.
16)　戦後の言説空間における論拠(Argument)としてのワイマールという視角につき参照，Christoph Gusy(Hrsg.), Weimars lange Schatten ― „Weimar" als Argument nach 1945, 2003.
17)　Christoph Möllers, Staat als Argument, 2000, S. 4.

第4章　国家学の最後の光芒？——123

将来の課題とせざるをえない。そこで以下では，当時の最も注目すべき論者の一人であるベッケンフェルデに対象を限定して，上記の作業仮説を下敷きとしながら，彼の憲法論に対して試論的にひとつの再構成を施してみたい。もとよりこれは，多彩な業績を持つ彼の一面のみを，限られた視角から扱うものにすぎず[18]，また各論的論点に深く踏み込んだ精緻な分析よりは，その全体構造に関するひとつの理解の可能性について，相当にラフなスケッチを試みるにすぎない，という限定を負っている。

2　国家理論の刷新

（1）　イェリネックの述べるところによれば，国法とは国家の法である以上，「すべての国法学的研究は，国家概念の確定か，少なくともこれに関する率直な信仰告白から出発しなければならない」[19]。なぜならば，「最も小さな個別問題に至るまで，国法学的問題の正しい解決は，国家の本質についての認識に依存する」[20]からである。ベッケンフェルデも「法律」概念に関する学説史研究の結論部において，かかるイェリネックのテーゼを肯定する。法律概念や国家作用についてのそれぞれの時代の理解は，その各々の国家理解と対応関係にあった。それ故，「国家作用論と法規概念の体系的な論究はみな，最初から政治的・慣習的に規定された結論に達しようとするのでない限り，国家の正しい認識を前提とする」[21]。彼においてもまた，国法学の刷新は，国家理論の刷新によって成し遂げられるべきものである。

それでは，この国家の本質はいかにして正しく認識されうるのか。ここで強調されるのは，その歴史的な相対性の意識である。「法律」概念の研究の最後に彼は，それがアプリオリに妥当する普遍的概念ではなく，あくまで国法学上の概念であることを指摘する。そしてこの国法学的概念とは，「ある特定の，

---

18)　主に国家哲学的側面に軸足を置いた検討として参照，Reinhard Mehring, Zu den neu gesammelten Schriften und Studien Ernst-Wolfgang Böckenfördes, in: Archiv des öffentlichen Rechts 117, 1992, S. 449ff.; Uwe Justus Wenzel, Das Wagnis der Freiheit, in: Archiv für Rechts- und Sozialphilosophie 79, 1993, S. 550ff.
19)　Georg Jellinek, Gesetz und Verordnung, 1887, S. 189.
20)　Ebenda, S. X.
21)　Böckenförde, a.a.O.(Anm. 10), S. 333f.

まさに移ろいやすい憲法的および政治的・社会的状況に関係づけられており，ここから切り離すことのできないものなのである」[22]。国家と憲法の現実は歴史的な現実であり，国法学上の概念形成は，かような現実に関係づけられている。

　かかる言明が，実証主義国法学の概念形成の中に含まれる普遍妥当性の要求に対する相対化を含意していることは，疑いを容れないであろう。それでは，この立憲君主政下の国法学は，いったいいかなる意味で，ボン基本法下の「現実」に適合しないものとなっているのか。

　(2)　ここで，ラーバントやイェリネックに代表される実証主義国法学の国家像がいかなるものであったか，ベッケンフェルデ自身の分析にも依拠しながらその概略を簡単に確認しておく必要があるだろう[23]。一方で国家とは，もはや伝来の諸高権の束ではない，統一的な主権的支配権力の担い手として理解される。他方，法規＝実質的意味の法律とは，私法学の伝統に従って，法主体相互の意思領域の限界画定として定義される。ここでは，国家が単一の意思を持った法的人格であり，他の法人格との間で法的な関係に入りうることが，公法の成立する前提とされることになる（イェリネックによればこの過程は，主権者としての国家が，他の法主体を承認し自ら法に服することによって，自分自身に対して拘束を定めるものと説明される）。かくして国家は法学的には「法人」として，また国家権力はその法的「意思」として把握される。

　ところで，かように定義された法が，それぞれの法人格相互の外部的な関係のみを規律するものだとすれば，ここから国法にとっても重要な帰結が導かれる。例えば契約法が法主体の内部における心理的な意思決定プロセスを規律しえないように，国家の内部領域もまた，この意味での法の規律すべき射程を超える。国家という法主体も自然人と同様に，法が浸透することのできない個体であり，法はこれを外側から制限しうるにすぎない，ということになる。もっとも，これは突き詰めると，憲法の重要な部分からすら法としての性質が剥奪されるという，一見して不合理な帰結が導かれてしまう。そこで，ラーバント

---

22)　Ebenda, S. 332f.
23)　ラーバントとイェリネックの分析は参照，Ebenda, S. 226-253.

やイェリネックはそれぞれのやり方で，時に理論上の一貫性を犠牲にしながら，君主や議会など最上級の国家機関相互の関係に関する憲法の諸規定がなおも法規に当たることを主張しようとした。とは言え，ここでは行政権の内部領域は，この意味での国家の内奥部として，なお法の介入しえない領域として残されることになる。ここから導かれるのは，例えば，すべての特別権力関係が法治国家原理の射程から外れるという帰結である。

このように，実証主義国法学は，それぞれの国家の歴史や国家形態，政治的正統性などの問題からは一切独立に，非政治的で中立的な概念枠組みを用いて，法と国家の本質に関する法理論的な公理から国法上の具体的な帰結を導こうとする。その議論の首尾一貫性や説得力に関する内在的な批判にも拘わらず，かような枠組みはその後の国法学に対して規定的な影響を与えていく。

(3) もっとも，かかる議論はその中立的で超歴史的な外観とは裏腹に，実際には19世紀ドイツ立憲君主政に特有の国制構造を前提としているのではないか，との批判は，ワイマール以後繰り返し提起されることになる。1815年以後のドイツの公定イデオロギーとなった君主政原理によれば，君主が単独で統治権を総攬するのに対して，議会はその統治権の行使に対して一定の限度で制限を置くにすぎない。ここでは特に立法に議会の同意が要求されることによって，議会は国家による国民の自由への侵害に対する防壁としての役割を与えられるが，他方でこの法律は，原則として国家の外部関係のみを規律し，国家の内部には介入しない。これによって，君主の担う行政権中心の国家観の下で，国家と社会との相互の自律性の擁護が図られることになる。個体としての国家を法が外側から制限するという，上述のような実証主義国法学の「概念法学」的構成は，実はかような国制構造を法学的に概念化するものではなかったのか[24]。そうであるとすれば，これは君主政から民主政への転換によって，根本的に見直しが必要なのではないか。

かような見方は，1960年代における公法学の刷新の中で，イェッシュ (Dietrich Jesch, 1923-1963) を急先鋒とする当時の若手によって尖鋭に主張され

---

24) Vgl. Christoph Schönberger, Das Parlament im Anstaltsstaat, 1997.

ることになる。ボン基本法下では，公法学の解釈論の基礎に置かれるべき憲法構造自体が，立憲君主政から転換を遂げている以上，これは憲法や行政法上の個別の論点の解決にも影響を与えずにはいない。君主政の憲法構造が行政権の自律性を中心に据えていたのに対して，民主政における憲法構造の中心をなすのは，国民によって直接選挙された議会である。とすれば，ここでは民主的に制定された法律が，従来法から自由なものとされてきた行政権固有の領域にまで，民主的な統制を強めることが求められるのではないか。こうした観点から，具体的には特別権力関係や給付行政への法律の留保の拡大などが議論の対象とされる[25]。かような新たな動向は，ある評価によれば，若手の行政法学者の間で急速に反響を呼ぶものの，政治に対する行政の自律性にこそ法治国家の保障を見出す旧世代の論者との間で世代間の対立を生んでいく[26]。

(4) それではベッケンフェルデは，この意味で立憲君主政の公法学からの離脱を求める潮流に対して，いかなる関係に立っていたのか。その関係は，一言で言うなら両義的である。

ベッケンフェルデもまた，実証主義国法学を批判と克服の対象とするが，その際の視角は主として方法論的なものであり，その関心は概念法学からの憲法学の解放であると言いうるように思われる。まず，彼は19世紀の実証主義国法学が立憲君主政の憲法構造を前提としていたが故にこれを批判するのではない。一見したところ普遍妥当性を持つ一般的な法概念を用いて議論する，形式的・概念構成的なその方法によって，自らが実際には関係しているはずの国家の歴史的・社会的現実との連関を見えなくしてしまうことが問題視されるのである[27]。

---

25) Dietrich Jesch, Gesetz und Verwaltung, 1961. かような視角を引き継ぎ発展させた論者としてルップの名が挙げられる。Hans Heinrich Rupp, Grundfragen der heutigen Verwaltungsrechtslehre, 1965. なお，同様の問題意識を予算法に適用するものとして参照，Karl Heinrich Friauf, Der Staatshaushaltsplan im Spannungsfeld zwischen Parlament und Regierung, Bd. 1, 1968.
26) Günther, a.a.O. (Anm. 6), S. 257-264. 批判的な総括として参照，Christoph Schönberger, Verwaltungsrecht als konkretisiertes Verfassungsrecht, in: Michael Stolleis (Hrsg.), Das Bonner Grundgesetz, 2006, S. 53ff.
27) Böckenförde, a.a.O. (Anm. 10), S. 334-336. 同書に対するイェッシュの書評は両者の立脚点の違いを際立たせる。Jesch, Rezension, in: Archiv des öffentlichen Rechts 85, 1960, S. 472ff.

加えて，「法規」や「法人」概念のような法理論的概念から解釈論上の帰結が導かれることで，いわば解釈論が法理論の函数と化し，解釈論にとっての本来の問題の所在が見失われる危険が生じうる。例えば，上述のような実証主義国法学の「法規」概念は，その理論的な説得性という見地から様々に批判され，拡大と空洞化をたどってきた。ここでは，法規概念に憲法解釈論上は立法と行政との権限配分という機能が与えられていたために，かような法理論上の法規概念の拡大によって，立法の権限の拡大が帰結しかねないことになる。この場合には，そもそも何が憲法上適切な権限配分なのかという事柄の実質が議論から欠落したまま，「概念の推移による憲法変遷」が生じてしまう。かような不適切な論証による議論の歪みを避けるためには，実定法に拘束されずに普遍性を志向する法理論のディスコースと，具体的な実定法上の問題を解決する法解釈論のディスコースとは，相互に自立させられる必要がある[28]。

かくして，法理論や私法学の概念枠組みから解放された憲法解釈学は，自らの抱える法的諸問題の適切な解決のために，一方では現実に基礎を置いてこれに正しい概念的な表現を与えうるとともに，他方ではかかる現実を規範的に秩序づける実質的な目的や政治的契機を取り込むことのできる，独自の方法と概念構成を探らなければならない，ということになる。例えばベッケンフェルデの教授資格論文は，伝統的に法規概念の函数として扱われてきた[29]「組織権力」という個別テーマを例としてかような方法論的関心を適用した実作としての意味を持つと見ることができる。また後には，法の浸透しえない個体としての国家という国家法人説の国家像が抱え込む組織法上の難点を克服し，かつ社会的組織化としての国家の現実をより適切に概念化するために，ヘルマン・ヘラーの国家学を手がかりにした新たな国家概念の定立が試みられる[30]。ここで

---

28) Böckenförde, a.a.O. (Anm. 11), S. 61–69.
29) Ebenda, S. 21–28.
30) Böckenförde, Organ, Organisation, juristische Person, in: Ch.-F. Menger (Hrsg.), Fortschritte des Verwaltungsrechts: Festschrift für Hans J. Wolff zum 75. Geburtstag, 1973, S. 269ff. 同論文はベッケンフェルデの博士論文での立場 (a.a.O. (Anm. 10), S. 334) に対するイェッシュの批判 (a.a.O. (Anm. 27), S. 484f.) への応答として位置づけられる (S. 287f., Anm. 61)。もう一人の師であるヴォルフ (Hans Julius Wolff) との対決という側面については差し当たり対照として参照，Hans Julius Wolff, Organschaft und juristische Person, Bd. 1: Juristische Person und Staatsperson, 1933. なお，学説史的位置づけの試みとして参照，Henning Uhlenbrock, Der Staat als juristische Person, 2000.

要請されるのは，様々な側面からの，実証主義国法学の伝統からの憲法学の自己解放のための作業である。

かような問題関心は，伝統的な概念枠組みの拘束から解放された地点で，憲法の全体構造に関する体系的理解[31]を通して新たな憲法論を打ち建てようとする点で，その切り口は異なれ，上述のイェッシュなどの立場とも重なり合う部分を持っているように思われる。しかしながら，その憲法構造の具体的な理解においては，両者は明瞭に対立する。ベッケンフェルデはその組織権力論で，民主政が立法府の権限強化を帰結するという立場を退ける[32]。第一に，君主政においては，民主化の進展が君主の担う行政府に対する議会の権限拡大として進められることに理由があったとしても，君主政が廃止された現在，国民以外によって正統性を与えられた権力はもはや存在しない。民定憲法によって直接に構成された国家作用はすべて民主的な正統化を基礎に持つのであり，ここでは議会はもはや民主的正統性の独占者ではなく，憲法によって限界を与えられた存在にすぎない。第二に，ここでは憲法の下でこれら諸国家作用の相互関係をいかに形成するかが問題になるが，この際重要なのは，諸作用の協働によって国家の任務が最適に果たされることである。こうした見地から見た場合，今日の社会国家では，行政府は単なる法律の執行を超えて，自立した社会形成的な役割を担っている。ベッケンフェルデはここから，かような行政府の任務に必要な要素として，行政組織編成権が原則的に行政府に属するという帰結を導くことになる。

かような，この限りで行政府に好意的なベッケンフェルデの結論に対しては，賛否両論が存在しうるであろう[33]が，本章の文脈で重要なのは次の点であると思われる。すなわち，憲法の明文の諸規定からは明確な結論を導けず，また実

---

31) Böckenförde, a.a.O.(Anm. 11), S. 18f.
32) Ebenda, S. 78-89.
33) 批判的な例として参照，Ermacora, Rezension, in: Österreichische Zeitschrift für öffentliches Recht N. F. 18, 1968, S. 88f. 但し，行政府に自律性を認めるのは必ずしも保守的な立場とは限らない。Vgl. Horst Ehmke, „Ermessen" und „unbestimmter Rechtsbegriff" im Verwaltungsrecht, 1960. ここでもイェッシュが批判者として登場する。Dietrich Jesch, Rezension, in: Archiv des öffentlichen Rechts 86, 1961, S. 491ff. 今日ではカイザーライヒやワイマールと完全に前線が逆転し，保守派が行政の法律による拘束を，進歩派が行政の自律性を強調する旨の指摘として参照，Christoph Möllers/Andreas Voßkuhle, Die deutsche Staatsrechtswissenschaft im Zusammenhang der internationalisierten Wissenschaften, in: Die Verwaltung 36, 2003, S. 321ff., 328.

証主義国法学の枠組みも，議会の民主的正統性という観点も，いずれも一義的な解答を与える能力を喪失したかような不確実な地点にこそ，実質的な憲法論によって明らかにされるべき固有の問題が存在するという点，そしてここにおいてこそ，国家の歴史的・社会的「現実」を取り込もうとするベッケンフェルデの憲法論の構想の成否が試されるであろうという点である。

　かような課題に応えうる憲法論をより具体的に構想するために，その知的資源として，それぞれの問題領域に応じて，様々な過去の概念や国家論が参照され，必要な改鋳を加えられた上で取り入れられることになるであろう。それは例えばシュミットやヘラーらワイマールの議論であったり，実証主義国法学以前の国家学的方法を採るローレンツ・フォン・シュタイン (Lorenz von Stein) のような論者であったり，あるいはルソーやヘーゲル (G. W. F. Hegel) のような国家哲学などであったりするだろう[34]。ここでは憲法理論は，実定法学的な憲法解釈論がその外部へと自らを開き，ここから解釈論の基礎としうるような超実定法的な学問的知見を取り込むための接触面として機能する。例えば後年の彼の民主政理論は，かかる課題に応えうるような，解釈論の基礎理論としての包括性を備えた憲法理論の試みとして理解することができるように思われる[35]。ここにおいて採用されるべき理論枠組みをめぐって，様々な論者が自らの支持する国家像を概念的に表現し，「ボン基本法に適合的な」憲法理論の構想を競い合うことになるはずである。

　(5)　もっとも，かように憲法理論の固有の領域として切り開かれた地平とは，同時に，法解釈論にとって危険な地点をも意味するように思われる。政治的・歴史的などの非法学的論拠が無媒介に解釈論に流入することを排除し，その体系形成によって一貫性・整合性を保った自律的な法学的論証を実現しようと試みた点に，実証主義国法学のひとつの意義があったとすれば，その有効性が失われることは，主観的な価値判断を枠づけ制御し，個別の問題の解決が一

---

[34]　シュミットとの関係における両義性について参照，Mehring, a.a.O. (Anm. 18).

[35]　Vgl. Böckenförde, Demokratie als Verfassungsprinzip (1987), in: ders., SVD, S. 289ff.; ders., Demokratie und Repräsentation, in: ebenda, S. 379ff. これに関する詳しい検討は第9章を参照。政党論を入口にした筆者の分析として，差し当たり参照，林知更「政治過程の統合と自由（3）」国家学会雑誌116巻5・6号（2003年）66頁以下，112-125頁。

般化可能な論拠に基づいて行われうるようにするための解釈論的枠組みそれ自体の危機を含意しないであろうか。ポスト実証主義国法学の憲法理論は，かような実証主義のドグマーティクが引き受けようとした法学的論証の合理化機能を，果たして本当に十分に代替することができるのか[36]。ここでは逆に，多様な憲法理論的端緒が十分にコントロールされないかたちでそれぞれの解釈論的論点に流入し，解釈論の混乱と不安定化がもたらされる可能性も排除されえない。実際にベッケンフェルデ自身，例えばその博士論文の第2版における補論で，伝統的な「法規」概念の空洞化の後の「法律の留保」論の現状について，この意味で批判的な総括を余儀なくされることになる（他方で，これに対してはなお「法律」の実質的な概念規定による枠づけが試みられる[37]）。ここでは，一面で実証主義の克服を図りつつ，他面で憲法論の拡散を防ぐという，両面作戦が要求されるであろう。

　この意味で，初期ベッケンフェルデの憲法論もまた，早世したイェッシュについて評されるのと同様に，「実証主義に対する正当な拒絶が，「規範的・持続的なもの」の否定へと堕落し，最終的に，たとえ意図したものでないとしても，単なる決断主義に終わる」ことを防ぎ，ここになお明晰な法学的概念を定立するという課題に取り組む試み[38]のひとつとして位置づけることができるように思われる。

　ところでこの，従来の解釈論的枠組みが有効性を失った地点でどのように新たな憲法論を構想するべきなのか，という問題は，違憲審査制に特有の条件も相俟って，更なる問題連関へと繋がっていく。そこで次に，この点について簡単に検討しよう。

3　憲法理論の場所

（1）　これまで検討してきたのが，統治機構の問題領域において実証主義国

---

36) ここではドグマーティクの意義につきベッケンフェルデもしばしば依拠するブローム（Winfried Brohm）の整理を参照。Winfried Brohm, Die Dogmatik des Verwaltungsrechts vor den Gegenwartsaufgaben der Verwaltung, in: VVDStRL 30, 1972, S. 245ff., 246-253.
37) Böckenförde, a.a.O. (Anm. 10), S. 377-401.
38) Otto Bachof, Nachruf, Archiv des öffentlichen Rechts 88, 1963, S. 347ff., 348f.

法学の伝統といかに対決するか，という主題であったのに対して，ボン基本法の下では，これに加えてかような歴史的遺産による拘束の比較的少ない新しい問題領域が憲法論の中で重要な地位を占めるようになる。その中心をなすのは，行政・司法のみならず立法をも直接に拘束する（基本法1条3項）基本権であろう。この基本権への拘束は連邦憲法裁判所による実効化が予定されるため，ここでは裁判上基本権諸規定がどのように解釈・運用されるべきかが重要な争点とされることになる。この領域における憲法典の規定が概して簡素で解釈の余地を広く残していることにも鑑みれば，かようなフロンティアでは，上述のポスト実証主義の憲法論が抱える課題——解釈論にとっての堅固な支えが存在しない地点で，裁判官の自由が恣意をも許す無拘束な権力に転落することを防ぎ，法学的論証を合理化するための議論の枠組みを打ち建てること——は，いっそう尖鋭化されたかたちで意識されるものと思われる。かくしてここでも，基本権解釈の支えとなりうる基本権理論の構想が，過去の知的資源を必要に応じて利用しながら様々に展開される（実証主義の遺産の少ないこの領域では，とりわけワイマールにおける理論的端緒が初期の理論形成に重要な役割を果たし，このため依拠するワイマール憲法論の系統の違いによる理論的対立軸がより鮮明に表面化するように思われる）。ベッケンフェルデにとってこの基本権理論とは，優れて特定の国家観ないしは個人と国家の関係に関する理念の表現であり，それ故ここでの選択はかような基本理念の選択という問題となる[39]。

(2) しかしながら，ここで問題となるのは，可能な複数の基本権理論の中からいずれを「正しい」拘束的な理論として採用するべきか，という問いのみではない。その前に，そもそも裁判所における基本権解釈を果たして特定の基本権理論によって有効に統制することができるのか，という問いが不可避のものとして浮かび上がる。これは，基本権の領域を超えて，より広く憲法解釈一般に関わる問題でもあろう。憲法訴訟では，次々に生起する種々の具体的事例を前にして，複数の裁判官による合議で，利用しうる多様な観点や既存の解釈論，憲法理論の武器庫の中からその都度最適と思われるものを選択して，それ

---

[39] Böckenförde, Grundrechtstheorie und Grundrechtsinterpretation (1974), in: ders., SVD, S. 115ff., 141.

ぞれの問題を解決していく。ここで生じうるのは，事例や条文ごとに異なる理論的端緒や解釈方法を使い分ける方法論的多元主義である（かように理論的に十分な反省を経ていない解釈論が跋扈する傾向は，ベッケンフェルデの診断によれば，判例のみでなく学説にも見出される）。かように蓄積されていった判例は，たとえ理論的に見て一貫性・整合性が欠如していたとしても，多くの場合は先例として事実上の拘束力を獲得し，定着していくであろう。かくして憲法は，国家に関する特定の理念を体現する文書ではなく，様々な任意の秩序理念をその都度の文脈に応じて持ち込みうる，単なる形式的な容器へと化する危険に晒される[40]。

かような傾向とその背後にある種々の解釈方法論の中に憲法の規範性の危機を見る[41]ベッケンフェルデは，これに抗して，上述のような概念法学への批判にも拘わらず，なおも憲法学・国法学の教義学的な（ドグマーティクとしての）性格を強調する。彼によれば，憲法解釈は憲法を素材にしてこれを自由に動態的に発展させうるものではない。あくまで規範的な所与として動かすことのできない内容に拘束されており，これを一定の制御された方法に従って解釈し，体系化し，補充するものである[42]。解釈論に基礎と限界を与えるかような中心点として彼が依拠するのが，憲法制定権力[43]の下した基本的決定に他ならない。ベッケンフェルデの見立てによればそこで行われたのは自由主義的法治国家への決断であり，ここに唯一の正しい拘束的な憲法理論という構想の根拠が求められることになる[44]。

とは言え，かような解釈論に対する枠づけの試みは，限界を免れないように思われる。制憲者の決断という議論が，原意主義一般について指摘される難

---

40) Ebenda, S. 118, 140-142.
41) Böckenförde, Die Methoden der Verfassungsinterpretation(1976), in: ders., SVD, S. 53ff.
42) Böckenförde, Die Eigenart des Staatsrechts und der Staatsrechtswissenschaft(1983), in: ders., SVD, S. 11ff., 18-28.
43) Vgl. ders., Die verfassunggebende Gewalt des Volks(1986), in: ders., SVD, S. 90ff. この点に関して，合法性を重視して正統性への問いを追放した連邦共和国においてほぼ唯一の例外に見えるベッケンフェルデも，結局かかるコンセンサスの枠内にある旨の指摘として参照，Christoph Möllers, We are (afraid of) the People, in: Martin Loughlin/Neil Walker(Hrsg.), The Paradox of Constitutionalism, 2007, S. 87ff., 98f. この概念の主たる機能は法学的な解釈方法上の基礎づけという点に求められるということになろうか。
44) Vgl. ders., a.a.O.(Anm. 11), S. 14-19; ders., Das Grundrecht der Gewissensfreiheit(1970), in: ders., SVD, S. 200ff., 216; ders., a.a.O.(Anm. 39), S. 142-145; ders., a.a.O.(Anm. 41), S. 80-85.

点⁴⁵⁾を免れない(何が制憲者の意思なのかを一義的に確定できるのか？ 死者による支配が正当化されるのか？ など)ことを別としても，かかる構想は現実問題としてもはや法システムの自己準拠的な作動自体を押しとどめることはできない。いったんある判例が生み出されると，これを前提として新たな判例が生み出されて蓄積し，将来の判例にとっての文脈を形成していく。ここで，次にいかなる法的判断が行われるべきかについて有効な提言を行おうとする者は，かような蓄積を全体として無視したり拒否するわけにはいかない。とりわけ大きな方向性を決める転換点で特定のパラダイムが選択された後は⁴⁶⁾，解釈学説は，議論の前提を共有しない外在的批判として無視されることを望まない限り，多かれ少なかれこれに拘束されて議論することを余儀なくされるであろう。もちろん，この判例の発展に対して学説がいかに関わるかについては，複数の可能性が存在する。それは，単に既存の判例を後追いして体系化するのみでなく，判例の伴走者(また場合によっては先導者)として，これに反省や批判を加え，ここになお合理的な論証枠組みを構成しようと試みることもできるかもしれない⁴⁷⁾。このことは，ベッケンフェルデが想定したのとは異なる地点になおドグマーティクが成立しうることを示唆するとも言えよう⁴⁸⁾。しかし，かような内側からの体系化と整序の試みは，もはやベッケンフェルデが観念した基本権理論のように，自らの支持する特定の「国家観」や「個人の国家共同体に対する関係についての基本的観念」に概念的な表現を与えうるものとは限らないし(それは判例法理の密度や内容，ここで許容された論証作法の自由度にも依存しよう)，それはもはや憲法制定権力の一回的決断のような，視点の特権性を主張しうるものでもない。

---

45) 参照，阪口正二郎『立憲主義と民主主義』(2001年)33-70頁。
46) Vgl. Rainer Wahl, Herausforderungen und Antworten, 2006.
47) 批判的な診断として参照，Bernhard Schlink, Die Entthronung der Staatsrechtswissenschaft durch die Verfassungsgerichtsbarkeit, in: Der Staat 28, 1989, S. 161ff. 積極的可能性を指摘するものとして参照，Peter Lerche, Rechtswissenschaft und Verfassungsgerichtsbarkeit(2002), in: ders., Ausgewählte Abhandlungen, 2004, S. 529ff.
48) ピエロート(Bodo Pieroth)，シュリンク(Bernhard Schlink)の基本権の教科書『Grundrechte』(初版は1985年)は，かような試みの最も成功した例とされるように思われる。但し，著者の一人による悲観的観測として参照，Bernhard Schlink, Abschied von der Dogmatik, in: Juristenzeitung 2007, S. 157ff.

(3) 憲法学の学問構想にとって，判例との対話を通して解釈論の内側から一般化可能な理論枠組みを発展させるという道を選ばない場合，ここに残される可能性のひとつは，かような実定法内在的な解釈論の外部に，法実践から距離を置いてその意義を批判的に分析するための理論的・哲学的な拠り所を求めるという選択肢であると思われる。連邦憲法裁判所による基本権法理の発展に対して批判的な立場に立つベッケンフェルデは，例えばその教授資格論文のように既存の解釈学説の裂け目から実質的な憲法論を内側に呼び込むという問題設定を離れて，次第に解釈論の外側に足場を置いた，いわば高踏的な憲法理論へと重心を移していったのではないかと推測される。

かくしてまず問題になるのは，そもそも憲法がいかなる機能・役割を担う存在なのかという，憲法についての観念という意味での憲法理論である[49]。ここでは，「公共体の法的基本秩序としての憲法」(ヘッセ)という構想が，解釈による憲法の「具体化」を通して，国家の支配組織のみでなく公共体の生活秩序全体にまで憲法規範の射程を拡大していく可能性が批判の対象とされる。しばしば「価値」の観念と結びついた憲法の役割の肥大化こそは，政治を窒息させ個人の消極的自由にとっての枷となる危険を生むものとみなされるのである[50]。これに対してベッケンフェルデは，憲法はあくまで政治が超えてはいけない矩を定める「枠秩序」にすぎないという限定的な憲法理解を対置する[51]。かような憲法観念は，憲法保障機関としての連邦憲法裁判所が占めるべき憲法構造上の位置づけにも基準を提供し[52]，ここから基本権の客観法的内容の発展などを通じた権力分立の変容が批判的に分析されることになる[53]。

ところで，この意味での憲法が規律すべき主たる対象はあくまで「国家」であるとすれば[54]，かような限定的な憲法理解は，内容的に見るならこの近代に成立した支配の主体としての「国家」とここから区別された自由の領域とし

---

49) Böckenförde, Geschichtliche Entwicklung und Bedeutungswandel der Verfassung(1984), in: ders., SVD, S. 29ff., 29.
50) Ebenda, S. 47-52.
51) Ders., a.a.O.(Anm. 41), S. 86f.
52) Ebenda, S. 87-89. Vgl. ders., Verfassungsgerichtsbarkeit(1999), in: ders., SNE, S. 157ff.
53) Ders., Grundrechte als Grundsatznormen(1990), in: ders., SVD, S. 159ff.
54) Vgl. ders., a.a.O.(Anm. 49); ders., Begriff und Probleme des Verfassungsstaates(1997), in: ders., SNE, S. 127ff., 135-140.

第 4 章　国家学の最後の光芒？——135

ての「社会」との歴史的な分化に根拠を持つ。かくしてここでは，この国家と社会の区分が，両者を包括した全体社会の構造の国制史的発展という見地から位置づけられるとともに，それが今日なお個人の自由の条件として維持されるべきことが主張される[55]。かような思考の背後に，個人の自由と国家の存在理由(Um-willen)に関する彼の国家哲学上の立場との関連を読み取ることは容易であろう[56]。

　かような超実定法的な次元における憲法の意義と役割についての理論は，これを突き詰めるならば，解釈論から切断された地平にとどまるものではなく，憲法解釈論の体系を構築する際の基礎を提供し，その国家像や自由観に適合的な具体的な解釈論上の帰結を要求するように考えられる[57]。しかしながら，恐らく戦後の連邦共和国の発展は，ベッケンフェルデにとっては，自らの国家構想を投影しその具現化として描き出すべきものよりも，むしろ自らの国家像と批判的に対照されるべき存在となっていったように思われる。現状への警告も含意して提示されたその分析視角は，(例えば「枠秩序」か「基本秩序」か，国家と社会の区別か同一化か，など)しばしば尖鋭な二項対立を過度に論争的に強調する危険を免れていないが，他方でそのことによって，巨視的な観点から国家と憲法をめぐる問題状況の一面を鋭く照らし出すという性格も有している。かくして戦後ドイツ憲法学界の最大の理論家の一人であるベッケンフェルデは，少なくともシュミットがワイマール共和国のために『憲法理論』を著したようには，自らの体系的な国家理論ないし憲法理論の全体像をドイツ連邦共和国の理論として完成させることはなかった。結局のところ，ボン基本法の下で彼が最終的に到達したのは，憲法裁判所の判事としてのみならず憲法学者としても，憲法に対するコンセンサスの枠内における，戦後社会の中での「偉大なる反対

---

55) Ders., Lorenz von Stein als Theoretiker der Bewegung von Staat und Gesellschaft zum Sozialstaat(1963), in: ders., RSF, S. 170ff.; ders., Die Bedeutung der Unterscheidung von Staat und Gesellschaft im demokratischen Sozialstaat der Gegenwart(1972), in: ders., RSF, S. 209ff.; ders., Die verfassungstheoretische Unterscheidung von Staat und Gesellschaft als Bedingung der individuellen Freiheit, 1973.
56) Vgl. ders., Die Entstehung des Staates als Vorgang der Säkularisation(1967), in: RSF, S. 92ff.; ders., Der Staat als sittlicher Staat, 1978.
57) 彼の方法論的・理論的立場と，裁判官としての個別意見を含めた解釈論上の立場との関係を検討するものとして参照，Norbert Manterfeld, Die Grenzen der Verfassung, 2000.

者(great dissenter)」としての立場だったのではないだろうか。

4 国家学としての憲法学？

(1)　以上本章は，ベッケンフェルデの憲法学を，ポスト実証主義国法学という問題状況における憲法理論のひとつの試みとして検討してきた。ここでは一方で，個別の解釈論上の争点を適切に解決するために，国家をめぐる歴史的・社会的「現実」を捉えて概念化しうるような実質的な憲法論が要請された。また他方では，解釈論からは独立な国家哲学的・国制史的見解などを足場に，あるべき国家像と憲法の役割についての理論が構想され，ここから本来的には解釈論の体系化が導かれるはずであった。かように実定法内在的な解釈論からの上昇運動と，実定法の外部の理論的視点からの下降運動というふたつの動きが交錯する点に，体系的な法学的憲法理論の成立する場所が存するように思われる58)。

かような理論構想の軸となる中心概念は，ドイツの国家学・国法学の伝統の末裔であるベッケンフェルデにとって，疑いもなく「国家」であった。とは言え，彼が活躍した1960年代以降は，まさに彼自身の言葉を使うなら「国家なき国法学」59)への動きが進行していき，「国家」が憲法解釈論の中心概念から転落した時代であったとも指摘される60)。ここで新たな国家理論の試みが直面しなければならなかったのは，「最も小さな個別問題に至るまで，国法学的問題の正しい解決は，国家の本質についての認識に依存する」という基本的洞察の動揺であったものと思われる。そして結局はベッケンフェルデ自身も，新しい法学的国家学の完成者となるよりも，国家概念を梃子とした時代批判者の系譜へと接近していったように見える。

ここで本章の最後に残されるのは，この総合的な国家理論という構想が果た

---

58)　メラースは，実務的な法適用と学問的な法学とが交わる共通部分に成立するものとしてドグマーティクの意義を捉える。Christoph Möllers, Methoden, in: W. Hoffmann-Riem/E. Schmidt-Aßmann/A. Voßkuhle(Hrsg.), Grundlagen des Verwaltungsrechts, Bd. 1, 2006, S. 121ff., 154-157. この両面の緊張関係に関する指摘は，必要な修正の下で，行政法のみならず憲法にも当てはまろう。
59)　Ernst-Wolfgang Böckenförde, Der Staat als sittlicher Staat, 1978, S. 9f., Anm. 2.
60)　前掲註6)の他，総括と展望として参照，Christoph Möllers, Der vermisste Leviathan, 2008.

して完成されうる試みなのか，仮にベッケンフェルデのような構想を継承し突き詰めていった先にいかなる困難が存在しているのか，という問いである。

　(2)　とは言え，かような問いに正面から取り組むことは，本章の枠を超える。ここでは，以上の検討とも関連するいくつかの論点のみを，駆け足で触れるにとどめたい[61]。第一に，解釈論などのような実定法内在的な分析と，哲学や他の社会諸科学などに立脚した実定法の外部からの分析とは，別個の方法論に依拠するものとしてひとまず明瞭に区別される必要があるものと思われる。両者が「国家」という同一の対象に関わるものとして総合されうるという一般国家学的な想定が次第に自明性を失ってきたのだとすれば，まずはこの方法論的区別を出発点に据えた上で，異なる方法の間の可能な関係を探ることが重要であろう。この両者それぞれにとって「国家」概念が今日いかなる役割を果たしうるかも，批判的な検討が加えられる必要がある。第二に，実定法内在的な分析にとって，いかなる概念や理論が有用性を発揮しうるかは，あくまで実定法上の問題状況によって規定される。理論が実定法を規定するのではなく，実定法が自らの問題に適合的な理論を要求する[62]。ここにおいてベッケンフェルデが国家理論に，解釈論上の問題解決へ寄与することと，超実定法的な歴史的・社会学的「現実」を概念的に表現することという二重の機能を期待したとすれば，ここでは「国家」概念自体の有用性という問題に加えて，後者の機能が過大な要求となって前者の機能と不適合を起こしている可能性がある[63]。第

---

61)　この問題連関について最も徹底した思考を示していると筆者の目に映るのがメラースである。以下は，現時点で筆者が咀嚼しえた範囲での簡単な論点の整理にすぎない。他の註で個別に挙げたものの他，最も代表的なものとして参照，Möllers, a.a.O.(Anm. 17).

62)　この点でメラースは「シュミット学派」対「スメント学派」といった理論的対立が結局は解釈論にとって実質的な意味を持たなかったものと評価する。Möllers, a.a.O.(Anm. 17), S. 228-255.

63)　彼の国家概念について参照，Möllers, a.a.O.(Anm. 17), S. 159-162. また，連邦国家論の文脈で参照，Christoph Möllers, Der parlamentarische Bundesstaat — Das vergessene Spannungsverhältnis von Parlament, Demokratie und Bundesstaat, in: J. Aulehner u.a.(Hrsg.), Föderalismus — Auflösung oder Zukunft der Staatlichkeit?, 1997, S. 81ff. なお，より一般に，メラースの次の論攷も，行政法の文脈を超えて，法学が超実定法的な現実についての理解を議論に取り込む際の問題として重要であるように思われる。Ders., Theorie, Praxis und Interdisziplinarität in der Verwaltungsrechtswissenschaft, in: Verwaltungsarchiv 93, 2002, S. 22ff., bes. 23-46; ders., Historisches Wissen in der Verwaltungsrechtswissenschaft, in: E. Schmidt-Aßmann/W. Hoffmann-Riem(Hrsg.), Methoden der Verwaltungsrechtswissenschaft, 2004, S. 131ff., bes. 151-161.

三に，学問的分化の進行の帰結として，実定法の外部からの分析の際に他の社会科学で用いられる概念装置が，例えば「国家」や「主権」，「国民」などの伝統的な憲法学的概念枠組みとしばしば齟齬を示すようになっているとすれば[64]，両者の接合を早急に探る前に，まずは齟齬を齟齬として受け止める必要があるものと思われる。異なる方法によって現実を構築する複数の学問が異なる概念枠組みを用いることは，それ自体としては驚くに足りない。憲法理論が，諸学問の総合ではなく，第一義的には法学の内部における理論的反省と分析のための場所としてその可能性を探求されるべきだとすれば，この際に「学際的」な関係から憲法理論にいかに裨益しうるかは，その先で追究されるべき課題であろう[65]。もっとも，これらの諸論点についての更なる検討は，他日を期さなければならない。

　（3）　本章が試論的に描き出したのは，実証主義国法学を拒絶した後の憲法学が内側に抱え込むことになったディレンマの所在である。ここでは，法理論的概念による拘束からの解釈論の解放によって，理論性を欠いた解釈論と，解釈論から遊離した理論とが二極分化する危険に直面する。ベッケンフェルデの憲法論は，方法論的な批判意識を前提とした上でなお，別種のかたちでの総合的なグランドセオリーを試みるものとして位置づけられた。もっとも，かかる総合の可能性にも逆に方法論上の批判が提起されていることは，上記の通りである。もしもベッケンフェルデの試みが，魅力のみでなく限界をも内包していたのだとすれば，恐らく我々は自らの思考を進めるために，その限界からこそ何かを学ぶ必要があるものと思われる。

　いずれにせよ，実証主義国法学の克服という同様の課題に直面したはずのわが国にとっても，ドイツにおけるかような憲法学的試みの意義と限界という問題は，無関係ではありえない。少なくとも，国家法人説を当時の政治的・経済

---

64) ベッケンフェルデとシステム理論の社会像との齟齬の指摘として参照，Wenzel, a.a.O.(Anm. 18), S. 555f. ベッケンフェルデ自身は，社会構造の分析にとって自らの法学的カテゴリーの果たしうる役割になお楽観的であったように見える。Vgl. Böckenförde, Zum Verhältnis von Geschichtswissenschaft und Rechtswissenschaft, in: Werner Conze(Hrsg.), Theorie der Geschichtswissenschaft und Praxis des Geschichtsunterrichts, 1972, S. 38ff., 40.

65) この点で「国家」概念の可能性に否定的な指摘として参照，Christoph Möllers, Artikel „Staatslehre, allgemeine", in: W. Heun/M. Morlok(Hrsg.), Evangelisches Staatslexikon, 2006, Sp. 2318ff.

的利害関係の函数として簡単にイデオロギー批判によって片付けてしまう場合には，本来真剣な取り組みを必要とするはずの重要な問題連関が視野から抜け落ちてしまう危険が生じるであろう[66]。もとより，ドイツで行われた理論的試みをそのまま日本で継受すれば良いという話ではないし，その内容上の賛否についてはまた別個の考慮が必要であろうが，我々が自らの手で，自分たちがかつて依拠した学問的伝統と今一度対決しようとする場合には，ドグマーティッシュであることと理論的であることとの間の微妙かつ容易ならぬ関係を示唆するベッケンフェルデの試みは，重要な先達のひとつとして改めて再読に値するように思われる[67]。憲法解釈学が実用法学として自らの可能性を過剰に狭めてしまう危険に抗して，憲法理論の可能性を方法的な反省を通していかに救い出すかは，なお今後に課せられた課題である。

---

66) Vgl. Böckenförde, Rezension (Walter Wilhelm, Zur juristischen Methodenlehre im 19. Jahrhundert, 1958), in: Archiv für Rechts- und Sozialphilosophie, Bd. 48, 1962, S. 249ff.
67) ベッケンフェルデが，ビスマルク帝国期の実証主義国法学の克服を目指すワイマールの新しい憲法理論の成果を摂取しつつ，ここに新たな形で法学的形式化ないしは「型」の抽出を行おうとする(この点で彼はワイマール期憲法理論自体とも明瞭に区別される)点については，本書第9章を参照。

第5章

国家理論からデモクラシー理論へ？
——憲法学の変遷とその意義をめぐって——

1 はじめに——学問の変遷

(1) 国家という主題

　かつて憲法論の中心的地位を占めたのは，国家の概念をいかに理解すべきか，という問いであった。これは専ら現在の憲法学を念頭に置く者には恐らくにわかには想像しがたいが，我々の集合的記憶にもその痕跡を残している。戦前の天皇機関説をめぐる争い——1912年の「論争」[1]と1936年の「事件」[2]——は，明治憲法の定める天皇制国家の性格規定に関する問いが国家概念をめぐる争い（すなわち国家法人説の是非）として展開されたものと理解することができる。それは一方では法学上の純然たる「科学学説」として提示されかつ学問上擁護されたが[3]，他方ではそれを超えて，時に現実の国家の態様に対する解釈図式として受容され，またそのようなものとしてその意義が測定されてきた（上記の「論争」や「事件」における非難・迫害から，戦後の「顕教・密教」論[4]などまで）。

　かような国家論は，言うまでもなくドイツからの強い影響によって成立している。19世紀後半はドイツやフランスでも，大学で制度化されたアカデミズム憲法学の学問的な確立期に当たると考えられる。学問的に先行するドイツでこの時期にゲルバーやラーバント，イェリネックらによって主張された国家理解が[5]，ドイツ語圏を超えて一定の影響力を発揮するのに対して，これに遅れ

---

1) 参照，美濃部達吉『憲法講話』(1912年)，星島二郎編『最近憲法論　上杉慎吉対美濃部達吉〔復刻版〕』(1989年)。
2) 参照，宮沢俊義『天皇機関説事件　史料は語る』(1970年)。
3) 参照，宮沢俊義『法律学における学説』(1968年)。
4) 参照，久野収，鶴見俊輔『現代日本の思想——その五つの渦』(1956年)。
5) Vgl. Walter Pauly, Der Methodenwandel im deutschen Spätkonstitutionalismus, 1993.

てフランスでは，対独敗戦から生まれた第三共和政の下でようやく徐々に法学部に憲法講座が確立されていく[6]。彼らにとって，このドイツ的国家論にいかに向き合うかは，その学問的離陸の際に直面すべき重要な課題のひとつを意味した，との指摘もある[7]（国家法人説を徹底して拒絶したデュギー[8]から，ドイツ的枠組みに則ってドイツを批判しようとしたカレ・ド・マルベール[9]まで）。これにイタリアなども含めた当時の学説の国際的な相互参照にも鑑みれば[10]，日本における国家法人説をめぐる争いもまた，恐らくはこの時期のドイツ系公法学説の国境を越えた伝播，その継受や変奏，抵抗や克服をめぐる種々の試みの中のひとつとして，その特質や意義が測定されるべきものと思われる。

(2) 古典的時代の終焉

かような憲法学の古典的時代（正確に時期を画定することは難しいが，ここでは暫定的に1865年頃から1930年代中頃までをこう呼んでおく[11]）から，しかし今日の我々は恐らく既に遠く離れた地点にいる。卒然と眺めるだけでも，第二次大戦後の日本憲法学が戦前に代わる新たな国家概念を生み出したとは言い難いし，またそこでの主要な憲法論争はこれとは異なる主題をめぐって展開されている（この際，もちろん比較法上の参照対象国も多様化している）。いわば議論の際の中心領域が変化したのである[12]。国家の正しい概念とは何かを論究することが，我々に切実な諸問題への解答を与えてくれる，という信念は今日もはや共有されているとは言えない。

---

6) Cf. Guillaume Sacrsite, La république des constitutionnalistes, 2011.
7) Vgl. Olivier Jouanjan, Die Krise der französischen Verfassungsrechtswissenschaft um 1900, in: Zeitschrift der Savigny-Stiftung für Rechtsgeschichte — Germanische Abteilung 126, 2009, S. 98ff.
8) Cf. Léon Duguit, L'État: le droit objectif et la loi positive, 1901; L'État: les gouvernants et les agents, 1903.
9) Cf. Raymond Carré de Malberg, Contribution à la théorie générale de l'état, tome 1, 1920; tome 2, 1922.
10) Vgl. Ulrich Häfelin, Die Rechtspersönlichkeit des Staates, 1959, S. 295ff.; Christoph Schönberger, Das Parlament im Anstaltsstaat, 1997, S. 53-55.
11) ここでは，ゲルバー『ドイツ国法体系綱要』の初版が出た1865年を一応の起点に（Carl Friedrich von Gerber, Grundzüge eines Systems des deutschen Staatsrechts），ナチス期に突入する前後までの時期を大きく括っておきたい。
12) 明治憲法下での国家法人説をめぐる論争（絶対君主政か立憲君主政か）と，日本国憲法下の主権論争（絶対民主政か立憲民主政か）との関係を分析するものとして参照，石川健治「前衛への衝迫と正統からの離脱」憲法問題8号（1997年）105頁以下。

もっとも，上記の古典的時代から遠く離れているのは日本だけではない。ドイツについては改めて述べるとして，例えばフランスでもまた，このドイツとの対決をも重要な契機のひとつとして含むところのこの第三共和政期の古典学説は[13]，早くも戦間期には実証主義的な事実認識を志向する新しい潮流の登場によって次第に隅に追い遣られていったものと指摘される[14]。これを継ぐ政治学的憲法学の学統から，1970年代以降に憲法院の違憲審査機能の強化とともに登場した判例研究を中心とする新しい潮流まで，そこでの憲法学が上記の古典期とは大幅に異なる特質を発展させたことについては大方の一致が存在しよう。同時にここでは，隣国との相互参照はもはやかつてほど熱心には行われなくなっていく。

　かような変化の原因が何であり，この間に我々の学問に何が起こったのかは，恐らくそれぞれの国ごとに慎重な検討が必要であるものと思われる。直観的には，相互影響の中で多様な可能性に直面した学問的な幼年期や自己形成期を一旦通過した後は，各国の憲法学がそれぞれ独自の発展の経路を辿り始め，この際に時代による学問的課題の変化は，各国にそれぞれ古典期と異なるアプローチや学風を生み出していった，という説明に一定の説得力がありそうに見えるが，当面はより具体的な検証を必要とする仮説にとどまる。

(3)　変化の意味

　他方で，かような発展が現在ある種の枯渇や行き詰まりに直面している，という問題意識が抱かれる場合には，改めて古典期の学説を読み直し，そこに存在した様々な可能性を吟味することで学問的な活路を切り開こうとする試みが生じうる。ここでは同時に，再び外国との相互参照を強化することで，この間の自国の発展を相対化して批判的に捉え直す動きが連動することがある[15]。歴史と比較は常に我々の自己理解を鍛え上げるための重要な知的源泉でもある。

---

13)　参照，高橋和之『現代憲法理論の源流』(1986年)。
14)　Cf. Olivier Beaud, Joseph Barthélemy ou la fin de la doctrine constitutionnelle classique, Droits 32, 2000, pp. 89-108.
15)　近年のフランスでのこうした動向を報告するものとして参照，山元一，只野雅人編訳『フランス憲政学の動向——法と政治の間』(2013年)。同書の書評として参照，林知更「自己省察としての比較憲法学」法律時報86巻13号(2014年)340-347頁。

この際に留意すべきは，言うまでもないことではあるが，古典学説に回帰さえすれば我々にとっての問題が解決する，というほど事態が単純ではない点である。学問にとっての与件もその答えるべき問いもかつてと同じではないし，古典期を離れて以降，既に1世紀近いそれぞれの国の憲法学の歩みには，恐らくはそうならざるをえなかったそれなりの理由が存在したはずである。古典の再読は同時に，それら古典と現在とを隔てるものは何か，その距離が意味するものへの問いを伴うものでなければならない，と考えられる。

　このことは，上記の古典的時期におけるひとつの震源地であったドイツにおける学問的変遷を見る時には，一際強く意識されざるをえない。ドイツでも憲法学はこの間に大きな変容を被り，特にかつての中心概念だった国家概念の果たす役割の低下はこれを象徴するものと考えられている[16]。例えばフランスや日本などで一部にイェリネックやシュミットらに改めて熱い注目が注がれるその時，その他ならぬドイツでは，それらが今なお読み継がれかつ歴史研究の対象とされている反面で，その現代的なレレヴァンスについてはこれら異国からの視線に比べて遥かに醒めた認識が持たれている，ということも起こりうるし，その場合，そこにはそれ相応の理由が存在するはずである。その理由，すなわちドイツ憲法学にこの間に生じた変遷の意味を問うことは，古典期の議論が彼の国で現在なおどのような生命と可能性を有しているかに関わるのみでなく，翻ってこれとの比較で我々自身におけるこの間の学問的変化の意味を問うこととも表裏をなすものと思われる。

　本書はここまで，このドイツにおける戦後憲法学の変容をいくつかの側面から照射すべく試みてきた。そこで本章では，一種の中間考察として，この我々の考察に現れるいくつかの要素を試論的な見地から改めて論理的に再構成することで，思考の整理を試みることにしたい。

16）　Vgl. Christoph Möllers, Staat als Argument, 2000; ders., Der vermisste Leviathan, 2008.

2 「国家」——多次元的機能とその解体

(1) 国家論のヴァージョンアップ

ドイツの戦後憲法学にとってひとつの与件を提供したのは，ワイマール期における国家概念の刷新の試みであると考えられる。

国家とは多次元的な機能を持った概念である。冒頭で挙げた天皇機関説が，国家の法学的把握を目的にした「科学」的議論であると同時に，現実の天皇制国家の構造を問うものとしても受け止められたのは，我々にも親しみのある好例と言える。そもそもその基礎にある国家法人説自体，19世紀ドイツ諸邦の君主政の国家構造をめぐり，君主が国家を所有するものとする家産国家的な絶対主義的理解に対して，国家こそが統治権の主体であり君主はその機関であるとして，これを立憲主義の要請によって馴致しようとする性格を有していた[17]。ここには，国家の現実のあり方や支配の正統性をめぐる問いが法解釈の問題と不可分に結びついていると考えられる。ゲルバーやラーバントの法学的方法が，この国家の基体に関する社会学的考察から国家の法学的考察を自律化させた後も，イェリネックは新たな形で，社会学的国家論と法学的国家論の方的分化を前提としつつこれを一般国家学として総合しようと試みる[18]。我々が国家という概念の下で，法によって構造化された現実の統治団体を観念する限り，それは法，現実，正統性など複数の次元の問いが関係する結節点としての性格を保持することになるものと思われる。

こうした見地から見た場合，ワイマール期の国家概念の刷新には対極的なふたつの方向性が見出される。一方の極はケルゼンであり，ここでは従来の国家論に含まれる方法論的混淆が批判され，法学的認識の純粋化が要求されるとともに，国家は実定法秩序の擬人化へと還元される[19]。これが上述の国家の多次元的機能の解消と理解しうるとすれば，他方の極に立つのはシュミット[20]やス

---

17) Vgl. Wilhelm Eduard Albrecht, Rezension über Maurenbrechers Grundsätze des heutigen deutschen Staatsrechts, Nachdruck, 1962. Siehe auch Schönberger, a.a.O.(Anm. 10).
18) Vgl. Georg Jellinek, Allgemeine Staatslehre, 1900.
19) Vgl. Hans Kelsen, Allgemeine Staatslehre, 1925.
20) Vgl. Carl Schmitt, Verfassungslehre, 1928.

メント[21]であり，ここでは逆にイェリネックによる方法論的分化を超えて，憲法の背後にある国家の現実の秩序への問いが憲法の規範論と再接合される。戦後のドイツ連邦共和国で強い影響を持ったのは，国家やその憲法＝国制の下に様々な問いを連結する後者の流れであり，本書が主たる関心を寄せるのも，このワイマールの新しい憲法学がいかなる意義と射程を有したのか，という問題である。

その意義は，第一に，国家を論じる新しい言語を開発することで，それまでの法学的国家論からは捨象される諸問題を主題化することを可能にした点に求められうる[22]。第二に，しかしそれは(今日的に言えば)純粋な政治理論として展開されたのではなく，憲法の規範的な解釈と結びつき，ここに刷新をもたらすべく意図されたものでもあった。とりわけこの点が連邦共和国における憲法解釈論の発展に様々な影響を与えた(例えば基本権理論・基本権解釈から連邦忠誠・機関忠誠まで)ことは，改めて指摘するまでもない[23](他方で，様々な点でこれと対極的な志向を持つケルゼンが，戦後の法実証主義への偏見などを別にしても，法の形式的側面に関心を集中し内容的契機を捨象することで解釈論への直接的レレヴァンスを欠くものにとどまったことは，その戦後における影響力の限界の一因になったと考えられる)。

(2) 国家論と憲法論の分解

しかしながら，かようなワイマール期憲法理論の影響はやがて大きな限界に直面していったと考えられる(第2章から第5章はこれをいくつかの側面から検討した)。そこで生じたのは，第一に憲法学の課題の変容である。違憲審査制の下で解釈論的課題の持つ比重と重要性が増大する中，憲法学の中心はこの点に求

---

21) Vgl. Rudolf Smend, Verfassung und Verfassungsrecht, 1928.
22) いくつかの側面の検討として第1章，第10章を参照。
23) シュミットが『憲法理論』の序文で，彼の意味での憲法理論がフランスでも比較的遅くにようやく発展した旨を指摘し，エスマン，デュギー，オーリウの名を挙げているのは，この実証主義国法学の克服という局面における国境を越えた相互参照に対する我々の興味を喚起する(かような参照の際に存在しうるであろう誤解や曲解も含めて。参照，Olivier Jouanjan, Sur une réception allemande de la pensée de Maurice Hauriou; Carl Schmitt et la théorie de l'institution, in: C. Alonso, A. Duranthon, J. Schmitz (dir.), La pensée du doyen Maurice Hauriou à l'épreuve du temps, 2015, p. 181)が，本章で取り組みうる範囲を超える。

められ，かつての総合的な国家学や憲法理論のうちここに吸収されない「剰余」の部分は，憲法学の内部でもこれとは別種の(解釈論の側から見れば外在的な)ディスコースとして分化していったのではないか，と推測される[24]。第二は，この違憲審査制の下で，法規範としての憲法が恐らくそれまでとは異なる特質を発展させたと見られる点である。生起する様々な事件を前に，複数のアクターの関与によって少しずつ書き継がれ増大していく判例法の発展は，何かただひとつの特定の憲法理論によって制御され説明されうるものではなくなっていく[25]。50年代後半以降，判例が憲法の規範内容を拡大していく中，ワイマール期に発する憲法理論の対立は，解釈論上の対立軸を形成しもしくは反映する能力を徐々に低下させていったものと思われる[26]。

　ここで確認しておく必要があるのは，かような発展はそれ自体としては必ずしも否定的に評価されるべきものではないという点である。新たな違憲審査制による基本権保障を含めた憲法の規範性の強化は，個別に異論の余地のある部分が含まれるとしても，戦後の連邦共和国がもたらした重要な成果と言うべきものと思われるし，この違憲審査制の下での裁判規範としての憲法がそれ以前の(いわば「政治的」な)憲法と比べて異なる特性を発展させること自体も，程度の差こそあれ他国でも同様に観察される不可避的な現象であろう。ここでの問題は，かような発展がこのドイツの憲法学的思考に対して何を意味したと考えられるかである。

　それは一言で言うなら憲法解釈論の国家論からの一定の自律化であり，それは取りも直さず，国家や憲法という結節点の下に複数の設問を連結するワイマール憲法理論の伝統がその限界に直面したことを意味したのではないか，と考えられる。「実定憲法が何を要請しているのか」という問いは，法源である憲法規範を出発点に当該法共同体で承認された解釈作法に従って明らかにされるべきものであり，この際にいかなる理論的観点が解答を導く上で有効でありうるかは，この解釈論の側が決定する事柄である。これに対して国家の現実や支配の正統性などへの問いは，それ自体としていかに正当であり興味深いもので

---

[24] 特に第3章参照。
[25] 第4章の検討の他，第14章も参照。
[26] 但し，もちろん論点ごとに差異化された検討が必要である点は，第8章，第9章も参照。

あるとしても，上記とは別個の設問にとどまる。換言すれば，かような分解過程に働くのは，いわば学問的な分化の論理であると考えられる。恐らくそこでは，抽象的な学問理論的・方法論的考察ばかりでなく，むしろ実践としての法実証主義(第3章参照)が実践としての学問的変化をもたらしたという面があるのではないか，と推測される[27]。

この意味でシュミットやスメントの影響力が相対的に低下していくのと反比例するかのように再発見と再評価の対象とされているのが，いわば分化の思想家であるケルゼンであることは，恐らくこの間に生じた学問的変化の重要な一側面を象徴しているものと解される[28]。もちろん，ドイツ憲法学が現在直面する課題を解く上でケルゼンの遺産がどこまで有効でありうるかについては，正当な疑問を提起することができようが，上述のような発展を遂げた現在の憲法学にとっての，新たに発見された祖先もしくは守護聖人の一人として(彼が民主政と違憲審査制の擁護者であったことを想起することもできる)，ケルゼンの中に現代的状況へのなにがしかの親近性が見出そうとされるのは，恐らく彼らの視点から見て完全に理由を欠くとは言えないように思われる。

3 「憲法」——法と法学の間

(1) ドグマーティクの中心性

かくしてここでの憲法学の主たる対象とは国家ではなく憲法——最高法規性を備えた形式的意味の憲法——であり，その課題の中心はこの憲法の規範的内容を明らかにする点に置かれることになる。この憲法の解釈が，個別論点に関する事例ごとの判断の集積ではなく，一般化可能な論拠に基づいて全体として

---

[27] むしろこうした発展の意義を事後的に方法論的・基礎的な次元で反省的に受け止めようとした時に，そこに学問的分化の論理が浮かび上がる，という連関になると考えられ，多様な論点を横断しつつ総合を図るメラースの『論拠としての国家』の画期的性格もこうした点に求められるのではないかと思われる。Vgl. Möllers, Staat als Argument(Anm. 16).

[28] Vgl. Matthias Jestaedt(Hrsg.), Hans Kelsen und die deutsche Staatsrechtslehre, 2013. メラースもまた，イェリネック，ケルゼン，ヘラー，シュミット，スメントの国家概念に関する考察の結論部分の中で述べるのは，ケルゼンの現代的意義に対する高い評価である(「現代法の分化(Ausdifferenzierung)へのケルゼンの洞察や，法ドグマーティクの地平，法理論の地平，政治的・道徳的地平の間での彼の厳格な区別は，基本法の現状を記述する上でも最高度の価値を持ちえよう」)。Möllers, a.a.O.(Anm. 16), S. 125.

第5章　国家理論からデモクラシー理論へ？——149

首尾一貫した形で行われるために，学説は解釈の基礎となる体系的枠組みを構築することを自らの任務と捉えていく。この意味でのドグマーティク（教義学）こそは，とりわけ近年，ドイツ公法学が方法論的な反省もしくは自己確認への志向を強める中，その自己同一性の核として好んで取り上げられるものである[29]。かように公法学のドグマーティッシュな性格を殊更に強調するのは，ある指摘によれば歴史的には比較的新しい（せいぜい過去30-40年程度の）現象であるとも言われるが（従ってこのことはかような設問が立てられる際の文脈に我々の注意を喚起するが）[30]，他方で振り返れば既にゲルバーやラーバントらの概念構成の方法もかような性格を示していたと見ることもでき，ここに持続的な学問的伝統を読み取るのは必ずしも無理のある見方とは言えないように思われる。これを憲法学に関して言うなら，前節で述べた国家概念の多機能性に依拠した国家学的もしくは憲法理論的な論拠が，解釈論的課題に対する有効性を喪失して徐々に剥落していった時，そこになお芯として残るのがドグマーティクである，というのが恐らく可能なひとつの説明であると考えられる。

　このドグマーティクがドイツ憲法学の特性のひとつとして挙げられる時，そこにはしばしばある特定の含意が存在するように思われる。それは，実務と学説との距離の近さである[31]。この両者が解釈論的諸問題を論じる際の言語や枠組みを共有することでその円滑なコミュニケーションが可能となる点に，ドグマーティクの功績を見出す見解も存在する[32]。これは明らかに戦後に特有の問題状況に関わると言うことができる（違憲審査制が存在せず，従って判例実務と対話ないし対決する必要性も小さかったビスマルク帝国期や，この点でまだ萌芽的段階であったワイマール期には，こうした点はさほど問題になる余地がなかったと考えられる）。すなわちここで含意されるのは，学説が違憲審査制の発展によって主導

---

29)　Vgl. Julian Krüper, Heike Merten, Martin Morlok (Hrsg.), An den Grenzen der Rechtsdogmatik, 2010; Gregor Kirchhof, Stefan Magen, Karsten Schneider (Hrsg.), Was weiß Dogmatik?, 2012. 他国との比較という観点もまたこうした側面を際立たせる。Vgl. Matthias Jestaedt, Die deutsche Staatsrechtslehre im europäisierten Rechtswissenschaftsdiskurs, in: Juristenzeitung 2012, S. 1ff.; ders., Wissenschaft im Recht, in: Juristenzeitung 2014, S. 1ff.
30)　Vgl. Christoph Schönberger, der „German Approach", 2015, S. 38-42.
31)　第2章4を参照。
32)　Vgl. Matthias Jestaedt, Phänomen Bundesverfassungsgericht: Was das Gericht zu dem macht, was es ist, in: ders., Oliver Lepsius, Christoph Möllers, Christoph Schönberger, Das entgrenzte Gericht, 2011, S. 77ff.

権を奪われ従属的存在へと転落した被害者であるというよりも(シュリンクのテーゼはこうした側面を示唆する[33])、実務とともに憲法発展を担った一種の共犯者としての側面である。実際のところ、学説が判例を後追いし体系化するのみでなく、判例の議論自体がしばしば高度にアカデミックな性格を示す(すなわち学説が判例的なだけでなく判例が学説的である)面があることも指摘される[34]。

この、学説と実務の間における解釈論的枠組みの共有(共通言語としてのドグマーティク)こそは、戦後ドイツの憲法発展のあり方を考える上でひとつの重要な要因を意味するように思われる。今仮に違憲審査制の仕組みをハードウェア、そこでの憲法解釈論上の諸法理をソフトウェアに喩えるなら、我々はこの面でのドイツの法発展を理解しようとする際にしばしばそのハード(いわゆる抽象的違憲審査制)やソフト(例えば基本権解釈など)の面に注目する。が、恐らくそれに劣らず重要なのは、このソフトウェアを書くためのプログラム言語であり、学説はこの言語を開発・改良しまた自らこれを用いることで、実務とともにそこでのソフトウェアの継続的形成に協働してきた、と捉え直すことができるかもしれない(それはまたこれを担うプログラマー集団=法曹の層の厚みないし凝集性やその社会学的態様とも関係する[35])。

もちろん、ここでドグマーティクにいかなる質を要求するかは、論者によって異なりうる。判例法理の動態的発展は、例えば既に見たベッケンフェルデのように(第4章)ここに特定の国家観や人権観の反映を期待する立場から見れば、ドグマーティクが備えるべき特質を大幅に欠落させたものと映るかもしれない。判例が事例ごとの利益衡量に依拠する度合いが高まるほど、体系的見地から一般化可能な論拠に基づいて判断を導出するという基本的要請自体が危ぶまれることもあろう[36]。しかしながら、いわば法システムのインサイダーとして自己を確立することに成功したドイツ憲法学にとって、かような解釈論の領域がその課題の中心を占める状況自体は、当面揺るがないものと見られる。

---

33) Vgl. Bernhard Schlink, Die Entthronung der Staatsrechtswissenschaft durch die Verfassungsgerichtsbarkeit, in: Der Staat 28, 1989, S. 161ff.
34) Vgl. Jestaedt, a.a.O.(Anm. 32); Oliver Lepsius, Die maßstabsetzende Gewalt, in: ebenda, S. 159ff.
35) 異なる国との比較はとりわけこうした点に我々の注意を喚起する。フランスとの比較として参照、Schönberger, a.a.O.(Anm. 30), S. 7-18.
36) Vgl. Bernhard Schlink, Abschied von der Dogmatik, in: Juristenzeitung 2007, S. 157ff.

第5章　国家理論からデモクラシー理論へ？——151

(2)　反省的審級としての憲法理論

　他方，かようにドグマーティクの中心性が高まるほど，憲法学の学問的課題が果たしてここに尽きてしまうのか，という問いも尖鋭に意識されざるをえない。解釈論がその性質上実用性を志向し，法の適用される具体的状況を念頭に実定法に拘束されて議論するのに対して，従来憲法学が引き受けてきた課題は本来より幅広いものである（卒然と考えるだけでも，例えば歴史や比較，思想など，解釈論とは異なる問題連関の中で憲法の諸側面を論じる営みを挙げることができる）。換言すれば，仮に憲法学の対象が「憲法」であるとしても，憲法学がこの「憲法」に学問的に接近する際の方法は本来ドグマーティク以外にも複数存在しうる，ということになる。

　憲法学内部の部分領域として，ドグマーティクと区別された憲法理論が持つ重要性を強調する議論が近年有力に主張されている背景には，かような問題状況が存在していると思われる[37]。この際に留意すべきは，こうした主張がここでも学問的分化の論理によって基礎づけられる点である[38]。換言すればそれは，複数の設問の連結もしくは学問的な脱分化を本質的な特徴に含むシュミットやスメントのワイマール期憲法理論とは，重要な点で異なる特質を有するものと見ることができる。基本権など新たな解釈論的課題という広大なフロンティアを前に，法の実定性を超えたアプローチを解釈論の中に呼び込むことで憲法学の刷新を成し遂げることのできたワイマールと違って，現在では判例や解釈論の蓄積によって議論の自由度は大幅に縮減されている。かように憲法解釈が自律的領域としての性格を強めるのに対して，ここから距離を取った反省的考察を可能にする別の視座を，相対的に自律的な一領域としてなお確保しようとする点に，こうした試みの意義を読み取ることができるように思われる。従ってそこでは，解釈論が法形成に参加する者の内的視点から行われるのに対して，憲法理論が外的視点からの観察を可能にし，また実定法に拘束された解釈論のあり方を比較や歴史などを通して文脈化する役割などが期待されることになる。

---

37) 代表的な議論として参照，Matthias Jestaedt, Verfassungstheorie als Disziplin, in: Otto Depenheuer, Christoph Grabenwarter (Hrsg.), Verfassungstheorie, 2010, S. 4ff. 以下では綱領的性格を持つ同論文を主たる素材に考察を進める。
38) イェシュテットは「ディシプリンの分化の産物としての憲法理論（Verfassungstheorie als Produkt disziplinärer Ausdifferenzierung）」として自らの理解を提示する。Ebenda, S. 4-13.

以上の意味で，これを「憲法学内部の反省的審級としての憲法理論」と特徴づけることが許されるように思われる。

　憲法理論への新たな希求がかような背景に基づくものである以上，その役割を規定するのもドグマーティクとの関係である。憲法理論が必要なのは，第一に，ドグマーティク自身が理論，すなわち自らは生み出しえない実定法を超えた視点の助けを必要とするからである。憲法理論は憲法解釈の前理解として，その意味連関についての仮説を提供し，解釈の発見を助ける（但しここでは発見の文脈と正当化の文脈が厳格に区別され，憲法理論自体は解釈を正当化しえず，これは有効な実定法によって別途正当化されなければならない），というのがひとつの説明になる[39]。

　しかし，ここには恐らくもうひとつ別の側面が存在する。それは，学問としての憲法学には，解釈による法実務への奉仕のみには還元されない固有の意義と役割が存在するはずではないか，という問いに関わる[40]。元来学問が，新たな認識を生み出し我々の知を増大させることに向けた営みであるとするなら，法学の課題もまた，法によって構造化された我々の社会のあり方を解き明かし，我々の現実認識に寄与することをも含むと考えることができる。かつての国家論やワイマール憲法理論には未分化な形で含まれていたはずのかような側面が，上記のような発展の中で徐々に周辺化されてきたと言えるとすれば，ここで問われるのは，これをいかに現在の与件の下で学問的批判に耐えうる形で救い出すことができるかにあると考えられる[41]。換言すれば，ここに浮かび上がるのは「法」と「法学」の関係という主題である。実定法としての憲法が上述の意味でいわば自己準拠的性格を獲得するとしても（ドグマーティクはその内容形成に内側から協働する），学問としての憲法学はこれをなお一定の距離から観察・分析し，反省的な考察に掛けることができるはずだ，ということになる[42]。

---

39) 但し憲法解釈の前理解としての憲法理論という視角自体は新しいものではない。イェシュテットの議論のこの点での特性は，解釈方法論において厳格な理解を取ることで，本文で述べた発見の文脈と正当化の文脈の区別に新たな力点を置く点に見出すことができる。Ebenda, S. 40f. より一般的に参照, Jestaedt, Grundrechtsentfaltung im Gesetz, 1999. 但し，その解釈方法論上の立場を共有しない立場から見て，かかる議論にいかなる意義があるかは，別途検討の必要がある。
40) こうした意識を示す例として参照，Christoph Möllers, Gewaltengliederung, 2005.
41) この問題は，ドイツ法学の伝統の中に何を救出されるに値するものとして見出すか，という伝統の再解釈という角度から論じることもできる。Vgl. Schönberger, a.a.O.(Anm. 30).

もっとも，かように要請される憲法理論が，実際にいかなる形で実現されうるかは，未だ今後の展開を俟つ部分が大きいように思われる[43]。ドイツ憲法学の発展やその学問的構造を批判的に再検討することで学問的な活路を切り開こうとする志向は近年高まりを見せているように思われるが，ここから何が生まれてくるかは，なお時間をかけて見極める必要があろう。

4 「デモクラシー」──新たな視座を求めて？

こうした見地から興味深いのは，かような新しい議論傾向の中でしばしばデモクラシーが鍵概念のひとつとして浮上することである。ここには恐らくいくつかの理由が存在すると思われる。

憲法学は伝統的に公権力の法的な統制を重要な主題とする。かつて国家に集中されたものと観念されてきたこの公権力が，EUなどを含め多様な形態を取ることが意識されるようになる中，より広い視座から公権力のあり方を分析する視角が問われていると見ることもでき，デモクラシーはこの際の可能な視角のひとつを意味すると考えられる。とりわけ1980年代以降，民主政原理はドイツで実定憲法上の要請として大きな発展を遂げており（第9章），そこでの正統化の構造という切り口は，解釈論の枠を超えて，実定法の構造を一段抽象度の高いレベルで分析に掛ける反省的・理論的考察にとっても接続可能な端緒を意味したものと考えられる（第11章，第12章でほんの触り程度ながら検討する）[44]。第Ⅱ部・第Ⅲ部の検討の中に現れるデモクラシーに関するドイツ憲法学の思考の変遷──国家法人説の中の国家形態論から，ワイマールにおける新しい理論

---

[42] これは同時に，憲法理論が，同じく社会の認識を目的とする他の学問諸分野との間の学際的な交換の窓口としても期待されうることを意味する。Vgl. Jestaedt, a.a.O. (Anm. 37), S. 33-37. なお，第12章ではささやかながらかような連関も意識した考察を試みる。

[43] イェシュテット自身の議論は，この点では新たな憲法理論を自ら提示するというより，従来の学説状況に対して方法論的に反省された整理を試みる性格が強いように思われる。「ディシプリンとしての憲法理論」の自立性を彼ほど強く打ち出すかは別にして，近年ドグマーティクを超えた反省的ないし理論的な考察の必要性を意識した議論や問題提起は以前より顕著に観察されるように思われ，イェシュテットの議論をこうした学問動向に対する現時点で最も意識的な考察として受け止めることは許されるものと考える。

[44] ここで念頭に置くのはメラースの議論である。Vgl. Möllers, a.a.O. (Anm. 40); ders., Die drei Gewalten, 2008.

的試み，戦後における与件の変容と，ここでなお過去の理論からドグマーティクとして操作可能な「型」を抽出する試み，そしてこれを理論的分析の次元で応用する試みまで——は，本章を含む第Ⅰ部で考察した戦後ドイツ憲法学の発展のあり方を具体的な論点に即して更に踏み込んで考察するための，格好の素材を意味することになると思われる。

　が，デモクラシーが言及されるのは，かような新しい憲法理論の可能な一内容としてのみにとどまらない。興味深いのは，それが上に見た憲法学のあり方を一段深いところから批判的に見直す上での手がかりのひとつを提供していると見られる点である。戦後ドイツにおける憲法の規範内容の飛躍的発展と，そこでのドグマーティク中心の憲法学を背後で遠因として支えるのは，ドイツに根付く法曹法の伝統，すなわち立法ではなく法学こそが法が何であるかを明らかにしうるという暗黙の信念の存在であり[45]，近因として支えるのは，戦前の不法国家の経験の後で，それが法治国家の増強に奉仕しうる，という実質的考慮の存在であると考えられる。かくして，ここでの法発展が(いわば学問的な言語としての)ドグマーティクによって制御しうると考えられる限りで，学説は安んじてかような法発展に参加し自らの議論を重ねていくことができる。が，民主政においては本来国民こそが法を作る正統性を有するはずだ，という原点に立ち帰って考えた場合に，こうした憲法学のあり方はどこまで正当性を有するのか？[46]

　かような一種の挑発としての問題提起に対して，観察者である我々が答えを与える必要は差し当たりない。ここではただ，現在のドイツ憲法学でデモクラシーという論点が，解釈論上の論点や，それを解く上での補助としての「前理解」の問題を超えて，より広い観点から憲法学上の反省的思考を導くための切り口としても機能していることを確認できれば，それで十分である。

---

45)　シェーンベルガーはサヴィニー以来のかような伝統の存在を指摘しつつ，これに死亡宣告を与える。Schönberger, a.a.O.(Anm. 30), S. 47f.

46)　この意味で，法学と民主政の関係に関するレプジウスの考察が到達するのは，法学の学問的構造自体の問い直しである。Vgl. Oliver Lepsius, Rechtswissenschaft in der Demokratie, in: Der Staat 52, 2013, S. 157ff.

5 おわりに——憲法学の歴史的位相

　以上のごく簡単な検討からも（より解像度の高い像を得るためには，ここで駆け足で触れるにとどめざるをえなかった諸論点について更に精度の高い個別的検討が必要であることは言うを俟たない），ドイツ憲法学がその古典期から現在までに潜り抜けてきた距離の大きさを推知することは，恐らく可能であろうと思われる。もちろん，古典の読み方が時代によって変化するのと同様に，この間の学問的発展をどう理解するかも，見る者の拠って立つ文脈によって異なる見方が成り立ちうる。本章が示すのは，現在のいくつかの議論動向を手がかりに暫定的に描かれた見取り図にすぎず，この時期の発展について例えば半世紀後にいかなる像が描かれているかは，また別の問題に属する。

　にも拘わらず，我々がここで確認できることがあるとしたら，それはある国のある時代の憲法学はそれぞれにその歴史的な位相とでもいうべきものを有しており，そこで有効な議論を提起しようとする者はこれを無視することが許されない，という点である。古典的時代の終焉後に各国の憲法学が到達したこの歴史的な位相は恐らく皆少しずつ異なっている。戦後ドイツ憲法学史の展開を大きく規定するのは，そこでの合法性の論理の自律的展開の強さであり，そこに浮上するのは，学問がこれにいかに対峙しうるのか，という問いであるように見える。こうした問題状況は，例えば現在のフランスとも[47]日本とも恐らくかなりの程度まで異なっているが，同時にここには単なるドイツの特殊性を超えて，我々が憲法と憲法学について徹底して思考しようとする限り決して軽視してはならない重要な問題が含まれていると考えられる。

　そこで，我々の問いを改めて定式化すれば，次のようになる。このドイツの憲法と憲法学の変遷から抽出しうる発展の論理とはいかなるものか。これを鏡とした場合に，日本の戦後憲法学の特質はいかなるものとして浮かび上がるのか。これについて更にいくつかの角度から考察するのが，第Ⅱ部以下の課題となる。

---

47)　差し当たりごく簡単な指摘として参照，Jestaedt, a.a.O.（Anm. 37），S. 49f.

II
デモクラシーの諸相

第Ⅱ部と第Ⅲ部では，具体的な問題領域としてデモクラシーと多層的法秩序(連邦・EU・地方自治)を取り上げ，ここに第Ⅰ部で考察した憲法学の学問的特質とその発展の論理がいかなる形で表れているかを考察する。まず第Ⅱ部は民主政の諸相を論じる。もとより民主政は，政治学や政治哲学などを含め多様な学問的方法と関心から接近しうる主題である。この中で，法学としての憲法学が民主政を論じる独自の意味と方法はどこに存するのか。ここではいくつかの切り口から憲法学がいかに民主政の諸問題に接近しうるかを考える。第6章は，かつての憲法学の花形であった議会制論の変容を主題とする。議会がなお国家組織の中で軽視しえない地位を占める中，議会をめぐる議論がかつての熱を失ってきたのだとしたら，これは何を意味するのだろうか。第7章は，従来の憲法論が民主政を論じてきた作法を，自由と公共の関係という切り口から考察する。国家的公共性の配分という発想が徐々に説明能力を失っていった後で，憲法学が民主政を論じるためになおいかなる可能性があるのか。これに続くふたつの章では，この「憲法学が民主政を論じる作法」が具体的論点においてどのような形で現れるかを検討する。第8章は，民主的政治過程の中心的な担い手である政党の位置づけを論じる。ここでの陰の主題は，第Ⅰ部でも論じた，憲法解釈と憲法理論の関係である。第9章は，民主政原理をめぐるドイツの法発展，とりわけそこで重要な役割を演じたベッケンフェルデの民主政論を題材に，法学が民主政を論じるひとつの透徹した形について検討する。ここにおける法学的な「型」の抽出という思考の中に，我々は上記の問いに対するひとつの可能な解答を見出すことができるものと思われる(なお，著者の萌芽的な問題意識を示す旧稿として，「憲法学が民主政を論じる意味——毛利透『民主政の規範理論』(勁草書房，2002年)をめぐって」Historia Juris 比較法史研究第12号——思想・制度・社会(2004年) 262-281頁，があり，関心のある読者のご参照を願う)。

第6章
議会制論の現在

1 議会の世紀の終わり？

（1） 前世紀のある時期まで，議会制論は憲法論にとっての花形であった。君主政国においては，古くから議会は，君主の統治権に制限を置き，国民の自由を確保すべき拠点とみなされてきた。法律による行政の原理や財政統制に始まり，条約や戦争に対する統制，そして大臣責任制のメカニズムに至るまで，議会の行政権ないし執政権に対する関係をめぐって形成された種々の法理は，今日なお我々の憲法構造の基層を形成している。他方，しばしば民主政国では立法権の担い手としての議会は，かような行政権の制限を超えて，直接民主政の実現困難な広域国家において主権者たる国民の一般意思を体現する存在と見なされた（「法律は一般意思の表現である」1789 年フランス人権宣言6条）。いずれにおいても国民に選挙された議会は，民主的正統性の中心的な担い手として国家組織の中に立ち現れることになる。

だが同時に前世紀は，議会制の危機が強く喧伝された時代でもあった。既に 19 世紀末から，政党や団体の台頭やその寡頭政化の進行，メディアの発達などの中で，民主的正統性の独占者としての議会の政治的限界はしばしば意識されていた[1]。だが，これが避けられない問題として正面から突き付けられるのは，コミュニズムとファシズムが現実的な脅威として台頭する戦間期である。とりわけ，第一次大戦の敗北から，君主政の崩壊によって民主政国家へと変貌したドイツでは，新しい議会制の危機は，理念的にも現実的にも体制の中心軸に触れる問題を意味した。ワイマール憲法体制を擁護するリベラルな議会主義

1） Vgl. Christoph Schönberger, Das Parlament im Anstaltsstaat, 1997.

者は，民主政の命運を議会制と一体不可分のものと捉え，その堅持を主張する。これに対して，第二帝政以来の反議会主義的伝統を受け継ぐ有力な理論的潮流は，民主政を議会主義から切り離すことで，危機の中から議会主義なき民主政を救い出す可能性を模索していく。両者の対立は，時に「議会主義か独裁か」という体制選択に関する二者択一へと尖鋭化されていった[2]。

(2) 当時，立憲君主政の下で多元的な政治構造を有していた日本にとって，議会をめぐる問題状況がドイツと決して同じであったとは言えまい。しかし，大正期から昭和初期にかけて，曲がりなりにも議会政治の相対的安定期を得ることのできた日本が，その後政党内閣制の崩壊を経て戦時体制へと移行していく際には，かような欧州における議会制の動揺は，やはり無縁ではありえなかったはずである[3]。ドイツの同時代の議論が，当時の最高峰の知性によって，熱心に参照されたことは言うまでもない[4]。

かような反自由主義的な時代の議会制批判が，第二次大戦の終結によって有効性を喪失すると，わが国においても，西側の立憲主義体制に復帰した戦後憲法の下で議会制を再定位することが重要な課題とされることになる。この際，議会制の「生理」と「病理」を分かつ社会的な機能条件を探ることはもちろん重要な課題であったが[5]，理念的・理論的な次元では，かつての議会主義批判論の知的源泉であったワイマール・ドイツの憲法理論との対決が，重要な主題のひとつとなった。ここでとりわけ問題となるのは，やはりその民主政ないし国民主権との関係である。ある立場は，欧州議会制の一方の雄であるフランスの「半代表制」への史的発展をも援用しながら，カール・シュミットの反議会主義論を批判し，またケルゼン民主政論の再評価を試みる[6]。これに対して別

---

2) 通念的理解に従い，ここでは，前者の代表者としてケルゼンを，後者の代表者としてシュミットを挙げるにとどめる。Hans Kelsen, Vom Wesen und Wert der Demokratie, 2. Aufl., 1929; Carl Schmitt, Die geistesgeschichtliche Lage des heutigen Parlamentarismus, 2. Aufl., 1926. 状況の概観として，差し当たり参照，Michael Stolleis, Geschichte des öffentlichen Rechts in Deutschland, 3. Band, 1999, S. 103ff.
3) 参照，美濃部達吉『議会政治の検討』(1934 年)。
4) 宮沢俊義の多くの論攷のうち，ここでは 1934 年の「国民代表の概念」『憲法の原理』(1967 年) 185 頁を挙げるにとどめる。
5) 宮沢俊義「議会制の生理と病理」『憲法と政治制度』(1968 年) 33 頁。
6) 例えば参照，樋口陽一「憲法——議会制論」鵜飼信成，長尾龍一編『ハンス・ケルゼン』(1974

の切り口を提供したのは同じく大革命以来のフランス憲法史を知的資源とする主権理論からのアプローチであり，国民と議会の関係の強化は「人民主権」論の主要なテーマとなった[7]。このケルゼン流の民主政論からも「人民主権」論からも距離を置く立場は，戦後西ドイツにおけるワイマール期の「同一性」民主政論との対決から着想を得て，イギリスなどをも視野に，近代以前からの西欧憲法史における「代表」の伝統の再生を試みる。ここでは，代表者と被代表者の相互の区別と，両者の間の責任連関を重視する立場から，主権論なき民主政論の構想が提唱されるのである[8]。

以上は，半世紀以上にわたるわが国の「議会制の時代」に関するごく単純化された駆け足の概観にすぎない。しかし少なくとも，「自由」と「民主」というふたつの基本原理の制度的な中核たる議会は，立憲主義の秘鑰であり，憲法の定める統治機構を理解する上での焦点を占めると考えられてきた，と言っても大きな間違いではなかろう。

(3) 現在のわが国において，議会制論にこのかつてのような熱気はない。まず，内外の様々な局面における，「行政国家」の不可避性が語られるようになった[9]。国内的には，行政による政策立案が常態化し，議会はしばしばこれを「批准」する役割へと転落する。国際化の進展によって国内政治による自由な決定形成の余地が減少することもまた，政府に対する議会の地位低下を加速する。かような認識を前提とするなら，あるべき民主政の形態を論じる際の関心も，この自律化する行政府をいかに正統性の源泉としての国民へと繋ぎ止めるかに向けられざるをえない。従来の議会中心主義を批判して，現代における統治の中心を政府の場に求め，この政府が国民に対して直接責任を負うものとして議院内閣制の仕組みを再解釈しようと試みる国民内閣制構想は，かような試みの代表的な例と言えよう[10]。また国家作用論の領域では，議会制定法律に

　年)63頁，同「「議会までの民主主義」と「行政権までの民主主義」」『現代民主主義の憲法思想』(1977年)203頁。
7)　参照，杉原泰雄「議会政と国民代表の原理」公法研究39号(1977年)18頁。
8)　参照，高見勝利「国民と議会(1)-(4・完)」国家学会雑誌92巻3・4号(1979年)163頁，同11・12号(同年)727頁，93巻3・4号(1980年)218頁，94巻1・2号(1981年)83頁。
9)　例えば参照，野中俊彦，中村睦男，高橋和之，高見勝利『憲法Ⅰ〔第5版〕』(2012年)44頁〔高橋和之執筆〕。

拘束されたその執行という行政イメージに収まりきらない，高次の「政治」的指導の存在を主題化することが意識され，このための場として「執政権」論の可能性に注目が高まっている[11]。

他方で，違憲審査制の導入は，国民の自由の守護者としての議会の地位を相対化し，「法律による自由」よりも「法律からの自由」を議論の前面へともたらす。この領域における，アメリカ憲法学に刺激された90年代以降の理論的発展は，この違憲審査権と民主政との限界画定を中心的なテーマとして打ち立てた。ここでは民主政論は，しばしば違憲審査権による基本権解釈の際に基礎に置かれるべき規範的な憲法理論の問題として，かつての議会制論とは大きく異なる視角から主題化されることになる[12]。

こうして議会が，行政権と違憲審査権の両者によって挟撃され相対化されていったとすれば，議会は国家組織の外部においてもまた，ほかならぬ民主政の立場からの批判に晒されていく。直接に行動能力のある国民を出発点に据えるなら，議会は民意の独占者でもなければ，民主的な討議の唯一のフォーラムでもない。ここでは，議会を経由しない民意の直接的な表出の可能性が模索されるとともに，議会外の自由な「公論」形成に熟議民主政への期待が懸けられることになる[13]。

かくして，以上の発展をまとめるなら，議会は憲法論における以前の特権的地位を喪失し，他の諸機関と並ぶ地位へと平民化されていった，と言いうるように思われる。戦後憲法史の流れの中でその魅惑を喪失し，「魔術からの解放」[14]に服したのは，ひとり主権論のみには限られない。

---

10) 参照，高橋和之『国民内閣制の理念と運用』(1994年)，同『現代立憲主義の制度構想』(2006年)。検討として参照，林知更「議院内閣制の本質とその刷新」小山剛，駒村圭吾編『論点探究 憲法〔第2版〕』(2013年)300-313頁。
11) 多くの議論が提出されて，未だ収束を見せない中，ここでは石川健治の最近の論攷「統治のゼマンティク」憲法問題17号(2006年)65頁を挙げるにとどめる。執政権説と従来の控除説との関係に関する考察として参照，淺野博宣「「行政権は，内閣に属する」の意義」安西文雄他『憲法学の現代的論点〔第2版〕』(2009年)149頁。
12) ここでは，論争の提起者として松井茂記の一連の論攷のうち『二重の基準論』(1994年)を，またこの見地からのアメリカ憲法理論の幅広い分析として阪口正二郎『立憲主義と民主主義』(2001年)を参照。
13) 参照，毛利透『民主政の規範理論』(2002年)。
14) 参照，高見勝利「主権論——その魔力からの解放について」『宮沢俊義の憲法学史的研究』(2000年)352頁。

(4) もっともここから，もはやわが国で「議会の時代」が過ぎ去った，という時代診断を下すとしたら，それはやや性急に過ぎよう。選挙という民主的な手続によって国民と直接の結びつきを持ち，開かれた討議を可能とすべき合議体としての議会は，なおも国家組織の中で他の機関によっては代替不可能な特殊な任務を負っており，とりわけ行政との関係で，立法を始め多くの点で重要な役割を果たすべきことが予定されている[15]。また違憲審査権との関係でも，議会の民主的正統性に対する裁判所の謙譲を何らかの意味で要求する立場は有力である。少なくとも，いかに強力な違憲審査権といえども，個別事例を法に羈束されながら事後的に解決することを主たる課題とする裁判所と異なって，自らのイニシアティブで開かれたプロセスを通じて一般的規範の創設を担うべき議会の果たすべき固有の機能を，無にするものとは考えられていない[16]。民意の直接的な表出への要求も，議会という制度に代わる新たな制度構想を提示することには今日まで成功しておらず，その意義は今のところ代表制の補完を超えるものではあるまい[17]。議会はかつてより相対化されたとはいえ，依然として国家組織の中で枢要な地位を与えられており，憲法論の中心的主題のひとつであることを失っていない。

とは言え，長い「戦後」が過ぎゆく中で，わが国の憲法論において何かが大きく変化してきたことは，恐らく確かである。かつての世代が，議会制の是非とその本質的性格をめぐる原理的な次元の問いに，あれほどの情熱をもって取り組んできたとすれば，彼らの抱えた「問い」は今日もはや十分には共有されなくなりつつあるように見える。議会の時代はなお終わっていないが，しかしかつてのような議会制「論」の世紀は過ぎ去ってしまった，と解することは恐

---

15) 参照，日比野勤「政治過程における議会と政府」『岩波講座 現代の法3 政治過程と法』(1997年)69頁。議会の法と制度についても，比較的近年の概説として，原田一明『議会制度』(1997年)，大山礼子『国会学入門』(1997年)，大石眞『議会法』(2001年)などがあり，国会改革との関係もあって，90年代以降は議論が活性化しているとも言えるかもしれない。特に行政との関係については，例えば参照，大橋洋一「法律の留保学説の現代的課題」『現代行政の行為形式論』(1993年)1頁，同『行政法〔第2版〕』(2004年)19頁。また参照，エバーハルト・シュミット=アスマン(太田匡彦，大橋洋一，山本隆司訳)『行政法理論の基礎と課題』(2006年)186頁。
16) この両者の特質の対比については，Christoph Möllers, Gewaltengliederung, 2005, S. 88ff. の分析を参照。
17) 毛利透は，決定圧力から自由な討議に重要な意義を見出す。特に毛利・前掲註13)第4章を参照。

らく可能であろう。

　かような憲法学の問題関心や論じ方の変化には，いかなる意味があるのだろうか。これまで憲法論は，いったい議会制という主題の下で何を明らかにしようと試み，それは今日いかなる問題に直面しているのか。一筋縄ではいかず，恐らくは多様な解答が可能なはずのかかる主題に，限定された視角から試論的に小さなスケッチを行うのが，ここでの課題である。

2　「原理」への希求

　(1)　ここで本章では，主権と権力分立の対立，という古典的な主題を出発点に据えよう。単一にして不可分の，最高・独立の主権的な国家権力という近代国家理論の公理を受け入れるなら，これが諸権力の分割という権力分立論の要請といかに両立可能かは，憲法理論にとって切実な問いである。これは一面では，政治思想的にはルソーとモンテスキュー (Charles Louis de Montesquieu)，憲法史的には1789年フランス人権宣言3条と16条とが孕む緊張を，いかに融和するか，という問いでもある。シィエス (Emmanuel Joseph Sieyès) の「憲法を創設する権力」と「憲法によって創設された権力」の区別は，これに対してひとつの解答を提供した。これによれば，主権者としての国民が憲法制定権力を保有し，国家の諸機関が憲法の下で国権を分担して行使することになる。

　同様の問いは，君主政でも問題となる。君主政原理によれば，君主は統治権の総攬者でなければならないが，他方で立憲主義の台頭は，議会の開設とその統治への参与を要求する。この相反する要請を両立させるために考案されたのが，国権の「保持」と「行使」の区別という説明である。すべての国家権力を「保持」する君主は，ただ一定の権利の「行使」についてのみ憲法によって議会との協働を義務づけられるのである (1820年ウィーン最終規約57条)[18]。

　かような君主政原理が，統治権を独占する具体的な主権者の存在を想定したとすれば，後に新たに登場した国家法人説は，この君主を，国民を基体とする国家という上位の公共体に組み込んで馴致しようと試みる[19]。ここでは，国権

---

18)　君主政原理と権力分立の緊張関係に関して参照，Stefan Korioth, „Monarchisches Prinzip" und Gewaltenteilung — unvereinbar?, in: Der Staat 37, 1998, S. 27ff.

第6章 議会制論の現在——165

が帰属するのはあくまで国家という抽象的な人格であって，君主も議会もその機関として憲法の定める権限を行使するにすぎない，ということになる。これは理論的にはかなりラディカルな転換のはずである。かような立場が採用されるなら，国家はその権力の単一不可分性という想定を放棄することなく，自らの内側に最大限度の多元性を抱え込むことが可能になる。ここでは，君主政でも民主政でもない，主権者なき混合政体国家も想定しえよう。国家組織にとって重要なのは，権力分立の体系を具体的にいかに形成するかである。突き詰めるなら，諸機関の抑制・均衡の体系は，憲法の定める制約さえ充たせばそれぞれの時代の政治的条件に従って組み替えることも可能なはずで，大権内閣制と議院内閣制のあいだを往復することも，議会政治に見切りをつけて時局に適った新体制を模索することも，理論的には少しも妨げられないはずである。独裁政治も議会政治も，国家法人の内部で可能な様々な政治体制のヴァリエーションのひとつであるにすぎない[20]。議会制の是非が論じられる場のひとつは，ここに存する。

　(2)　もっとも実際には，かような多元化が君主主権の建前と正面から対立する政治的危険を孕む以上，国家法人説からそこまで強い帰結を導くのは通常は躊躇されるはずである。むしろ，ドイツで国家法人説に依拠する論者には，その君主政的な志向から，法的構成の次元においてはなお，この国家法人の内部で君主による国権の独占を維持しようとする企てが残存することになる。ここに登場するのが，「国家権力の担い手(Träger der Staatsgewalt)」という疑わしさを孕んだ概念である[21]。また，立法に関する「裁可」の理論は，かような見地からの技巧的な法的構成の顕著な例と言えよう[22]。君主政原理の影響は，

---

19)　以下に述べる国家法人説の内部における対立についての理解は，Schönberger, a.a.O.(Anm. 1)の理解に従う。なお，本節の論述に関しては，併せて参照，林知更「政治過程の統合と自由(2)-(4)」国家学会雑誌116巻3・4号(2003年)249頁，同5・6号(同年)484頁，同11・12号(同年)1023頁。
20)　以上の意味では，天皇機関説を採用することは議会政治擁護の立場に立つことを直ちには含意せず，議会政治を見限ることはその理論的立場への背馳を意味しない。
21)　Vgl. Paul Laband, Das Staatsrecht des Deutschen Reichs, 5. Aufl., Bd. 1, 1911, S. 97; Georg Meyer/Gerhard Anschütz, Lehrbuch des deutschen Staatsrechts, 7. Aufl., 1919, S. 19ff. わが国で「国体」概念が提起された際の関心には共通性があろう。参照，穂積八束『修正増補 憲法提要』(1935年)29頁。
22)　Laband, Das Staatsrecht des Deutschen Reichs, 5. Aufl., Bd. 2, 1911, S. 4ff.

国家法人説の下でも持続することになる。

　これに対して，かかる立場を拒否するイェリネックのような論者も，やはり国家秩序の完全な多元化を容認するには至らず，国家の活動の原動力となり最高の決定権力を有する「最高機関」の存在を要求する。すべての国家はその統一を維持するためにはひとつの最高機関を有していなければならず，それは君主政国家では君主であり，民主政国家では国民かその第二次機関である議会である，とされる[23]。直接民主政が現実的には困難である以上，ここにおいて議会制は，民主政という国家形態の最も主要なあり方になるはずである。

　このように，元来理論的には多元的秩序を許容するはずの国家法人論の内部に，なお他の諸機関に優越して秩序の中心となる至高の存在を要求する場合に初めて，議会は国家理論の核心に触れる存在となる。君主政において君主が占めていたかような中心的地位を，民主政では国民代表としての議会が引き継ぐことになるのである。

　(3)　もっとも，本当に民主政から議会制が基礎づけられうるかについては，疑問が提起されうる。議会を通じて国民が君主に対峙するという立憲君主政の二元主義的な国制モデルは，民主政国家においてもはや当然には妥当しない。国民と議会の関係を「第一次機関に対する第二次機関」とする技巧的構成の是非を別としても，そもそも議会意思と国民意思の一致を確保する制度的な担保が存在しない以上，両者の同一視は端的なイデオロギーではないか，との疑惑は容易には退けがたい[24]。実際に，既にイェリネックの時代から注目される種々の団体や世論の活性化は，国民意思が決して議会に吸収し尽くされるものではないことを示していたはずである。これらの疑念に従うなら，議会制と民主政を概念上明確に区別し，民主政国家における最高存在として国民自身を舞台に呼び出すのが，素直な理解なのではないか。

　加えて，かような君主政における君主の民主政における対応物としての議会

---

23)　Georg Jellinek, Allgemeine Staatslehre, Nachdruck der 3. Aufl., 1914, 1920, S. 552ff. 美濃部達吉は，『憲法講話』(1912 年) 24 頁等でかかるイェリネックの最高機関説を採用するものの，後年の『憲法撮要〔第 5 版〕』(1932 年) 52 頁以下ではかような立場は廃棄され，君主政体の意義は大幅に縮減されるに至る。

24)　宮沢・前掲註 4)。

という理解が，実質的な見地から見て妥当かどうかは，疑問の余地がある。国家の単一性を一身に具現すべき君主（「朕は国家である」）と，討論や多数決の手続を通して多様な意見や利害が相争う議会とは，その国民統合の働きという点で相当に異なっており，近代的な議会制は，君主政や民主政という伝統的に知られた国家形態とは異なる独自の特性を持つように考えられる[25]。そしてワイマールにおけるような多元的な党派対立の昂進は，まさにこの議会の統合作用の現代的な限界を示すものではないだろうか。そうだとすれば，かような議会制における多元的な政治的分裂を超えて，国家＝国民の単一性を実現することこそが，民主政論の重要な主題となると見ることもできる。

かように再構成しうるなら，国家の単一性と多元性の両立という古くからの課題を新たに国家法人説における法学的形式化とは別の水準で解決し，君主亡き後における国家論の「玉座」に国民を呼び込むという点に，反議会主義的な民主政論の関心のひとつを見ることができるように思われる。ここで問われるのは，このような政治の実質をめぐる問題を主題化するための理論枠組みをいかに獲得しうるかである。

(4) ここで提起されうる理論構想のうちで，その魅力において最も有力なもののひとつは，シュミットによるものである[26]。ここで彼が与えた処方箋は，ふたつの要素に分解することができるように思われる。第一は，シィエスが提唱した「憲法制定権力」説の現代的再生であり，憲法秩序における政治的な諸勢力の多元性の背後に，制憲権の担い手たる単一体としての国民を指定するというものである。「憲法によって創設された権力」の展開は，この制憲権の基本的決定によって枠づけられる。第二に，しかしまたこの多元的な憲法秩序の枠内においても，国家の存立が争われるような特殊な「政治」的瞬間には，誰か具体的な存在が主権者として，国家の名において友敵の区別を決断し，これによってこの政治的単一体を再現前しなければならない。それは君主政におい

---

25) Vgl. Rudolf Smend, Die politische Gewalt im Verfassungsstaat und das Problem der Staatsform (1923), in: ders., Staatsrechtliche Abhandlungen und andere Aufsätze, 3. Aufl., 1994, S. 68ff.
26) 以下の議論は基本的に Carl Schmitt, Verfassungslehre, 1928 の議論に基づく。これに関する筆者の分析として参照，林・前掲註 19) 国家学会雑誌 116 巻 5・6 号 484 頁。更に参照，同「憲法と立憲主義」安西他・前掲註 11) 55 頁。

ては君主であり，議会制においては議会であったが，これらが再現前の主体として凋落した現在，これに代わる最後の存在として，現在する国民の直接性に期待が懸けられることになる。

　かような構想は，理論的な道具立てこそ違うものの，その論理構造においては先に見た国家法人説と共通する部分を有するものと見ることができる。そこでは，高次における国家の単一性の下へと諸党派の多元的分化が包摂される一方で，この多元的な世界の内部に，なおかかる国家の全体を体現する主権者の存在が要求されるのである[27]。

　(5)　このような構想に対しては様々な批判が可能である。中でも，ここで政治的単一体の存在が予め政治過程に先立つ所与として前提される点は，国家の統一性が動態的な統合プロセスによって日々新たに形成されるものと捉える動態的国家理論[28]から疑問に付されることになる。こうした見地からは，議会制の是非もまた，静態的な所与の国家の再現前という問題としてではなく，多様な政治的諸勢力を媒介して統一を生み出す能力という見地から判断されるべきことになるだろう。

　そもそも，議会制を擁護する立場から見るなら，民主政にとって議会が不可欠である有力な理由のひとつは，たとえ議会が万能ではないにしても，他に現実的な政治的選択肢が存在しないからである。単数形の国民の同一性を呼び出すという構想には，常にデマゴーグや部分利益が全国民の名を騙る危険がつきまとう。重要なのは政治制度がその理念や原理を変容させながらでも曲がりなりにも機能し続けることである[29]。再現前なき国家も，諸勢力の妥協や均衡によってなお存続しうるはずであり，議会制の成否は，議会がこの妥協や均衡のためのフォーラムとしてなお機能しうるかにかかってくるであろう。かような視角から見るなら，果たして国家の内部に「中心」ないし主権者が本当に必要

---

[27]　わが国の文脈における両説の関係に関して参照，石川健治「前衛への衝迫と正統からの離脱」憲法問題8号(1997年)111頁。

[28]　Vgl. Rudolf Smend, Verfassung und Verfassungsrecht (1928), in: ders., Staatsrechtliche Abhandlungen, 3. Aufl., S. 119ff.

[29]　Vgl. Richard Thoma, Zur Ideologie des Parlamentarismus und der Diktatur, in: Archiv für Sozialwissenschaften und Sozialpolitik 53 (1924), S. 212ff.

なのかという問いは，今一度真剣に取り組まれる必要があることになる。理論的にも，憲法制定権力という上位の次元で国家の単一性が確保されれば，国家法人説の場合と同様に，その内側の多元性はこれによって受け止められるはずである。

かくして，憲法学説が議会制の危機を論じるとき，そこで争われていたのは，単に実践上の憲法政策的判断のみでなく，これらを論じる「理論」自体のあり方でもあったと考えることができる。議会制論に単なる解釈論上の一争点を超えた特殊な熱を与えているのは，論争のかかる性格であると思われる。そして，国家の単一性を体現する主権的な存在を憲法秩序の内側に要求することを止め，かつて君主が占めていた「玉座」の存在それ自体を空位のまま葬り去ることにひとたび成功するならば，議会制をめぐる論争もまた，それまでの「魔力」を失って，憲法の下における諸権力の配置と均衡をめぐる，プラグマティックで脱イデオロギー化された冷静な議論へと，その性格を変えていくことになるだろう。そこで重要なのは，もはや議会制を支える「原理」よりも，その「機能」の問題である[30]。

3　諸権力の分節の中の議会

(1)　かような発展を論理的に突き詰めるなら，ここから生じうるのは，議会制が主権の問題としてよりも，ますます権力分立の問題として論じられるようになるという帰結であると考えられる。この際，ここで有効性を発揮する権力分立論は，恐らくロック(John Locke)やモンテスキューの名で代表される超憲法的な政治思想としてのそれではない。政治的な危機の時代が去り，体制選択をめぐる問いが切実さを失えば，実定法学としての憲法学は，立憲主義の諸原理を既に実定化した自国の憲法の定める統治組織を軸に議論していくことになるだろう。戦中の不法国家に対する揺れ戻しから，「憲法の規範性」の意義が強調されるほど，議論は憲法に内在する傾向を強めるはずである。

---

30)　宮沢俊義は比較的早くからかかる志向を示していたように感じられる。宮沢『転回期の政治』(1936年)。戦後のものとして，宮沢・前掲註5)。ここに含まれる可能性のひとつは政治学的方法への接近であろう。

ここでは，主権をめぐる問いが第一義的には憲法秩序の淵源としての憲法制定権力の次元へと棚上げされるならば[31]，議会制をめぐる問題は，この憲法の規範性の下における，諸権力の組織と権限配分の問題へと還元される。ここで憲法が何を命じているかは，憲法規範の解釈をめぐる純粋に法学的な問題にすぎない。この問題を解くために，憲法制定権力が国民に存するということはさほど大きな解釈論上の意義を持たないし，統治の正統性が国民に発するということから政治組織の具体的な有り様が直ちに論理的に帰結されるわけでもない[32]。同様に，かような分化した諸権力の体系の中には，唯一の「最高機関」はもはや存在せず，実定憲法がある機関にかかる呼称を与えている場合でも，それは法的意味のない「政治的美称」にすぎないものとされる。他方，「権力分立」の原理も，それが多義的で歴史的に多様な現れ方を見せる以上，ここから個別具体的な解釈問題の解決を導くことは多くの場合困難であろう[33]。こうしてかつての国家理論は，ここでは大幅に有効性を喪失するのである。

　(2)　もっとも，憲法典の実定的な諸規定が，統治機構をめぐって生じうる諸問題をすべて完結的に規律していると考えるとしたら，楽観的にすぎよう。合理化された議院内閣制（ミルキヌ＝ゲツェヴィチ）の一種として特に議会と政府の関係については比較的詳細な規定を持つ日本国憲法においても，明示的な規律を欠き，解釈論上の疑義を避けられない問題は存在する（解散権論争はその古い例のひとつであるにすぎない）。ここで生じうる種々の解釈問題に対して，論点ごとに恣意的または場当たり的な解答に陥ることなく，可能な限り一貫性のある解決を与えるためには，そのための尺度として，憲法の諸規定の背後にこれを整合的・統一的に説明ないし正当化しうる「理論」が要求されうる。この限りで，権力分立や議会制，国民代表などをめぐる原理的な問いは，憲法論の中でなお重要な地位を失わないはずである。

　但し注意すべきは，かような脈絡で要請される理論は，時空を超えた権力分立や議院内閣制の「本質」の解明を自己目的とするものではなく，あくまで法

---

31)　参照，樋口陽一『近代立憲主義と現代国家』（1973年）302頁。
32)　小嶋和司『憲法概説』（1987年）99頁以下。
33)　小嶋和司「権力分立」『憲法と政治機構』（1988年）245頁以下。

学的な解釈の補助理論としてその有効性を測られるべきものである[34]。換言すれば，理論は解釈の函数であって，その逆ではない。そうであれば，ここで要請される理論の具体的な有り様は，ここでいかなる内容や広がり，精度を持った解釈上の問題が想定されるかにも，ある程度まで依存する。この意味での問題状況が国によって必ずしも同一でないとすれば，そこでの理論的発展もまたそれぞれの国での時代状況による刻印を帯びたものになるだろう[35]。ここで問われるべきは，戦後のわが国でいかなる具体的な問題が意識され，これとの関係でいかなる議会制論が要請されてきたかである。

(3) ここでは議会をめぐる解釈問題の中心は，国会と行政府・司法府との関係に関わると見ることができる。立法府と司法府の関係も今日なお重要性を失わない（かつては例えば議院の国政調査権と司法権の関係が重要な争点を形成した）とは言え，議会が伝統的には行政府への統制を主たる課題としたことにも鑑みれば，「法律の留保」や「議会留保」の範囲，委任立法の限界やその議会統制の可否など，その最も主要な争点は国会と行政権との関係に存すると考えられる。もっとも，実際にはこれらの具体的な諸論点は，憲法の教科書・体系書の中では，必ずしも一貫した理論的視角のないまま，それぞれ個別的に扱われるか，精度の高い論究が行われないままにとどまることも珍しくないように思われる（行政統制に関わるという意味でこれらの主題の詳細は行政法に委ねられてしまった感もないわけではない）。これに対して，総論的なレベルでは，立法・行政・司法の関係は憲法学にとってなお重要な理論的主題であり続けている。とは言

---

34) この意味で，本質論がしばしば陥りがちな議論の循環性に厳しい警告を発したのは小嶋和司であった。前註のほか，議院内閣制論に関して参照，小嶋「憲法の規定する政治機構」前掲註33）61頁。
35) なお，諸国の間で制度の共通性と比較可能性が高い場合には，静態的な制度比較を軸とした比較憲法的研究手法は有効性を発揮しやすい。例えば参照，芦部信喜『憲法と議会政』(1971年)。これに対して，制度の動態的な発展期には，これに対応するためには恐らくより原理的な考察が要求されるものと思われる。この意味で近時ヨーロッパで意識されているのは，ヨーロッパ化・国際化の進展による多層的法秩序に刺激された権力分立論の再検討である。Vgl. Udo Di Fabio, Gewaltenteilung, in: J. Isensee, P. Kirchhof (Hrsg.), Handbuch des Staatsrechts, Band 2, 3. Aufl., 2004, S. 613ff. かような動向に加えて，憲法・行政法の分野におけるドイツ法とアメリカ法との比較をも基礎に，「正統化」概念を鍵として権力分立の理論化を試みる野心的な議論として，参照，Christoph Möllers, Gewaltengliederung, 2005. 理論化の際に意識される問題の広がりのわが国との差異は注目に値しよう。

え，ここでの議論は各国家作用の概念規定をめぐって，比較的抽象度の高い次元で展開されることになるため，それぞれの作用の「本質」の解明という問題設定の中に，様々に異なる問題関心や解釈上の諸論点が流入することになり，しばしば議論が混乱して見通しの悪いものになる危険が否定できないように思われる[36]。

かような事態の背景として考えられるのは，わが国での統治機構に関する解釈論の停滞という脈絡である。とりわけ，戦後における憲法解釈学が，違憲審査権を主要な名宛人に想定して，基本権解釈論の分野で目覚ましい発展を遂げたのと比べれば，統治機構の諸問題がわが国の制度上容易に訴訟で争われえないという状況は，この分野での解釈論の精密化に影響を与えなかったとは言えまい。かような欠損を埋めるべく比較法的知見が引照されるときも，恐らく主に念頭に置かれるのはドイツやアメリカの判例理論であり，ここにも憲法をめぐるディスクルスのあり方の転換の一面を見て取ることができる[37]。

かくして，議会制論がある時期以降見るべき発展を遂げなかったと言えるとすれば，それはこの意味での理論への需要がそもそもさほど存在しなかったことにひとつの原因があると考えうるように思われる。とは言え，憲法論の対象が憲法訴訟に尽きるわけでもない以上，この領域における解釈論への取り組みはなお重要な課題のはずであり，これに対応して憲法による諸権力の分節の中における議会の特性を明らかにする営みは，憲法論に課せられ続けていると見ることもできる。

4　コードの乱立の中で

(1)　こうして本章が描き出すのは，議会制の枠組みとして主権論がその魅

---

36)　本来本格的な検討を必要とする問題だが，ここでは行政権概念に関する分析として参照，淺野・前掲註11)。問題状況の暫定的な整理として参照，林知更「立憲主義と議会」安西他・前掲註11)115頁。

37)　但しドイツでも，解釈論上の多様性に堪える理論化の欠損がしばしば指摘される。Möllers, a.a.O.(Anm. 35), S. 67ff.「機能に適した機関構造」や「効率」の観点も万能ではない。Vgl. auch Peter Lerche, Gewaltenteilung — deutsche Sicht, in: J. Isensee(Hrsg.), Gewaltenteilung heute, 2000, S. 75ff. 戦後ドイツにおける権力分立論の展開に関して参照，村西良太「権力分立論の現代的展開」九大法学90号(2005年)213頁。

力を失っていき，実定憲法を超えた国家理論から実定憲法内在的な憲法解釈論へと転換していく，というひとつのストーリーである。もし仮に，かつての国家論の背後にいわば形而上学的な情熱のようなものが存在して[38]，これが議会制をめぐる争いにも独特の魅力を与えていたと言いうるとすれば，かかる問題関心は徐々に失われていき，今日もはや十分に共有されなくなっていった，と見ることができるように思われる。強烈な一元論にコミットすることなく日常の解釈論的課題に従事しうるところでは，多元論もまた特別な抵抗なく受容されていってしまう[39]。これを喪失の物語と読むか，成熟の物語と読むかは，各人の立場に依存しよう。

　言うまでもなく，これはモデル的に構成されたひとつの仮設の「物語」にすぎず，多くの単純化に依拠している。「現実」は常に物語よりも複雑かつ豊饒である。わが国の戦後憲法学を振り返るなら，何らかの時点に一挙に上述のような憲法論の転換が生じたわけではない。むしろ実際には，解釈論の停滞の中で統治機構論の法律学化は貫徹せず，議会制の本質やその正統性に関する論議は比較的長く持続し，そして主権論の論法は，政治学的憲法学とも結びつきながら，今日までかたちを変えつつ有効性を保っているように思われる[40]。統治機構論にとって一面で有力であり続けたのは，法によって政治を把捉し合理化する可能性を突き詰めるよりも，法を超えた政治的なものを直接に捉えるための理論的・概念的装置を精練することであり[41]，時としてこの側面にこそ憲法

---

38) 参照，石川健治「憲法学における一者と多者」公法研究 65 号(2003 年)127 頁以下。
39) この意味で，石川が日本の多元主義的民主政に与える意味づけ(参照，石川・前掲註 27)，同・前掲註 38))が，果たして学界全体でどこまで共有されうるかについては，やや疑問の余地があるのではないかと思われる。逆にそれ故にこそ石川の問題設定が反時代的な意義を持ちうることになろう。
40) 主権論なき民主政論への理論潮流の変化の中で，なお主権の論理を維持する有力な議論として，高橋和之の議論がある(差し当たり前掲註 10)に掲げた諸文献を参照)。とは言え，そこでは憲法の下における客観的な組織原理への重心の変化が見られるように思われる。参照，林知更「憲法学が民主政を論じる意味」比較法史研究 12 号(2004 年)268-269 頁。かような変化の意義に関しては本書第 7 章も参照。
41) 本書第 8 章 5，第 9 章 3 も参照。かような試みの主戦場のひとつは議院内閣制論であろう。問題状況の整理として参照，林知更「議院内閣制――法と政治の間で」南野森編『憲法学の世界』(2013 年)60-71 頁。背後に控える問題のひとつは，違憲審査制による統制が大幅に欠落した中で憲法学がいかに統治機構を論じるか，という問いである。参照，同「文献ジャンルとしての憲政評論――高見勝利『政治の混迷と憲法――政権交代を読む』(岩波書店，2012 年)を読んで」法律時報 1059 号(2013 年)79-85 頁。

学の固有の課題が見出されてきた。そしてここに繰り返し回帰するのは，多元的な世界の背後に控える一者の姿である[42]。

　この意味では，本章の描き出した「転換」[43]がなお未完にとどまり続けている点にこそ，わが国の憲法学の重要な特徴があると言いうるように思われる[44]。これが克服すべき状態なのか，そうだとすればそれはいかに可能なのか，あるいは逆にここにこそ日本憲法学の固有の可能性を見出すことができるのかは，現時点ではそう容易には見極めることはできない。恐らくここに，我々にとってのひとつの岐路があると言いうるように思われる。

　(2)　かような不透明な状況の中で，敢えてこのような単純化された「物語」を立ててみせたことにもし何らかの意味があるとすれば，それは逆説的ながら，明快な整理を容易に許さない様々な「コード」の乱立[45]こそが戦後憲法学を特徴づけているためだと思われる。多様な外国理論の影響や多様な方法・立場・イデオロギーが相互の十分な対決を欠いたまま混在し，そして思想的流行の変化とともに移り変わっていく中で，日本思想一般について指摘される無構造という構造[46]が我々の思考を無意識のうちに規定する虞を否定できないとすれば，そこで必要なのは，現にある多様性をただ多様性のままに描き出すことではなく，様々な立場に相互の関連性と位置づけを与えるような座標軸を獲得すべく努めることに他ならない。学説史を研究することのひとつの重大な意義はこの点にあり，そしてここにこそ歴史研究と区別された実践的営為としての学説史研究の固有の課題と困難が存するものと思われる。本章が提示するのは，我々

---

42)　なお，石川健治「持続する危機」ジュリスト1311号(2006年)2頁以下は，シュミット流の〈再現〉と〈現在〉の論理の対立という枠組みを用いながら，「〈主権〉の論理による性急な解決」を退け，両者の〈均衡〉を模索するが，ここで用いられているのがあくまで一者の存在を前提とする論理である点に注意が必要であるように思われる。かかる理論構想の前提には，そもそも一者の再現を今日なお語りうるのか，経済的・技術的思考が浸透する中で，特殊に公的なものの光輝が失われてすべてが私事と化した，再現前なき世界が出現してはいないか，というシュミット自身が直面したはずの問いが控えている。

43)　参照，林知更「国家論の時代の終焉？——戦後ドイツ憲法学史に関する若干の覚え書き」(第2章)。関連して，同「憲法と立憲主義」前掲註26)も参照。

44)　参照，林知更「戦後憲法学と憲法理論」(第13章)。

45)　参照，奥平康弘，高見勝利，石川健治「日本国憲法60年記念 鼎談 戦後憲法学を語る」法学教室320号(2007年)6頁以下，31頁〔石川発言〕。

46)　参照，丸山眞男『日本の思想』(1961年)6頁。

自身の現状を測定するために筆者が現時点で有する未完の見取り図であり，今後の研究のための仮説的なスケッチであるにすぎない。「戦後」の次の一歩を踏み出すために，自らの内にある隠された断層の意味は，今後もなお問われ続けなければならないものと思われる。

第7章
政治過程における自由と公共

1 公共性の配分

(1) 国家と社会

　本章の課題は,「自由な民意の表出がいかにして政治的公共性を生み出しうるのか」,という問いをめぐって,憲法学の問題状況を整理・概観することである。ところで,かような問いが暗黙の出発点とするのは,自由と公共性との逆説的関係であるように思われる。私的な自由の保障は,各人の恣意やエゴイズムに展開の余地を与えるが,その総和が公共の利益を帰結として生み出すことは必ずしも自明ではない。ここにおいて政治的自由が公共的に機能しうるための条件とは何であるのか。

　かかる問題に対しては,歴史的にはいくつかの解答が存在するように考えられる[1]。第一は,絶対主義的な解答である。無制約な自由の解放が無秩序ないしは「万人の万人に対する戦争状態」を生み出しうるからこそ,強制的に秩序を保障する公共性の独占者としての君主が要請される。もっとも他方では,かような君主自身が,自らの私的利益のために法を破り公益を犠牲にする危険が存在するとすれば,ここではこの君主を法と公益に拘束するための理論や制度を模索することが重要な課題とされることになる。これに関して19世紀以降に(主にドイツ系の)憲法学において有力となった考え方は,君主に代わって公共団体としての「国家」を,公権力を独占する公共の利益の担い手として措定

---

[1] 本節の議論に関して,詳しくは林知更「政治過程の統合と自由——政党への公的資金助成に関する憲法学的考察(1)-(5・完)」国家学会雑誌115巻5・6号(2002年)1-86頁,116巻3・4号(2003年)33-116頁,同5・6号(同年)66-153頁,同11・12号(同年)1-86頁,117巻5・6号(2004年)1-77頁を参照。

し，君主をその機関として位置づけるというものである。かくしてここでは，公益を実現すべき「国家」と，私益が自由に展開する欲望の体系としての「社会」との二元論的対立が，思考の基本的構造を提供することになる。ここでは政治的自由をめぐる問いは，とりもなおさず，国家による社会の自由への侵害を可能な限り防ぐことに他ならない。そこでは，政治的自由が支配に対抗的な批判の場としての公論を可能にし，権力の抑制をもたらすことが期待される。

　もっとも，かような見解は，実質的に君主を国家権力の担い手として観念する限りで，民主主義的なものとは言えない。民主化の進展に伴って，一面ではこれまで君主の担ってきた国家権力に議会のような民主的な機関が参与を強めたり，更には君主政が廃止される事態が生じ，また他面では選挙権の拡大などを通して，議会の創設手続等もまた民主的性格を強めることになろう（この他，国民発案や国民投票のような直接民主政的な諸制度が導入される場合もある）。君主主権に対抗する国民による権力の奪取は，かような枠組みの下では，まずは「国家」の内部における諸機関の構成と権限配分の変動として帰結することになる。

　ここでは諸個人もまた，局面に応じて異なる性格を帯びて立ち現れる。すなわち諸個人が（例えば選挙の際の選挙人や議会の議員など）国家機関として行動する場合には，彼らは国家の一分肢として登場し，公益へと義務づけられるのに対して，それ以外の局面では，諸個人はあくまで私人として，自らの恣意に従って生きることが許される。この諸個人が持つふたつの役割は，しばしば「公民（citoyen）」と「市民（bourgeois）」の差異として対比されてきた。

　かような枠組みの下で，公共の利益を擁護するために考えられるのは，「社会」の領域の私益が無制限に「国家」の領域に流入することを防ぐことである（例えば政治腐敗の防止はその典型であると考えられる）。もっとも，実質的に見るなら，政治的な意思形成は，政党や団体の存在などからも窺われるように，国家機関によるフォーマルな決定よりも前の段階で，社会的な諸勢力の影響の下で行われる場合も少なくない。私益による公益の汚染を防ぐ見地からは，国家の諸手続の段階よりも前倒しして，社会の領域における政治的意思形成をも関心と規律の対象に加えるべきことが主張されることになる。この際に，今日では種々の団体が一種の社会的権力として時に政治的な影響力をも発揮していると考える場合には，この団体の政治活動の規制が主題として浮上する。「国家」

と「社会」の対置という二分論をこの団体にまで持ち込もうとする立場からは，政党は公共の利益を志向した，国家に準じる公的な組織として位置づけ，その他の私益を志向する利益団体等は社会的な組織としてこれに対置するという考え方が主張されうる。かくして，実質的に国家の意思形成を担う公的存在としての政党を，私的な企業・団体の政治献金等への依存から脱却せしめるために，例えば国家による政党への資金助成制度が導入される一方，企業・団体など私的な経済権力の政治権力への転化は，政治資金規正等による厳格な統制の下に置かれるべきことが議論されることになる。

かくして，かような「公」と「私」，「国家」と「社会」を二元的に対置する思考の枠組みの下では，政治的公共性は第一義的には，この「公」と「私」の境界線を画定し，両者の混淆を可能な限り防ぐことによって，実現が図られることになる。とは言え，例えば政党があくまで国民内部の部分的な利益や意見によって担われ，これを表出する存在であることに鑑みても，かような「公」と「私」の峻別という構想が，どこまで一貫したかたちで実行可能かは疑問の余地も大きい。むしろ両者を媒介するメカニズムこそは，民主政にとって中心的な意義を有していないだろうか。

(2) 自由観の転換

ところで，上述の枠組みでは，ふつうの諸個人が政治的に行動するのは，選挙の投票の局面に限られてしまう。「イギリスの人民が自由なのは，議員を選挙する間だけのことで，議員が選ばれるや否や，イギリス人民は奴隷となり，無に帰してしまう」(ルソー)。かような見解が民主政の意義を十分に汲み取ったものであるかは，疑問の余地がある。諸個人は，表現の自由や結社の自由の行使による日常の私的な討論や政治活動を通して，公共的な事柄についての自分たちの意見を形成・表明することができるし，かような諸意見によって形成される公論(世論)は，しばしば社会の領域を超えて国家による決定形成にまで影響を及ぼすべきだと考えられている。換言すれば，民主政のプロセスというものは，国家と社会の両者を横断して展開される点にその特性を有するのであり，ここでは諸個人の自由の行使にこそ公共的意義が認められなければならないのではないか。公的領域と私的領域の峻別という構想は，この意味での政治

的自由の積極的意義を十分に斟酌するものとは言い難い。

　このような事態が生じる原因の少なくともひとつは，上記の二分論が，何ものにも制約されない恣意とエゴイズムとしての自由を議論の出発点に据えている点にあると考えられる。しかし，果たしてかような自由観が，秩序形成にとっての自由の意義を正しく主題化することに成功しているかは疑わしい。一切の規範的な拘束から解放された感性的自由は，他方で自らの外部に秩序の保障者の存在を前提とせざるをえず（「御上様の御政道」），かような他律的な秩序像は，国民の集合的自律としての民主政とは相容れない。こうした見解に立つ場合には，「理性的な自己決定の能力」としての積極的な自由観が持つ「新しき秩序を形成する内面的エネルギー」にこそ，「民主主義革命の完遂」への期待が懸けられることになる[2]。

　かくして民主政は，諸個人による自由の行使によって担われたプロセスとして理解され，ここにおける公共の利益の実現は，自由の理性的な行使によって担保されるべきものと考えられる。「公民的な徳」や「理性の公共的使用」などの観念がしばしば民主政にとって重要なものとして提起されるとすれば，その含意の少なくともひとつは，恣意やエゴイズムとしての自由を否定して，自由の秩序創設的な契機を強調する点にあると見ることができよう。この際に，自由の行使にいかなる積極的な質が要求され，いかなるメカニズムを通して公共的決定が生み出されるものと観念されるかによって，あるべき民主政の構想は様々なヴァリエーションを取りうることになる。

　それ故，本章の主題に即して言うなら，ここで重要なのは，各人の自由の行使が政治的決定の公共性と順接的関係に立ちうるための条件をいかに確立するか，であるものと考えられる。これは憲法論上は，主として基本的人権の領域の問題として論じられてきた。この際に，これまで民主政にとって最も重要な権利と目されてきたのが，「表現の自由」であろう。ここでは，一方で少数者による異論の表明をも厳格に保護することが，「思想の自由市場」における真理の発見や民主的な自己統治にとって不可欠な意義を持つことが強調され，このため「表現の自由」は他の基本権と比しても特別に強い保護を与えられるべ

---

[2] 丸山眞男「日本における自由意識の形成と特質」（初出1947年）『丸山眞男集 第3巻』（1995年）153-161頁。

きだとしばしば主張される。もっとも他方では，マスメディアや大企業など圧倒的に強い情報発信能力を持った社会的権力による「表現の自由」の行使によって，情報流通の多様性が歪められる危険も存在している。このため，まさにこの問題領域においてこそ，（メディア法制や選挙・政治資金法制などを通した）一定の法的規制による民主的討議の質の確保が求められる，と考える立場もありえるところである。いずれにしてもここでは，違憲審査制度の存在を前提に，上記のような憲法解釈論上の諸問題に取り組む際の基礎に置かれるべき民主政のモデルが争われることになる。

　もっとも，かように理性的な自己決定の能力の担い手として，公共的な事柄への責任を分かち持つ公民としての人間像に対しては，かかる見解の下で容易に忘却の危険に晒されがちな，徹頭徹尾私的なエゴイストの自由の意義に注意を喚起する指摘もある[3]。自由の基本的性格をめぐる議論は，今日でもなお憲法論にとっての主要テーマのひとつであり続けている。

(3) 公共性の動揺？

　かような，「自由と公共」という主題について憲法学が有するいくつかの思考のプロトタイプには，共通の前提が存在するように思われる。領域国家という閉じた政治的単位において，君主であれ議会であれ，その全体を見渡すことのできる中心点の存在が前提とされ，かかる中心における権力行使の態様をめぐって，全体の利益の実現が争われる。この意味で国家に集約された公共に対して，諸個人の自由がいかなる関係に立つかがここでの問題である。一面で諸個人は，公共に対する責任を解除されることによって，私的な自由を享受することになるが，他面ではこの自由を理性的に行使することによって，公共の事柄に参与することもできる。かくして，ここでは民主化の進展は，統治の仕組みと基本権の行使の両面における，公共的なるものの担い手の拡大として観念されることになる。

　憲法が，この国家という政治的な共同体の法的な構成に関わる法である限り

---

3) 石川健治「イン・エゴイストス」長谷部恭男，金泰昌編『公共哲学12　法律から考える公共性』(2004年)181-205頁。関連するものとして参照，同「インディフェレンツ――〈私〉の憲法学」比較法学42巻2号(2009年)145-179頁。

で，憲法学が憲法上の諸問題に取り組む際に，その基礎としてこの「自由と公共」をめぐる問題連関について理論的立場の選択を迫られることがありうる。我々の有する憲法理論の武器庫は，言うなればかような法学と政治哲学との共通部分における思考の蓄積としての性格を有していると見ることもできよう[4]。かくして憲法論は，公共的なものを様々な形で「再演」[5]する言説の場としての役割を引き受けようとしてきた。

　もっとも，かようにいわばアプリオリに公共的なものの存在を前提した上で，その配分を問うというデモクラシー論の「文法」[6]が，今日どれだけの有効性を有しているかは，実はそれほど自明ではないようにも思われる。20世紀を通して我々が経験してきたのは，この意味での公共的なもの自体の動揺であった，と考える余地があるからである。すなわち一面では，民主化の進展で政治参加の範囲が拡大された結果，公共性を分かち持つ「公民」となるはずの諸個人が，実際には政治的に無力な「大衆」と化す一方で，寡頭制的なエリートによる支配が強まるという傾向が既に早くから指摘されてきた。他面では，国際関係の緊密化やグローバル化の進展は，各々の主権国家による領域内の公共性の独占という前提自体の動揺を明るみに出す。また，新自由主義の下における市場の領分の拡大は，国家的公共性自体の持つ意義に対して，大きな限界を投げかける。かように個人が無力化し，また国家の相対化によって公共性の中心が拡散し不明確なものとなる中で，例えば「愛国心」や共和主義的な「公民」のエートスなどの強調が，かかる政治的リアリティとかみ合わないままに終わる危険は，意識してしすぎるということはあるまい。

　こうした状況において，憲法論がなおも憲法の解釈・運用を通して政治のあり方を規範的に制御するという使命を引き受ける場合，ここになおいかなる可能性が残されているのだろうか。憲法学が有意味に民主政を論じるためには，上述のような公共性の配分という問題設定とは別種の議論の「文法」が必要とされていると考えるべきではないのか。かつて丸山眞男は，わが国で政治学がドイツ的国家学・国法学の影響を脱し，アメリカの行動主義の影響を受容する

---

4) 林知更「憲法と立憲主義」安西文雄他『憲法学の現代的論点〔第2版〕』(2009年)55-81頁。
5) 石川健治「公共性」『AERA Mook 憲法がわかる。』(2000年)147-152頁。
6) 参照，森政稔「民主主義を論じる文法について」現代思想23巻12号(1995年)154-179頁。

ことによって学問的な自立を強めていった要因として,「大衆デモクラシーの現実」,「市民的デモクラシーの「変質」」という現象を挙げていた7)。憲法学もまた,かような新しい政治的現実に直面するために,国家学というかつての共通の家を離れて,方法論的な自律性を高める必要に迫られていたのではないのか8)。

とは言え,こうした問いに全面的な解答を与えることは,ここでは不可能である。以下では,従来の憲法学が有してきた様々な議論の端緒を,上述のような問題関心から整理して論理的に再構成し,今後我々が思考を深めていくための準備作業となるよう試みることにしたい。

2 公共なき憲法論？

(1) デモクラシーの両義性

20世紀の民主政を特徴づけるのは,その両義的性格である。一方では,君主政や貴族政が世界史的に没落を遂げる中で,民主政が現代において正統性を主張しうるほぼ唯一の国家形態としての地位を確立する。西側のみでなく,冷戦時の共産圏や,途上国の開発独裁に至るまで,民主的正統性によって自己を根拠づけることを放棄した政治体制は,例外的にしか存在しないと言ってもよい。他方で,西側でかようにイデオロギー的に聖化された自由民主主義体制の現実の運用においては,主権者である国民の自己支配という民主政の理想は,固く封じ込められる。諸個人は,複雑化する政治的争点を十分に理解する能力を喪失し,代表制の下で,せいぜい選挙で統治者を選択する役割に限定される。かように日常の統治が,職業政治家や官僚のような限定されたエリート層によって担われる傾向が指摘される一方,利益集団多元主義論やネオ・コーポラティズム論が説くように,組織された諸利益による政治的決定への影響も顕著なものとなる。統治の実際は,正統性の淵源であるはずの諸個人から遠いものとなっていく9)。

---

7) 丸山眞男「政治学」(初出1956年)『丸山眞男集 第6巻』(1995年)167-203頁。
8) なお参照,林知更「国家論の時代の終焉？——戦後ドイツ憲法史に関する若干の覚え書き」(第2章)。

憲法学が民主政を論じる上で，現実に対して開かれていると同時にこれを規範的に制御するという二重の要請を充たさなければならないとすれば，憲法学はかような民主政の抱える両義性を主題化しうる理論的な枠組みを発達させる必要に迫られる。ここでまず考えられるのは，統治の正統性の淵源をめぐる問いと，実際の統治のための組織原理をめぐる問いとを分化させることである[10]。

(2) 憲法制定権力の観念

ここで登場する第一の理論的装置は，憲法制定権力と憲法によって創設された権力との区別である。主権者である単数形の国民が，典型的には革命によって，自らに憲法を与える。この憲法の下で創設される立法権・行政権・司法権といった諸権力は，憲法制定者が下した基本的決定の枠内においてのみ，憲法によって限定された権限を行使しうるにすぎない。かくして，正統性の淵源たる国民の単一性の枠内において，国家の諸機関やこれに影響を与える諸勢力によって担われた多元的な政治プロセスが許容される。国民全体の命運に関わる重要な決定が下される公共的なものの在処は，第一義的にはこの憲法制定権力に求められることになるのである。

もっとも，それでは憲法の内部における日常の政治が，専ら私的な諸利害のぶつかり合う自由主義的な競争プロセスに尽きるかというと，ここにはなお議論の余地が残っている。国民が主権者であるとすれば，この国民が自ら行動する機会が憲法制定の局面のみに限定されなければならない根拠は明白ではない。少なくとも国民の死活に関する重要な政治的問題に際して，主権者であるはずの国民(を再現前する存在)が，自ら直接に意思を表明する可能性は，簡単には排除されえないはずである。主権を有する国民の自己支配という構想は，なおも多元主義的な代表民主政を排除しうる潜勢力を失わない。

---

9) 古代との対比は，かような現代の「デモクラシー」の奇妙さを浮かび上がらせる。Moses I. Finley, Democracy: ancient and modern, 1973.(『民主主義──古代と現代』柴田平三郎訳，2007年)
10) 以下に関しては参照，林・前掲註 1)，同「憲法学が民主政を論じる意味──毛利透『民主政の規範理論』(勁草書房，2002年)をめぐって」Historia Juris 比較法史研究第12号(2004年)262-281頁，同「議会制論の現在」(第6章)，同・前掲註 4)。

(3) 代表制の擁護

　もっとも他方で，このような国民の直接性が暴走したり，ポピュリズム的な手法で正統性を調達した指導者による権力の濫用が生じる危険は，とりわけ全体主義の経験の後では切実なものであったに相違ない。ここでは，この国民の直接性を封印した民主政論の可能性が，なおも模索されることになる。制憲権論の側からは，いったん憲法が制定されると，国民の憲法制定権力は憲法の内部ではもはや凍結される，という議論も有力に提起される[11]。とは言え，国民が制憲権を握ってさえいれば，憲法の内側では民主政が不要になるというわけでもない。ここで要求されるのは，民主政それ自体の再定義の試みである。

　国民の自己支配ないしは治者と被治者の同一性という直接民主政的な構想が，実際にはデマゴーグ的な指導者による支配を隠蔽するイデオロギーとして機能する危険を免れないとすれば，憲法論にとって重要なのは，他者による支配が不可避であるという冷徹な現実認識に立脚した民主政の理論を打ち立てることである，と考えられる。ここでは，治者と被治者とが不可避的に区別されることを前提として，この治者による支配を合理化し少しでも耐えやすいものとするための機構的なメカニズムが探求されることになる。こうした観点にとって，西欧の政治思想に深く根を下ろした「代表」という制度は，新たな評価の対象となる。それは，代表者と被代表者の区別に立脚しながら，両者の間に一定の連関を打ち立てるものである。とりわけ現代の代表民主政においては，代表制は，定期的な選挙を通して代表者が被代表者に対して政治的な責任を負うことによって，被治者による権力の民主的なコントロールを可能にするものとして機能する。ここでは代表民主政は，多数者による暴政を可能にするための仕組みとしてではなく，何より権力の制限という思想と密接な関連を有する仕組みとして捉え直されるのである[12]。

　かように理解された代表民主政の構想は，同質的な単数形の国民の集合的自

---

[11]　樋口陽一『近代立憲主義と現代国家』(1973年)287-304頁。更に進んで憲法制定権力の観念自体の廃棄を求めるものとして参照，長谷部恭男「われら日本国民は，国会における代表者を通じて行動し，この憲法を確定する」『憲法の境界』(2009年)3-25頁。

[12]　わが国でかような傾向を代表する議論として参照，高見勝利「国民と議会(1)-(4・完)」国家学会雑誌92巻3・4号(1979年)163頁，同11・12号(同年)727頁，93巻3・4号(1980年)218頁，94巻1・2号(1981年)83頁，同『宮沢俊義の憲法史的研究』(2000年)352-365頁，同『現代日本の議会政と憲法』(2008年)。

律という強すぎる想定を取り除くことによって，多元主義的な民主政理解とも一定の限度で接合可能になるものと考えられる。国民が内部に多様性を抱えた存在であるからこそ，かような多様性を表出するための媒介の仕組みは，民主政にとっても本質的な意味を持つことになる。かくして，かかる民主政の再定義は，上述のような戦後の自由民主主義体制における政治的現実に対しても，強度に親和的な性格を帯びることになる。

(4) 組織原理としての国民主権

それでは，かような見解によって，憲法の下における民主政の意義は汲み尽くされたことになるのか。これに対しては，上述のような代表制や多元主義のメカニズムが，しばしばその間接性の故に権力と責任の所在を不明確にしてしまう危険が指摘されなければならないだろう。議会に代表された諸勢力の取り引きと妥協による決定形成は，時に不透明さを免れない。自らは直接に議会に代表されない諸団体などの政治的影響力が，どこまで民主的な正統性を主張しうるかも疑わしい。官僚制による政策立案によって，実質的な政治的決定が先取りされればされるほど，民主的な統治の範囲は縮減される。もし仮に，かような政治的傾向が無制限に容認されるべきではないとする立場に立つ場合には，これを規範的な観点から制御するための尺度を獲得する必要性が生じることになる。

かような尺度として，再び着目されるのが，かつて追放されたはずの国民の自己支配としての民主政ないし国民主権の理念である。わが国におけるその代表的な議論である「国民内閣制」論によれば，政治過程の結果として最終的に採用される政策の組み合わせはひとつだけであり，その中心的な担い手は行政国家化の進行した今日では議会ではなく政府である。こうした与件の下では，国民自身が選挙によってこの政府とその政策プログラムを直接に選択し，こうして民主的に正統化された政府が官僚制や社会的な諸利益に対して優位に立ちながら次の選挙まで強力な統治を行う，という政治のモデルが，国民主権の理念に最も適合的な構想として主張されるのである[13]。

---

13) 高橋和之『国民内閣制の理念と運用』(1994年)，同『現代立憲主義の制度構想』(2006年)。

かような議論を理論的に支えるのが，集合体としての国民の自己支配という発想であることは，容易に見て取ることができよう。実際に，かかる議論の際には，しばしば実体としての国民意思が予め存在することが前提とされ，これをいかに国政に反映するかが問題とされたりもする。かように，上述の代表制擁護論が排除しようとした強すぎる想定を呼び戻すことによって，再び国民の名における権力の濫用の危険が生み出されるのではないかという疑念を呼んだことは，想像に難くはない。

　もっとも，もう少し仔細に眺めるなら，ここでの国民主権論が，憲法をも破りうる制憲権者としての国民を憲法の内部に「ヌキ身で常駐」させる議論とは，大きく様相を異にしていることに気がつくであろう。ここでは国民主権とは，法を超えた裸の実力などではなく，法的な諸制度とその運用のための指導理念であり，あくまで実定憲法が採用する統治機構の組織原理であるにすぎない[14]。上述の「国民内閣制」論もまた，国民と議会のみでなく国民と政府の間にも正統化と責任の連関を確立することによって，権力に対する民主的コントロールを強化する議論として読み直すことが可能である。このように考えると，議会を中心に据えた代表制擁護論と，政府を中心に据えた「国民内閣制」論とは，その用いる言語や力点こそ違え，両者はともに法的な制度に内在した組織原理を主題化しようとする点で，大きな共通性を有するとも見ることができる。これを逆から言えば，「国民内閣制」論が，単一の意思を持った同質的な国民の実在といった，法の外部に関する理論的想定にどこまで本当に依存した議論であるかは，再検討の余地がある。例えば国家の内部に多元的なアイデンティティ間の抗争を認めることは，この意味での国民主権論とは矛盾しないと考えることができる。闘技的な多元的社会においても，責任政治のメカニズムは有効性を失わないはずである。

(5)　デモクラシーの脱実体化

　かような議論の発展から読み取ることができるのは，憲法学的なデモクラシー論が，実体としての「国民」観念からの自律化を強めていくという意味での，

---

14)　参照，野中俊彦，中村睦男，高橋和之，高見勝利『憲法Ⅰ〔第5版〕』(2012年)90-94頁〔高橋和之執筆〕。

脱実体化への傾向であるように思われる[15]。すなわち憲法の観点からの民主政論は，公権力に関わる組織と手続を法的にいかに形成するかに関わる，いわば法内在的な構造原理の問題へと重心を移行させていく。これに対して，例えば主体としての同質的国民の実在性のように，伝統的な憲法論が前提としてきた法の外部に関わる諸々の想定は，より多元主義的な思考の登場などを通して，その妥当性が自明さを疑われるようになるのみでなく，そもそもかような組織・手続構造の法的分析にとって直接の有意性を持たないものとして，この意味での法学的民主政論からある程度まで切り離すことが可能になるものと推測される。憲法学が実定法についての学としての方法論的な自覚を強めるほど，そのディスコースはかつての総合的な国家学の根から分化し，次第に当初の国家理論的な想定から自律性を強めていくことが可能になろう。

　かようにデモクラシーを，法学的見地から公権力の組織構造に関する指導原理として捉える場合に，何がその中核をなすと考えるべきかは，恐らくは複数の端緒が存在しうるものと思われる。近時，有力な議論として提起されているのは，公権力の行使の「正統化」という観点からの議論である[16]。いずれにしても，民主政が法的な組織原理として捉えられるとすれば，これはそれ自体として複合的な構造を持つのみならず，例えば個人の自律や自己決定の保護といった，組織や手続を形成する上での競合する他の指導原理との間で，相互に制約し合い，相対化されることになるはずである[17]。上記の正統化理論において

---

15) 参照，Christoph Möllers, Expressive versus repräsentative Demokratie, in: R. Kreide, A. Niederberger (Hrsg.), Transnationale Verrechtlichung: nationale Demokratien im Kontext globaler Politik, 2008, S. 160ff. なお関連してMöllers, Demokratie — Zumutungen und Versprechen, 2008 も参照。

16) 参照，Ernst-Wolfgang Böckenförde, Demokratie als Verfassungsprinzip, in: ders., Staat, Verfassung, Demokratie, 1991, S. 299-311. ドイツでの判例による展開の検討として参照，太田匡彦「ドイツ連邦憲法裁判所における民主的正統化(demokratische Legitimation)思考の展開——BVerfGE 93, 37 まで」藤田宙靖，高橋和之編『憲法論集 樋口陽一先生古稀記念』(2004年)315-368頁。詳しくは第9章を参照。

17) 行政が，単なる法律の執行にとどまらない複雑性と自律性を有する限り，その正統化もまた複合的性質を帯びざるをえないこととなろう。Eberhard Schmidt-Aßmann, Das allgemeine Verwaltungsrecht als Ordnungsidee: Grundlagen und Aufgaben der verwaltungsrechtlichen Systembildung, 2. Aufl., 2004, Rn. 2/79-116(『行政法理論の基礎と課題——秩序づけ理念としての行政法総論』太田匡彦，大橋洋一，山本隆司訳，2006年，88-111頁); Hans-heinrich Trute, Die demokratische Legitimation der Verwaltung, in: Wolfgang Hoffmann-Riem, Eberhard Schmidt-Aßmann, Andreas Voßkuhle (Hrsg.), Grundlagen des Verwaltungsrechts, Bd. 1: Methoden, Maßstabe, Aufgaben, Or-

は，個人の自己決定による正統化と民主的な自己決定による正統化の拮抗という観点から権力分立の諸問題を分析する試みが登場しており，その意義と射程が注目されるところである[18]。

この意味での民主政論が，組織の構造原理として，国家や国民の存在態様に関する実定法外部の特定の想定からいったん切り離されることによって，それは国家という基本的単位への拘束から解放され，超国家的および国際的な組織に対しても応用可能なものとなる[19]。もちろん，ここにおいて国家と同程度の民主政が可能かつ妥当かは疑問であるとしても，少なくとも EU や国際機関の組織および正統化の構造を分析する上で，この組織原理ないし正統化原理としての民主政という観点が一定の有益な分析枠組みを提供することはできよう（例えばこれは，超国家および国際レベルにおける，民主的正統化の欠損と，個人の自律による正統化への片面的な依拠として分析される）。例えば EU における民主政を論じる際に，単一体としての国民の自己支配という構想の下では，しばしば，一体としてのヨーロッパ国民やヨーロッパ公共圏が可能かという観点から議論されるのに対して，上述の観点からは，組織の有する民主的正統化の態様と水準についてもう少し差異化された議論が可能になるはずである[20]。恐らくここに萌芽的に示唆されるのは，「国民」なきデモクラシー論の可能性であるように思われる。

(6) 対抗的な公共性

かような民主政についてのアプローチは，全体を見渡す中心点を持った閉じた政治的単位の内部で，公共の利益を実現すべき役割を誰が担うのか，という最初に述べた民主政論の枠組みからは，既に遠く離れた地点にある。それは，

---

ganisation, 2. Aufl., 2012, S. 341ff. 我々にとっても親しみ深い「違憲審査と民主政」という論点も，かような拮抗する指導原理間の緊張関係として捉えることができる。なお，問題状況につき参照，阪口正二郎『立憲主義と民主主義』(2001年)。

18) Christoph Möllers, Gewaltengliederung: Legitimation und Dogmatik im nationalen und internationalen Rechtsvergleich, 2005; ders., Die drei Gewalten: Legitimation der Gewaltengliederung in Verfassungsstaat, Europäischer Integration und Internationalisierung, 2008.

19) Möllers の前掲書（注18)）を参照。

20) なお関連して参照，林知更「日本憲法学は EU 憲法論から何を学べるか」比較法研究 71 号 (2010 年) 94 頁。更に，EU に関する第 11 章，国内での自治への応用を試みる第 12 章も参照。

公共的なものの所在が拡散した状況の中で，様々なレベルに存在する権力を合理化し統制するための，可能な試みのひとつとして位置づけることができるのかもしれない。

とは言え，かような剰余を削ぎ落とされた法原理としての民主政論が，果たして我々がこれまで民主政の観念に託してきた様々な期待や希望を十分に汲み尽くすものとなっているかは，疑問を提起することもできる。諸個人から遠い存在となった巨大かつ複雑な権力機構に対する統制のメカニズムを考究する必要性は否定できないとしても，元来の民主政の姿は，むしろ諸個人が自発的に共通の事柄に参加し，相互行為を通して問題を解決していくような，身近な場所にこそ存在したのではないか。民主的な公共性とは，いわばシステムに対抗するかような生活世界の場における，人々のコミュニケーション的な実践からこそ生み出されると考えるべきではないだろうか。ここでは「公共」とは所与ではなく，国家や市場，企業やメディアなどによる包囲への抵抗を通して，人々の間に切り開かれるものとして観念されよう。この，もうひとつの民主政論の方向性もまた，上述のような民主政論の脱実体化をもたらしたのと同様の問題状況に対する対応のひとつとして位置づけることが可能であるように思われる[21]。

憲法論の側でも，かような対抗的な公共性の側に左袒する立場が有力に主張されている[22]。ここでは，諸個人の自由が既存の政治・社会体制の側に回収されてしまうことが警戒され，自由の行使が本来的に有する無力さともろさの中にこそ，かかる対抗的な公共性への可能性が見出されることになる。これは憲法論的には，ここでの諸個人の活動を側面から援護する基本権保障の問題として主題化される。とは言え，活動やコミュニケーションそれ自体が法学的な概念による把握に馴染まず，基本権保障がその外的な前提条件の一部分のみを保障しうるにすぎないとすれば，憲法学とかような民主政論との関わりもまた，外面的なものにとどまりはしないか，との懸念も浮かぶ。かような試みの意義

---

21) なお参照，Sheldon S. Wolin, Politics and vision: continuity and innovation in Western political thought, Expanded ed., 2004, chap. 17.(『政治とヴィジョン』尾形典男，福田歓一他訳，2007年，17章)

22) 毛利透『民主政の規範理論』(2002年)，同『表現の自由――その公共性ともろさについて』(2008年)。

と射程については,なお慎重な見極めが必要であるように思われる。

3　近代的思惟の行方

　かくして,憲法学の観点から「政治過程における自由と公共」という主題に取り組むことによって,我々が目にすることになったのは,その議論の基本的な枠組み自体の動揺と多様性である。ドイツ国法学にひとつの起源を持つ日本憲法学が,今日なおその総論部分において,体系的基礎として国家の概念に拘束されているにも拘わらず,個別的な諸論点を解決するに際しては,もはや国家論の拘束力は薄れてきている。本章が描き出したのは,しばしば「後期近代」や「ポスト近代」などの標語で語られる問題状況の中で,国家的公共性がデモクラシー論に十分に安定した枠組みを提供しえなくなった後に,憲法学が模索しつつあるいくつかの理論的な可能性であった。もっとも他方で,国家に収斂する公共性の配分という「近代」的な議論の枠組みもまた,完全に放棄されてはおらず,なお有効性を維持している。ここでは,相対化されたとはいえ国家がなお一定以上の重要性を保持していることに加えて,戦後啓蒙の嫡流を自任する日本憲法学の潮流が,「近代的思惟」[23]に内面的に拘束され続けているという要因が作用していると考えることもできよう。一面における近代思想の限界の自覚と,他面における未完の近代へのコミットメントとのアンビヴァレントな併存が,公共性に関する我々の思考を今なお規定しているのだとすれば,我々はここにも,我々自身の内なる「戦後的なもの」の存在を見出すことができるのかもしれない。「公共」の再演される議論の場としての憲法論の命運は,恐らくはかような我々の中の近代的思惟の消長にも左右されることになるものと思われる。

---

23)　丸山眞男「近代的思惟」(初出 1946 年)『丸山眞男集 第 3 巻』(1995 年)3-5 頁。

第8章

政党法制
――または政治的法の諸原理について――

1 はじめに

(1) 政党法制とその原理

　政党法制とこれを巡る議論を特徴づけるのは，その独特の両義性である。一方では，民主政にとって政党が不可欠の存在であることがしばしば強調される。国民が選挙などを通じて国家の意思形成に影響を及ぼす際に，政党は国民内部の意見や利害を集約し国家へ伝達する役割を果たす。ここで複数の政党が相互に争うことが，リベラルな民主政の要諦をなす，とも指摘される。とりわけ第二次世界大戦以降の諸外国の憲法の中には，この意味での政党の役割を宣明するものも少なくないし[1]，その筆頭格に挙げられるであろうドイツ連邦共和国基本法では，政党条項(21条)を民主政原理(20条2項)の具体化として位置づけるとともに，その核心部分を憲法改正によっても変更しえない(79条3項)基本原理の一部として理解する説も，有力に主張されている[2]。かかる理解に従うなら，政党を巡る法制度は，憲法の中心原理であるところの国民主権ないし民主政原理によって本質的に刻印されている。

　ところが他方で，実際の政党法制の内容を眺めるなら，そこに浮かび上がるのは，その規律の断片的性格である[3]。例えば上述のドイツを見るなら，そこでは基本法21条3項の立法委託を受け，政党法という法律で，政党の内部秩

---

[1] 参照，Martin Morlok, Politische Parteien, in: Stefan Korioth, Thomas Vesting(Hrsg.), Der Eigenwert des Verfassungsrechts, 2011, S. 333 ff., 342f.
[2] Vgl. Martin Morlok, Art. 21, in: Horst Dreier(Hrsg.), Grundgesetz, Kommentar, Bd. II, 2. Aufl., 2006, Rn. 19. 政党と民主政原理に関する検討として更に参照，Foroud Shirvani, Das Parteienrecht und der Strukturwandel im Parteiensystem, 2010, S. 235-254.
[3] 断片的性格の指摘として参照，Shirvani, ebenda, S. 151-158.

序，政党助成，会計報告，違憲政党の禁止などについて定めが置かれている。これらを個別に見るなら，まず政党の内部秩序規制（§ 6ff.）は，政党内部が寡頭制化し非民主的な権力が形成されることを防ぐ目的で，ワイマール共和国の時代からその導入が議論されていた。政党助成（§ 18ff.）や会計報告（§ 23ff.）といった政治資金法制は，政党が資金提供者としての私的な経済権力に不透明な形で依存し従属する事態を防ぐことを目的とするものと解しうる。違憲政党の禁止（§ 32f.）は，戦後，ナチスのような過激政党の台頭を未然に防ぐために設けられた。この他に政党に関する特徴的な制度としては連邦選挙法の5パーセント阻止条項があるが（§ 6 Abs. 6），これは政党の過度な細分化を防ぎ，安定した多数派形成を容易にする趣旨で導入されている。これら種々の制度を見るなら，ここに通底するのは，過去に政党に関して発生した様々な弊害の防止を目的としている点である。換言すれば政党法制は，政党が有する負の側面に関する対症療法的な方策の寄せ集めとしての性格を有している。それが対症療法的なものである以上，それぞれの国が過去にいかなる種類の弊害に苦しめられたかによって，政党法制の内容も異なるものとなりうる。ドイツの政党法制が我々に教えるのは，20世紀前半のドイツの政治的経験の苛酷さであろう。以上の意味で，政党法制は，原理によって整然と秩序づけられた体系というよりも，ある程度まで断片的で偶然的な諸要素の複合体としての性格を有しているように見える。

　もちろん政党を巡る法的要請の中には，政党設立の自由や政党間の機会平等のように，リベラルな立憲主義の基本原理と密接な関係を持ち，より普遍的な性格を認めるべきものも存在している。しかしこれらは，そもそも結社の自由や法の下の平等といった基本権規定によっても保護されるはずのものであり，必ずしも政党に関する特殊な法制の必要性を根拠づけるものではない[4]。

　以上の簡単な検討によれば，政党法制は，民主政原理，基本権，それに政党の諸側面に関する個別の諸規律といった部分から構成され，ここにおける諸要素の間の関係は必ずしも一義的に明確ではない。果たしてここに，この法領域

4）但し，政党に関する特別な規定が置かれ，ここで政党の自由や平等が規定されたとき，基本権規定との関係をいかに理解するかについては解釈論上の争いが生じうる。差し当たって参照，Morlok, a.a.O. (Anm. 2), Rn. 48.

全体を秩序づけ、これに統一性を与える基本原理は存在するのか？ もし存在するとして、それはどのようなものか？ これは、我々が政党法制について考える際に、我々の思考を陰に陽に規定する中心的な問いのひとつであると考えられる。

(2) 日本の状況

かかる問いは、憲法上の政党条項も政党法という名の法律も持たない日本においても、実は切実である。ここでは既に、政治資金規正法と政党助成法によって政党の政治資金に関する規律が置かれ、また選挙制度や選挙運動の領域でも政党は公職選挙法によって重要な役割を認められている[5]。かような現在の政党法制は、1990年代初頭の政治改革の時期に決定的な刻印を与えられたものであるが[6]、ある論者の評価に拠れば、「実際、政治改革を批判的にみれば、政党に問題を「丸投げ」したといえなくもない」。「政治改革は政治により合理的な仕組みを求めるところから出発した。しかし、政党改革という肝心の環が欠けているために、この目標は達成不可能な状態に放置されている」[7]。もしこの評価が今日なお当てはまるとすれば、政党に「合理的な仕組み」を定める法制が可能か、可能だとすればそれはいかなるものか、という問いは不可避である。政党法制の原理を巡る問いは、まず第一に、法律による制度設計がいかなる原理に従って行われるべきか、という問題として現れる。

もちろん、かような制度設計は、法的な真空状態の中で行われるわけではない。とりわけ、特別な政党条項を持たない日本の憲法の下でも、政党法制は憲法の定める国民主権原理や基本権保障との関係で、一定の指針と制約に服するものと考えられる。政党法制の原理を巡る問いは、同時に、これについて憲法がいかなる原理を定めているのか、という問題としても現れるはずである。

---

5) このため、政党法という名の法律はなくても、実質的な意味で政党法が既に存在する、との前提から立論がなされることもある。例えば参照、毛利透「政党法制」ジュリスト1192号（2001年）164頁以下。
6) 政治資金法制の視角からの検討として参照、林知更「政治資金規正と政党助成制度」法学教室279号（2003年）72-80頁。
7) 佐々木毅編著『政治改革1800日の真実』（1999年）26, 29-30頁〔佐々木〕。

(3) 本章の課題

これについて本章が試みるのは、この問題を巡る従来の議論がどのように蓄積・展開されてきたかを整理・分析し直し、それが我々にいかなる示唆を与えているかを考える、というささやかな作業にすぎない。だが、我々が自らの足で次の一歩を踏み出す前提として、過去との対話は不可欠な作業である。以下、本章では、この点に関する議論の蓄積が豊富なドイツ憲法学の議論を分析対象として、我々が政党法制の原理を考える際に踏まえるべき基本的な観点の所在を摘出すべく試みる。

2 問題の諸次元

(1) 法律と憲法

ところで、政党法制の原理を考えるにあたっては、予めいくつかの区別の存在を念頭に置いておくことが有益であると思われる。これは、対象と方法の両面に関係する。すなわち、考察の対象である政党法制がいかなる形態で存在しているのか、という問題と、その原理について我々がいかなる地平で考察するのか、という問題である。

前者に関して重要なのは、法律と憲法との区別である。あくまで思考実験として考えれば、それぞれの国が政党法制をどのように定めるかは、①政党に関する事項を全て法律レベルで規律する場合、②全てを憲法レベルで規律する場合、③ある部分を憲法で、ある部分を法律で規律する場合、という三つの可能性を考えることができる（法律なしに命令や予算で直接に扱うという場合はここでは考慮の外に置く）。もっとも現実的には、最高法規性（憲法の優位）を備えた硬性憲法を持つ国では、多くの場合、（政党条項を持っている場合はもちろん、そうでなくとも）憲法上の規定が政党法制に対して一定の指針と制約を与えることになると考えられる一方、憲法によって政党法制の詳細を全て定めることは煩雑で柔軟性を欠くことになることから、結局のところ③憲法レベルと法律レベルとの間で一種の分業が行われる場合が通例であるものと思われる。もちろんこの場合でも、憲法がどこまでの密度で法律による制度形成を拘束するかは、様々でありうる。

では，何故このような分業が必要なのか。換言すれば，全面的に法律レベルの規律に委ねるのではなく，憲法レベルでの規律も必要だと考えられるとしたら，それは何故なのか。モルロック(Martin Morlok)は，政党法の「憲法化(Konstitutionalisierung)」が必要な理由として，以下の点を挙げる[8]。第一に，政治的な競争を開かれたものに保つためには，多数者が競争条件を自らに有利なように歪める事態を防ぐ必要がある。第二に，多数派の権力の濫用のみではなく，少数派を含め議会に地歩を得た既存勢力が，一種のカルテルを結び，新規勢力の参入を妨げる規定を置く危険が存在する。第三に，これと関連するが，政党や議員に関する法律は，法律の制定者が自分自身に関わる事柄を決定する(„Entscheidung in eigener Sache")ものであるため，いわば「お手盛り」の危険が常に存在する。第四に，これらの危険に対処する上で，事柄を憲法のレベルで定めることは，違憲審査権による統制を可能にするという利点を有する。

　これらの論拠は，わが国で表現の自由の優越的地位が論じられる際にしばしば用いられる論拠ともある程度まで通底しており，我々にとっても理解に難くはない。ここでは，何が法律レベルで規定され，何が憲法レベルで規定されるべきかという問題が，立法府の多数決に委ねてよい事柄と委ねてはいけない事柄とはそれぞれ何なのか，という問題として捉え直されている。いずれにしてもここで重要なのは，憲法と法律とがこの意味で異なる機能を担っており，両者の間に協働ないし分業の関係が存在する，という理解である。憲法が政党法制についてどこまで規定すべきか，という問題は，この協働関係を具体的にいかに形成すべきか，という問いとして置き換えられうることになる。

　このように政党法制の中に機能を異にする複数の層が存在するとすれば，政党法制の原理を探求するにあたっても，そのどこに照準を合わせるのか——憲法的規律か，立法政策に委ねられる部分も含めた政党法制全体か——によって，議論は異なったものになりうることになる。

(2)　憲法解釈と憲法理論

　次に，政党の憲法原理を考えるにあたっては，我々の憲法に関する思考に複

---

[8]　Morlok, a.a.O.(Anm. 1), S. 338f.

数の層が存在することを踏まえておくことが有益であると考えられる。それは，憲法解釈と憲法理論との区別である[9]。まず，我々の国において憲法が単なる政治的理想を定めた文書ではなく実定法である以上，実定法学は，この憲法が法的に何を要請しているかを明らかにする必要がある。ここでは，憲法の法源として当該社会で認められた素材から，その社会の法律家集団によって共有された解釈方法や論証作法を用いて，具体的な規範内容を導出する作業が要求される。これをここでは憲法解釈と呼んでおこう。憲法解釈はこの意味で，法の実定性に拘束され，かつその方法においても一定の制限に服する議論の様式であると理解することができる。

これに対して，たとえ憲法が実定法であるとしても，我々が憲法を論じる方法は実定法学的な作法のみに限定されるわけではない。むしろ学問は，対象としての憲法に対して多様な問いを投げかけ，様々な角度から接近することができる。例えば憲法の諸制度の背後には，主権や代表，民主政といった歴史的含蓄を帯びた政治的理念が存在しており，その解明は憲法の理解にも資すると考えられる。また，憲法が国家という形態における人間の共同生活の秩序づけを目的とするものである以上，かような共同生活の本質や善き社会のあり方，支配の正統性・正当性などの究明は，憲法の意味をより深く理解する上で有意味でありうる。他国との比較や歴史的検討は，現在妥当する実定憲法をより広い文脈の下で理解することを可能とするであろう。ここでは，かような憲法に対する多様な接近方法を，憲法についての反省的な考察を目的とするという意味で，広く憲法理論と呼んでおきたい。憲法解釈が，実定法という共通の対象を実定法学の共通言語で論じるというある種の求心性を有するのに対して，憲法理論についてはその特性上，それぞれの論者が，いかなる認識関心を，いかなる方法と枠組みを用いて追究するかによって，多様な構想が可能である。

この憲法解釈と憲法理論は，時として相互に密接な関係に立ちうる。憲法理論は，個別の法命題やその解釈論上の問題について，これをより広い文脈に位置づけ，他の諸問題との相互連関を明らかにすることによって，解釈論に発見

---

[9] この視角については当面次のものを参照。Matthias Jestaedt, Die Verfassung hinter der Verfassung, 2009; ders., Verfassungstheorie als Disziplin, in: Otto Depenheuer, Christoph Grabenwarter (Hrsg.), Verfassungstheorie, 2010, S. 3ff.

的 (heuristisch) な意味で補助と指針を提供しうる[10]（例えば憲法7条・69条の衆議院解散権に関する解釈上の争いと、「議院内閣制」の理論との関係など）。もっとも、それぞれの場合に憲法解釈がどの程度憲法理論から裨益しうるかは、関係する条文の構造や、当該社会で容認された解釈方法論の緩さないし厳格さなどにも依存する（具体性の高い技術的な規定と比べ、「開かれた」条文、例えば憲法13条の解釈に際しては、個人の自律の意義を巡る理論的ないし哲学的な論究などが、解釈論により大きな影響を与えると考えられる）。

このような憲法解釈と憲法理論の区別を下敷きとすることで、我々は政党の憲法原理を巡る本章の問題設定を、より明晰に定式化し直すことができる。実定憲法は政党に関連性を持つ複数の規範的要請を定めているが、その適切な解釈を発見するためには、これら諸要請をより広い文脈の下で相互に関連づけ、その意義を明らかにする憲法理論が必要となりうる。政党の憲法原理とは何かを巡る問いは、政党の憲法解釈の前理解[11]を提供するものとしての憲法理論がいかなるものであり、これに従って政党に関する規範的要請がどのように整序されるべきかを巡る問いとして、置き換えることが可能であると考えられる。

そこで以下では、以上の諸区別の存在を前提に、政党法制の原理についてより具体的に検討していきたい。

3 政党の憲法上の地位

(1) 憲法上の与件とその理論的把握

政党法制の原理を考える際には、まず憲法レベルにおける原理が考察の出発点に置かれるべきものと考えられる。最初に憲法が政党法制に対して基本的な枠づけと指針を提供し、その枠内で立法などによる制度形成が行われることによって、政党法制の全体が形作られる、という論理的関係にあると考えられる

---

10) 但し、そこで「発見」された解釈の可能性については、上述の法律家集団によって共有された解釈方法に照らして別途「正当化」のテストを受ける必要がある。
11) こうした視角自体は連邦共和国の比較的初期に既に示されている。Horst Ehmke, Prinzipien der Verfassungsinterpretation, in: VVDStRL 20, 1963, S. 53ff. これに対してイェシュテット (Matthias Jestaedt) を含め、近時の議論では、憲法解釈と憲法理論の分化を前提に、両者の関係がより差異化された形で捉えられる傾向にあるように思われる。

ためである。

　それでは，憲法は政党に関していかなる規範的要請を含んでいるのか。改めて整理するなら，まず，①政党は選挙への参加などを通じて政治的意思形成に協働する存在である以上，国民主権もしくは民主政原理と密接な関係にある[12]。次に②政党は，国民が自由に結成しうる結社の一種であり，設立の自由や活動の自由，法の下の平等など基本的権利の保護を享有する。最後に，③政党の内部秩序規制や政治資金に関する規定など，政党の個別の側面に関して一定の制約を定める規定が憲法に置かれる場合がある。これら三つの要素のうち，例えばドイツ連邦共和国基本法は全てを備えている一方，日本国憲法は前二者のみを備えている。

　この三者の関係をいかに理解すべきか。まず，第一の要素と第二の要素との関係が問題となる。政党が議会や政府における国家の決定形成と密接に関係するという意味で公的性格を帯びることと，それが国民の自由の行使によって設立されるという意味で一種の私的性格を帯びることとの関係が，どのように説明されるべきか。次に，第二の要素と第三の要素との関係が問題となる。もし政党が基本的諸自由の保護を受けるべき存在であるとしたら，それにも拘わらずこれに対して諸々の制限が定められることの意味はどう理解されるべきか（これらに対して，第一の要素と第三の要素の関係は，民主政の実質化という見地による政党への制限として説明が比較的容易であろう）。

　かような問題に説明を与える憲法理論的な枠組みは，具体的な解釈論にも一定の影響を与えうる。これは，例えば政党国庫助成の憲法上の限界のように，明文の規定による規律密度が低く，伝統的な解釈方法論によって適切な解答が導かれにくい論点の場合には，より強い程度に妥当するものと考えられる。

(2)　政党論の国家論からの解放

　ア　これについてドイツ連邦共和国で議論された際の最も重要な対立軸[13]は，

---

12) 但し，政党は君主政下でも議会を拠点に生成しえたのであり，民主政原理と政党との連関は，歴史的現実の説明というよりも，民主的な立憲国家の憲法構造の規範的な理解に関わる。

13) 以下については文献註記を含め参照，林知更「政治過程の統合と自由——政党への公的資金助成に関する憲法学的考察(1)-(5・完)」国家学会雑誌115巻5・6号(2002年)1頁以下，116巻3・4号(2003年)33頁以下，同5・6号(同年)66頁以下，同11・12号(同年)1頁以下，117巻5・6号

国家論的な説明の枠組みを受け容れるか否かに関わるものと考えられる。ドイツ憲法学は，それまで主に「国家」の観念を軸にその体系を構築してきた。この際，通説的地位を占める国家法人説は，国家人格とその機関の間の意思の帰属という面に照準を合わせ，国家意思の内容形成に関する側面は大幅に捨象する。これを過剰な形式主義と考え，国家の意思を実質的に規定する諸力（例えば国民や世論，メディア，団体，政党など）をも視野に入れた理論形成を行おうとする場合には，政党もまた憲法学的な国家論の射程に入ってくることになる。かくしてライプホルツは，民主政を治者と被治者の同一性という論理から把握し，かつ政党をそれ自体行動能力を持たない国民の代弁者と位置づけることで，国民・政党・国家の同一化という理論構想を打ち立てる。政党を実質的に国家の一部へと理論上組み入れるかような理解は，政党を「憲法機関」の機能を行使するものとする初期の連邦憲法裁判所の判決にも取り入れられ，解釈論にも一定の影響を発揮することになる[14]。

　これを，上記の政党に関する憲法的要請の三要素に照らして見るなら，かような理論は第一の要素と第三の要素を説明する上で一定の利点を有するものと言える。君主や官僚によって体現された中立的国家が，多元的な社会の諸利益や諸党派に対して超然と対峙する，という伝統的な国家観においては，政党は常に不信の目で見られたのに対して，この政党国家論は現代民主政における政党の役割を正面から承認し，これを伝統的国家観に組み込んで正統性を付与する（第一の要素）。また，政党がこの意味で国民との同一化に耐えうる存在であるためには，政党権力の自律化と濫用を防ぐための一定の制限が必要になる（第三の要素）。

　他方，ここでは政党が実質的な国家の担い手とされることの反面として，政党が国民の自由に根を持つ存在であるという面（第二の要素）を説明し理論上位置づける上で，大きな困難に直面することになる。実際，政党は国家機関そのものとは異なる。現実上も，政党の国家からの自由を確保することが課題とみなされる場合には，これは重要な欠陥として意識されることになる。

　イ　これを克服する方策としてまず考えられるのは，政党の活動領域を国家

(2004年) 1 頁以下。
14)　Vgl. BVerfGE 4, 27.

および社会へと二分し，そのそれぞれに応じて政党に異なる性質を付与するという考え方である。政党は国民によって自由に設立される存在である以上，原則として社会の領域で活動し，国家からの自由を享受するが，候補者を擁立するなどして選挙に協働するときには，国家の領域に姿を現し，実質的にその一部として活動する。例えば政党助成に関する連邦憲法裁判所の1966年判決は，かような枠組みに従って，社会の領域では政党は国家による影響からの自由が最大限保障されるべきだとの立場から，政党活動一般への国庫からの資金助成を違憲とするが，他方で選挙が国家の領域における公的な任務であることから，政党に対して選挙経費の保障を行うことは合憲だとの判断を下す[15]。

　この枠組みは，上述の政党法制の第二の要素をその正面に据えると同時に，第一の要素と第二の要素との間の緊張関係を厳格な領域区分によって解消しようとする試みとして理解することができる。もっとも，かような試みが成功しているか否かについては，いくつかの点で疑問が残る。まず，本来一体的かつ連続的な政党の活動の内部に，国家と社会との分断線を引き，それぞれに全く異質な原理を通用させることが，事柄の性質に適合しない不自然な解釈論上の帰結を導いてしまう危険を指摘することができる（例えば上記1966年判決で導入された選挙戦経費保障は，広義の選挙準備が選挙期間以外にも及ぶことから，事実上政党活動一般への助成と大差ない機能を果たすことになる）。また，このように政党の国家からの自由を強く重視する場合には，それにも拘わらず何故政党の自由に対して特別な制約が置かれているのかを，十分に説明できない（第二の要素と第三の要素の緊張）。これらの点で，以上の枠組みも満足のいく理論的説明を提供しているとは評価しえないように思われる。

　ウ　上記の試みがいずれも不満足な結果に終わったとすれば，その原因としては，両者に共通する基本的枠組みが政党および政党法制という素材に対して不適合を起こしているためだと推測することができる。すなわち，ここでは「国家と社会」という二元論を基礎に，政党を全面的に国家の側に組み込むか，大部分を社会の側に置いて一部分のみを国家の側に位置づけるか，が争われている。この際に，国家は公益へと義務づけられた公的領域で，社会は自由に特

---

15)　BVerfGE 20, 56.

殊な利益や関心が展開する私的領域であるという観念が前提とされている。

だが，リベラルな民主政においては，社会の中の自由な討論や意見・利害の集約を通して国民の政治的意思が形成されると解すべきであり，社会は単なる私的領域ではなく公共性を帯びた圏域でもある。政党の公共性は国家への協働に尽きるものではない。むしろ政党は，国民の中に定礎し，自由な活動を通して政治的意思の集約に努めることによってこそ，民主政にとっての不可欠な機能を果たすことができる(第一の要素と第二の要素の順接)。同時に，この社会の領域は，それが各人に自由を保障しかつ民主的な意思形成を可能にするためには，法による一定の秩序づけを必要とする場合がある(例えば市場の領域で独占禁止法などが必要とされるのと同様に)。従って，政党が社会に位置することからは，それが完全に「国家から自由」であるべきことまでは帰結せず，内部秩序や政治資金の規律のように，民主的意思形成に奉仕するための一定の制約に服することがありうる(第二の要素と第三の要素の調和)。少なくとも，このような考え方を出発点に据えた方が，政党法制の原理についてより整合性と説得力のある議論を展開することが可能になるものと思われる。

実際に，ドイツ連邦共和国で次第に主流となっていったのは，この方向性であるように思われる。ヘッセは1959年に，こうした見地から政党の憲法上の地位を「自由の地位」「平等の地位」「公共の地位」の三つへと整理する立場を示してその後の議論の基礎を築く[16]。このヘッセの整理に必ずしも依拠しない論者においても，上に述べた基本的な方向性は共有されているように思われる[17]。政党助成に関する連邦憲法裁判所の1992年判決もまた，かような方向へと舵を切ったものと評価しうるものと考えられる[18]。

かくして，少なくともドイツ連邦共和国における議論の発展史に照らして考える限りでは，この理論的方向性が政党法の原理を考える上での正しい端緒を示していると評価することができる。これはまた，日本国憲法の下での政党の理解にも応用可能であると思われる[19]。

---

[16] Konrad Hesse, Die verfassungsrechtliche Stellung der politischen Parteien im modernen Staat (1959), in: ders., Ausgewählte Schriften, 1984, S. 55ff.
[17] 例えば参照，Dieter Grimm, Politische Parteien, in: E. Benda, W. Maihofer, H.-J. Vogel(Hrsg.), Handbuch des Verfassungsrechts der Bundesrepublik Deutschland, 2. Aufl., 1995, Band 1, S. 599ff.
[18] BVerfGE 85, 264.

(3) 諸問題領域の分化と自律化

　ここで示したような理論的な展開は,「政党論の国家論からの解放過程」として特徴づけることが恐らく可能であろう。ここには，過去のグランドセオリーとしての国家論から憲法学的思考が次第に解放されることによって，新たな理論の探究が可能になった，と把握しうる面が存在している。そこで，このような理解に立った場合に次に問題となるのは，この政党論における国家論の克服が何を含意しているかである。

　この問題は一面では，自由な民主政に適合的な「正しい」憲法理論を巡る争いとしての性格を有している。君主政に根を持つ超越的で権威的な国家像に対して，西欧型のリベラル・デモクラシーに適合したより多元的な政治社会像を対置しようとする1950-60年代の憲法学・政治学上の動きが，このような政党の憲法理論の変容とも関連していることは疑いえない[20]。「憲法理論が憲法解釈を指導する」という側面に着目する場合には，憲法理論の「正しさ」こそが，より良い憲法解釈のための前提条件となるはずだと考えられる。

　他方で，ここで進行したのは，解釈論的素材を説明する上で最も適合的な憲法理論が選択され，素材に不適合な理論が淘汰されたという事態である，と理解することもできる。こうした見方を採る場合には，「憲法理論が憲法解釈を指導する」というのとは逆の側面，すなわち「憲法解釈が自らに適合的な憲法理論を選択する」という側面が浮かび上がる。換言すれば，憲法理論は憲法解釈の函数であり，その逆ではない。このことの持つ意味は，見かけ以上に大きい。憲法解釈論上の問題領域が種々様々である以上，それぞれの問題領域ごとに，その素材に適合的な憲法理論が選択されていく場合には，ただひとつの「正しい」憲法理論などというものは存在しえないことになる。グランドセオリーとしての国家論が解体した後に出現するのは，理論的多元主義であるということになろう[21]。

---

19)　試論として参照，林知更「政党の位置づけ」小山剛，駒村圭吾編『論点探究 憲法〔第2版〕』(2013年)287頁。

20)　1950-60年代におけるドイツ連邦共和国の政治文化の変容という文脈とも関連づけながら国法学の変化を論じるものとして参照, Frider Günther, Denken vom Staat her: die bundesdeutsche Staatsrechtslehre zwischen Dezision und Integration, 1949-1970, 2004.

21)　以上の両面に関わる検討として参照，林知更「国家論の時代の終焉？——戦後ドイツ憲法学史に関する若干の覚え書き」(第2章)。

その後のドイツ憲法学の展開を眺めるなら，より強く目に入ってくるのはこの後者の側面であるように思われる。これは，他ならぬ政党と密接に関連した領域に明瞭に現れる。本章冒頭で見たように，ドイツ連邦共和国基本法21条の政党条項は，しばしば同20条の国民主権ないし民主政原理の具体化として位置づけられる。ところが，この本家本元である20条の解釈について，80年代以降議論の軸を提供してきたのは，実は政党論とは対蹠的な民主政モデルである。標語的に敢えて尖鋭化して言うならば，21条を主導したのがヘッセなら，20条を主導したのはその論敵ベッケンフェルデであった[22]。すなわちここでは，外国人参政権から行政組織の変容，EU統合の進展などに至る多様な論点に跨りながら，公権力の行使の民主的正統化の問題が論じられる。そこで問題とされるのは，多岐・多層にわたり複雑化した公権力が，その正統化の淵源である国民へと正しく繋ぎ止められているか否かである[23]。かように，我々の前に現象する権力を，正統化の鎖を辿ることで，終着点としての国民に帰属せしめうるかが問われるとき，そこでの国民は同質的な単一体として観念されている。すなわち政党論が，複数性の中から単一の決定を生み出す過程に関わるという点で多元主義的な民主政像を提示するのに対して，かような民主的正統化論は，多元的な権力現象を単一の淵源に還元するという意味で，逆に強度に一元論的な民主政像を提示することになる[24]。民主政のいかなる側面を論じ

---

22) 参照，Ernst-Wolfgang Böckenförde, Demokratie als Verfassungsprinzip, in: J. Isensee, P. Kirchhof (Hrsg.), Handbuch des Staatsrechts der Bundesrepublik Deutschland, Bd. II, 3. Aufl., 2004, S. 429ff.

23) この問題領域に関する文献は数多く，ここでは以下のものを挙げるにとどめる。解釈論的に厳格な立場を示すものとして参照，Matthias Jestaedt, Demokratieprinzip und Kondominialverwaltung, 1993. より柔軟な立場からの批判として参照，Brun-Otto Bryde, Die bundesrepublikanische Volksdemokratie als Irrweg der Demokratietheorie, in: StWStP 5, 1994, S. 305ff. バランスの取れた概観として参照，Horst Dreier, Art. 20 (Demokratie), in: Horst Dreier (Hrsg.), Grundgesetz, Kommentar, Bd. II, 2. Aufl., 2006. 近時の新しい試みとして参照，Sebastian Unger, Das Verfassungsprinzip der Demokratie: Normstruktur und Norminhalt des grundgesetzlichen Demokratieprinzips, 2008. 詳しくは本書第9章を参照。

24) 但し，民主的正統化という視角自体は，単一体としての国民と必然的に結びついたものではなく，ここから自律的に発展させられうる。例えば参照，Christoph Möllers, Gewaltengliederung — Legitimation und Dogmatik im nationalen und übernationalen Rechtsvergleich, 2005; ders., Die drei Gewalten, 2008. これはひとつには，正統化という観点が，法的組織・手続の構造の分析へと純化することで，法以前の社会的基体を巡る問題から自律性を獲得しうる点に求められるのではないかと考えられる（不十分ながら視角を示すものとして参照，林知更「政治過程における自由と公共」（第7章））。更に，多層的な統治という文脈における単一体としての国民という構想の相対化

るかによって，そこに浮かび上がる像は必ずしも同じではない．

かような理論的多元化状況が，我々の憲法についての思考に何をもたらすことになるのかは，ここではこれ以上論究できない[25]．ここにかような分断を乗り越えてひとつの全体像を示す新たなグランドセオリーが可能か否か，また必要か否かという問いも，本章の課題の射程の外にある．ここではただ，現在の議論水準を前提に考えるなら，政党の憲法原理の探究とは，それぞれの問題領域の分化と自律化を前提に，政党法という問題領域が示す固有の構造を理論的に摑み取った上で，これに適合的な解釈論の枠組みを構築するという点に存することを確認するにとどめたい[26]．

そこで本章の最後に，こうした視角から見た場合，政党法の諸原理を考える上で具体的にいかなる点が問題となるのか，いくつかの論点を駆け足で検討しよう．

4　秩序モデルの探究

(1)　競争法としての政党法

こうした見地から政党の憲法原理を考える際に，ひとつの出発点となるのは例えば既に触れたヘッセの議論であろう．もっとも，ここでは政党の三つの地位が相互にいかなる関係に立ち，全体としていかなる秩序理念を背後に持つものと理解すべきなのか，必ずしも十分に鮮明ではないと見る余地もある．こうした見地から，もう一歩踏み込んだ政党法モデルを提示しようと試みるのが，モルロックの「競争法としての政党法」という議論[27]である．

まずモルロックは，ヘッセの「自由の地位」「平等の地位」「公共の地位」に，

にとって，「連邦」的な統治構造に関する再検討は有益な契機を提供する．Vgl. Christoph Schönberger, Die Europäische Union zwischen „Demokratiedefizit" und Bundesstaatsverbot, in: Der Staat 48, 2009, S. 535ff. 検討として参照，林知更「EUと憲法理論——ドイツ公法学における国家論的伝統をめぐって」（第11章）．

25) 不十分ながら筆者の問題意識を示すものとして参照，林知更「憲法秩序における団体」（第14章），同「国家学の最後の光芒？——ベッケンフェルデ憲法学に関する試論」（第4章）．

26) Martin Morlok, Parteienrecht als Wettbewerbsrecht, in: Peter Häberle, Martin Morlok, Vassilios Skouris(Hrsg.), Festschrift für Dimitris Th. Tsatsos, 2003, S. 408ff., 412f. より広い視角からのものとして参照，Ders., Was heißt und zu welchem Ende studiert man Verfassungstheorie?, 1988.

27) Morlok, ebenda. また参照，Morlok, a.a.O.(Anm. 2), Rn. 26.

政党の内部秩序を加え，この四つを政党法制の柱を成す基本的関係として捉える。すなわち政党法は，①国家と政党の関係(＝自由)，②政党相互の関係(＝平等)，③政党と市民一般との関係(＝公共・公開性)，④政党と党員との関係(＝政党の内部秩序)，という四つの関係を対象に，そこに妥当すべき規範的要請を定めている。そして，これらの諸関係を統一的に理解する鍵となるのが，「競争」の観念である[28]。

　政党民主政は，政党間の競争メカニズムによって存立する。法は，かような競争のルールと前提条件を提供することで競争秩序を創設するとともに，不正競争を防いで競争メカニズムが実効的に機能することを保護しなければならない[29]。政党設立の自由(基本法21条1項2文)と機会平等(同3項1項など)はまさにこの競争の本質的要素をなす。政治資金や資産の公開(同21条1項4文)は，判定者としての市民に判断材料を与える。政党の内部秩序の民主的性格の保障(同21条1項3文)は，政党相互間のみでなく，政党内部においても公正な競争が行われることを要求する。モルロックはこのように，競争の保障という見地から，その他の個別的諸問題を含めた政党法制の全体を体系的に整序しようと試みる[30]。

　政党法制に対するかような捉え方の背後には，ドイツにおける政党を巡る状況の変化という要因が存在する。ライプホルツやヘッセが論陣を張った1950年代は，ドイツ連邦共和国もまだ創設されて間もなく，ワイマール共和国の失敗の後で議会制民主主義をいかに定着させるかが重要な課題とされた。ここでは，政党に対する伝統的な不信や反感を克服して，その正統性を承認し，それに正しい位置づけを与えることが，憲法学上の政党論にとっての主題であったと見ることが可能である。これに対して，政党国家の危機が語られるようになった1980年代以降の議論の関心は，既に十分な安定化を達成した議会制民主主義の下で，確立された諸政党が自らの権力を不当に拡大し，市民の政治的不満に対する敏感さを失う事態をいかに防ぐか，という点に存したものと考えられる[31]（モルロックはこうした変化を「第二世代の政党法」という言葉で表現する[32]）。

---

28) Ebenda, S. 411f.
29) Ebenda, S. 414-416.
30) Ebenda, S. 416-442.

競争という観念は，これに対するひとつの処方箋としての意味を持つ。従って，競争を重視する見方はモルロックひとりのものではなく，例えばラディカルな既存政党への批判者であるフォン・アルニム(von Arnim)なども含め[33]，この領域である程度まで広く共有されていると見ることができるように思われる[34]。

(2) 法による制御とその限界

こうした視角は，日本で政党法制を考える際にも一定の示唆を与える。とりわけ政党設立の自由(憲法21条・結社の自由)や政党の政治活動の自由(同・表現の自由)，政党間の平等(憲法14条1項)といった憲法上の要請が，開かれた政治的競争を確保する意味を持つことに鑑みれば，政党の憲法原理を競争の観念に求めることは，ひとつの有力な理論的選択肢でありうる。

他方で，競争原理のみから政党法制全体を理解することの限界もまた，ここでは明らかであるように思われる。国民の政治的支持が無限に多様な勢力へと分裂し，相互に激しく競い合っている状況が，望ましい政党民主政のあり方であるとは言えない。民主政が，国民の内部に存在する多様な利益や関心の中から統一的な決定を生み出すことを課題とする以上，ここでは意思の集約と多数派形成がいかに行われるかという要素もまた本質的な意味を持つ。実際に，広い意味での政党法制を眺めるなら，この意味での安定した政党の確立を目的とする法制度もまた見出される。ドイツの選挙法における5パーセント阻止条項は，破片政党への分裂を防いで政党の集約を促進する目的から，平等な競争に一定の制限を課すものである。日本にも存在する政党助成制度は，政党の財政基盤を強化する意味を持つが，多額の資金を受給する既存政党に有利に働くという意味で，競争制限的な効果をも併せ持っている。確立された政党を競争圧

---

31) 1985年のドイツ国法学者大会を，かような潮流の変化を象徴するものとして挙げることができよう。M. Stolleis, H. Schäffer, R. A. Rhinow, Parteienstaatlichkeit — Krisensymptome des demokratischen Verfassungsstaats?, in: VVDStRL 44, 1986.
32) Martin Morlok, Für eine zweite Generation des Parteienrechts, in: MIP 4, 1994, S. 53ff. 学説史的な連関につき参照，Shirvani, a.a.O. (Anm. 2), S. 55-67.
33) アルニムについては差し当たり参照，林・前掲註13)(5)。
34) 参照，Shirvani, a.a.O. (Anm. 2), S. 192-233. また，「競争」原理に関する近時の議論状況を示すものとして，2009年のドイツ国法学者大会での報告と討論も参照。Arnim Hatje, Markus Kotzur, Demokratie als Wettbewerbsordnung, in: VVDStRL 69, 2010, S. 135ff.

力に晒すことで権力の固定化や腐敗を防ぐ，という観点は，政党法制を考える上で極めて重要ではあるが，その全てを説明しうるものではないように思われる。

ここでは，競争と安定した多数派形成というふたつの要素は，時として緊張関係に立ちうる。かくして，憲法が政党の自由や平等の保護によって開かれた競争を保障するのに対して，例えば立法者が統合力のある政党を創出する目的で競争制限的な効果を持つ立法を行った場合，かかる立法の憲法適合性をいかに判断するか，という問題が生じる。平等を厳格に保護することによって，かような立法に厳しい枠をはめるというのはひとつの考え方であり，ここにおける立法者の形成の余地を広く認めるというのはもうひとつの考え方である（日本の最高裁はこれまでのところ後者に近い立場を選択しているように見える[35]）。政党条項によってこの緊張関係に憲法レベルで解決を与えることを試みることはできるが，その場合でも憲法レベルで予め全てを決定することができず，立法者が憲法の忠実な執行を超えた一定の創造的な役割を有するとすれば（例えばドイツでも上述の5パーセント阻止条項や政党助成は法律レベルで創設されたものである），ここでは結局のところ政党法制における法律の意義と役割をいかに考えるべきかという問いが浮かび上がる。

この際の論点のひとつは，上述の意味で望ましい政党民主政のあり方を創出することを目的とした法律が，実際にどこまで現実の秩序を制御する役割を果たしうるかである[36]。ドイツ連邦共和国は，ワイマール共和国とは対極的な安定した政党システムを生み出したが，これが政党法制の効果であると考えるものは恐らくいまい。政党のあり方は，法以外の種々の社会的・歴史的・文化的要因等にも強く規定されており[37]，この領域で法が果たしうる役割を過大評価する危険に対しては，常に自覚的であることが求められよう。それにも拘わら

---

[35] 最高裁は，上述の衆議院小選挙区選挙における政党による立候補届出や選挙運動，政見放送について，国会の裁量権の範囲内だとして合憲との判断を下している（最判平成11年11月10日民集53巻8号1704頁）。

[36] 参照，Shirvani, a.a.O.(Anm. 2), S. 454–467.

[37] これはワイマール共和国と比べた連邦共和国での政党システムの安定化のみでなく，連邦共和国における，ほぼ同一の制度の下における政党を巡る問題状況の変遷についても当てはまる。参照，Shirvani, a.a.O.(Anm. 2), S. 68–104, 105–141. なお，統治機構論における例外的な「成功事例」と見なされうる民主的正統化の理論については本書第9章を参照。

ずなおも法の制御力に一定の期待をかけざるをえない場合に、立法者は何をなしうるのか——これは、政治改革を巡る日本の問題状況そのものであり、我々はまだこの問題に明瞭な解答を見出していない。

(3) 立法者と裁判所の機能分担

かくして、政党法制にとって立法者の果たす積極的な役割がある程度まで承認されざるをえない場合には、ここから更にいくつかの問題が派生する。政党に関する立法は、議会に代表された政党にとってはまさに「自己自身に関する立法(Gesetzgebung in eigener Sache)」である。ここでは、自己に不利な立法が回避されたり、政党の統合力の強化などの名目の下である種の「お手盛り」が行われる危険がある。既に触れた政党法制の「憲法化」は、かかる危険に対処する意義を持ちうるものであったが、憲法が全てを規律しうるわけではない以上、問題はなおも残されることになる。ここに存在するのは、結局のところ、民主政が自分自身の力で自己改革を成し遂げなければならず、(憲法であれ何であれ)どこか外側に救いを求めることはできない、という問題であるように思われる[38]。良き民主政のあり方とは何か、それはいかに実現されうるのか、という問いに対する答えは、誰かに教えてもらうことはできず、民主政自身の力で探し当て、かつ自ら実現しなければいけない。これは、民主政にとって極めて本質的な問題状況であると言える[39]。

他方、この領域における立法者の活動を、完全に無制約なままに委ねるのでなければ、ここではなお憲法の見地からの一定の限界づけが必要となる。主にこの役割を担うのが裁判所の違憲審査権である。とは言え、かかる任務を果たすためには、裁判所は時として、憲法の文言の中に規範的な手がかりが乏しい状況の中で議論しなければならない(政党助成に関する連邦憲法裁判所の1992年判決は、こうした困難の所在を明瞭に示している)。ここでは、立法者と裁判所の適切な役割分担は何なのか、また裁判所の憲法解釈の方法としてどこまでが許容されうるのか、という一般性を持った問いが、かかる問題領域の特性による刻

---

38) 参照、林知更「憲法学が民主政を論じる意味——毛利透『民主政の規範理論』をめぐって」比較法史研究12号(2004年)262頁以下。
39) Vgl. Christoph Möllers, Demokratie — Zumutungen und Versprechungen, 2008.

印を受けた形で浮かび上がる[40]。だが，裁判所がかような困難な領域に足を踏み込むことを躊躇っているわが国の状況にも照らせば，ここでは問題の所在を指摘するにとどめざるをえない。

5 おわりに——憲法原理の所在

(1) 枠秩序としての憲法／基本秩序としての憲法論？

　以上の検討を踏まえて，日本国憲法の下における政党法制の現状を素描するならば，差し当たっては以下のように言うことができよう。日本国憲法は，政党の設立の自由，活動の自由，政党間の平等を保障しており，これによって政党間の競争による国民主権の実現を果たそうとするものと解釈することができる（これは勿論それ以外の解釈の可能性を否定するものではない）。だが他方，かような憲法上の要請は，政党法制全体に対して，踏み越えてはならない「枠」を与えているにすぎない。この「枠」の内側でいかなる制度形成を行うかは，なお立法者に委ねられている。ここで何を，いかに実現すべきかについて，我々はなお解答を模索している最中であるように思われる。

　この意味で憲法が「枠」——しかも最高裁の憲法解釈を前提とするなら，さほど厳しくない「枠」[41]——にとどまるとすれば，我々がこの領域で憲法を論じることで明らかにしうることは，最初から限定されている。しかも，既に触れたように法律レベルを含めた法の制御力に限界があるとすれば，そもそも法学が政党について論じうる事柄自体もまた一定の制約を受けていると言わざるをえない[42]。ところが他方で，学問としての憲法学は，国民主権ないし民主政の理念に義務づけられており，こうした視角から政党政治の現実に深い関心を寄せてもいる。ここで生じるのは，法という媒介項をいったん度外視した上で，

---

40)　近時の検討として参照，Martin Morlok, Das BVerfG als Hüter des Parteienwettbewerbs, in: NVwZ 2005, S. 157ff.; Shirvani, a.a.O.(Anm. 2), S. 479–486.
41)　たとえ選挙の核心部分には属さない場合でも，一方における競争機会の平等の重要性と，他方における立法権限の濫用の危険に鑑みれば，立法の必要性・合理性に関する実質的な審査が要求されるものと考えられる。この点で，選挙運動につき広範な立法裁量を前提とした判例の立場（前掲註35)最判平成11年11月10日）に対して本稿は反対する。
42)　このことは法学と他のディシプリンとの協働関係のあり方という問いを提起する。参照，Shirvani, a.a.O.(Anm. 2), S. 8–67.

そもそも政党民主政がいかなる形で機能するのが望ましいのかを直接的に論じるという傾向である。90年代以降今日に至る日本のこの領域における憲法論の主戦場は，個別具体的な法制度であるよりも，むしろこの政党民主政の指導モデルにあったように思われる[43]。ここには，憲法が枠秩序にとどまることの代替として，憲法論が実質的な基本秩序を論じる役割を引き受ける，といった相補性が存在するかにも見える[44]。

このことはそれ自体として有意味でもあり理解しうることでもあるが，他方でかような政党民主政の指導モデルを巡る議論は，論者の政治的選好が方法論的に十分反省されない形で表出される危険をも併せ持っている。かような危険を逃れ，ここに合理性の高い議論の方法ないし作法を探り出していくことは，かような議論の方向性にとって今後の課題となるように思われる[45]。

(2) 政治的法の現在

かくして，政党法制の原理を論究してきた本章が到達したのは，明快な結論というよりも，むしろ我々が抱え込まざるをえない問題の割り切れなさである。だが，これは事柄の性質に内在しているとも解しうる。今から約250年前に政治的法の諸原理について論じた著名な論者にとって，特殊意思の担い手としての諸個人の中から一般意思を創出することが政治秩序にとっての中心的な問いであったとすれば[46]，国民の特殊な利害・関心を変換して公共的決定を生み出すべき政党の問題は，この民主政論にとっての古典的な困難を現代において引き継ぐものとも言えるからである。他方で，本章の検討から浮かび上がるのは，我々が今日この問題を論じるためには，250年前には意識されていなかった様々な区別を前提としなければならないという点であった。以上の意味では，

---

43) 参照，高橋和之『国民内閣制の理念と運用』(1994年)，同『現代立憲主義の制度構想』(2006年)，高見勝利『現代日本の議会政と憲法』(2008年)。

44) 指導像(Leitbild)に関しては，やや違う連関ながら参照，Uwe Volkmann, Leitbildorientierte Verfassungsanwendung, in: AöR 134, 2009, S. 157ff. 憲法を全体秩序(Totalitätsordnung)に転化させる危険に関しては参照，Ebenda, S. 192.

45) なお関連して参照，林知更「文献ジャンルとしての憲政評論――高見勝利『政治の混迷と憲法――政権交代を読む』を読んで」法律時報85巻5号(2013年)79頁以下。

46) Vgl. Jean-Jacques Rousseau, Du contrat social ― ou principes du droit politique, in: ders., Œuvres complètes, tome 3, 1964.

民主政を法学的に論じるとは，今日では過去よりもなお一層，割り切れない問題の持つ複雑さに耐えることでもあるように思われる。民主政の領域にしばしば現れる過度な単純化への欲求——例えば指導者への心情的な同一化への希求など——に鑑みれば，そのことの持つ重要性は繰り返し強調されるに値するものと考えられる。

第9章

憲法原理としての民主政
―― ドイツにおける展開を手がかりに ――

1 設問の変容

(1) 擁護と懐疑

　戦後日本憲法学における国民主権および民主政に関する議論を特徴づけるのは，その独特の両義性である，と考えられる。19世紀の憲法史が君主主権と国民主権との対立によって刻印されていたとするなら，日本国憲法は天皇制を残存させつつも国民主権原理を宣明することで，第一次大戦を契機に君主政が崩壊したドイツやハプスブルク帝国から遅れること二十数年，かかる歴史的対立に終止符を打った。ここでまず憲法論の課題とされるのは，この転換の意義を明確化することである。旧体制への愛着や懐古の念を持つ人がまだ少なからず存在する中，日本国憲法の採用する体制が旧憲法と根本的に異なるものであり，かつそうであるが故に擁護に値することを弁証することが，憲法制定時の主権論争や1950-60年代の改憲論争など，幾度かにわたる憲法論争の重要な主題とされることになる。

　ここでは憲法学は，民主政の擁護者として現れる。とは言え，他方で第二次大戦後の世界が，純粋な民主政の賛美で事足れりとすることを許すものでなかったのも言うまでもない。20世紀前半における議会制民主政の病理現象やその失敗が，ファシズムやナチズム，軍国主義の台頭を招いたというだけではない。民主政は議会主義と論理必然的に結びつくものでない，とのシュミットのような解釈に拠るならば，大衆的支持を基盤としたファシズムやボルシェヴィズム，それにしばしばボナパルティズムやカエサル主義(Cäsarismus)の名で呼ばれる権威主義的体制もまた，民主政の現代的な現象形態として解釈されうる余地を有することになろう(これらはまだ遠い過去ではなかったし，まして「人民民

主政」ないし「人民共和政」を掲げる共産圏諸国が対峙する冷戦下では同時代性を失っていない）。換言すれば，民主政の名を掲げる政治的な理念が有する力学は，西欧型のリベラルデモクラシーの枠組みを超えて進み，またはこれを破壊する危険をも内包している，というのが20世紀の与えた教訓であるということになる[1]。

それ故，もしも憲法学が国民主権に基礎を置く民主的な政治体制を支持する立場に立つ場合には，憲法学説はこの民主政の擁護と民主政への懐疑というふたつのアンビヴァレントな要請の間で，難しい綱渡りを強いられることになる。ここに存在するのは，いわば民主政をめぐる19世紀と20世紀との緊張を孕んだ併存である[2]。

(2) 順応とユートピア

この際に考えられる方策のひとつは，民主政の理念から上述の危険性を毒抜きすることである。正しい意味で民主政の名に値するのは，議会制や権力分立，人権保障などを備えたリベラルな民主政のみである，というのがここで可能な考え方である。これに反するかたちで，自らの政治的利益を糊塗するために民主政の理念を濫用する者に対しては，そのイデオロギー性に対して強い嫌疑がかけられる。ここで問題となるのは，民主政の理念が孕む潜勢力を，憲法の定める議会制民主政の枠内に封じ込めることである，と見ることができる[3]。

もっとも他方で，かようなリベラル・デモクラシーの現実が，「人民による統治」という観念から想起されるものとは大きく乖離した姿を示すこともまた，政治理論などで様々に主題化されるようになる（一方でのシュンペーター（Joseph Schumpeter）のエリート理論や多元主義論など，他方でのマルクス主義による国家独占

---

1) Carl Schmitt, Die geistesgeschichtliche Lage des heutigen Parlamentarismus, 2. Aufl., 1926. 独裁や権威主義体制を含め20世紀のほとんどの体制が民主政的正統性を主張する事態は，その端的な表れと理解できよう。
2) とりわけ宮沢俊義との論争における尾高朝雄の立場は，民主的権力でも超えられない矩の探究が天皇制への愛着と結びつくという意味で，こうした緊張と併存の興味深い一形態を示すと思われる。尾高朝雄『国民主権と天皇制』(1947年)，同『法の窮極に在るもの』(1947年)。
3) これは一面では最高の権力としての憲法制定権力の限界や根拠づけの問題として，他面ではその憲法内部での封じ込めの問題として現れる。参照，芦部信喜『憲法制定権力』(1983年)，樋口陽一『近代立憲主義と現代国家』(1973年)287頁以下。

資本主義論など)。これに対して理念としての民主政は，特定の制度化の形態に自己を解消することなく，ここで生じる弊害や歪みに対する批判の視座を提供しうる面も有している。憲法論が既存の権力構造の擁護という役割に甘んじることを潔しとしない場合，民主政の理念は(例えば直接制や参加などの視角から)現状を乗り越えるための理想としての機能をも引き受けうる。とは言え，これは上述の危険性に照らせば諸刃の剣でもあろう。

かくして，ここに生じるのは憲法学が民主政を論じる際のふたつのベクトルの存在であるように思われる。歴史的に生成し発展してきたリベラルデモクラシーの現実を受け入れる方向と，その限界を超えた理想へと向かう方向——これを，フリッツ・W. シャルプフ(Fritz W. Scharpf)の表現を借りて「順応」と「ユートピア」と呼ぶならば[4]，この両者の緊張を孕んだ共存こそは，国民主権や民主政をめぐるわが国の憲法論の中にも繰り返し見出されるものである。とりわけ，フランス革命の主権観念の再解釈をめぐって展開された第二波の主権論争には，直接民主政の理念に憲法上自由な展開を与えることに対する是非という主題が極めて明瞭に現れている[5]。

(3) 原理の所在

かような消息が我々に示すのは，民主政の理念が幾世代にもわたる人々に発揮してきた一種独特の魔力であると考えられる。ルソーにおける「自由」への情念であれ，あるいはシュミットのより暗く非合理主義的なヴィジョンであれ(あるいは他にいくらでも例を増やすことはできようが)，そこに含まれる訴求力が，これを受容するにせよ拒絶するにせよ何らかの対決を不可避なものとさせてきたとも思われる。上述の主権論争などに見られるのは，実証主義的な醒めた法学的操作を超えた独特の熱である。

とは言え，ここには時代の推移に伴い，与件の変化による議論の一定の収束

---

[4] Vgl. Fritz Scharpf, Demokratietheorie zwischen Utopie und Anpassung, 1970.
[5] 参照，杉原泰雄『国民主権の研究』(1971年)，同『人民主権の史的展開』(1978年)，同『国民主権と国民代表制』(1983年)，同『国民主権の史的展開』(1985年)。他方，国民主権ないし民主政の理念がイデオロギー的に作用する危険を重視する一方で，体制の擁護を超えた批判的視座を獲得しようとする場合に考えられるのが，主権ではなく人権に議論の軸足を置くという選択肢であろう。参照，樋口・前掲註3)。なお，順応とユートピアの拮抗という視角は，90年代以降に違憲審査制との関連で民主政が論じられる局面を理解する上でも示唆的であるように思われる。

を見て取ることもできる。リベラルデモクラシーに対するコンセンサスが広く行き渡り、これと対抗的な制度構想が選択肢としての説得力を失っていくにつれ（国内的にも例えば人民主権論の影響力の低下は象徴的である）、憲法が定める西欧型の議会制民主政を議論の共通前提とする傾向が強まる[6]。もしそこに民主政論の担うべき役割がなお残されるとしたら、それはかような憲法体制の枠内でいかなる解釈や運用、実践、制度改革などが可能か、といった点に求められていくように思われる（わが国でしばしば「主権論から民主政論へ」と定式化される変化は、かような消息とも関連していよう[7]）。

かくして現行憲法を前提としながら、その中で民主政の位置づけを探っていく場合、ここにはいくつかの問いが浮かび上がる。日本国憲法は、「主権が国民に存することを宣言」し、国民主権の原理を明確にするが、その内容を具体的に形成するのは選挙や議会、政府と行政、裁判所などについて定める個別の諸規定であり、また国民の政治的な権利を保障する基本権規定である。国民主権ないし民主政の原理それ自体に、これら諸規定が規律する個別の諸側面の総和に解消されない固有の内容が存在するのか否かは、必ずしも自明の問題ではない。民主政とは結局のところ、これら実定的な諸規定の織りなすシステムが一定の特質を備えている場合に与えられる総称にすぎないと考えるべきか。それとも、ここでなお憲法の諸規定をめぐる個別具体的な諸問題を超えて、民主政の「原理」それ自体を持ち出す必要のある局面が存在するのか。もしあるとして、それはどのような場合か。民主政という観念が憲法の内側でいかなる役割を果たしうるかは、なお開かれた問いとして残されているように思われる。

---

[6] 参照、高橋和之『国民内閣制の理念と運用』（1994年）。一面で杉原泰雄らと異なり現行の代表制を前提としつつ、他方で樋口陽一らとは異なり「イデオロギー批判」を超えて主権の理念を積極的に用いる点に、それまでの問題構成を超えた転換点としての意義を読み取ることができるように思われる。

[7] 高見勝利「主権論——その魔力からの解放について」法学教室69号（1986年）16頁以下（同『宮沢俊義の憲法学史的研究』（2000年）352頁以下）。他方、そこになお「ユートピア」を求める方向性もまた、主権概念ではなく一種のラディカル・デモクラシーの構想という形を取るようになる。日本での討議民主政的ヴァージョンとして参照、毛利透『民主政の規範理論』（2002年）、同『表現の自由』（2008年）。こうした構想を含めた順応とユートピアの緊張関係については、本書第7章2も参照。

（4） 正統化の要請

ところで，以上に概観を試みた第二次大戦以後の問題状況は，必ずしもわが国のみに孤立したものではない。中でもドイツ連邦共和国を見るなら，ここにはとりわけ1950年代から70年代を通して，上述のような民主政の擁護と民主政への懐疑との間のディレンマ，順応とユートピアとの間の振れ幅など，我々とも通底する主題や特徴の存在を見て取ることができるように思われる。直面した問題状況に一定の共通性が存在することに加え，そもそも日本の知的世界が西欧諸国からの大幅な影響の下に成立していることに鑑みれば，わが国の議論に現れるモチーフが彼の地でより鮮明な形で観察されるとしても，驚くべきことではない[8]。

これに対して，このドイツでは1990年頃を境に，新たな注目すべき発展が現れる。それは，憲法上の民主政原理が国家理論や憲法理論の主題としてよりも，憲法裁判所によって適用される自立した内容を持った法的要請として論じられる傾向が強まる，という変化である。嚆矢をなしたのは，シュレスヴィヒ＝ホルシュタイン州とハンブルク州で一定の限度で外国人参政権を認める州法律を違憲と判断した1990年のふたつの連邦憲法裁判所判決である(BVerfGE 83, 37; 83, 60)。これは，シュレスヴィヒ＝ホルシュタイン州の職員代表による共同決定制度を違憲とした1995年決定によって更に展開される(BVerfGE 93, 37)。ここで打ち出された新しい解釈に対しては学説でも賛否両面から熱心に議論されるが，連邦憲法裁判所は2002年のリッペ水利組合(Lippeverband)合憲決定(BVerfGE 107, 59)でもその枠組みを基本的には維持する。ここで用いられた思考方法は，EU統合の憲法上の限界をめぐる1993年のマーストリヒト(Maastricht)判決(BVerfGE 89, 155)や2009年のリスボン(Lissabon)判決(BVerfGE 123, 267)などでも重要な役割を果たしている。

この発展に決定的な影響を与えた人物として衆目の一致するのが，1983年から1996年まで連邦憲法裁判所の第二法廷の裁判官を務めた公法学者ベッケンフェルデ(Ernst-Wolfgang Böckenförde 1930-)である。ベッケンフェルデは，

---

[8] 以上は，敢えて叙述の抽象度を上げることで，問題状況の共通性を浮かび上がらせることを意図したものである。ドイツの問題状況を全体として叙述することは本章の課題の範囲を超えるが，以下本文2でベッケンフェルデを軸にその一端の再構成が試みられる。

1987年に刊行されたイーゼンゼーとキルヒホフの編集による『国法学ハンドブック』第1巻で「憲法原理としての民主政(Demokratie als Verfassungsprinzip)」という章を担当し，民主政原理に関する自らの見解を体系的に展開する(以下，便宜上「憲法原理」論文と呼ぶ[9])。様々な論点を視野に収めたその浩瀚な叙述のうち，後の判例・学説に影響を与えた部分の骨子のみをごく簡潔に要約すれば，以下のようになろう(以下，「憲法原理」論文は本文中の括弧内で該当箇所を指示する)。

ア 基本法20条2項は「すべての国家権力は国民に発する」，と定める。この命題によって基本法は，「〔民主政という〕国家形態を定めるに際して明示的に国民主権の原理に接続している」(Rn. 2)。国民主権の原理を支えるのは，政治的支配は(例えば神によって)予め与えられたものではなく，正統化を必要とするものであり，かつこの正統化は国民のみから発することができる，という思想である(Rn. 3)。これはまず，国民が憲法制定権力を有する，という帰結を導くが(Rn. 5-7)，更にこれを超えて民主政という国家形態をも基礎づける。「民主政は国民主権原理の帰結かつ実現として現れ，国民主権原理に接続してここに自らの基礎と正当化を見出すのである」(Rn. 8)。

イ 民主政という国家形態は，国家による政治的支配がある特定の形で組織化されるべきことを意味している。すなわち，国家権力とここから生じる人間の人間に対する支配は，「その行使が国民，つまり公民たちによって構成・正統化・コントロールされ，この点で国民の自己決定および自己統治の形態として現れ，この自己決定および自己統治に全ての公民が平等な資格で参与する権限を有する」ような形で組織化されるのである。「かくして国家形態および統治形態としての民主政は，国家権力の保有と行使に関する・組・織・原・理・である」(Rn. 9 強調原文。以下同じ)。

---

9) Ernst-Wolfgang Böckenförde, Demokratie als Verfassungsprinzip, in: Josef Isensee/Paul Kirchhof, Handbuch des Staatsrechts der Bundesrepublik Deutschland, Bd. 1, 1987, S. 887ff. 同論文は，校閲と補足を加えた上でベッケンフェルデの論文集 Staat, Verfassung, Demokratie, 1991, S. 289ff. に収録されている。Handbuch des Staatsrechts は改訂が加えられ，現在最も新しいものは Bd. 2, 3. Aufl., 2004, S. 429ff. である。以下では引用含め，到達点と目すべきこの2004年の Handbuch 第3版を基本的に用いつつ，1987年の初版と1991年版も併せて参照し(なお1995年の Handbuch 第2版は初版の単なる再版である)，有意な差異が見られる場合には特にその旨を記す，という方針を取る。

ウ では，この組織原理は具体的に何を要請するのか。「国民が国家権力の担い手であり保持者であるという命題は，積極的・構成的には，国家権力の保持と行使が国民から具体的に導出されなければならないことを定めている。国家任務の引き受けと国家権限の行使は，国民自身に遡り国民自身に発するところの正統化を必要とする（いわゆる実効的な民主的正統化）」。こうした条件が常に充たされた時のみ，国民とは区別された国家機関の行為を，「国家機関を通して国民が国家権力を行使する」ものと見なすことができる（Rn. 11）。より具体的には，①正統化を必要とするのは基本的に決定としての性格を有する全ての国家行為である（Rn. 12）。②正統化を行う形式としては，「作用的および制度的な民主的正統化」（憲法制定者がそれぞれの作用と機関を構成したことによる正統化。Rn. 15），「組織的・人的な民主的正統化」（職務担当者の任命が，連続した「正統化の鎖（Legitimationskette）」によって国民へと遡ることによる正統化。Rn. 16-20），「事項的（sachlich）・内容的な民主的正統化」（国家権力の行使が，法律への拘束や民主的責任によって，内容的に国民から導かれることによる正統化。Rn. 21-22），という三つが存在する。③これらの正統化の形式（とりわけ後二者）が協働することで，十分な民主的正統化の実効性（正統化の水準）が達成されることが要求される（Rn. 23）。

以上を一言で纏めれば，(1)国民主権原理は，国民が憲法制定権力を有することのみでなく，民主政という国家形態をも要請する，(2)この意味での民主政は国家の組織原理である，(3)この組織原理は，国民と国家行為との間に，いくつかの法的形式を通した実効的な民主的正統化の連関を要求する，ということになる。ドイツ連邦憲法裁判所は，かかる理論（以下，便宜のため「民主的正統化論」と呼ぶ）に依拠することで，参政権者の限界確定（外国人参政権問題），ヒエラルヒー的な行政組織の枠を超えた行政の組織形態と民主政との関係（機能的自治など），国家を超えたレベルにおける公権力と民主政との関係（EU 統合）等といった諸問題に解釈論的に取り組んできた，とひとまず整理することができよう。

(5) 古い国家観と新しい民主政解釈

かようなドイツでの展開は，いくつかの点で我々の興味を惹くものである。第一に注目されるのは，かかる議論の中に，民主政をめぐる極めて現代的な問

題状況が鮮明に映し出されている点である。例えば外国人参政権の問題は，国境を越えた人の移動が増大し，外国に定住する人も増えつつある時代における政治社会のメンバーシップをどう考えるべきか，という問題と密接に関係している。行政組織やEUの問題は，一方における国家と社会の関係の変容，他方におけるグローバル化・国際化等の進展によって，権力というものの存在のあり方が多様化しつつある時代に，統治が民主的でなければいけないということの意味をどう考えるべきか，という難問へと直結している。これらの問題を，国家理論や政治理論としてではなく，法的拘束力を持つ実定憲法上の主題として扱うことを可能にする点に，民主的正統化論の魅力が存するように思われる。日本でも，かような問題連関の一端を強く意識し，またドイツ法から大きな影響を受けた行政法学の潮流において，その参照と受容が見られるのも，理由のないことではない。

　しかし第二に，このドイツにおける民主政論の転換は，我々にとって必ずしも自明ではない前提に立脚していることも，否定しえないように思われる。ここでは憲法原理としての民主政は，選挙や統治機構等に関する諸規定に解消されえない自立した内容を持ち，かつ法律以下の国家行為を直接に拘束するものとして裁判所が適用する法的ルールと理解されている。民主的正統化論に対する最も辛辣な批判者の一人でもあるブルン＝オットー・ブリューデ(Brun-Otto Bryde)は，他方で「基本法20条における国民主権の定式化を，原理から十全たるルール(Vollregel)へと変容させた点に，その争いがたい法学的な魅力が存することは，認めなければならない」，とも述べている[10]。これは，それ以前に漠然ともしくは暗黙に前提されていた民主政原理についての捉え方にここで重要な質的変化が加えられたことを示唆するように思われる[11]。

　そこで第三に，この「新しい」現代的諸問題を主題化しうる民主政理解への質的転換がいかに可能となったのか，という疑問が浮かび上がる。が，ここで目を惹くのは，かような転換を可能にした民主政論自体が持つ意外な「古さ」

---

10) Brun-Otto Bryde, Das Demokratieprinzip des Grundgesetzes als Optimierungsaufgabe, in: Redaktion Kritische Justiz(Hrsg.), Demokratie und Grundgesetz, 2000, S. 59ff., 60.
11) 但しブリューデも指摘するように，Vollregelとしての民主政原理という理解はヘルツォーク(Roman Herzog)の提唱による。Roman Herzog, in: Maunz/Dürig, Kommentar zum GG, Art. 20 II, 1978, Rn. 1.

である。ここでは，単数形の国民が主権的な国家権力を掌握しヒエラルヒー的な国家組織を通じて行政の隅々にまで自らの意思を行き渡らせる，というある種の理想化された国民国家像が民主的統治の典型として想定されているように思われる。上述の諸問題は，かような民主政モデルに対する逸脱ないし偏差を，どこまで，またいかなる条件の下で許容すべきか，といういわば後ろ向きの形で捉えられる。かかる民主政論の「国家主義的」ないし「一元論的」性格が時に批判の対象とされる所以である[12]。そもそも，例えば憲法制定権力の観念や国民の観念など，ベッケンフェルデの民主政論にはシュミットからの一定の影響を看取できるが[13]，このシュミットが既に1950年代から70年代の連邦共和国でより多元主義的な方向から厳しく指弾されていたことに鑑みれば，かような民主政像が20条2項の解釈において支配的地位を獲得しえたのが何故なのかは，説明を要する事柄である。

　結局のところ，ここに見られるのは「古い国家観が新しい民主政解釈への質的な飛躍を可能にした」という一種のパラドックスの存在であるように思われる。卒然と眺める限りでは，国民国家の動揺や融解に対する伝統的な国家観からの警戒や抵抗が，これに限界を置くものとしての民主政原理の法的役割の拡大を後押しした(国家主義の肥大化という過去を持つドイツでは，この際に「国家」や「主権」など警戒を招く観念が避けられ，より安全な「民主政」観念に軸足が置かれた)，といった解釈が思い浮かぶが[14]，ここで問題にしたいのはかような解釈自体の

---

12) Vgl. Brun-Otto Bryde, Die bundesrepublikanische Volksdemokratie als Irrweg der Demokratietheorie, in: Staatswissenschaft und Staatspraxis 5(1994), S. 305ff.; ders.,(Anm. 10); Thomas Groß, Grundlinien einer pluralistischen Interpretation des Demokratieprinzips, in: Demokratie und Grundgesetz(Anm. 10), S. 93ff.; ders., Das Kollegialprinzip in der Verwaltungsorganisation, 1999, v.a. S. 163-199; Alfred Rinken, Demokratie und Hierarchie, in: Demokratie und Grundgesetz (Anm. 10), S. 125ff.
13) ベッケンフェルデとシュミットの関係につき参照，Dieter Gosewinkel, Biographisches Interview mit Ernst Wolfgang Böckenförde, in: Ernst-Wolfgang Böckenförde, Wissenschaft, Politik, Verfassungsgericht, 2011, S. 305ff., S. 359-384; Reinhard Mehring, Carl Schmitt: Aufstieg und Fall, 2009, 4. Teil.
14) ドイツの国内的文脈として90年代はイーゼンゼーやキルヒホフに代表される保守的な国家観の影響が強い時代であったことが挙げられる。Vgl. Helmuth Schulze-Fielitz, Grundsatzkontroversen in der deutschen Staatsrechtslehre nach 50 Jahren Grundgesetz, in: Die Verwaltung 32, 1999, S. 241ff. 他方，例えばEU統合に対する憲法上の限界についての各国の対応の比較は，この点でのドイツの特徴を浮かび上がらせる。参照，中村民雄，山元一編『ヨーロッパ「憲法」の形成と各国憲法の変化』(2012年)。この文脈における「民主政」概念と「国家」概念の関係につき参照，

当否ではない。上述の脈絡は，我々日本憲法学にとってこのドイツ民主政論の転換が，少なくとも単純に「遅れた日本」に対する「進んだドイツ」の優位を示すものとして直ちに摂取の対象とするのではなく，より踏み込んだ検討を行うべき事象であることを示唆するように思われる。

(6) 「転轍」の持つ意味

以上の検討を踏まえるなら，ドイツにおける民主的正統化論の登場と貫徹は，法史上における転轍(Weichenstellung)のひとつとして，その意義を慎重に読み取る必要があると考えられる。戦後ドイツ公法史に関する研究の中ではしばしば，法的発展が単線的な進歩ではなく，時にある種の質的断絶をもたらす転換点が存在することが指摘されている。この転換点で一種のパラダイムが設定されると，その後はこれを前提に議論を積み重ねていくことが要求され，ここにいわば経路依存性が発生する。その最も顕著な例として挙げられるのが，1958年のリュート判決(BVerfGE 7, 198)によるいわゆる基本権の客観法的内容の発見である[15]。

こうした見方を下敷きにすれば，上述の民主政論の変容もまた，それ以前とそれ以後とに議論の質的な断絶をもたらす一種の転轍であったと理解することができるように思われる。この種の転轍は，わが国の比較法的な研究手法に対してしばしば難問を投げかける。参照対象国でこの転轍が行われ，以後一定の枠組みを前提にその先で精緻化された議論が積み重ねられていくのに対して，日本では同じ転轍が行われていない場合には，参照対象国における最新の議論を継受しようとしても容易に成功しない(上述の基本権の客観法的内容の他，例えばアメリカのウォーレン(Earl Warren)・コート以後の人権論の展開を想起することもできよう)。他方，かかる転轍の意義自体を問おうにも，参照対象国の最前線の論者にとっては，これは議論の当然の前提であるために，それがいかに自明でないかが時として十分意識されない場合がある。ここでは，我々にとって一番

Christoph Möllers, Staat als Argument, 2000, S. 405-415.
15) Vgl. Rainer Wahl, Herausforderungen und Antworten: Das Öffentliche Recht der letzten fünf Jahrzehnte, 2006; ders., Zwei Phasen des Öffentlichen Rechts nach 1949, in: ders., Verfassungsstaat, Europäisierung, Internationalisierung, 2003, S. 411ff.

知りたい事柄が，その国の議論をいくら熱心に読んでも容易に浮かび上がってこない，ということも珍しくない。

かような困難にも拘わらず，異国で行われた転轍を転轍として主題化することの意義は小さくないと思われる。その時点のその国においていかなる可能性が存在し，その中で何がいかなる前提の下で選ばれ，何をもたらしたのか，その選択が何を切り捨てることによって成り立っており，そこにいかなる別様の可能性が存在したのか，を考えることは，その国の法史の内在的な理解に資するのみでなく，我々自身が潜在的にいかなる選択の前に立っているかを明らかにする上で重要な寄与をなしうると考えられるためである。

このことは，本章の主題である民主政論にまさに当てはまる。日本憲法学とも通底する「戦後」の観念世界を根に持ちながら，ここからの跳躍を遂げたドイツにおける転轍の意味を問うことは，翻って我々自身が現在立っている地点を問い直すことでもあろう。

こうした関心から見た場合，上述のベッケンフェルデの民主政論はとりわけ興味深い検討対象であると思われる。1950年代以降一貫して重要な議論を提起し続けてきたベッケンフェルデは，我々にも馴染みのある「戦後」的議論状況に深く根ざした論者である一方で，同時に90年代以降の「新しい」民主政解釈への転轍を導いた論者でもあり，この意味で転轍の前後ふたつの世界を結ぶ存在であるからである。なぜベッケンフェルデの民主政論がかかる転換点としての意味を持ちえたのか。その影響力はむしろ偶然的な諸要因の産物と解すべきか。あるいは，その民主政理解には学問内在的に見て，その時点に存在していた憲法学的な民主政論の主要なヴァリアントと比べて異なる特質が存在していたと言えるのか。以下ではこうした見地から，上記の「憲法原理」論文および関連する諸論攷を題材に，その民主的正統化論を背後で支えると想定される論理を再構成すべく試みる。

2 「型」としての民主政原理

(1) 国家形態としての民主政

まず，最初にこれら解釈論の対象である連邦共和国基本法の規定を改めて確

認しておく必要がある。20条1項は、「ドイツ連邦共和国は民主的で社会的な連邦国家である」、同条2項は、「全ての国家権力は国民に発する。これは国民によって選挙や投票において、また立法・執行権・裁判の特別の諸機関を通じて行使される」、と定める。この前者は民主政という国家形態を定め、後者は国民が国家権力を「保持」すること（「国家権力の担い手（Träger der Staatsgewalt[16]）」）とその「行使」の態様について定めるものと解するのが古くに見られる例であり[17]、実際にベッケンフェルデ自身もしばしばかかる諸概念を用いている。そこで問題は、これらに具体的にいかなる意味が与えられるかである。

この「国家権力の担い手」、国家権力の「保持」と「行使」の区別等は、既に19世紀の立憲君主政の時代に国法学において確立されていた概念である。これは、君主政から民主政への体制転換に際しても、新たな体制を理解し説明するための下敷きを提供したものと考えられる。例えばビスマルク帝国期の主流派の流れを継ぎ、国家法人説によってドイツ革命を超えた国家の連続性を主張するアンシュッツは、ワイマール憲法1条2項「国家権力は国民に発する」を「国民主権」の規定と位置づけつつ、これをこの「国家権力の担い手」と同義に解している[18]。かかる流れに根を持つ用語法が連邦共和国にまで継承されたとすれば、この古典的な観念体系においてこれら諸概念がどのように理解されていたかをまず簡単に確認しなければならない[19]。

19世紀の立憲君主政では、君主政原理に基づいて君主が統治権を総攬する旨の規定がしばしば憲法に置かれる。もっとも他方で憲法は、当時の立憲主義の要求に対する妥協として議会を開設し、君主による国家権力の行使を議会による制限に服させる。この一見対立するふたつの要素を矛盾なく説明しようと

---

[16]　基本法の起草過程では、現20条2項1文は、「国民は国家権力の担い手である」という定式と現在の形との間で揺れていた。Peter Häberle(Hrsg.), Entstehungsgeschichte der Artikel des Grundgesetzes: Neuausgabe des Jahrbuch des öffentlichen Rechts der gegenwart Bd. 1, 2010, S. 195-202.

[17]　例えば参照、Hermann von Mangoldt/Friedrich Klein, Das Bonner Grundgesetz, 2. Aufl., 1966, S. 594-596.

[18]　Gerhard Anschütz, Die Verfassung des Deutschen Reichs vom 11. August 1919, 14. Aufl., 1933, S. 38.

[19]　以下、アンシュッツ自身が補訂を手掛け自ら引用するMeyer/Anschützの叙述に基づいて説明する。Georg Meyer/Gerhard Anschütz, Lehrbuch des deutschen Staatsrechts, Nachdruck der 7. Aufl., 1919, 2005, S. 17-21.

するのが，国家権力の「保持」と「行使」の区別である。君主は全ての統治権を「保持」するが，これをいかに「行使」するかについては憲法による制限に服する，というのである。他方，国民主権を掲げた民主政国家においても，主権者であるはずの国民が実際に全ての権力を行使するのは難しく，むしろ多くの場合代表制の仕組みを採用せざるをえない。ここでも，国民が国家権力を「保持」し，議会等の機関がこれを「行使」する，というのがひとつの可能な説明となる。

　他方国家法人説は，これを更に一定の国家論的枠組みへと組み込む。ここでは国家権力の主体は君主でも国民でもなく国家そのものであるとされ，君主等は国家法人の定款たる憲法の定める権限を行使する機関として構成される。この枠組みによって上述の君主政原理を説明するなら，統治権を総攬する君主とは憲法に基づき全ての国家権力を自らの権限として保持する国家機関である，ということになる。「国家権力の担い手」とは国家機関のかような地位を指すものと規定され，君主政・貴族政・民主政という国家形態の分類論も，誰がこの国家権力の担い手であるかによって区別される[20]。慣例上この国家権力の担い手の地位を指して「主権」という表現が用いられる場合があるが，その権力は，国家の中で最高であるとしても，無制限ではなく憲法によって拘束されている[21]。

　以上は，それなりに筋の通った体系的説明を提供するものである[22]。この見地から先の基本法 20 条を眺めるなら，ここでは国民が国家権力の担い手であり，この意味で国民主権と国家形態としての民主政が採用されることが宣明されるものの，この国家権力が具体的にいかに行使されるかは，あくまで憲法の他の個別の条規によって律せられるべき問題である[23]。そもそも国家法人説や

---

20) Ebenda, S. 32-35.
21) Ebenda, S. 21-25.
22) 但し，この「国家権力の担い手」の存在が君主政原理など実定憲法の内容に依存するものにすぎないと考えるなら，ここに重要な理論的地位を与えることには異論が提起されうる。イェリネックは「最高機関」概念を中心に据えて国家形態を分類する。Georg Jellinek, Allgemeine Staatslehre, 3. Aufl., 1920, S. 661-736.
23) アンシュッツはワイマール憲法 1 条 2 項の規範的意義を，単純法律による国家形態の変更の禁止に見出す。Anschütz(Anm. 18), S. 37. 基本法下でも，20 条が同 79 条 3 項によって憲法改正からも保護されていることや，いわゆる「闘う民主政」に関する「自由で民主的な基本秩序」(18 条，21 条 2 項など)との関連に鑑みれば，憲法による民主政の保障の意義を考える際に，ここから積極

「保持」「行使」区別論が，権力の法への拘束を説明するための一種の技巧だとするならば，「主権者」たる国民がいかなる形で国家権力の行使に関与すべきかを積極的な意味で明らかにするには，さほど適さない[24)25)]。

(2) 憲法制定権力の理論

法人説的な枠組みが主権の暴走を封じ込める仕掛けである以上，あくまでかような地点にとどまるというのもひとつの選択肢であるが，ベッケンフェルデはかかる立場を取らず，上記のような諸観念により強い内容を与えようとする。この際にベッケンフェルデが接続するのが，国家法人説と対抗的な理論である憲法制定権力の理論である。

フランス革命の理論としてシィエスにより提唱され[26)]，とりわけシュミットによってワイマール共和国のドイツに導入された[27)]この理論によれば，国民はいかなる法的拘束にも縛られず，自由に自らに対して憲法を与える力を有する。シュミットの定義を引くなら，「憲法制定権力とは，その力もしくは権威によって，自らの政治的実存(Existenz)の態様と形態について具体的な全体的決定を下す，すなわち政治的単一体(politische Einheit)の実存を全体として規定することのできる，政治的な意思である。その先のあらゆる憲法律的規定の効力は，この意思による決定から導かれる」[28)]。かくして，憲法上の諸規定から権限と制限を付与された国家の諸機関(pouvoirs constitués)に対して，憲法の外側に立

　　的な規範的要請を導出するよりは，「基本法の定める体制のうち変更や侵害から保護されるべき核心は何か」という消極的側面がより重視された可能性も推測される。
24)　当時の法学的枠組みがこの点で限界に逢着することは，君主政から民主政への転換に際して，一般に主流派に属すると目されるトーマがかかる枠組みから相当程度自由に議論を構築する点からも読み取ることができるように思われる。Vgl. Richard Thoma, Der Begriff der modernen Demokratie in seinem Verhältnis zum Staatsbegriff (1923), in: ders., Rechtsstaat-Demokratie-Grundrechte, 2008, S. 91ff.; ders., Das Reich als Demokratie (1930), in: ebenda, S. 282ff.
25)　例えばヘルツォークはこの点で，「国家学も政治理論もともに，国民が国家権力の担い手である，国家権力が国民から発する，諸機関が国家権力を国民の名において行使する，といった定式にあまりにも安易に満足してしまい，この国民が担い手であるということが国家機関との関係で実践上どの点に存するのかという問いを本当は提起すべきなのにしなかったことが，非難されなければならない」，とする。Roman Herzog, Allgemeine Staatslehre, 1971, S. 208.
26)　Emmanuel Joseph Sieyès, Qu'est-ce que le Tiers-État?, in: ders., Écrits politiques, 1985, S. 115ff. シィエス(稲本洋之助他訳)『第三身分とは何か』(2011年)。
27)　Carl Schmitt, Verfassungslehre, 1928.
28)　Ebenda, S. 75f.

ちこれに拘束されない権力(pouvoir constituant)が対峙する。

　これは，革命のような政治的事象を説明する上で有効性を有する枠組みであるが，危険な帰結をも呼び込む。たしかに憲法の枠内では全ての権力は法的な制約に服するが，他方で憲法を超えた権力の主体である国民は常に現在し続けている。ここでは，国民は自らが定めた憲法をいつでも破ることができる，ということになりはしないか。これは丁度，国家法人説が対決しようとした君主主権説において，主権者である君主がいつでも憲法を破りうると主張されたのと表裏である[29]。クリーレは，戦後，シュミット的な立場を厳しく批判して，「立憲国家の内側には主権者は存在しない」，「主権者という観念は，立憲国家に対する革命的な爆薬である」との立場から，憲法制定権力はその行使によって解消される，と主張する[30]。これは，理論的な説得力の問題をひとまず措けば，政治的には多分に穏当な態度であると言える。

　国民主権原理を憲法制定権力の観念と結びつけ，かつここから基本法20条の定める実定憲法上の民主政原理を解釈するというのは，決して自明な立場ではない。超実定法的な主権原理を実定憲法の中に持ち込むことは，他の諸規定に解消されない規範的要請を基本法20条から導くことを可能にするかもしれないが，他方でこれを立憲主義の要請といかなる意味で両立させうるかという問いに，説得力のある答えを提示できなければならない。

(3)　主体としての国民

　これについてベッケンフェルデは，1986年の『国民の憲法制定権力——憲法の限界概念』[31]において示唆的な議論を提示している。まず，ベッケンフェルデは上記のクリーレの立場を退ける。もし憲法を正統化するために現実の政治的な力としての憲法制定権力が必要なのだとすれば，いったん憲法が定められたからといってこれを無に帰せしめることはできず，憲法制定権力はなお存

---

29) 新たに即位した君主が憲法を破棄し，これを国家法人説の創始者とされるアルブレヒト(Wilhelm Eduard Albrecht)を含むゲッティンゲン七教授(Göttinger Sieben)が批判したハノーヴァー(Hannover)憲法争議(1837年)などが例として挙げられよう。Vgl. Ernst Rudolf Huber, Deutsche Verfassungsgeschichte, Bd. 2, 2. Aufl., 1968, S. 91-115.
30) Martin Kriele, Einführung in die Staatslehre, 5. Aufl., 1994, S. 121-126.
31) Böckenförde, Die verfassunggebende Gewalt des Volkes — Ein Grenzbegriff des Verfassungsrechts (1986), in: ders., Staat, Verfassung, Demokratie, 2. Aufl., 1992, S. 90ff.

在し続ける[32]。制憲権は，憲法を正統化する力を有する以上，この正統化を破棄する力も有すると考えるしかない。従って，制憲権が憲法を覆す事態をできる限り防ぐために可能なのは，適切な予防的手段によって，これが一定の手続などに誘導された(kanalisiert)形で発現するよう仕向けることである[33]。

かような方策のひとつとしてベッケンフェルデが挙げるのが，制憲権の主体としての国民に対して，憲法の枠内において作用する道を開くことである。「国民が自らに開かれたかような可能性を行使することによって，国民は憲法を「生き」，コンセンサスを新たにすることで憲法の正統化を更新するのである」。これは具体的には，意見表明や出版，集会の自由などの保障を通して，組織されざる国民が直接に自らを表現することと，有権者団すなわち組織された国民に対して選挙や投票によって法的に作用する道を開くことによって行われる[34]。

これは，憲法制定権力論の本来の前提からすると，自明の考え方ではない。制憲権の主体としての組織されざる国民と，憲法の下で法的に組織され限界づけられた pouvoir constitué としての国民とは，その性質を異にするはずだからである[35]。これについてベッケンフェルデによれば，「組織された存在としての国民が有権者団の形で行動し姿を現す場合には，憲法制定権力としての組織されざる国民も何らかの形で参加しており，ともにその場にいるのである。国家的・政治的現実において，機関としての国民と主権者としての国民はたしかに法学的には区別されうる。しかし，両者がふたつの異なる現実上の存在であるかのように両者を相互に分離することはできない。結局のところ両者は同一の「国民」である」[36]。

一言で纏めるならば，憲法制定権力論の前提を採用する限り，その主体としての国民は常に存在し続けると考える他ないが，他方そうであるからこそ，この国民の暴発を防ぐために，憲法の内側で自らの意思を発現する可能性を保障

---

32) Ebenda, S. 99.
33) Ebenda, S. 100.
34) Ebenda, S. 104.
35) 少なくともシュミット型の理解ではそうなろう。Schmitt, Verfassungslehre (Anm. 27), S. 238-252.
36) Böckenförde (Anm. 31), S. 104.

第9章　憲法原理としての民主政——231

しなければならない，ということになろう。超憲法的な憲法制定権力から，憲法内部の国家形態としての民主政を基礎づけ，いかなる法にも拘束されない主権者の権力を，法的に枠づけられた国家の組織原理へと変容させる論理——「憲法原理」論文では明示的に論じられないが——は，恐らく以上のようなものであると考えられる。

では，仮にかような議論を受け入れるとして，憲法の内側で民主政原理は何を要求するのだろうか。

(4)　直接制と代表制

ところで連邦共和国基本法は，ワイマール憲法に存在した国民発案や国民投票などの直接民主政的な制度，それに大統領の直接公選制を廃止して，議会を中心とした一元型の議院内閣制を採用した。ここでは国民が自らの政治的意思を発する機会は議会選挙の時に限られ，爾後の政治は議会や政府などにおける公職の担い手に委ねられる。国家機関の組織や権限に関する憲法の具体的な諸規定を超えて民主政の理念を活性化することへの賛否は，かかるシステムとその現実をどう評価するか，という問題とも一面で関連していると考えられる。

ここでは一方で，かかる代表制の仕組みが機能不全や限界を露呈しているとして，ここにおける民主政の変容を批判的に分析するとともに，これを乗り越えるものとしての直接民主政的な理念に期待をかける方向が存在しうる。選挙を超えた民意の多様な表出や参加，国家のみならず企業や団体，大学・学校など社会諸領域の「民主化(Demokratisierung)」が，ここでの主題となる[37]。こ

---

37)　60年代後半のaußerparlamentarische Opposition(議会外における抗議＝野党)の時代に影響力を持った代表民主政への批判論として参照，Johannes Agnoli/Peter Brückner, Die Transformation der Demokratie, 1968(Agnoliの執筆部分は現在 Agnoli, Die Transformation der Demokratie und verwandte Schriften, 2. Aufl., 2012に収録). なお同書はベッケンフェルデの「憲法原理」論文でHandbuch第2版まで参考文献として挙げられているが，第3版で消える。Demokratisierungに関しては差し当たり参照，Wilhelm Hennis, Demokratisierung — Zur Problematik eines Begriffs, in: ders., Die mißverstandene Demokratie, 1973, S. 26ff.; Richard Bäumlin, Lebendige oder gebändigte Demokratie?, 1978; ders., Art. Demokratie, in: Evangelisches Staatslexikon, 3. Aufl., 1987, Sp. 458ff. 60年代の公法学上の問題状況に関する概観として参照，Michael Stolleis, Geschichte des öffentlichen Rechts in Deutschland, Bd. 4, 2012, S. 317-349. 参加民主論や批判的民主政論に関する政治理論上の整理として参照，Manfred G. Schmidt, Demokratietheorien, 3. Aufl., 2000, S. 251-294.

れに対して，他方では現代的諸条件の下における民主的決定の可能性に対するペシミズムを取る立場が存在する。経済など社会の諸部分システムが自らの自律的な論理に従って作動する中，国家がこれを操縦しうる余地は限られている。複雑化した社会を相手に国家がその任務を遂行する際には，必然的に専門知に依存せざるをえない一方，通常人がかような政治的諸問題を自ら理解し決定することは著しく困難である。翻って見れば，冷戦の開始と占領の下での基本法の制定自体，国民の自由な自己決定とは言い難いのであり[38]，そもそも政治的主体としての国民など存在しなくても，実は国家は存続し機能し続ける[39]。

連邦共和国の憲法学の主要な潮流は，この直接制の理想にも民主政へのペシミズムにも与することなく，そこになお政治の成立する可能性を想定しつつ，憲法の定める代表民主政の論理を擁護する立場を採用してきたように思われる[40]。ここではまず，治者と被治者の同一性という直接制的な民主理解が拒絶される。政治的秩序にとって統治権力の存在が不可欠であり，治者と被治者とが必然的に区別されざるをえないという現実に立脚するならば，問題はむしろこの両者の関係をいかに法的な仕組みによって構成し，権力の責任とコントロールを可能にするかである。代表制はかような仕組みとしてその意義が再評価される。ここでの手続には多様な政治的意見・利害を持った人々が参加するのであり，結局のところ民主政とは単一の国民が自己を支配するというより，複数者の中から単一の決定を生み出す手続のことである，ということになる。

これを主権論との関係で言うなら，君主主権においては君主という主権者が自然人として憲法体制の内側に存在するのに対して，国民主権においてはこの

---

38) Vgl. Werner Weber, Spannungen und Kräfte im westdeutschen Verfassungssystem, 3. Aufl., 1970.
39) Vgl. Ernst Forsthoff, Rechtsstaat im Wandel, 2. Aufl., 1976; ders., Der Staat der Industriegesellschaft, 1971; Helmut Schelsky, Der Mensch in der wissenschaftlichen Zivilisation, 1961. フォルストホフに関しては参照，Florian Meinel, Der Jurist der industriellen Gesellschaft, 2011. シェルスキーを含めた当時の知的文脈に関して参照，Jens Hacke, Philosophie der Bürgerlichkeit: die liberalkonservative Begründung der Bundesrepublik, 2006; ders., Die Bundesrepublik als Idee, 2009, S. 51-83.
40) Vgl. Ernst Fraenkel, Deutschland und die westlichen Demokratien, erweiterte Ausgabe, 1991; Ulrich Scheuner, Staatstheorie und Staatsrecht, 1978; Konrad Hesse, Grundzüge des Verfassungsrechts der Bundesrepublik Deutschland, 20. Aufl., 1999; ders., Die verfassungsrechtliche Stellung der politischen Parteien im modernen Staat, in: VVDStRL 17, 1959, S. 11ff.

国民の意思なるものは法的な手続を通して初めて形成されるものであり，従って憲法によって予め拘束されている(クリーレ)。問題はこの組織と手続の態様であり，そして憲法は歴史的に形成されてきた民主政の諸制度を採用することで，かような手続を既に明瞭に規定している[41]。

これもまた議会制民主政の擁護論として一定以上説得的であるように思える。ここでなお主体としての国民という観念から他の諸条項に還元されない固有の規範内容を民主政原理に与える必要がもしあるとしたら，その理由はどこに存するのか。

(5) 組織原理とその諸前提

ここでは例えば，制憲権を持つ国民の民意が議会制によって吸収されず革命的な形で噴出しないよう，直接民主政的な経路を導入する，という可能性も思い浮かぶ。が，ベッケンフェルデ自身は，代表民主政をめぐる1983年の論攷が立ち入って論じるように，この点では明らかに直接制の理念を否定し代表制を擁護する立場に立つ[42]。その理由は一面では消極的なものである。統一的な国民意思は，自然に完成された形で存在するものではなく，不定形である故に代表者による媒介なしでは成立しない[43]。が，積極的には，彼の考えるあるべき民主的な統治にとって，代表者の存在が不可欠だからでもある。視野の限定された諸個人が自らの特殊な利害関心を抜け出て，公共の利益を志向する真の自己を見出すためには，代表者が積極的な役割を果たさなければいけない[44]。彼はこれを，「形式的な代表」(代表者と被代表者の間で法的に形成された正統化と帰

---

41) Krieke, Staatslehre(Anm. 30), S. 273–278. 手続的民主政理解に関しては更に参照，Martin Kriele, Das demokratische Prinzip im Grundgesetz, in: VVDStRL 29, 1971, S. 46ff. クリーレの議論には，彼が属していたとされるヨアヒム・リッター(Joachim Ritter)を囲む知的サークルの特徴と指摘される点が多く当てはまるように思われる。Vgl. Hacke, Philosophie der Bürgerlichkeit (Anm. 39).
42) Böckenförde, Demokratie und Repräsentation: Zur Kritik der heutigen Demokratiediskussion (1983), in: ders., Staat, Verfassung, Demokratie(Anm. 31), S. 379ff. なお，併せて参照，ders., Mittelbare/repräsentative Demokratie als eigentliche Form der Demokratie, in: Festschrift für Kurt Eichenberger zum 60. Geburtstag, 1982, S. 301ff.; ders., Demokratische Willensbildung und Repräsentation, in: Isensee/Kirchhof, Handbuch des Staatsrechts, Bd. 3, 3. Aufl., 2005, S. 31ff.
43) Ebenda, S. 382–387.
44) Ebenda, S. 398.

責の連関)との対比で「内容的な代表」の名で呼ぶ。この意味での代表が成功しないことに対する人々の失望が，市民運動や政治不信として現象するのであって[45]，ベッケンフェルデにとってはあくまで代表民主政をいかに機能させるかが問題である。

では，ここにおいて憲法上の民主政原理は何を保障することができるのか。

一言で言えば，ベッケンフェルデが行ったのは，既存の諸制度に対して民主政原理を入り口に何かを付け足し，あるべき民主政の姿について新たな内容を基本法に盛り込むというよりむしろ，基本法のどこにも明瞭に書かれていないけれども，本当はその諸制度の背後に暗黙に前提とされているはずの，民主政の芯ないし骨格をなす構造原理を抽出し，法学的に操作可能な簡潔で明瞭な定式を与える，という試みだったのではないかと考えられる。

この意味でベッケンフェルデの議論にとって中心的だと思われるのは，国家形態としての民主政と，その機能前提との区別である。上記の「内容的代表」に即して言えば，これが実現するためには人々が一定の倫理的・規範的な方向づけを有することなどが必要であるが，かような前提条件を法が保障することはできない。「民主政においては，必要不可欠な倫理的・規範的な方向づけは，民主的代表において成形される。この成形の特質は，それが確かに手続的に制度上支えられている(形式的代表)が，この支えはわずかな程度にすぎず，本質的には開かれた政治過程自体の内に委ねられている点にある。その実現のチャンスもリスクもここにある」[46]。法が規定しうるのは形式的な権限や組織，手続などに限られており——この意味でベッケンフェルデにとって「国家形態としての民主政」は「政治的支配の形式と支配組織の形式」と規定される[47]——，その現実化は法自らが保障しえない種々の(ここでは倫理的・規範的な)条件に依存する，ということになる。

憲法が定めるのは国家の形式にすぎず，その現実上の機能は背後にある非法的な諸前提に依存するが，この諸前提自体を憲法が保障することはできない——これは，世俗化に関するベッケンフェルデの有名なテーゼ，「自由で世俗

---

45) Ebenda, S. 400f.
46) Ebenda, S. 403.
47) Ebenda, S. 388.

第9章　憲法原理としての民主政——235

化された国家は，自らが保障することのできない諸前提によって生きる。これは，かかる国家が自由のために引き受けた大きな冒険である」[48]，との平行性を想起させるものである。近代国家における自由の保障が，諸個人の主観性と社会の自律的な展開に道を開き，これによってこの国家が自らの前提としていた種々の与件を変容させていく中，憲法はあくまでかかる与件から自律化された「型」としての近代国家の像を法学的思考の次元で守り続ける——法治国家的自由と民主政原理との違いはあれ，ここには共通の思考様式を読み取ることができるように思われる。民主政原理が形象化するのは，この意味での「型」——但し，近代国家一般ではなく，法治国家一般でもなく，民主的立憲国家の「型」——である。

　この意味での国家形態としての民主政について，1983年論文は次のように述べる。政治的公共体の民主的な組織にとっての課題は，代表制を廃止して直接民主政に近づけることなどではなく，「かような指導的権力と代表を存続させ，可能な限り安定化させるが，これを開かれた民主的意思形成過程における民主的正統化に服させ，責任と民主的コントロールへと拘束し，これによってその行為が国民のためのおよび国民の名における正当な行為として通用し，またそうした行為でありうるようにすることである」[49]。ベッケンフェルデはこれを，①自ら行動する代表者の指導および決定権を，恒常的に国民へと繋ぎ止めること，②代表者が主権的な地位へと逸脱することを防ぐために，その権力が官職としての法的に限定された権限でなければならないこと，③代表者の指導および決定権に対して民主的に修正を加えることができ均衡を成り立たせること，という三点へと敷衍する。ここから確認できることは，国家形態としての民主政の構造原理が，歴史的に形成されてきた様々な機制から成る複合的構造を有していることである[50]。このうち，基本法20条以外の他の憲法規定では十分にカバーされていない，国家権力の行使が直接・間接に国民から導かれ

---

48) Böckenförde, Die Entstehung des Staates als Vorgang der Säkularisation (1967), in: ders., Recht, Staat, Freiheit, 2. Aufl., 1992, S. 92ff., 112.
49) Böckenförde, Demokratie und Repräsentation (Anm. 42), S. 388.
50) Ebenda, S. 389. 1982年論文と『国法学ハンドブック』論文 (ともに前掲註42)) はこれを更に，①正統化の鎖，②代表者の独立性，③責任の連関，④国民のみが変更しうる決定のルールに拘束されていること，⑤補充的要素としての国民投票・国民発案，という五つの構造要素へと展開する (82年論文 S. 315f.; Handbuch 論文 Rn. 17-25)。

国民によって正統化されている必要があるという第一の要請——その「正統化の鎖」という考え方は，ヘルツォークが1971年に『一般国家学』で提起し[51]また78年の基本法20条の注釈(Maunz/Dürig)で更に展開したもので[52]，ベッケンフェルデも74年の裁判官選任手続に関する鑑定意見書で採用する[53]——が，「憲法原理」論文で民主政原理の中核をなすものとして前面に押し出されたものと考えられる。ここでは，この民主的正統化の理論にドグマーティクとしての洗練と彫琢が加えられるとともに，憲法制定権力の観念も86年論文でシュミットの「政治的意思」や「決定」から「正統化」へと読み替えられたことで，国民主権原理が全体として権力的契機を薄め，国民による権力の正統化の要請として統一的に把握されることになる[54]。

　憲法は，有権者団を含めた諸機関を構成しその権限や手続を定めるが，これらが相互にいかなる関係に立つことで統治の民主的性格が確保されるのかは，必ずしも明示的に規定されるわけではない。ここに存在する民主政の不文の形式原理を，体系的に導出し規範的に根拠づけようとする点に，かかる議論の特質を見出すことができるように思われる。

　他方この「憲法原理」論文では，憲法原理としての民主政が自ら直接保障することのできない諸前提——「かように構築された国家形態ないし統治形態がその上に依拠し，この国家形態ないし統治形態が権力行使の組織原理として有する生命力および機能性がその存否に依存するような諸前提」(Rn. 58)——についても更に敷衍される。そこでは，「社会文化的諸前提」(民主政を可能にする非権威的で解放された社会構造や一定の社会的同質性，教育やコミュニケーション秩序が存在すること。Rn. 59-68)，「政治的・構造的な諸前提」(公民らの知識や経験と政治的決定の対象との間に合理的な関係が成り立ち，国家権力の行使に対する民主的な制御がなお可能であること。Rn. 69-73)，「倫理的諸前提」(民主政のエートスや公共の利益への志向が存在すること。Rn. 74-80)がそれぞれ区別されて論じられる。ここでは，

---

51) Herzog, Allgemeine Staatslehre(Anm. 25), S. 208-214.
52) Herzog, in: Maunz/Dürig(Anm. 11), Art. 20 II, Rn. 46-60.
53) Böckenförde, Verfassungsfragen der Richterwahl, 1974, S. 71-80.
54) Böckenförde(Anm. 31), S. 92.「憲法原理」論文のRn. 7では冒頭に第3版から新しく「国民の憲法制定権力は政治的な正統化概念である」，という一文が加えられ，この点の趣旨が明確化される。

憲法制定権力の担い手となる「主体としての国民」の存在が理論体系の基礎として当然の出発点とされるのではなく、法的組織原理の背後にある社会的諸前提の問題としていわば歴史的に相対化される（特に社会的同質性に関する記述など。Rn. 63-66）一方、既に触れた政治的主体の可能性に対するペシミスティックな懐疑論（フォルストホフやシェルスキー（Hermut Schelsky）のような）もまた、民主政の「政治的・構造的前提」の次元で相対化されつつ受け止められる。

　この、法的形式としての民主政が一定の前提条件の存在を求め、逆にこの社会的与件のあり方が民主政の機能を強く規定する、という相互関係は、ベッケンフェルデの思考をその最初期から一貫して強く規定する問題意識であったように思われる。その最も早い時期の論攷「現代民主政のエートスと教会」(1957年)は、ワイマール共和国の失敗の原因が民主政を支えるエートスの不在にこそあったこと、そこでのカトリック教会の責任と、連邦共和国において教会と信徒が民主政に対して取るべき態度を論じるものであった[55]。ベッケンフェルデの議論に通底するのは、西欧型の立憲国家が決して普遍的でも自明の存在でもなく、種々の歴史的諸条件の下で初めて成り立ちうるものであり、それ故の脆さをも併せ持つことに対する、鋭敏な感覚であったように思われる。

(6)　「型」の憲法学

　かくして、90年代以降におけるベッケンフェルデの議論ひとつの重点は、まさにこの民主的立憲国家の前提条件の領域に置かれていく。共産圏の崩壊を含め、西欧型の議会制民主政が世界的な広がりを見せる中、ベッケンフェルデが示すのは、これに対する多幸症的な賛美とは正反対に、民主政が決して普遍性を持ちうるものではなく、一定の前提の下で初めて正しく機能しうることに

---

[55] Böckenförde, Das Ethos der modernen Demokratie und die Kirche (1957), in: ders., Kirche und christlicher Glaube in den Herausforderungen der Zeit, 2004, S. 9ff. 同論文の意義と背景について参照、Gosewinkel (Anm. 13), S. 392-407. Ethos の概念に関して参照、Böckenförde, Vom Ethos der Juristen, 2010, S. 9f. ベッケンフェルデにとってキリスト者としての立場が後年に至るまで有した重要性については、次の文献の指摘も参照、Christoph Möllers, Römischer Konziliarismus und politische Reform, in: Zeitschrift für Ideengeschichte IV, 2010, S. 107ff.; Christoph Schönberger, Der Indian Summer eines liberalen Etatismus — Ernst-Wolfgang Bökenförde als Verfassungsrichter, in: Hermann-Josef Große Kracht, Klaus Große Kracht (Hrsg.), Religion-Recht-Republik: Studien zu Ernst-Wolfgang Böckenförde, 2014, S. 121ff.

対する醒めた認識である[56]。他方，EU 統合に対しても，政治統合へと舵を切る際の前提となる諸国民の連帯の可能性に対して冷静な指摘がなされている[57]。

　他方でベッケンフェルデの民主政論は，既に見たように，同じことの裏側としてもうひとつ別の側面をも示している。それは一言で言うなら，かような諸条件への依存性にも拘わらず，形式的な組織原理としての民主政が何であるかは，ここから自律した形であくまで厳格に法学的に論じることができる，という洞察であると考えられる。

　民主政原理に関する 1990 年代以降の憲法学上の議論に対して規定的な影響を与えたのは，まさにこちらの側面であったように思われる。その民主的正統化論は，連邦憲法裁判所が採用したのみならず，賛成するにせよ反対するにせよ，その後の議論の共通の出発点とされていった。その原因として少なくともふたつの要因を指摘することができるように思われる。第一は，憲法学上の民主政論がそれまで暗黙の内に共通の前提としていた構造を抉り出すことに成功した点が考えられる。1950 年代から 70 年代にかけて伝統的な国家像の支持者と多元主義的な民主政像の支持者が対立したときも，対立は主に民主政のインプットの側面に関わり，議会での多数決を通じて決定が下された以降はここでの民主的意思が爾後の国家活動を規定することが基本的に想定されていたものと思われる[58]。だからこそ，民主的正統化論がこれを極めて厳格化された形でモデル化した際に，これを批判する側では自らの武器庫に対抗的な理論が不足している状況を嘆かなければならなかった[59]。第二は，それが個別具体的な法的争いに解答を与える上で，操作性の高さという点でドグマーティクとしての優れた性能を示すものであった，という要因を挙げることができるように思わ

---

56) Böckenförde, Ist Demokratie eine notwendige Forderung der Menschenrechte? (1998), in: ders., Staat, Nation, Europa, 1999, S. 246ff.; ders., Die Zukunft politischer Autonomie: Demokratie und Staatlichkeit im Zeichen von Globalisierung, Europäisierung und Individualisierung (1998), in: ebenda, S. 103ff. Nation 概念の歴史性に関して参照，Ders., Die Nation — Identität in Differenz (1995), in: ebenda, S. 34ff.

57) Böckenförde, Welchen Weg geht Europa? (1997), in: ders., Staat, Nation, Europa (Anm. 56), S. 68ff.; ders., Die Bedingungen europäischer Solidarität (2003/2004), in: Wissenschaft, Politik, Verfassungsgericht (Anm. 13), S. 267. ベッケンフェルデはこうした見地からトルコの EU 加盟に反対の立場を示す。Ders., Europa und die Türkei (2005), in: ebenda, S. 281ff.

58) Vgl. Horst Dreier, Hierarchische Verwaltung im demokratischen Staat, 1991.

59) 前掲註 12) に掲げた諸文献を参照。

れる[60]。

 このように考えてくると、ベッケンフェルデの民主政原理の中に、ドイツ公法学の歴史的展開の中に繰り返し登場する重要なモチーフの変奏を読み取ることは、必ずしも不当ではないように考えられる。例えば法治国家原理においては、何が正しい秩序なのかに関する内容的な理念から、国家がいかなる内容を追求するにしても従うべき法的な形式や手続に関する諸原理が切り離され自律化されていく（形式的法治国家原理の生成[61]）。これによって、社会のあり方や人々の生活関係が時代によって変容し、あるいは正しい秩序の内容についての考えが変遷を遂げたとしても、これを超えて（時代による増改築は加えられつつも）なお持続する法学的思考の「型」が成立せしめられる[62]。ここでベッケンフェルデが行おうとしたのは、民主政原理についても法治国家原理と同様の抽象化を成し遂げること、すなわち内容的契機を捨象したその形式的構造を法学的に抽出する試みであったように思われる。この意味で、ベッケンフェルデの民主政論に 90 年代以降の時代の変遷を生き延びる力を与えたのは、その優れてドイツ的な「型」の憲法学としての特質であった、と見ることができるのではあるまいか。

3　日本への示唆

 こうして我々は、1990 年頃に生じたと考えられるドイツ憲法学における民主政論の「転轍」の意味について、以前よりいくらか明晰な理解を持つことが可能となったように思われる。それは、敢えて標語的に述べるなら、「民主政理論から民主政ドグマーティクへ」という変化として特徴づけることが許され

---

60) Vgl. z.B. Rinken (Anm. 12), S. 131 (klaren Aufbau, zwingende Folgerichtigkeit und imponierende Geschlossenheit). レプジウス（Oliver Lepsius）は民主的正統化論を、国家組織（統治機構）法全体が十分な理論性を欠く状況下での例外的な成功事例として位置づける。Oliver Lepsius, Die maßstabsetzende Gewalt, in: Matthias Jestaedt/Oliver Lepsius/Christoph Möllers/Christoph Schönberger, Das entgrenzte Gericht, 2011, S. 159ff., 223f.

61) Vgl. Ernst-Wolfgang Böckenförde, Entstehung und Wandel des Rechtsstaatsbegriffs (1969), in: ders., Recht, Staat, Freiheit (Anm. 48), S. 143ff.

62) 多くの可能な例に代えて、ここでは戦後のフォルストホフの立場を想起しておきたい。Ernst Forsthoff, Begriff und Wesen des sozialen Rechtsstaates, in: VVDStRL 12, 1954, S. 8ff.

るように思われる。ベッケンフェルデは，我々とも多分に通底する前者の世界を出発点とし，ここでの対決から（例えば憲法制定権力論や代表制擁護論など）議論の全体構造に関する理論的な下支えを鍛え出しつつ，基本法20条に固有の規範的要請を解釈論上の使用に耐える形へと精錬させ，とりわけこの後者の側面が90年代以降の発展を導くことになった，というのが本章の提示する見立てである。民主的正統化論自体は，ベッケンフェルデの思考の中で本来中心的地位を占めるとは必ずしも言えず（「正統化の鎖」というモデルも彼自身の発案ではない），また内容的にも異論の余地のないものではないと思われるが，そこに含まれる端緒，すなわち民主政の法原理を形式的に理解し，この意味での法的なものを非法的なものから峻別する思考様式（これは民主政論の領域においてベッケンフェルデをシュミットから分ける点でもあろう）が，その議論にドイツ憲法学の民主政論の発展におけるひとつの画期としての地位を与えている，と考えられる。

　かかる発展をいかに評価するかについては，もとより様々な見解がありうるところである。ドイツでも，ベッケンフェルデの民主的正統化論を基本的に継承し又は厳格な方向に発展させる立場もあれば[63]，その厳格さを緩和したり[64]，国民以外に多元的な民主的正統化の主体を承認する立場も存在する[65]。他方，EUなど超国家的次元の正統化問題が次第に重要性を増していったことが，民主政論の動向にも一定の影響を与えている。上記の民主的正統化論が政治過程のインプット面に照準を合わせるのに対して，アウトプット面から見た正統化をも認める立場もある[66]。民主的正統化に加え個人の自律の保障による正統化も併せて，国家を含めた多層的秩序における正統化の構造を複合的に捉えようとする立場も見られる[67]。この主題はまた，ディシプリンとしての憲法学のあ

---

[63] 機能的自治への適用を試みるものとして参照，Ernst Thomas Emde, Die demokratische Legitimation der funktionalen Selbstverwaltung, 1991. 基本的枠組みを踏まえつつ他の正統化の態様の可能性を検討するものとして参照，Eberhard Schmidt-Aßmann, Verwaltungslegitimation als Rechtsbegriff, in: AöR 116, 1991, S. 329ff. 厳格化の志向を示すものとして参照，Matthias Jestaedt, Demokratieprinzip und Kondominialverwaltung, 1993.

[64] 例えばブリューデはこれを「最適化命令」と解する。Bryde(Anm. 10). なお，基本法20条の規範構造をいかに理解するかという設問に関する現時点で最も踏み込んだ論究と思われるものとして参照，Sebastian Unger, Das Verfassungsprinzip der Demokratie, 2008.

[65] 前掲註12)に掲げた諸文献などを参照。

[66] Vgl. Anne Peters, Elemente einer Theorie der Verfassungs Europas, 2001. Input型の正統化とOutput型の正統化の区別については参照，Scharpf(Anm. 4).

り方をいかに理解するかという問題とも関係する。全体として，かような特殊法学的な民主政論によって，権力行使の様々な態様を法学固有の観点から分析するための犀利な武器を獲得したと見ることもできるかもしれないが，他方で例えば英米仏などの政治哲学的な民主政論が持つ豊穣さに比べて視野狭窄がもたらされているという批判もありうるかもしれない[68]。こうした中，民主政ドグマーティクから再度民主政理論へ遡って，より広い文脈から改めて様々な思考の可能性を探ろうとする動きも見られる[69]。以上の意味で，ベッケンフェルデの「憲法原理」論文から四半世紀を過ぎ，時代はその先へと確実に動いている。しかし，これら全ては，既に本章で論じうる射程を超える問題である。

　少なくとも我々の目から見て，かような検討はドイツ憲法学と日本憲法学との間に存在する重要な差異を浮かび上がらせる。ドイツで形式としての民主政原理への転轍を遂げたのと同じ時期，90年代以降の日本で主要な争点とされたのは，むしろ憲法の定める統治機構の運用や機能をめぐる，多分に憲法政治的な主題であったように思われる[70]。形式としての民主政をその社会的諸前提

---

67) Vgl. Christoph Möllers, Gewaltengliederung, 2005.
68) 関連して，EUや国際法など多層的秩序を含めた国際比較の試みとして参照，Hartmut Bauer/Peter M. Huber/Karl-Peter Sommermann(Hrsg.), Demokratie in Europa, 2005. EU法の観点からは，ドイツ型の民主的正統化論の特殊性がしばしば厳しい批判の対象とされる。Vgl. Martin Nettesheim, Demokratisierung der Europäischen Union und Europäisierung der Demokratietheorie, in: ebenda, S. 143ff.
69) 例えば参照，Christoph Möllers, Demokratie — Zumutungen und Versprechen, 2008; Oliver Lepsius, Rechtswissenschaft in der Demokratie, in: Der Staat 52, 2013, S. 157ff. かような民主政理論の復興という傾向の中で近時改めて注目されているのがケルゼンの民主政論である。Hans Kelsen, Verteidigung der Demokratie, 2006. その復権の要因に関する指摘として参照，Matthias Jestaedt/Oliver Lepsius, Der Rechts- und der Demokratietheoretiker Hans Kelsen — Eine Einführung, in: ebenda, S. VIIff.; Oliver Lepsius, Hans Kelsen und die Pfadabhängigkeit in der deutschen Staatsrechtslehre, in: Matthias Jestaedt(Hrsg.), Hans Kelsen und die deutsche Staatsrechtslehre, 2013, S. 241ff. 他方で懐疑的な見解として参照，Christoph Schönberger, Kelsen-Renaissance? Ein Versuch über die Bedingungen ihrer Möglichkeit im deutschen öffentlichen Recht der Gegenwart, in: ebenda, S. 207ff. 併せて参照，Christoph Schönberger, Hans Kelsens „Hauptprobleme der Staatsrechtslehre": Der Übergang vom Staat als Substanz zum Staat als Funktion, in: Matthias Jestaedt(Hrsg.), Hans Kelsen Werke, Bd. 2, 1. Halbband, 2008, S. 23ff. ケルゼンの復権傾向を全体としていかに評価するかは，なお今後の展開を見極める必要があるものと思われるが，民主政論との関連で言えば，そこにおける国民概念の脱実体化(Entsubstantialisierung)や組織・権限・手続の重視といった特質が，本章の論じた意味でベッケンフェルデの民主政論が切り開いた方向性と響き合う(あるいはこれを更にラディカルに推し進める)関係にあることは，恐らく指摘しうるように思われる。なお，民主政論の脱実体化という観点に関連して参照，林知更「政治過程における自由と公共」(第7章)。

から抽象することではなく，前者が後者に分かちがたいまでに依存していることをめぐる諸問題こそが，ここでの中心をなしたようにも見える。この意味で，超実定法的な理論的主題への志向から実定憲法内在的な民主政論へ，という意味での一定の共通性を示しつつも，両者の軌跡は対照的である。そこには，違憲審査制など法的・制度的な与件の違いや，国内・国外両面を含めた憲法状況の違い，何より依拠する知的伝統の違いなど，多様な要因が作用していよう。かような差異からいかなる示唆を引き出しうるかは，なお開かれた問いである。本章がその結びに述べうることがあるとしたら，それはいずれの国においても，自らの固有の歴史的文脈を自覚しつつ，ここに積み重ねられた仕事と誠実に向き合うことによってしか，恐らくは次の一歩を意味のある形で踏み出すことはできない，というごくささやかな主張にとどまる。

---

70) 参照，高橋・前掲註6），同『現代立憲主義の制度構想』(2006年)，高見勝利『現代日本の議会政と憲法』(2008年)。

III
多層的秩序の憲法理論

近時，EU のような新たな政治体の登場が，主権的な単一国家と異なる秩序原理に我々の関心を喚起している。この点，長く連邦制の伝統を有し，また EU の中核に位置するドイツは，古くから統一国家への憧憬を強く抱き続けてきた反面で，かような多層的・分権的なシステムの特性に関しても厚い議論の蓄積を有してきた。第Ⅲ部では，かようなドイツの議論を主たる題材に，第Ⅰ部で検討した国家論の変容や，第Ⅱ部で検討した新しいデモクラシー論の観点を踏まえつつ，憲法学が多層的秩序（連邦・EU・地方自治）をいかに論じることができるかを考察する。これは，それ自体として興味深い問題であるのみならず，上に論じてきた憲法論のあり方の変容を考える上での格好の具体的素材でもある。第 10 章は，ビスマルク帝国期からワイマール共和国期のドイツ憲法学が連邦国家をいかなる枠組みで捉えようとしたかを検討する。第 11 章は，EU という対象に近時のドイツ憲法理論がどのようなアプローチから接近しようとしているか，その一断面を切り出すべく試みる（EU に関しては，関連する拙稿として次のものも参照，林知更「日本憲法学は EU 憲法論から何を学べるか」比較法研究 71 号(2010 年)94-107 頁）。更に第 12 章では，前 2 章の考察から得られた視角を，日本における地方自治の問題に応用すべく試みる。古典的な国家論，ワイマール憲法理論の刷新，近年の新しいアプローチの登場という学問的変遷の中に含まれる様々な可能性は，我々が日本で様々な意味で通底する問題を考える上でも，小さくない示唆を与えるものであるように思われる。

第10章

連邦と憲法理論
――ワイマール憲法理論における連邦国家論の
学説史的意義をめぐって――

1 連邦国家をめぐる問い

(1) 連邦国家とは何か

　連邦国家と単一国家は，古くからしばしば異なる国家類型として対置される[1]。フランス革命によって生まれた「単一にして不可分の共和国」をひとつの典型とする単一国家が，しばしば国民的統一と統治権の集中を基礎とする近代的な国制のモデルとされてきたのに対して，アメリカやドイツのような連邦国家は地域的多元性に対して好意的で分権的な国制と見なされる。わが国でも，分権や自治の拡充に対する意識の高まりとともに，単一国家と並ぶもうひとつの秩序モデルとしての連邦制に対する潜在的な関心も増しつつあるように感じられる。

　もっとも，それではそもそも連邦制とは何なのか，と問うと，その答えは意外にも判然としない。国制の学としての憲法学がこれについて何を述べているかを参照しようとしても，単一国家である日本の憲法学の教科書には，連邦制に関する記述はほとんど見出すことができない。

　それではドイツはどうか。ドイツ連邦共和国は，その憲法である基本法で，「ドイツ連邦共和国は民主的かつ社会的な連邦国家である」(20条1項)として連邦国家を国の基本原理の地位に置くとともに，「人間の尊厳」や民主政原理などと並んでこれを憲法改正手続によっても変更しえないものとする(79条3項)。かように連邦制に極めて高い位置づけを与える連邦共和国の憲法学で，その本

---

1) 例えば参照，Adhemar Esmein, Éléments de droit constitutionnel français et comparé, 6. Ed., 1914, pp. 6–7.

質はどのように説明されてきたのか。標準的な教科書類を繙くなら，そこには古くからの一通りの概念規定を見出すことができる[2]。が，この領域の基本文献をもう少し掘り下げて眺めるならば，ここでも我々がしばしば目にするのは，「連邦国家とは何か」という問いに対する意外な不明確さである。例えばショイナーは，60年代初頭の論攷において，連邦国家の概念を抽象的・一般的に規定する実証主義国法学や一般国家学のこれまでの試みを批判する[3]。連邦国家の名の下に包摂される様々な国家は，実際にはそれぞれに固有の歴史的・政治的文脈の中から極めて多様な形態を発展させてきたのであり，かような相違を捨象して連邦国家一般を問うことにさほどの意味はない。重要なのは，それぞれの連邦の具体的な現実を把握することである，とされる。

　実際のところ，例えばアメリカとドイツを卒然と比較するだけでも，両者には小さくない相違がある。連邦と州がそれぞれ立法・行政・司法を独立に行使するアメリカに対して，ドイツでは伝統的に連邦法の執行を原則としてラント行政が担う一方，ラント政府は連邦参議院を通して連邦の立法に協働するなど，連邦とラントとの権限の絡み合いが広く認められてきた。加うるに，それぞれの国における歴史的変化の大きさも無視しえない。ここで様々な連邦国家に通底する「本質」が存在しうるのか，仮に存在するとしてそれを問うことにいかなる意味があるのかは，改めて考察を必要とする問題であると考えられる。

(2) なぜ連邦国家なのか

　それでは，そもそも何のために連邦国家という仕組みが必要であり，なぜ連邦国家は正当化されるのか。その憲法上の高い位置づけに比して，実はこの点もドイツにおいてさほど明確ではないように思われる。イーゼンゼーが連邦制に関する論文の冒頭を次のように書き出しているのは象徴的である。「ドイツの連邦主義(Föderalismus)が国法学において受けてきた諸解釈は，おしなべて弁明的な性格を有している。連邦国家は当初から単一国家よりも劣ったものと

---

[2] 近年の例として例えば参照，Hartmut Maurer, Staatsrecht, 5. Aufl., 2007, S. 284-286; Burkhard Schöbener, Allgemeine Staatslehre, 2009, S. 242-245.

[3] Ulrich Scheuner, Struktur und Aufgabe des Bundesstaates in der Gegenwart (1962), in: ders., Staatstheorie und Staatsrecht, 1978, S. 415ff., 415-418.

して現れた」4)。

　18-19世紀の最も主要な連邦国家であるアメリカ・スイス・ドイツにおける国家形成のプロセスを眺めるなら，連邦国家はしばしば「国家連合から連邦国家へ」という統一化への動きの中に登場する。ここで連邦国家は，単一国家が困難な歴史的条件の下で国民国家を形成する手段としての役割を果たした，と見ることも不可能ではない。加えて，いったん連邦国家が成立した後の発展は，しばしば更なる統一化への傾向を示す。ドイツについて言えば，正統性の基盤(諸君主国の連合体として自己を規定するビスマルク帝国5)から，単一の国民の憲法制定権力に基礎を置くワイマール共和国へ)6)や連邦とラントの権限配分といった憲法構造上の集権化と並行して，国民生活上も諸ラントの地域的個性の差異が平準化されつつある傾向が指摘されてきた7)。国民的な統一が自明の前提になればなるほど，「なぜ連邦制なのか」という問いは，かつて国民的統一の手段として連邦制を必要とした時代とは異なる答えを必要とすることになると考えられる。

　かくして先ほどのイーゼンゼーの議論に戻るなら，今日，民主政や法治国家が他に代替不可能な原理と見なされるのとは異なり，連邦国家は単一国家と並ぶ選択肢のひとつであるにすぎず，常に正統化の必要に晒され続けている(そしてこの正統化の弱さ故に，基本法が連邦国家に高い位置づけを与えているにも拘わらず，統一主義的な発展が可能になった)，との評価が下される8)。ビスマルク帝国から今日に至るドイツ連邦国家論の特質を分析する浩瀚な教授資格論文を書いたエーター(Stefan Oeter)が，その結論として指摘するのは，ここにおける統一主義的な志向の一貫した強さである。これに従えば，単一国家と異なる連邦国家固有の価値を探る試みは，実はこれまで十全な展開を遂げてこなかった，と

---

4) Josef Isensee, Der Föderalismus und der Verfassungsstaat der Gegenwart, in: AöR 115, 1990, S. 248ff., 248.
5) ビスマルク憲法の前文は，自らを諸領邦の君主らによって締結された「永遠の連合(Bund)」(憲法前文)と性格づける。
6) ワイマール憲法およびボン基本法の前文はともに，「ドイツ国民(das Deutsche Volk)」が憲法を制定したことを宣明する。
7) Konrad Hesse, Der unitarische Bundesstaat(1962), in: ders., Ausgewählte Schriften, 1984, S. 116ff., 126-128.
8) Isensee, a.a.O.(Anm. 4), S. 248-251.

いうことになる[9]。

(3) 霧の中の連邦国家？

こうして,「連邦国家とは何か」,「なぜ連邦国家なのか」という問いに導かれてドイツ連邦共和国の憲法学に接近した我々の目に差し当たり映るのは,当初の期待とは異なり,いわば霧の中に霞んで見える連邦国家の姿であるように思われる。ドイツの歴史的・政治的諸条件の下で個性ある連邦国家が生成し,今日まで十分に機能してきたことは間違いのない事実であるとしても,それが単一国家に優越した秩序モデルとして意識的に選択されてきたとは必ずしも言い切れない。

(4) 連邦国家論の地層

以上のごく短い検討が示唆するのは,連邦国家が歴史的にドイツの国家形成にとって不可欠な柱であったのと同時に,それにも拘わらずドイツ国家を論じる者にとって今日まで明快な説明を許さない困難な主題であり続けてきた,という消息であるように思われる。我々がドイツ連邦国家の伝統から何かを学ぼうとする際に必要なのは,ひとまず我々自身の期待を棚上げにして,その固有の文脈がいかなるものであり,そこにいかなる議論の層が積み重ねられてきたのかを探り当てることであるものと考えられる。

本章は,この課題[10]に対して憲法学の立場から小さな寄与を行うべく試みるものである。ここでは,このドイツ連邦国家論固有の文脈を探ることと並んで,もうひとつの問題関心が重複して追求される。もし連邦国家が上記のように重要でありながら同時に困難な主題であり続けたとすれば,これをめぐる従来の諸議論の連なりの中に,憲法学の方法的・理論的特質が映し出されている可能性が高い。本章はこの意味で,連邦国家論という切り口を通して,日本憲法学にとっても重要な知的源泉であり続けてきたドイツ憲法学における理論的発展

---

9) Stefan Oeter, Integration und Subsidiarität im deutschen Bundesstaatsrecht, 1998, bes. S. 565-583.
10) 本章は,ドイツ史における帝国と連邦に関する政治哲学・法制史・政治史・歴史学などとの共同研究に対する,憲法学からの寄与として構想された。

第 10 章 連邦と憲法理論——249

のあり方の一側面を照射すべく試みるものである。

　検討の対象と分析視角は以下のように限定される。まず検討対象としては，ビスマルク帝国期からワイマール共和国期の，重要と思われるいくつかの議論を取り上げ，その特質を分析する。この時期は憲法学史上，実証主義からワイマールの新傾向へと方法論的・理論的発展が見られた時期である。この時期に提起された概念や理論的な端緒は，EU をめぐる近時の議論にも見られるように，憲法学の思考に今日まで影響を与え続けていると見られる[11]。本章が試みるのは，この過去の諸理論の，歴史的ではなく理論史的な文脈化と再定位である[12]。

　分析視角として本章が採用するのは，以下の作業仮説である。ショイナーも示唆するように現実の連邦国家が多種多様だとすれば，連邦国家を概念化ないし理論化するに当たって，何を典型的な連邦国家と想定するかで，その内容も変化しうるものと予想される。加えて，この連邦国家の特質をいかに捉えるかは，いかなる比較の枠組みを想定するかによっても左右されると考えられる。例えば，単一国家との対比で連邦国家を特徴づけようとする場合と，異なる種類の連邦国家相互の差異を念頭に理論化が行われる場合とでは，着眼点も自ずと異なるものとなるであろう。この意味で，それぞれの連邦国家論が背後にどのような比較の座標軸を想定しているかを問うことによって，様々な連邦国家論が連邦国家のいかなる側面を浮かび上がらせようとしているかを，より明瞭に理解することができるものと考えられる。

　以下では，かような分析視角に基づき，まずビスマルク帝国期の主要な連邦国家論を，連邦国家と単一国家との対比に軸足を置いた議論として整理し(2)，次に帝国末期からワイマール共和国にかけてのいくつかの議論を，諸々の連邦国家間の差異を主題化する新たな傾向の議論として検討する(3)。最後に，戦

---

11) 検討の一例として参照，Stefan Oeter, Souveränität und Demokratie als Probleme in der „Verfassungsentwicklung" der Europäischen Union, in: Zeitschrift für ausländisches Recht und Völkerrecht 55, 1995, S. 659ff.; ders., Föderalismus, in: Armin von Bogdandy(Hrsg.), Europäisches Verfassungsrecht, 2003, S. 59ff.
12) なお，以下で試みられるのは，いくつかの重要な理論のみに対象を絞って，その基本的構造を再構成し，それらの変化のあり方と特質を検討することに限定される。連邦国家をめぐる個別の論点には立ち入れないし，また理論の背景となる歴史的文脈は，直接に理論の内容を構成しない限りで原則として意図的に捨象される。

後の連邦共和国へのつながりと今後の展望について若干の考察を行う(4)。

2 連邦と法学的国家論——ビスマルク帝国

(1) 主権と連邦国家

ア 国家論の基本概念の多くは，君主政・貴族政・民主政といった国家形態論であれ，主権や権力分立，法治国家などであれ，基本的には単一の政治的共同体を念頭に構想されている。イェリネックの言葉を引くなら，「国家に関する一般的な概念は，単一国家という類型から取り出されている」[13]。すなわち一定の地理的領域内で人民に対して支配を行う単一の統治権力の存在を前提に，その特質や正統性，担い手や組織などを論究するのが，国家を論じる際の基本的な枠組みであったものと考えられる。ところが，「古代と近代の国家学は，ほぼ専ら単一国家を考察することで成長したのだが，この単一国家は，今日では諸国民の生活の定則を成してはいない」[14]。現実には，国家結合の様々な類型が広く観察される。連邦国家のような現実政治の中から生まれたこれらの政治的な構造物は，伝来の枠組みに照らした場合，説明の難しい存在である。かくして，ザイデル(Max von Seydel)によれば，「学問にとって，実践的な生活から生じた形成物を正しく評価することが常に最初から成功するとは限らない。これらの形成物は，理論的な考察ではなくその都度の必要の産物であり，それ故しばしば不規則的で矛盾に満ちており，定型的な枠組みの適用の手に余り，体系に対して反抗的であるからである」[15]。連邦国家論を貫く基本的な主題のひとつは，この単一国家を基礎とした伝来の基本概念や議論の枠組みと，連邦国家という現実の構造物との間の齟齬ないし緊張を，いかに解決するかに存すると見ることができる。そしてこの際に最大の問題とされたのが，「主権」の概念である[16]。

---

13) Georg Jellinek, Die Lehre von den Staatenverbindungen (1882), Nachdruck, 1996, S. 12.
14) Ebenda, S. 4.
15) Max von Seydel, Der Bundesstaatsbegriff (1872), in: ders., Staatsrechtliche und politische Abhandlungen, 1893, S. 1ff., 12.
16) 当時の整理として参照，Hugo Preuß, Gemeinde, Staat, Reich als Gebietskörperschaft, 1889. 最近の簡要な整理として参照，Dieter Grimm, Souveränität, 2009, bes. S. 54-69.

イ 近代国家論の公理によるならば，国家の内部には唯一の最高独立の権力としての主権が存在しなければならない，としばしば主張される。ところが，連邦国家はこの基本的な想定を裏切る。アメリカ合衆国を例にとるなら，連邦が合衆国憲法によって授権された権限を行使するのと並行して，州もまた連邦に委譲していない権限を行使するのであり，ここでは同一の領域・同一の人々の上に，連邦と州という二種の国家権力が併存している。主権論はこれをいかに説明するのか。ひとつの可能性は，主権の定義から単一不可分性の要件を消去することである。主権が分割可能であり，同一の領域内に対象事項を異にする複数の主権が同時に存在しうるとすれば，連邦国家は連邦と州の間で主権を分割した体制として説明することができる。ここでは，連邦も州もそれぞれの権限の範囲内ではともに最高＝主権的である。トクヴィル(Alexis de Tocqueville)を祖とし，ドイツではヴァイツ(Georg Waitz)を主唱者として，この主権分割論が初期の連邦国家論を主導した，と通例整理される[17]。

これは，それ自体として可能な議論の構成と思われるが，連邦国家を説明するために主権の定義を後退させる点に批判の余地を残すことになる。これに対して，もし主権が単一不可分であるとの要請に固執する場合には，連邦と呼ばれる政治体の内部にも唯一の主権者が存在しなければならない，と考えられる。ザイデルはこうした立場から，連邦国家なるものは論理的に存在しえず，世上で連邦国家と呼ばれるものは，実際は主権を有する単一国家か，複数の主権国家が相互に国際法的に結合した国家連合かのいずれかである，と論じる[18]。彼はかような尖鋭な二者択一に基づき，アメリカ合衆国，スイス，ドイツ帝国をいずれもその憲法構造などに照らして，構成国に主権が存する国家連合であると判定する[19]。

ウ かようなザイデルの結論に従うなら，ビスマルク帝国は，ナポレオン没落後の王政復古下で設立されたドイツ連盟と，その法的性質において何ら変わらないことになる(そしてこれは，諸構成国の自立性を重視する立場にとっては好ま

---

[17] Vgl. Georg Waitz, Das Wesen des Bundesstaates (1853), in: ders., Grundzüge der Politik, 1862, S. 153ff. トクヴィル(松本礼二訳)『アメリカのデモクラシー 第1巻(上)』(2005年) 184-185, 251-257頁等。
[18] Seydel, a.a.O. (Anm. 15), S. 25.
[19] Ebenda, S. 25-59.

しい結論となる)。だがこれには，積年の課題であった国民の政治的統一を実現したドイツ帝国はそれ自体国家であり，ドイツ連盟とは明瞭に区別される，との理解が対置される。もし仮にザイデルの問題提起を受け止め，主権を単一不可分とする前提の上に立ちながら，同時にザイデルの結論を拒否するならば，残された選択肢は，ドイツ帝国のみが主権を有し，構成員たる諸邦は主権を有しない，との立場しかありえない。

　この場合，次に問われるのは，「それではドイツ帝国は単一国家なのか」，という問いであろう。ザイデルの二者択一に依拠する限り，この問いは論理的に肯定せざるをえない。もっとも他方で，ドイツ帝国の諸構成国は，帝国設立後も国家としての性質を維持しており，単なる帝国の行政区域に転落したわけではない，という見解が一般的であったと見られる。かような通念を法学的概念に反映させるためには，この地点でザイデルの前提と袂を分かち，単一国家と異なる連邦国家という政治体がなおも可能であることを論証する必要に迫られる。これが連邦国家論の中心的主題となる。

(2)　ドイツ帝国の法学的把握——ラーバント

　ア　かくして連邦国家論の出発点をなすのは，主権を持たない連邦構成国もまた国家である，という想定である。換言すれば，主権は国家の必要的な構成要素ではなく，国家には主権的な国家も非主権的な国家も存在しうる。連邦国家とは，主権的な国家と非主権的な国家が同一の領域に重層的に存在する国家である，ということになる。

　もっとも，かような出発点の先で連邦国家の構成を法的にいかに理解するかは，見解が分かれうる。この際に連邦国家の典型として念頭に置かれるのは，かつての主権分割論の時代とは異なり，今やアメリカ合衆国よりもむしろ目前の対象たるドイツ帝国であったと見られる。このドイツ帝国は，諸君主らの「永遠の連合(Bund)」として自己を位置づけるのに加え，次のような構造上の特色を有していた[20]。第一に，帝国が権限を行使する際の中心的機関は，諸構成国政府の代表者によって構成される連邦参議院(Bundesrat)である。第二に，

---

20)　ビスマルク憲法の連邦国家としての特徴につき，整理として参照，Ernst Rudolf Huber, Deutsche Verfassungsgeschichte, Bd. 3, 3. Aufl., 1988, S. 785–808.

帝国の権限の中心が立法権に存するのに対し、行政権については憲法上帝国の行政府の存在は予定されておらず、帝国法を臣民に対して執行する役割は基本的に各構成国の行政府が担うものとされる。以上の意味でドイツ帝国は、憲法構造上、諸構成国のそれまでの自立性の基礎の上に組み立てられていたと見ることができる。

　イ　ラーバントがその『ドイツ帝国国法』で概念化するのは、かようなドイツ帝国の構造であると考えられる。そこでは連邦国家は、諸国家を構成員とする社団として構成される。第一に、複数の国家は相互に結合して新たな国家を構成することができる。これが国家間国家(Staatenstaat)であり、連邦国家もその一種に当たる。これは法学的には社団として性格づけられ、条約に基づく諸国家の組合である国家連合と対置される[21]。第二に、この国家間国家は、その統治権を誰が行使するかによって、更にいくつかの類型に区分することができる。単一国家において、構成員たる国民の全体が国家権力を担う国家形態を民主政、その中の一人がこれを担う形態を君主政と呼ぶように、同様の区別を国家間国家にも認めることができる。ここでは、全ての構成国が共同で国家権力を行使するいわば民主政的な形態を、諸国家の同輩的な連合(Bund)に立脚するという意味で連邦国家(Bundesstaat)と呼ぶことができる。ここでは諸構成国は、中央権力の客体であると同時に、自ら中央権力の主体としてこれに参与する[22]。ドイツ帝国は、帝国を構成する諸国家の代表から成る連邦参議院が帝国の国家権力の担い手となる点で、連邦国家に当たる[23]。第三に、かような社団的性格の反面として、構成国は連邦の国家権力に服属する。換言すれば、連邦の権力が直接的に及ぶのは原則として連邦の構成員たる諸国家であり、人民はこの構成国の権力に服従することを通して間接的に連邦の支配に服することになる[24]。

　かような概念構成を上に見たドイツ帝国の構造上の特徴と比較するなら、ラーバントの議論を、ドイツ帝国特有の構造を法学的概念へと写し取る試みとし

---

[21]　Paul Laband, Das Staatsrecht des deutschen Reichs, Bd. 1, 5. Aufl., 1911, S. 55-58. なお、本章では検討対象を同書の最後の版である第5版としている。

[22]　Ebenda, S. 60-62.

[23]　Ebenda, S. 94-102. 但しかような議論が、君主政原理を背景とした「国家権力の担い手」の観念に依存することは言うまでもない。

[24]　Ebenda, S. 59.

て位置づけることが可能であるものと考えられる。

(3) 一般国家学と連邦国家——イェリネック

ア かような概念構成は、第一義的には実定法としてのドイツ帝国国法の体系的把握という性格を持つものと理解することができる。だが他面、かかる構成が極めて一般性の高い概念的装置を用いて組み立てられている点において、かような議論は一定の国家の一般理論を基礎に持つものとも考えられる[25]。そして、この後者の側面に注目する場合、この背景的な国家理論の適切さないし説得力という見地に照らし、批判的な検討を加える余地が残されると考えられる。

とりわけ一般国家学的な見地から見るなら、ラーバントの連邦国家論がどの程度まで連邦国家一般に通用するものであり、どの程度までドイツ帝国に特殊な事情に拘束されているのか、という問いが浮かび上がる。イェリネックがその『国家結合の理論』でラーバントに加える批判の意義は、かような見地から理解することが可能であると思われる。

第一に、ラーバント的な連邦国家概念は、連邦国家のもうひとつの典型とされてきたアメリカ合衆国を説明するには適さない。ここでは連邦の権力を州が共同で行使するものと見なすのは困難であるし、また連邦の権力は州を介さず直接に国民を支配する。前者の点に関しては、連邦の意思形成の態様は国によって様々でありうるのであって、連邦国家の本質とは関係を持たないと考えるべきである[26]。後者の点については、アメリカのみならずドイツ帝国でも、帝国の立法権が直接国民に権利義務を発生させるのであり、連邦による国民の直接的支配の面を連邦国家の原則と解する方がより説得的である[27]。

第二に、ラーバントの連邦国家概念は、連邦国家より先に構成国家が存在し、この諸国家が結合して連邦を設立するというタイプの連邦国家を念頭に置いている。だが、世界にはこれとは逆に、最初に単一国家が存在し、これが内部の

---

25) Vgl. Otto von Gierke, Labands Staatsrecht und die deutsche Rechtswissenschaft (1883), in: ders., Aufsätze und kleine Monographien, Bd. 1, 2001, S. 271ff., 291.
26) Jellinek, a.a.O. (Anm. 13), S. 284-289.
27) Ebenda, S. 281-284.

行政区域に自立性を付与して連邦国家となるタイプも存在している。そして基本的には前者の型に属するアメリカ合衆国でも，新たな州の創設の際にはこの後者と同様の過程が生じるのである[28]。

　第三に，かような様々な連邦国家も，単一国家も，その多くには共通の特徴が存在している。それは，これらがいずれも国民国家だという点である。王朝的な国家形成の行われた過去の時代と異なり，近代は国民国家形成の時代であって，連邦国家という形態はその可能な一手段であるにすぎない[29]。一見したところ諸君主の連合によって成立したかに見えるドイツ帝国も，実際はかような世界史的潮流を背景とする。ところが，諸国家の社団というラーバント的連邦国家概念[30]では，この帝国の基体としてのドイツ国民の存在が適切に概念構成に反映されない。

　以上に従うなら，ラーバントの連邦国家論はあまりにもビスマルク帝国が有する特殊性の面に特化した連邦国家論であり，これに代わってより一般性の高い概念構成が試みられなければならない，ということになろう。

　イ　かくしてイェリネックは，いくつかの点でラーバントとは大幅に異なる連邦国家の概念構成を試みる。この際，イェリネックもまたラーバントと同様，主権は国家の本質的な構成要素ではなく，連邦国家とは主権国家である連邦の下に非主権国家である諸構成国家が服属する国家結合の形態である，とする。だが，重要な相違はその先で生じる。まず，この連邦国家は諸主権国家が相互に結合することによって生成するものではない。これは主権の概念と密接に関連する。イェリネックによれば主権とは，ただ自らの意思のみによって法的に拘束されうるという性質を意味する[31]。主権がかような法的な自律を意味する以上，主権国家が条約によって自己の主権を廃棄することは背理である（法主体が契約によって自らの法人格を放棄できないのと同様である）。それ故，諸国家間の条約は，新たな主権国家の成立の根拠たりえない[32]。結局のところ，国家が

---

28)　Ebenda, S. 280f.
29)　Ebenda, S. 262f.
30)　イェリネックはこれを「連邦国家の条約による成立の理論の最後の名残」と評価する。Ebenda, S. 282.
31)　Ebenda, S. 34.
32)　Ebenda, S. 53-58.

法秩序の前提である以上，法学が国家の成立を説明することは不可能であり，我々は主権国家の存在を法的考察の起点として前提する他ない[33]。すなわち，連邦国家を論ずる際の出発点は，主権を有する全体国家の存在である。ここで可能な法的構成として残されるのは，この第一次的存在である全体国家が，自らの権力を委譲することによって，非主権的国家としての諸構成国を成立させる，という説明である[34]。ドイツ帝国も含め，すべからく連邦国家は，あくまでその法的構成においては，主権国家としての連邦が構成国に先行するものとして説明されることになる。

　この連邦国家は，先に示唆されたように，国民国家形成の可能な一形態として位置づけられる[35]。すなわち国民共同体が主権国家を設立するとき，その形態にはいくつかの可能性がありうる。連邦国家は，集権的な単一国家，分権的な単一国家と並ぶその一類型である[36]。かように連邦国家が，国民を基礎とし国民に直接的な支配権を持つ主権国家が構成国のために自らの権限の一部を委譲したものとして捉えられる以上，連邦と国民が構成国を介さずに直接的な法的関係に立つことは連邦国家の本質に属する[37]。

　かようなラーバントとイェリネックの連邦国家論の違いのうちに，ドイツ帝国国法学の完成者と一般国家学の復興者という両者の基本的な性格の違いを読み取ることが許されるように思われる。同時に，ラーバントと比べてはるかに統一主義的なイェリネックの連邦国家論に，我々は彼の見た近代の像を明瞭に看取することができよう[38]。

　ウ　このイェリネックの連邦国家は，以上の意味でかなりの程度まで単一国家に接近したものと評価しうる。このことは，翻って上述の連邦国家論の基本的前提を動揺させる。連邦が自らの権限を委譲して構成国を作り出すのであれば，これが単一国家における行政区域や地方自治体と法的にどう区別されるのか。換言すれば，連邦国家の構成国がなおも地方自治体と質的に異なる国家で

---

33) Ebenda, S. 262.
34) Ebenda, S. 44-48, 253-275.
35) Ebenda, S. 262f.
36) Ebenda, S. 276-278.
37) Ebenda, S. 277f., 281-284.
38) 参照，石川健治「「国家結合の理論」と憲法学」塩川伸明，中谷和弘編『法の再構築Ⅱ　国際化と法』(2007年) 33頁以下。

あると言える根拠はそもそもどこにあるのか。

この国家であることの徴表は，当該団体が支配権を「固有の権利」として有するか否かの問題としてしばしば論じられる。この点，構成国が連邦に先立って存在しているという構成を取る場合には，他の権力から伝来したのではない始原的な国家権力を有することを固有性のひとつの基準として捉えることができる[39]。だが，イェリネックの立場からはかような理解を取ることはできない[40]。そこで彼は，他者から統制を受けずに自らの意思のみに従って公権力を行使しうることを，「固有の権利」の意義と解釈する[41]。もっともこれに対しては，構成国は連邦法から与えられた制約に抵触していないか一定の統制を受ける立場にあるため，その地方自治体との差異は相対的なものにすぎず，権利の固有性の有無は統制の有無の問題に還元しえない，との批判が提起されうることになる[42]。

「主権を有しない国家」の可能性は，これまで見てきた連邦国家論を支える礎石であり，この想定が崩れれば連邦国家概念自体が崩壊してしまう[43]。逆から言えば，この論点は，かような構成の基礎にある国家理論的枠組みを再考するための突破口の意味をも持ちうることになる。連邦国家論は，この意味で国法学の基礎理論への問いをも潜在させたものとして論じられていく[44]。

(4) 国家論としての連邦論

以上に検討してきた連邦国家論の系統を，伝統的に単一国家を範型としてきた国家概念との関係で連邦国家の特質を究明し概念化しようとする意味で，「国家論としての連邦論」と特徴づけることにしたい。この系統の連邦国家論は，ビスマルク帝国期に熱心に議論され，公法学の体系的叙述の中に定着して

---

39) Laband, a.a.O.(Anm. 21), S. 65.
40) Jellinek, a.a.O.(Anm. 13), S. 45.
41) Ebenda, S. 39-44.
42) Vgl. Laband, a.a.O.(Anm. 21), S. 66.
43) イェリネック自身，後の著作ではこの概念規定をもはや用いない。Georg Jellinek, Gesetz und Verordnung, 1887, S. 201-205. Vgl. auch ders., Allgemeine Staatslehre, 3. Aufl., 1914, S. 769-787. ラーバントはイェリネックの改説と自らの勝利を指摘する。Laband, a.a.O.(Anm. 21), S. 75f.
44) 対極的な方向性を示すものとして参照，Hugo Preuß, Gemeinde, Staat, Reich als Gebietskörperschaft, 1889; Hans Kelsen, Das Problem der Souveränität und die Theorie des Völkerrechts, 1920.

いくものの,ワイマール共和国以降は目立った展開を見せることなく停滞を余儀なくされる45)。その背景としては,ワイマール以降,ライヒの国家性が一層自明となる一方でラントが国家としての実質を次第に失っていき46),ふたつの国家の重層としての連邦国家概念を積極的に弁証する実質的意味もまた次第に失われていったという事情が推測される47)。これに代わって,帝国後期からワイマールにかけては,これとは異なる側面に焦点を当てた新しい系統の連邦論が登場することになる48)。そこで,次にこれについて検討しよう。

3　連邦と新しい憲法理論
——ビスマルク帝国からワイマール共和国へ——

(1)　統一主義・分邦主義・ヘゲモニー

ドイツ革命とワイマール憲法の制定によりライヒと諸ラントはともに君主政から民主政へと国家形態の転換を遂げる。この際,ドイツの連邦国家としての性格は維持され,連邦制の基本構造自体は一定の修正の下で基本的に受け継がれた。だが,これを実質的に動かす政治的な力に着目するならば,革命は連邦国家のあり方にも重要な変容を与えたものと理解することができる。

ビスマルク帝国の後期に当たる 1907 年,トリーペルは『ドイツ帝国における統一主義(Unitarismus)と分邦主義(Föderalismus)』49)で,連邦国家を規定する力学を,集権化に向かう求心的なベクトルと,分散化へと向かう遠心的なベク

---

45)　但し,君主政から民主政への転換は,ビスマルク帝国の構造を念頭に置くラーバント的な連邦国家概念の妥当性に微妙な影響を与えずにはいないように思われる。この点,基本的にラーバントの概念規定を受け継いで連邦国家を諸国家から構成される社団と捉えるアンシュッツが,国民の国家構成員としての資格に関連して一定の留保を付すのは,興味深い。Gerhard Anschütz, Das System der rechtlichen Beziehungen zwischen Reich und Ländern, in: Anschütz/Thoma(Hrsg.), Handbuch des Staatsrechts, Bd. 1, S. 295ff., 295f.

46)　ラントの国家性をめぐる問題の意義に関して参照,Richard Thoma, Das Reich als Bundesstaat, in: Gerhard Anschütz/Richard Thoma(Hrsg.), Handbuch des Staatsrechts, Bd. 1, 1930, S. 169ff., 169-179.

47)　実定法学的見地から,かかる議論の実益がさほど大きくないと見られた点も重要であろう。Thoma, ebenda, S. 171-173.

48)　とは言え,理論的な新潮流の登場にも拘わらず,ビスマルク帝国期の通説はワイマール期も通説的な地位を維持した,と評される。Vgl. Heiko Holste, Der deutsche Bundesstaat im Wandel (1867-1933), 2002, S. 523. 学説状況の整理として差し当たり同書の S. 513-538 を参照。

49)　Heinrich Triepel, Unitarismus und Föderalismus im Deutschen Reich, 1907.

トルとの拮抗として分析する。連邦国家は、単一国家と国家連合の中間的な性格を持つものであり、このため連邦を単一国家に接近させようとする志向と、構成国の自立性を擁護して国家連合的要素を維持・強化しようとする志向との間の微妙なバランスによって成り立っている。ドイツ帝国において両者を媒介し、帝国をまとめ上げる働きを担うのが、プロイセンのヘゲモニーである。プロイセンはあくまで連邦を構成する諸構成国のひとつであるが、圧倒的な強国であり、プロイセン国王がドイツ皇帝を兼ね、また連邦参議院で憲法改正を単独で阻止しうる票数を保持している。このプロイセンが、他の諸構成国の立場に配慮しつつ、地域主義(Partikularismus)の跋扈を防いで諸構成国を帝国に統合するために主導的役割を担うことで、ドイツ帝国は成り立っている。かくして、帝国のあり方をめぐる問いは、しばしば必然的にプロイセンをめぐる問いと結びつくことになる。

　革命とワイマール憲法の制定は、この連邦国家を支える諸力の配置を大きく変動させることになる[50]。憲法前文がドイツ国民の憲法制定権力を宣明するように、今や帝国を支えるのは単一の国民に基礎を置いた統一主義である。他方ここでは分邦主義の要素は後退する。ドイツ国民によって直接選挙される大統領と議会が統治構造の中心を占める反面、ラントを代表するライヒ参議院の権限はビスマルク帝国の連邦参議院に比べて縮減される。あくまで憲法構造に即して言うなら、ワイマール共和国は、未だビスマルク帝国に残存していた国家連合的な要素を大幅に払拭し、これを単一国家に近づけたものと見ることができる。

　とは言え、これは事柄の一面にすぎない。連邦の統治構造が統一主義を強化したとしても、他方で連邦とラントとの関係においては、ラントがなお固有の権限を大幅に維持している。このラントは、今や共和政の下でそれぞれ構成の異なる政党政府を設立し、地域的特殊性と相俟って、連邦と異なる独自の政治的立場を追求することができる。これに対して、かつてビスマルク帝国で諸邦を統合する役割を担ったプロイセンのヘゲモニーは消滅した。皇帝位が廃されることで、プロイセンはライヒの担い手としての責任から解除され、一ラント

---

50)　Vgl. Ernst Rudolf Huber, Deutsche Verfassungsgeschichte, Bd. 6, revidierter Nachdruck der 1. Aufl., 1993, S. 55-81.

としての立場に回帰した。その勢力はなお他を圧して強大であるが、ライヒ参議院でプロイセンの票が分割されることで(63条1項)、ライヒ政治におけるその弱体化が図られている。この意味でワイマール憲法は、プロイセンという重しを弱めることによって諸邦の地域主義の展開に道を開いたという側面をも有している。アンシュッツが1924年の第一回ドイツ国法学者大会で、ドイツ連邦国家の抱える最大の問題として主題化したのは、まさにこの点である[51]。

この意味でワイマール共和国は、連邦国家を動かすふたつの力である統一主義と分邦主義の関係に、重要な変動をもたらしたと解することができる。この新たな連邦国家の姿を、ワイマール共和国の憲法理論がいかに捉えようとしたのか。ビスマルク帝国後期における理論的端緒から検討を始めよう。

(2) 統合と連邦国家——スメント

ア 前節で検討した連邦国家論は、単一国家との対比で連邦国家の特質を概念的に捉えようとする議論であった。だが他方、現実の連邦国家の姿は必ずしも一様ではない。アメリカ合衆国とドイツ帝国のいずれを典型として想定するかで、連邦国家概念に差異が生じうることは、これまでの検討で既に示唆されたところである。とすれば、そもそも両者を単一のモデルで論じようとするところに限界が存在するのではないか。かように考える場合、連邦国家の内部における型の違いを明示的に主題化しうる理論が要請されるものと考えられる。

では、異なる型を分ける線はどこにあるのか。ビスマルク帝国の後期、1903年の論攷でオットー・マイヤー(Otto Mayer)が焦点を当てるのは、共和政連邦国家と君主政連邦国家との違いである[52]。マイヤーはまず、これまで議論の前提とされてきた連邦国家と国家連合の二元論の枠組みを相対化する。一般に、連邦国家は憲法を基礎とし、連邦が主権を有するのに対して、国家連合は国際法を基礎として、構成国が主権を有するものと対比され、しばしば様々な構造的特徴(例えば権限高権(Kompetenz-Kompetenz)の所在、連邦の立法権限、構成国の離

---

51) Gerhard Anschütz, Der deutsche Föderalismus in Vergangenheit, Gegenwart und Zukunft, in: VVDStRL 1, 1924, S. 11ff.
52) Otto Mayer, Republikanischer und monarchischer Bundesstaat, in: Archiv für öffentliches Recht, 18, 1903, S. 337ff.

脱権の有無など)がこの差異と結びつけて論じられてきた。だが実際は，国際法上の条約を根拠とする諸国家の結合体であっても，条約の内容次第で，強力な中央権力を設立して連邦国家に固有とされる構造要素を取り込むことは理論的に可能なはずである。我々が通常連邦国家と呼び習わす政治体は，憲法でも条約でも，いずれの形式によっても可能である[53]。

　マイヤーはこの二元論に替えて独自の枠組み[54]による連邦国家論の再構成を試みるが，この際に彼が軸として着目するのが，その政治体の現実の支配者ないし主権者が誰か，という観点である[55]。この点で，アメリカを典型とする民主政連邦国家と，ビスマルク帝国を典型とする君主政連邦国家は，全く異なる。前者が，全体国家の国民("we the people")という単一の主権の主体によって担われるのに対して[56]，後者では構成国が共同で主権を担っており，これと区別された新しい単一の主権者は存在しない。換言すれば，君主政連邦国家は，諸君主の条約を基礎とした結合としての性質をなおも維持していると理解されることになる[57]。

　ここに描かれるドイツ帝国の像は，例えばイェリネックの描く単一国家に著しく接近した連邦国家像とは，明らかに対蹠的である。そこでは，アメリカと異なるビスマルク帝国の固有の性格が意識的に強調される。このマイヤーの新たな端緒は，君主政ドイツの西洋に対する独自性が強く意識される第一次世界大戦の時期になって[58]，重要な継承者を見出すことになる。

　イ　若き日のスメントが，まさにそのマイヤーの70歳記念論文集に寄稿した論文「君主政連邦国家における不文憲法」(1916年)[59]は，マイヤーが示した

---

53) Ebenda, S. 340–346.
54) そこでは，後の国家法人説批判(ders., Die juristische Person und ihre Verwertbarkeit im öffentlichen Recht, in: Staatsrechtliche Abhandlungen: Festgabe für Paul Laband, Bd. 1, 1908, S. 1ff.)への関連を示唆する指摘が見られる。Ebenda, S. 348f. 連関に関して参照，Jens Kersten, Georg Jellinek und die klassische Staatslehre, 2000, S. 45–50.
55) Ebenda, S. 347–350.
56) Ebenda, S. 350–357.
57) Ebenda, S. 358–365.
58) マイヤーや次に見るスメントとこの点で同一の路線に立つと見られるエーリッヒ・カウフマンの戦時中の論攷「ライヒ憲法におけるビスマルクの遺産」では，この西洋とドイツとの間の憲法戦争という視点が明瞭に打ち出される。Erich Kaufmann, Bismarcks Erbe in der Reichsverfassung (1917), in: ders., Gesammelte Schriften, Bd. 1, 1960, S. 143ff.
59) Rudolf Smend, Ungeschriebenes Verfassungsrecht im monarchischen Bundesstaat (1916), jetzt

連邦国家論の端緒を深化させるものであると同時に、ワイマール期に開花する統合理論の萌芽をなすという意味で、憲法学史上極めて重要な作品である[60]。ここでスメントは、マイヤーが示したのと類似した連邦国家理解に立脚しつつ、これをより広く憲法の本質との関連で捉え直す視角を提示する。

　スメントが考察の切り口として提示するのは、アメリカ合衆国とドイツ帝国における、憲法の存在のあり方の違いである。合衆国憲法が、広く国民に読まれ、一種の崇拝の対象とされるのに対して、ビスマルク帝国の憲法は、読みにくく無味乾燥で、国民にとって疎遠な技術的文書である。これは、帝国憲法が君主政連邦国家の憲法であり、第一義的には帝国を構成する諸君主国間の外交的な文書であることに由来する[61]。かような帝国憲法の特性は、憲法の具体的な解釈運用にも強い影響を与える。すなわち帝国憲法のいくつかの領域では、憲法の明文の規定に反する慣行が形成されているが、これは諸構成国間の連帯による協調的な物事の処理を志向した慣行であり、実は憲法の諸規定の背後にある意図をよりよく実現するものである[62]。スメントはかような諸邦相互の関係（以降「連邦忠誠」と呼ばれていく）に、単なる事実を超えた法的な規範性を見出す。成文憲法の簡素な諸規定は、これを補完するかかる不文憲法の存在を認めることによって、初めてその意味を十全に理解することができるのである[63]。

　かくしてスメントは、憲法の諸規定に必ずしも明示的に定められない構成国相互の横の同輩的関係に、帝国を構成する基幹を見出す。これを仮に実質的憲法と呼ぶならば、成文憲法典の意味における形式的憲法は、その背後に存在する実質的憲法のすべてを明文化しているとは限らず、両者の間にはしばしばズレを避けることができない。これは憲法の解釈者にとっての危険を意味する。憲法典の明文のみに依拠することで、憲法の体系について不正確な像を描いてしまう虞があるからである[64]。換言すれば、憲法を正しく理解するためには、形式的な憲法典の背後にある実質的な規範的秩序が何であるかをつかみ取る必

---

　　in: ders., Staatsrechtliche Abhandlungen, 3. Aufl., S. 39ff.
60）　同論文の位置づけを含め、連邦国家論との関連でスメント憲法理論の発展を分析するものとしてとりわけ参照、Stefan Korioth, Integration und Bundesstaat, 1990.
61）　Smend, a.a.O.(Anm. 59), S. 39f.
62）　Ebenda, S. 40-48.
63）　Ebenda, S. 49-52.
64）　Ebenda, S. 54.

第10章　連邦と憲法理論——263

要がある。実定法学的な憲法解釈論も，かような実質的憲法との関係で構想される必要がある，ということになろう。この1916年論文は，あくまで連邦国家論という限定された問題領域における，不文憲法という法源論上の問題を論じたものにすぎないが，そこには既に，ワイマール期に「統合理論」の名で展開されることになる実質的憲法理論の萌芽が，一種の学問プログラムとして含まれている，と見ることができる[65]。

　この際にスメントが描こうとした秩序像は，まさにマイヤーと同様の意味でビスマルク憲法の独自な価値を強調するものであった。ここでは，単一の国民が全体国家を支え，この全体国家の憲法原理が州をも規定する(共和政体の保障など)アメリカ合衆国のような共和政連邦国家に対して，君主国である諸構成国同士の連帯と相互礼譲に支えられ，諸構成国が全体国家のあり方を規定する君主政連邦国家が，独自の原理に立脚するものとして対置される。不文憲法の存在が照らし出すのは，アメリカなどとは大幅に異なるドイツ帝国に固有の秩序像である[66]。

　かような議論の枠組みは，しかしワイマール憲法の下では前提を喪失することになる。君主政から共和政への体制転換は，国家法人説から見れば国家の連続性の下における国家形態の変更として説明することが可能であろうが，実質的憲法に議論の軸足を置くスメントにとっては，自己の理論的基盤の動揺をも意味しえたはずだと推測される。ワイマールのスメントは，新たな共和政連邦国家としてのドイツを，いかに理解することになるのか。

　ウ　スメントは1928年の主著『国制と憲法(Verfassung und Verfassungsrecht)』[67]で，統合理論と呼ばれる彼の理論構想を展開し，ここで連邦国家論も論点のひとつとして再び取り上げられる。そこでスメントが取った立場は，一言で言うならば，ビスマルク帝国を理想的な秩序範型として捉える従前の立場をなおも維持し，これを統合理論の枠組みから再度説明し直すとともに，これとの対比でワイマール憲法の抱える欠損を批判的に分析するものであった，

---

65)　その法源論としての弱点も含めた分析として参照，Korioth, a.a.O.(Anm. 60), S. 32-91.
66)　Smend, a.a.O.(Anm. 59), S. 56-59.
67)　Rudolf Smend, Verfassung und Verfassungsrecht(1928), in: ders., Staatsrechtliche Abhandlungen, 3. Aufl., S. 119ff.

と要約しうるように思われる。

　ここでは連邦国家の本質は，構成国を全体国家に組み入れ，これを全体の統合に奉仕させる点に求められる[68]。ビスマルク憲法は，一見技術的な諸規定に自己を限定することで，逆説的に諸構成国から成る全体国家の正統性を基礎づけることができた，とされる[69]。これに対してワイマール憲法は，正統化の審級順序を逆転し，部分が全体を，ではなく，全体が部分を正統化する，という構造を採用した。かつての統合様式は大幅に破壊され，ラントはライヒの基礎であるよりもむしろ障害として評価された。だが，こうした方向性は，ドイツ国家にとってプロイセン問題やラントの地位が占める重要性を過小評価している。結局のところ，ワイマール憲法は，規範的な目的ないし理想と，これを実現するための前提ないし手段との齟齬のために，弱さを抱え込むことになった，というのがスメントの診断である[70]。

　これに対する救済として，スメントはワイマール憲法になお残存するビスマルク憲法以来の統合構造に期待を寄せる[71]。この際に彼がとりわけ重視するのが，ビスマルク憲法における不文憲法として発見された「連邦忠誠」の観念である[72]。1916年論文では君主政連邦国家に特有の法原則として理解された「連邦忠誠」の原理が，共和政のワイマール共和国でなお維持され，ここに共和国の危機を克服する処方箋のひとつとしての役割を割り当てられる。スメントにとっても，ワイマール共和国はビスマルク帝国からの転換を意味したが，それはアメリカ流の民主政連邦国家を直ちに創出するものではなく，むしろその現実的な前提を欠いたまま，古い統合方法を大幅に廃棄した，欠陥のある国制と映った。スメントの連邦国家論は，ここになお残存する君主政連邦国家の統合方法を，共和国にも通用する一般性の高い法原理へと高め，救い出そうとする試みとしての意味を持っていた，と理解することができるように思われる。

---

68) 「健全な連邦国家においては，個別国家は統合の対象であるのみでなく，とりわけまた統合の手段でもある，という点に核心がある」。Ebenda, S. 225. 歴史的に形成されてきた諸構成国の存在が自明の出発点とされた1916年論文と比べて，ラントが全体の統合に奉仕する点に正統性を有する面が以前より強く打ち出されているとも解しうる。
69) Ebenda, S. 227-231.
70) Ebenda, S. 231-233.
71) Ebenda, S. 232, 268-273.
72) Ebenda, S. 269, 271f.

エ　かくしてワイマール期憲法理論の一方の雄であるスメントの連邦国家論は，ビスマルク帝国とワイマール共和国との差異の，ある重要な側面を浮かび上がらせる。それは，先に見たトリーペルの統一主義と分邦主義という枠組みに即して述べるなら，ワイマール憲法がその統一主義的な意図と裏腹に分邦主義ないし地域主義を解放してしまった，という側面であるように思われる。

これに対して，ワイマール憲法理論の他方の雄であるシュミットは，スメントと大きく異なる連邦国家像を描き出す。そこで，次にこれを検討しよう。

(3)　連邦と主権——シュミット

ア　シュミットは1928年の『憲法＝国制論(Verfassungslehre)』第4部で，自らの連邦論を展開する[73]。その内容を理解する上で鍵になるのは，シュミット独特の「主権」の概念であると考えられる。既に見てきたように，主権の所在をめぐる問いは従来の連邦国家論にとっても主軸をなす問いであったと言えようが，シュミットにおいてはこの主権の捉え方自体に重要な変更が加えられていると見ることができる。

すなわち，上述のラーバントやイェリネックのような通説的枠組みでは，連邦国家では連邦が主権を持ち，国家連合では構成国が主権を持つ，とされる。ここでは，ある政治体が連邦国家であるか国家連合であるかを，その設立の基礎や構造，権限などに照らして法学的見地から客観的に判断できることが，議論の際の暗黙の前提とされているものと考えられる。連邦国家をめぐる争いは，この意味で法学的に正しい政治体の性質決定をめぐる争いであった，と理解することができるように思われる。

シュミットが拒絶するのは，まさにこの前提である。すなわち，現実には法および法学によって主権の所在が客観的かつ一義的に確定できない状況が存しうるのであり[74]，ここではしばしば複数の勢力が，各々の立場から自らの主権を主張し，相互に政治的に争う。例えば南北戦争終結前のアメリカ合衆国では，南部諸州の立場に立つ州権論が，無効化(nullification)や離脱権(secession)

---

73)　Carl Schmitt, Verfassungslehre, 1928, S. 361-391.
74)　アンシュッツは法の欠缺に関して「国法はここで終わる」とする。Georg Meyer/Gerhard Anschütz, Lehrbuch des deutschen Staatsrechts, 7. Aufl., 1919, S. 906.

を主要な争点に州の主権性を主張して連邦側と対立しており，主権の所在が連邦にあるのか州にあるのかが激しく争われていた，と見ることができる[75]。また，例えばプロイセン憲法争議では，予算不成立の際の財政支出という論点の背後に，ビスマルクの欠缺理論が示すように，立憲君主政における主権の所在という問題が存在していた[76]。かかる争いは，必ずしも法学的に正解を求めうるものではなく[77]，現実上は最終的に政治の次元で雌雄が決される他ない。

かくして，法および法学が限界を露呈する状況こそが真の意味での主権の問題状況であり，ここにこそ主権の本質が顕現する，というのがシュミット主権論の重要な柱であると考えられる。換言すれば，主権は法の次元ではなく，政治の次元に位置する。「例外状態について決定を下す者が主権者である」，との有名な定式[78]は，その尖鋭化された表現として理解することができる[79]。

もっとも，主権の所在が常に争われていては，政治的な不安定や内戦の危険を避けることができない。このため通常の国家＝政治的単位においては，この意味での主権の担い手が誰であるかは，既に政治的に解決済みであるのが通例である。これは，当該国家＝政治的単位の憲法＝国制（Verfassung）および国家形態の問題に属する[80]。ところが，既に触れたように，現実にはこの主権の所在が不分明な場合というのが存在する。第一の例は，19世紀の立憲君主政であり，これは君主主権と国民主権というふたつの要求の妥協によって成立しているため，重要な政治的争点を契機に主権の争いが憲法争議の形で再燃しうることになる。これに次ぐ第二の例が，ここで論じる「連邦」の事例である。シュミットの連邦論は，この特殊な主権の未確定状態の構造に，理論的な定式を与えるべく試みる。

　イ　シュミットは，自らの「連邦（Bund）」概念を，「自由な取り決めに基づき，全ての連邦構成国の政治的な自己保存という共通の目的に奉仕する，持続

---

75) Schmitt, a.a.O.(Anm. 73), S. 373-375.
76) Ebenda, S. 53-56.
77) 初期の自由法論の影響に関連して参照，Carl Schmitt, Gesetz und Urteil, 1912.
78) Carl Schmitt, Politische Theologie(1922), 7. Aufl., 1996, S. 13.
79) 主権の問題状況の具体的態様としては，憲法が多様な解釈の余地を許す場合や，憲法の欠缺の場合，それに憲法の平常な妥当の前提が失われた例外状態の場合（Vgl. Carl Schmitt, Die Diktatur, 1921）など，様々な場合が考えられうるものと思われる。
80) Schmitt, a.a.O.(Anm. 73), S. 3-11, 20-36, 204-220.

的な結合であり，これによって，この共通の目的に鑑みてそれぞれの個別の連邦構成国の政治的な全体的地位(Gesamtstatus)が変化を受けるもの」，と定義する[81]。ここでは，諸構成国が自らの政治的自己保存のために相互に結合し，「連邦」結成後もその政治的存在(Existenz)を維持する。このため，連邦全体という政治的単位と，諸構成国という政治的単位との，二種類の政治的存在が併存することになる[82]。それが政治的存在である以上，両者とも自らの存続に関わる重要な政治的決定を行う権利を放棄しない。このため紛争状況において，連邦と構成国のいずれの決定が主権的かをめぐって，対立が生じる可能性が残る。まさにこの主権の未確定状態こそが，シュミットの「連邦」の本質的特徴をなす[83]。既に触れたように，その典型事例として想定されるのは，南北戦争前のアメリカ合衆国である[84]。

　シュミットの「連邦」がかようなものである以上，それは政治的対立と内戦の危険を潜在的に孕んでいる。「連邦」がそれにも拘わらず安定的に存続するためには，全ての連邦構成国の間に同質性が存在し，これによって紛争状況の発生が未然に防がれることが必要である。かような同質性には様々な種類がありうる(国民的な同質性や政治原理の同質性など)。アメリカの南北戦争は，奴隷制という重要問題で北部と南部との間に政治的な対立が生じ，同質性が破壊されたために起こった[85]。

　ウ　かような議論から，通説的な枠組みとは大幅に異なる理解の構図が導かれる。すなわちシュミットの「連邦」は，通説的な連邦国家と国家連合の区別とは一致しない[86]。例えば，通常は一貫して連邦国家と見なされるアメリカ合衆国でも，南北戦争の以前と以後とでは，その性質に本質的な違いが生じることになる[87]。南北戦争までのアメリカが「連邦」の典型例とされるのに対し，南北戦争後はもはや州が主権を主張することは実質的に考えられず，上記の「連邦」の特性は大幅に失われている。他方，国家連合とされる1815年ドイツ

---

81) Ebenda, S. 366.
82) Ebenda, S. 371.
83) Ebenda, S. 373.
84) Ebenda, S. 373–375.
85) Ebenda, S. 375–379.
86) Ebenda, S. 366.
87) Ebenda, S. 375.

連盟も，連邦国家とされる1871年ドイツ帝国も，シュミットの枠組みでは恐らくはともに「連邦」の一種として位置づけられることになろう。

ところで，「連邦」の概念がかように政治の次元に位置する主権の問題を軸に構成される以上，ここではこの政治的状態と法的な国家構造との間で一定のズレが発生しうることになる。すなわち，南北戦争後のアメリカのように，連邦制的な憲法構造を以前と同様に維持しながらも，州が自立した政治的存在であることを止めた政治体制が存在しうる。シュミットはこの，真の「連邦」的性質を失い，単に組織形態としてのみ存続した連邦国家を，「連邦的基礎を欠いた連邦国家」と呼ぶ[88]。これは，全体国家のみが政治的存在であるという点で，単一国家に大幅に接近していると見ることができる。

この真の「連邦」から「連邦的基礎を欠いた連邦国家」への移行の要因としてシュミットが指摘するのは，民主政との密接な関係である。民主政連邦国家では，国民の同質性が諸構成国の境界を超えて強まり，最終的に全国民の一体性が構成国の自立性を飲み込むことが起こりうる。この意味で，アメリカ合衆国と並んで，民主政への転換を遂げたワイマール共和国もまた，国民の単一性に基礎を置いた「連邦的基礎を欠いた連邦国家」として理解される。そこに存在する連邦制は，国民の憲法制定権力の決断に基づいて，過去の組織の要素が残存させられたものにすぎない[89]。

エ かくして，シュミットの「連邦」論が浮かび上がらせるのは，通説的枠組みではともに連邦国家とされるビスマルク帝国とワイマール共和国との間に存在する，決定的な断絶の存在であるように思われる。

かようなシュミットの理解は，その議論の枠組みこそ異なれ，先に見たスメントの理解とも通底する点を多く有するように思われる。両者ともに，その連邦論が焦点を当てるのは，ビスマルク帝国とワイマール共和国との間における，連続性ではなく断絶の側面である。すなわちビスマルク帝国の理解に関しては，シュミットの「連邦」もまた，スメントの君主政連邦国家と同様に，諸構成国相互の条約的な結合という要素に重要な位置づけを与えている[90]。これに対し

---

88) Ebenda, S. 374f., 389.
89) Ebenda, S. 388f.
90) Ebenda, S. 61-75, 368.

てワイマール共和国が，この意味でビスマルク帝国を支えていた要素を大幅に希薄化させ，全ドイツ国民の存在を基礎に，はるかに統一主義的な構造を有していると見る点でも，両者の評価は一致を見るように思われる。

　残る違いは，この転換をいかに評価するかである。スメントがここに，統一主義の現実的基盤を欠いた状態でビスマルク帝国の遺産を放棄したことによる統合の欠損を見出したのに対して，『憲法＝国制論』のシュミットにはそのような否定的評価は見当たらない[91]。かような差異の原因のひとつは，恐らく両者の志向する秩序範型の違いに求めることができよう。シュミットにとって，政治的単位としての国家がその憲法論の中心をなす以上[92]，複数の政治的単位が重層的に併存し，主権が不確定な状態にある「連邦」は，元来非正常な存在であるとも言える。この意味で，ワイマール共和国における「連邦的基礎を欠いた連邦国家」への移行は，恐らく近代国家の原型への接近として肯定的に評価される側面を有していたと考えられる[93]。これは，ビスマルク帝国を高く評価し続けたスメントとは対照的と言えよう。

　とは言え，このような価値判断の違いがあるとしても，シュミットとスメントの見解が必ずしも相互に矛盾すると捉える必要はないように思われる。本節の最初に見たように，ビスマルク帝国を支えた統一主義と分邦主義との均衡が崩れ，政治的諸力の関係に動揺が生じたのがワイマールの問題状況であったとすれば，スメントとシュミットの連邦論は，ここで生じた多面的な変動のそれぞれ異なる側面を照射する議論であったと見る方が，より適切な理解であるように思われる。

　かくして，前節で検討した通説的な連邦国家論の枠組みでは，ビスマルク帝国もワイマール共和国も，ともに連邦国家として両者の連続性が強く想定されるところで，スメントとシュミットは，ここにおける国制構造の転換を浮かび

---

91)　もっともこの後，ワイマール末期のシュミットは，国民の多元主義的な分裂への批判を強めていき，連邦国家もこれとの関係で論じられる。Vgl. Carl Schmitt, Der Hüter der Verfassung, 1931, S. 94-96. ワイマール末期からナチス期初期にかけてのシュミットと連邦に関して参照，権左武志「第三帝国の創立と連邦制の問題」思想 1055 号（2012 年）41 頁以下。

92)　Vgl. Carl Schmitt, Der Begriff des Politischen (1932), 6. Aufl., 1996.

93)　シュミットのワイマール共和国に対する態度をいかに評価するかについては争いがあるが，少なくともこの点に関する限り，『憲法＝国制論』のシュミットは共和国に敵対的であったとは評価できないものと思われる。

上がらせた。我々はここに,ワイマール憲法理論の革新性を,具体的な論点に即して鮮やかに読み取ることができるであろう。

(4) 憲法＝国制論としての連邦論

かようなスメントとシュミットの議論には,その内容的な違いに拘わらず,憲法理論として通底する志向が存在するように思われる。それは,法的意味の憲法の背後に,より基底的な存在としての政治的な基本構造ないしは国制(Verfassung)を読み取り,これを基礎に据えて憲法論を構築しようとする方向性である。ビスマルク憲法の諸規定の背後に,君主政連邦国家に特有の諸君主国間の秩序を見出したスメントは,1928年の主著『国制と憲法(Verfassung und Verfassungsrecht)』において,こうした初期の端緒を国家論および憲法＝国制論全体へと一般化し,統合の法としての憲法という理解を打ち出す。他方,主権論や独裁論などを題材に,法の限界状況における政治の存在を抉り出してきたシュミットは,1928年の『憲法＝国制論(Verfassungslehre)』で,法的な憲法律の基底にある,政治的単位としての国家の憲法＝国制(Verfassung)を基礎とした憲法論の体系を提示する。本章が題材とした連邦国家論は,この両者の理論的・方法論的立場の共通性と差異の両面をよく示す,格好のショウケースでもあった。注目すべきことに,シュミットはこの『憲法＝国制論』で,先に検討したスメントの1916年論文を論評して,ここで真に問題になっているのは成文憲法と不文憲法との区別ではなく(実定的意味の)憲法＝国制と憲法律との区別である,との興味深い指摘を行っている[94]。その理論内容や秩序範型の違いを超えて,両者の基本的関心における響き合う部分を明瞭に示すものと評価できよう。

そこで本章では,前節で検討した「国家論としての連邦論」と対比する意味で,本節で検討した連邦論の層を,「憲法＝国制論としての連邦論」と呼ぶことにしたい。かような議論の層の積み重なりの上に,戦後の連邦共和国の憲法論が開始されることになる。

そこで本章の最後に,こうしたビスマルク帝国とワイマール共和国における

---

94) Schmitt, a.a.O.(Anm. 73), S. 386.

連邦国家論の地層の連なりと戦後の連邦共和国との関係について簡単に触れ，本章を締めくくることにしよう。

4　連邦国家論の行方

(1)　連邦共和国再訪

ア　ドイツ連邦共和国の連邦国家を，戦後ドイツ憲法学はいかに捉えようとしたのか。ボン基本法下における連邦国家論の最も重要な業績としてしばしば挙げられるのが，ヘッセの『統一的な連邦国家(Der unitarische Bundesstaat)』(1962年)[95]である。ここでヘッセは，国民の一体化と均質化の結果として，今日の連邦国家が，諸部分の個性を尊重しながらこれを全体へと統合することを課題とした過去の連邦国家とは，大きく異なるものとなっていることを指摘する。ここからヘッセは，共和国が強度な統一化を遂げた現代では，連邦制はかつてとは逆に権力の統合ではなく権力分立[96]を強化し，これによって民主政と法治国家を補完する点に新たな機能を有している，との結論を導く[97]。

かようなヘッセの議論がいかなる意味を有するかを検討するなら，そこには，本章の最初に瞥見したショイナーらの見解とともに，ある顕著な特色を見出しうるように思われる。それは一言で言うならば，ワイマール憲法理論の端緒を継承・発展させ，これを戦後の連邦共和国の現実の上に適用した連邦論である[98]，と言いうるものと考えられる。

イ　第一に，ヘッセにおいてもショイナーにおいても，ラーバントやイェリネック流の連邦国家概念には低い評価が下される[99]。連邦国家一般を法形式的に論じることには限定的な意味しかなく，重要なのはそれぞれの連邦国家の具体的な現実を捉えることである，とする立場に，我々はスメントらによって導

---

95)　Hesse, a.a.O. (Anm. 7).
96)　但しここでは，いわゆる垂直的権力分立よりも，連邦参議院を介した連邦諸機関の間の水平的権力分立が重視される。Ebenda, S. 140. ここにワイマール共和国と連邦共和国との差異を読み取ることもできよう。
97)　Ebenda, S. 144-147.
98)　連邦国家の現実が変化してしまった以上，スメントやシュミットの所説をそのまま連邦共和国に継受することはできない。Hesse, S. 118-120.
99)　Hesse, a.a.O. (Anm. 7), S. 118; Scheuner, a.a.O. (Anm. 3), S. 415-417.

入された，法規の背後にある現実の国制構造(Verfassung)への関心を読み取ることができる。

　第二に，こうした見地からヘッセが描き出すのは，ワイマール共和国よりも更に統一主義的な傾向を強めた連邦国家の像である。スメントやシュミットがビスマルク帝国に連邦のひとつの典型を見出したとすれば，戦後の連邦共和国はワイマール共和国以上にビスマルク帝国から遠く離れてしまった。占領下で再建されたラントを基礎に再び連邦国家が建設されたとしても，これはラントが自立した政治的単位としての実質を失った，まさにシュミットの言う「連邦的基礎を欠いた連邦国家」に他なるまい。国民の一体化と均質化を指摘するヘッセの連邦共和国理解は，ビスマルク帝国の秩序像に固着し続けた師スメントよりも，シュミットのワイマール理解と接近している。

　第三に，とは言え，この意味での真の連邦的基礎を欠いていたとしても，組織としての連邦制はなお存在している。ヘッセは，この単なる組織原理としての連邦制にも，なお固有の存在意義があることを示そうと試みた。それが，連邦制の「機能」という議論である[100]。統一的な連邦国家において，連邦的な組織は，権力分立に奉仕するなどの機能を通じて，自由で民主的な秩序を支える役割を担うものと主張された。ここにヘッセの議論の最大の眼目があると評価しえよう。

　第四に，しかしこうした機能からの議論が一定の限界を内包していることも，否定しえないように思われる。例えばレルヒェはその国法学者大会の報告で，連邦制と権力分立は元来別個の原理であり，前者は後者の技術的な一手段に還元されえない，との指摘を行っており，基本的に正当であるように思われる[101]。権力分立論からの説明は，連邦制が固有の正統性を見失った後に，その欠損を新たな機能によって補填する試みと理解することができるように思われる。結局そこに改めて浮かび上がるのは，そもそもなぜ連邦国家なのか，という問いである。

　ウ　こうして我々は，本章の冒頭の地点にようやく帰ってきたことになる。

---

100)　Hesse, a.a.O. (Anm. 7), S. 139.
101)　Peter Lerche, Föderalismus als nationales Ordnungsprinzip, in: VVDStRL 21, 1964, S. 66ff., 78-83.

第 10 章　連邦と憲法理論——273

「連邦国家とは何か」,「なぜ連邦国家なのか」という問いをめぐる不明確性の背後に,我々は今や,我々の視界を遮る霧ではなく,ドイツ連邦国家の歴史的変遷と,これを捉えるための憲法学の理論枠組みの蓄積と深化とを,明瞭に読み取ることができる。

(2)　連邦国家論の行方

　もっとも,かような連邦国家論は,その後はあまり大きく論じられることのないまま緩やかに衰退を遂げていったように見える。既にヘッセは上述の1962年論文で,連邦国家をめぐる議論が個別論点へと拡散し,連邦国家の理論の名に値する議論が欠落している,との批判を提起している[102]。実際のところ,それぞれの連邦制の態様が,一般理論や抽象理念より,むしろ種々の法規範やその解釈運用によって規定されるとすれば,法学の実践的な議論は,立法権限の配分や連邦参議院の同意法律の範囲,財政調整など,主に連邦制の具体的内実を形成する各論的な諸論点や,そこで有効な法理の探究をより強く志向することになろう[103]（もっとも,他方で実定憲法解釈上,20条1項1文で規定され79条3項によって憲法改正からも保護された連邦国家原理のように,抽象性が高く理論により親和的な論点も存在してはいるが[104]）。憲法解釈論が精緻化と細分化を遂げる中で,憲法理論の存在意義と位置づけがどこに見出されるか[105],という一般的な問題は,恐らく連邦制論にも無縁ではないものと推測される。

　他方,近年の議論の中に,新しい連邦論への胎動が生じつつある旨も指摘されている[106]。かようなドイツ連邦国家をめぐる議論が一貫して統一主義的な志向を有してきた点を,歴史的な距離を置いて反省的に検討する,憲法史・学説史的な仕事が登場してきている[107]。EUの登場は,超国家組織としてのEU

---

102)　Hesse, a.a.O. (Anm. 7), S. 116-118.
103)　諸論点の概観と分析として参照,Oeter, a.a.O. (Anm. 9).
104)　参照,Matthias Jestaedt, Bundesstaat als Verfassungsprinzip, in: Josef Isensee/Paul Kirchhof (Hrsg.), Handbuch des Staatsrechts der BRD, Bd. 2, 3. Aufl., S. 785ff., bes. 808-813.
105)　参照,林知更「国家論の時代の終焉？——戦後ドイツ憲法学史に関する若干の覚え書き」(第2章)。
106)　整理として参照,Alexander Hanebeck, Der demokratische Bundesstaat des Grundgesetzes, 2004, S. 35-43.
107)　Oeter, a.a.O. (Anm. 9).

と連邦制との比較という切り口の存在を浮かび上がらせることで，連邦制への新たな視角を提供しつつあるように見える[108]。憲法上の要請としての民主的正統化をめぐる議論の深化は，正統化の構造という見地からの連邦国家への新たな分析視角を可能にする[109]。これらを含め，新しい理論的端緒の中から最終的に何が生じてくるかは，なお今後の展開を注視する他ない。ただ，いずれにしても，新しい連邦論の登場は過去の連邦論との対決を不可避的に要請するであろうし，これは過去の理論が暗黙に前提としていた文脈の存在に対して，我々の意識をより鋭敏にするであろう。この意味で，新たな連邦論の胎動は，ビスマルク帝国・ワイマール共和国・ボン共和国といった過去の時代における憲法論の成層のあり方についても，我々に新たな反省の契機を与えるものと思われる[110]。しかし，現在と過去との視線の往復の中から，より一層深められた理解を目指す作業は，他日を期す他ない。

(3) 憲法学の成層への問い

以上の検討が示唆するように，連邦国家論という問題領域は，ドイツ憲法学史における思考の層の積み重なり方を切り出す上で，格好の素材のひとつである。日本憲法学からのドイツ連邦国家論との対話は，単に単一国家に代わるもうひとつのモデルをドイツに求めるという類の目的を超えて，国家や憲法をめぐる我々自身の思考を問い直し，鍛え上げるための契機を豊かに含んでいると考えられる。本章の試みがこの可能性の所在を示すことに多少とも成功したとすれば，本章の目的は達せられたことになる。

---

[108] シェーンベルガーやボー，メラースに関して差し当たり参照，林知更「EUと憲法理論——ドイツ公法学における国家論的伝統をめぐって」(第11章)。
[109] Vgl. Christoph Möllers, Der parlamentarische Bundesstaat — Das vergessene Spannungsverhältnis von Parlament, Demokratie und Bundesstaat, in: Föderalismus — Auflösung oder Zukunft der Staatlichkeit?, 1997, S. 81ff.; Hanebeck, a.a.O.(Anm. 106).
[110] ここではとりわけ，本章の言う「国家論としての連邦論」のみでなく，ワイマールの「憲法＝国制論としての連邦論」との理論的対決が不可避となるものと考えられる。ヘッセ(Anm. 7)やベッケンフェルデ(Ernst-Wolfgang Böckenförde, Sozialer Bundesstaat und parlamentarische Demokratie(1980), in: ders., Staat, Nation, Europa, 1999, S. 183ff.)の連邦論に対するメラースの批判は，この意味でのワイマール的伝統の問題性に向けられていると理解することが可能であると思われる。Möllers, a.a.O.(Anm. 109), bes. S. 101f.

第11章

EUと憲法理論
——ドイツ公法学における国家論的伝統をめぐって——

1 はじめに

(1) EU論のドイツ的特性

グローバル化の進展は，異なる法文化と接触する機会を増大させ，これによって各国に独自なコンテクストの存在を意識に浮かび上がらせる，と指摘される[1]。このことは，グローバル化一般を超えて，EU統合により強く当てはまろう。ここでは統合の深化に伴って，これに対する各国の反応やその背後にある法文化などの違いに対する意識が，否応もなく高まるものと考えられる。この意味でEUは，ヨーロッパの差異と共通性を新たな光の下に照らし出す意義を持つ。これは，近代化以降，とりわけヨーロッパ法学の継受とこれとの対決を通して自己のアイデンティティを形成してきた日本の公法学にとっても，我々自身のヨーロッパ理解，ひいては自己理解をもう一度問い直す上で，ひとつの重要な契機たりえよう。

本章の主題は，ドイツ公法学，就中その憲法理論的な思考が，EUという対象を理論的にいかに把握しようとしているか，にある[2]。これを逆から言えば，EUという対象との取り組みが，ドイツの憲法理論的伝統のいかなる側面を浮かび上がらせ，またこれに対して新たに何をもたらしているのか，という問いがここでの関心の中心に位置する。EUとの直面を通してドイツ公法学自身が従来の自らの知的伝統といかに対決し，これをいかに読み直しているかを検討することで，我々もまた，これまで慣れ親しんできたはずのドイツ公法学の伝

---

[1] Vgl. Christoph Möllers, Globalisierte Jurisprudenz, in: ARSP Beiheft 79, 2001, S. 41ff.
[2] 本章は，2009年比較法学会での報告の続編に当たり，その問題意識を発展させたものである。参照，林知更「日本憲法学はEU憲法論から何を学べるか」比較法研究71号（2010年）94-107頁。

統を，やや別の角度から一段深く見直すことができるものと期待される。この意味で本章が焦点を当てるのは，実定法としてのドイツ憲法がEU統合に対していかなる法的な枠組みや制約を定めているかではなく[3]，学知としてのドイツ公法学がEUをいかに論じているかである。

とは言え，こうした課題を全面的に果たしうるためには，EUをめぐる言説はあまりに膨大である。以下でなしうるのは，日本憲法学に足場を持つ者の一人として，その管見に入った限りで重要と思われる議論を，一定の視角から分析し，日本での今後の議論に対してひとつの素材を提供する，という試みにとどまる。本章が主眼を置くのは，包括的・網羅的な概観を与えることよりも，ドイツ憲法学との取り組みを通して我々が自らの思考を進めていく上でのひとつの問題提起を行うことである。

それでは，ドイツEU論を分析する上で，いかなる切り口が考えられるのか。本章が着目するのは，その国家論的伝統との関係という問題である[4]。

(2) 国家・連邦・EU

ア ドイツ公法学は，法学部の講座名にも一般に「憲法(Verfassungsrecht)」ではなく「国法(Staatsrecht)」を採用していることにも現れているように，19世紀以来現在に至るまで，「国家」の概念に特別な重みを与えてきた。イェリネックによれば，「最も小さな個別問題に至るまで，国法学的問題の正しい解決は，国家の本質についての認識に依存する」[5]のであり，このため「すべての国法学的研究は，国家概念の確定か，少なくともこれに関する率直な信仰告白から出発しなければならない」[6]。もっとも，かような19世紀の古典的立場が今日どこまで有効性を保持しているかは，近年，批判的な検討が向けられてもおり，今日では国家はもはやかつてのような意味では公法学の中心概念たり

---

[3] この論点については，齊藤正彰「ドイツ憲法」中村民雄，山元一編『ヨーロッパ「憲法」の形成と各国憲法の変化』(2012年)129-149頁以下を参照。国際比較として参照，Christoph Grabenwarter, Staatliches Unionsverfassungsrecht, in: Armin von Bogdandy, Jürgen Bast(Hrsg.), Europäisches Verfassungsrecht, 2. Aufl., 2009, S. 121ff.

[4] 以下，本章全体の議論の背景と問題意識については，次の拙稿とそこで註記した諸文献を参照。林知更「国家論の時代の終焉？——戦後ドイツ憲法史に関する若干の覚え書き」(第2章)。

[5] Georg Jellinek, Gesetz und Verordnung, 1887, S. X.

[6] Ebenda, S. 189.

えない,とする指摘も見られるところである[7]。が,継承する論者も批判する論者も,これまでの国家論的伝統との対決を通して自らの位置を測定する必要がある限りにおいては,国家は今なおドイツ国法学を理解する上での重要性を失っていないように思われる[8]。

こうした見地から浮かび上がるのは,現在のところ国家とは様々な点で異なる組織であるEUをドイツ公法学が理論的に把握しようとする際に,かような学問的伝統がいかなる役割を果たしているのか,という問いであると考えられる。それは,EUに取り組む上で有効な理論的武器を提供しているのか,それとも一種の先入観となってEUの適切な理解を妨げる桎梏としての意味を有しているのか。

イ ところで,ドイツ国法学がこの種の問いに直面するのは,実のところこれが初めてではない。19世紀のドイツは,神聖ローマ帝国の崩壊後,政治的分裂に悩まされ続けたのであり,悲願としてようやく実現したドイツ帝国は,諸領邦の結合体として,通常の単一国家という典型とは異なる特徴を有するものであった[9]。それ故ドイツ帝国の法的性格を解明することは,とりもなおさずドイツ帝国の国家としての特殊性を論じることに他ならなかった。これは,独特な理論的困難を伴うものと考えられる。古代ギリシャの都市国家から近代の広域国家に至るまで,国家を論じる際の基本的な諸概念のほとんどは,単一国家を念頭に構築されているからである。イェリネックの言葉を引けば,「国家に関する一般的な概念は,単一国家という類型から取り出されている」[10]。かかる諸概念を下敷きにしながら,その枠組みに収まりきらない複合的な政治体を把握することは,いかにして可能なのか。「連邦国家」論は,かような理論的な試みのための討議の場としての意味を持ったと考えられる。例えば,そこで通説となった連邦国家と国家連合の二元論は,今日に至るまで説明の枠組

---

7) この方向の代表的な著作として参照, Christoph Möllers, Staat als Argument, 2000.
8) 80年代以降の論争,とりわけイーゼンゼーとキルヒホフを編者とする『国法学ハンドブック(Handbuch des Staatsrechts)』における国家論の復権に関して,参照, Helmuth Schulze-Fielitz, Grundsatzkontroversen in der deutschen Staatsrechtslehre nach 50 Jahren Grundgesetz, in: Die Verwaltung 32, 1999, S. 241ff.
9) 歴史的文脈に関して参照, Thomas Nipperdey, Der Föderalismus in der deutschen Geschichte, in: ders., Nachdenken über die deutsche Geschichte, 1986, S. 60ff.
10) Georg Jellinek, Die Lehre von den Staatenverbindungen (1882), Nachdruck, 1996, S. 12.

みとして定着している[11]。

　従って，ドイツ国法学が今再び，単一国家と異なる複合的な組織としてのEUに直面したときに，かつての連邦国家論の遺産が基本的枠組みとして回帰してくるのは，その課題の類似性に照らせば，容易に理解しうるところである。

　とは言え，留意しなければならないのは，ビスマルク帝国期の議論から現代に至るまでには，100年以上の時間が経過し，この間に国法学のあり方も少なからぬ変容を被っている点である。そこにはざっと見ただけでも，ワイマールの方法論論争による理論的刷新があり，戦後の連邦共和国におけるワイマールの受容と発展があり，そして60年代以降のワイマールの学問プログラムの衰退[12]と呼ばれる変化がある[13]。これらを無視して，直接にビスマルク帝国期の古典学説に接続しうると考えることは，一種の時代錯誤に他なるまい。ビスマルク帝国期の連邦国家論のアクチュアリティを問うことは，この間に生じた変容の意義と限界を改めて問い直すこととも表裏一体であると考えられる。EUの把握をめぐって，かような20世紀の蓄積の上に更なる理論的刷新を付加するべく試みられる場合も，それはかかる学説史的発展の上に位置づけられ，その意義と限界を測定されなければならないものと考えられる。

　かような意味で，ドイツ国法学史における連続性と変化が，EUをめぐる近時の論議の中に，どのような形で現れているかを問うことが，以下の課題である。

---

11) 手堅い歴史的整理として参照，Michael Stolleis, Geschichte des öffentlichen Rechts in Deutschland, 2. Band, 1992, S. 365-368. 筆者による分析として参照，林知更「連邦と憲法理論」(第10章)。本章における連邦国家論の理解は，ここでの検討を基礎としている。

12) レプジウスの定式による。Oliver Lepsius, Die Wiederentdeckung Weimars durch die bundesdeutsche Staatsrechtslehre, in: Christoph Gusy (Hrsg.), Weimars lange Schatten — „Weimar" als Argument nach 1945, 2003, S. 354ff.

13) 前掲註4)に掲げた拙稿で検討した諸文献の他，その後に出版された著作として特に参照，Christoph Möllers, Der vermisste Leviathan — Juristische Staatstheorie in der Bundesrepublik, 2008.

2 国家か憲法か

(1) 国家と EU

ア 単一国家という類型が国家に関する諸概念にモデルを提供してきたとは言え，現実には国家は常に単独で存立してきたわけではなく，複数の国家の間における国家結合(Staatenverbindungen)の諸形態[14]を発達させてきた。このうち，継続的な政治的結合の主要な類型として対置されるのが，国家連合(Staatenbund)と連邦国家(Bundesstaat)のふたつである。一般的な説明によれば，国家連合は国際法に基礎を置く諸国家の条約的結合であり，それ自体法人格を持たないのに対して，連邦国家は国内法たる憲法に基礎を置く国家であり，法人格を有する(ラーバントは，国家連合を組合，連邦国家を社団として説明する[15])。この二分論に，しばしば他の構造的標識が連結される。前者では構成国が主権を有するのに対して，後者では連邦国家が主権を有するものとされ，ここから権限高権(Kompetenz-Kompetenz)の所在，連邦による国民の直接的支配の有無，構成国の離脱権の存否といった諸問題が論じられることになる。国家間の結合の強度としては，言うまでもなく国家連合の方がより緩やか，連邦国家の方がより緊密な結合である。歴史的には，ドイツ連盟(1815年)が国家連合とされるのに対して，北ドイツ連邦(1867年)・ドイツ帝国(1871年)が連邦国家と解されており，国民国家形成のプロセスの中で，国家連合から連邦国家へ向けた発展の線が引かれることになる。

かような二元論に対しては，その首尾一貫性に対してこれまで批判がなかったわけではない(組織の法的根拠が条約にあるのか憲法にあるのかという問題と，組織構造的に中央政府がどの程度強力な権力を有するか等は，別個の問題であり，しばしば連邦国家に特有とされる構造要素を条約によって採用することは可能なはずだ，等[16])。とは言え，確かにこれを厳密な意味での論理的な二元論と捉えた場合には困難

---

14) Vgl. Georg Jellinek, a.a.O.(Anm. 10); ders., Allgemeine Staatslehre, 3. Aufl., 1914, S. 737ff.
15) Paul Laband, Das Staatsrecht des deutschen Reichs, Bd. 1, 5. Aufl., 1911, S. 55–58.
16) Vgl. Otto Mayer, Republikanischer und monarchischer Bundesstaat, in: Archiv für öffentliches Recht, 18, 1903, S. 337ff.

を抱えるとしても，これを弱い意味で，国家結合のふたつの典型的なタイプを示したにすぎないものとして理解する限りでは，国家連合と連邦国家の対置という枠組みは，なお一定の有効性を保持することになる[17]（但しその場合は，両者の中間形態が存在する可能性も妨げられないことになろう）。

　イ　そこで，かような伝統的な思考法を前提とする場合には，EU の法的性質をめぐる問いは，この国家連合と連邦国家を両極とする座標軸のどこに EU が位置づけられるのか，という形で定式化されうることになる。

　まず，EU は連邦国家か。換言すれば，EU は国家としての性質を獲得したと言えるのか。これに対しては，大方の答えは否定的であろう。国家の三要素である領土・国民・国家権力に関して言えば，EU は固有の領土も国民も有するには至っていない。また EU は公権力を行使するが，それは始原的な統治権ではなく，構成国間の条約によって付与された派生的なものにすぎない。EU 自身が国家ではなく，条約に基礎を置く諸国家間の結合である限り，主権は条約を締結する構成国の側にあると解する他ない。EU においては，構成国が「条約の主人（Herren der Verträge）」である。

　では，EU は国家連合なのか。だが，他方で EU は従来国家連合に典型的であると考えられていたよりも，強大な権限を有している。例えば EU は，設立の基礎となる条約の範囲内で，独自の機関によって二次法を制定する権限を有し，これは私人に対して直接に法的拘束力を有しうる。また EU は，通貨のように伝統的に国家の権限とされてきた事項を自らの権限とする。国際法上の法主体性を条約によって認めることも妨げられないと考えられる（EU 基本条約 47 条）。

　かくして，かような座標軸の上に位置づけるなら，EU は国家連合を超えるが連邦国家には至らない，両者の中間的存在だということになる。この中間形態の呼称として提案され定着したのが，「国家合同（Staatenverbund）」[18]という

---

17)　なお，近時の教科書類による説明の例として参照，Hartmut Maurer, Staatsrecht, 5. Aufl., 2007, S. 284-286; Burkhard Schöbener, Allgemeine Staatslehre, 2009, S. 242-245.

18)　「Staatenverbund」にいかなる訳語を充てるかは難問である。「国家結合」の語が用いられることがあるが，既に「Staatenverbindungen」を「国家結合」と訳す習慣があるため，混同の危険がある。「Verbund」という語は近時様々な文脈で多用されているようで，例えば「Verwaltungsverbund」については「行政連携」と訳す例があるが（参照，エーバーハルト・シュミット＝アスマン（太田匡彦，大橋洋一，山本隆司訳）『行政法理論の基礎と課題——秩序づけ理念としての行政法総論』(2006 年))，「Staatenverbund」に関しては「連携」では結合の強度が十分に表現されない憾み

語である[19]。

　ウ　かような理解から，いくつかの帰結が導かれる[20]。まずEUが，あくまで主権を有する諸国家間の条約に基礎を持つ，国際法上の国家結合の一形態であるとすれば，EU諸機関の権限は，条約による限定された個別的授権(begrenzte Einzelermächtigungen)によってのみ基礎づけられることができる。条約が与えなかった権限を諸機関が勝手に簒奪することは許されず，授権の範囲を超えたEU機関の行為は権限踰越(ultra vires)として違法となるはずである。

　加えて，EUの行使する公権力が，条約の授権に基づく派生的な権力であるとすれば，EUの高権的行為が各構成国内で法的拘束力を持つのも，主権を有する各構成国が予めかようなEUの公権力行使に同意を与え，その国内的執行を命じているからであると考えられる。換言すればEUによる公権力の行使は，構成国の法適用命令(Rechtsanwendungsbefehl)（これは条約への同意法律の中に含まれていると解される）によって国内法秩序の一部へと受容されることによって，その国内的効力を獲得するのだと考えられる。

　さて，現状のEUの法的性質を基本的に以上のように捉えることが可能だとしても，EUはこれまで統合の進展に伴ってその態様を動態的に変化させてきた存在でもある。かような発展の流れを進んだ先に，それを越えるとEUがその法的性質を変えてしまう一線が存在するのではないか。これについては，既に述べてきた理解を前提とするなら，EUがこれを構成する主権国家の意思に基礎を持つ以上，構成国が主権を喪失し，あるいはEU自身が主権を獲得する

　　がある。結局，「Verbund」概念の多義性に問題の根がある（またそれ故に重用される）ものと推測されるが，本章は試訳として暫定的に「合同」の語を採用する。
19)　「国家合同(Staatenverbund)」という概念はキルヒホフの提唱によるものとされる。提唱者自身の議論として参照，Paul Kirchhof, Europäische Einigung und der Verfassungsstaat der Bundesrepublik Deutschland, in: Josef Isensee(Hrsg.), Europa als politische Idee und als rechtliche Form, 2. Aufl., 1994, S. 63ff.; ders., Die rechtliche Struktur der Europäischen Union als Staatenverbund, in: Armin von Bogdandy(Hrsg.), Europäisches Verfassungsrecht, 2003, S. 893ff. この概念は連邦憲法裁判所のマーストリヒト判決によって採用されることで一般化する。BVerfGE 89, 155.「国家合同」概念を含むEUの法的性質の整理として参照，Thomas Oppermann, Claus Dieter Classen, Martin Nettesheim, Europarecht, 4. Aufl., 2009, S. 57ff.; Matthias Herdegen, Europarecht, 5. Aufl., 2003, S. 58ff.
20)　以下の叙述は，前註に掲げた諸文献やマーストリヒト判決(BVerfGE 89, 155)，リスボン判決(BVerfGE 123, 267)を基礎に再構成したものである。なお，ヴァールによる犀利な類型化から大きな示唆を受けている。Rainer Wahl, Die Schwebelage im Verhältnis von Europäischer Union und Mitgliedstaaten, in: Der Staat 48, 2009, S. 587ff.

に至ったと判断される場合には，EUは上記の意味での「国家合同(Staatenverbund)」を超えた存在になったものと見ることがひとつの考え方として可能である。

　エ　以上のような主権国家の存在を基軸としたEUの法的性質についての理解は，(例えばマーストリヒト判決やリスボン判決[21]に見られるように)憲法解釈論にとっても理論的な基礎づけを提供することがある。この際に，この国家の担うべき役割に関する実質的な理解が，しばしば議論を補強ないし変形するかたちで結合されることがある。それは，基本権および民主政の橋頭堡としての国家，という理解である。

　まず，条約上は適法なEUの高権的行為が，これを適用する構成国の憲法の規定には違反する事態が考えられる。例えば，もしもEUにおける基本権保障の水準が国内憲法におけるそれよりも低い場合には，こうした可能性は現実的である。この場合，国内の憲法裁判所が基本権の番人としてどこまでEUの高権的行為を統制すべきかが，長く議論されてきた。少なくとも，裁判所がEUを信頼して個別的な審査を控えるには，EUは国内憲法と比肩しうる基本権の保障水準を有していなければならない，とされている[22]。

　次に，EU統合の進展に対する憲法上の限界という論点が存在する。既に見てきた国家の主権的な権利に関わる諸論点は，民主政論の立場から読み替えることができる。すなわちEUのレベルで単数形のヨーロッパ国民というものが未だ存在していない以上，民主政の基本的な単位は構成国の国民であると考えざるをえない。ここでは国民に対する統治は，それが国家によるものであれEUによるものであれ，国民による民主的正統化に服するものでなければならない。EUによる高権的行為は，構成国の授権に基礎づけられることを通して，

---

21) なお，リスボン判決の評価に関しては，とりわけ『Der Staat』(48巻475頁以下)と『German Law Journal』(10巻8号 http://www.germanlawjournal.com/index.php?pageID=2&vol=10&no=8)の特集号を参照。次節以下の議論をやや先取りすることになるが，ここでは60年代生まれの比較的若い論者による鋭利な批判的分析が目を引き，マーストリヒト判決後に「国家主義のルネッサンス」(Roland Lhotta, Der Staat als Wille und Vorstellung: Die etatistische Renaissance nach Maastricht und ihre Bedeutung für das Verhältnis von Staat und Bundesstaat, in: Der Staat 36, 1997, S. 189ff.)が指摘されたのとは対照的な状況を呈しているように思われる。

22) いわゆるゾーランゲ(Solange)I判決(BVerfGE 37, 271)以降の連邦憲法裁判所の立場については，齊藤・前掲註3)を参照。

構成国民による民主的正統化を受けるのであり，この意味で限定された個別的授権の原理は，民主政の見地からも不可欠の役割を果たす。また，この意味で構成国が実質的な権限を保持することが，統治の民主的正統化を実現する上での不可欠の拠り所である以上，EU 統合の強化によって，例えば EU が連邦国家化し構成国が主権を喪失するに至る場合には，憲法の核心的内容としての民主政もまた侵害される[23]。

かくしてかような理解の下では，構成国の存在は，基本権と民主政の擁護者という二重の役割によってその正統性を強められる。

(2) EU の「憲法」

ア 国家と主権に照準を合わせた以上のような見解は，一定の整合性と説明能力を備えている。だが，他方で現実の EU の法発展を見ると，この枠組みでは十分には説明できない事態が生じていることも確かであるように思われる[24]。

すなわち，EU の基本的枠組みを定める条約制定の時点に照準を合わせるなら，そこで支配的なのは確かに構成国の意思である。だが他方で，このいったん設立された諸機関は，条約上定められた法制定メカニズムを用いて二次法を制定し，またこれら EU 法を解釈運用することによって，しばしば条約制定時には予定されていなかった法発展をもたらす。この面でとりわけ大きな役割を果たしたのは EU 裁判所である。それは判例法理によって，EU 法の直接効や国内法に対する適用上の優位といった，条約の明文にない重要な諸原則を確立していった[25]。この種の法発展は，諸構成国の間の政治的対立で統合が停滞している時期に，これを補完して別の面から統合の推進に寄与するという意味で，重要な役割を果たしたものとしばしば評価されている[26]。

かような EU 法の動態的発展と各国の法秩序との関係はいかなるものか。条約締結の際に構成国が合意した内容を超えた法形成が行われることは，「条約

---

23) Vgl. BVerfGE 89, 155[182-188]; BVerfGE 123, 267[Rn. 208-272].
24) 以下の整理もヴァールの議論から示唆を受けている。Wahl, a.a.O.(Anm. 20).
25) 欧州司法裁判所判例の展開につき参照，中村民雄，須網隆夫編『EU 法基本判例集〔第 2 版〕』(2010 年)。
26) なお，かような法発展の特色につき参照，Ulrich Haltern, Europarecht: Dogmatik im Kontext, 2005, Teil 1.

の主人」としての各国の地位を損なうと理解することもできる。「国家合同」論の視座から突き詰めれば，EU法の国内的効力が各国の法適用命令に基礎を持つものにすぎない以上，各国は自らの立場から独自にEU法を解釈することができ，またEU法が自国の憲法に抵触する場合は違憲判断を下すことも可能だ，との考え方にも到達しうる。だが他方で，こうした立場はEU法の機能を大きく損なうという弊害をも生む。この場合には，EU法の内容に関する解釈は，各国ごとに少しずつ異なるものとなり，またEU法の同じ規定が，ある国では合憲として適用され別の国では違憲として適用されない，という事態が生じうる。これはEU法の統一性を損ない，これを国ごとに異なる複数のEU法へと分裂させかねない。かようなEUの存立目的にも触れる危険を回避するには，EU法の解釈権限を基本的にEU裁判所が独占できるよう制度化するとともに，各国の国内裁判所がEU法を自国の憲法に照らして違憲と判断することをできる限り防ぐ必要があるものと指摘される[27]。

　このような観点から見た場合，条約制定の局面を超えた先では，EU法はEU自身の機関によって形成され，EUの裁判所によって解釈・運用されて，条約の制定者意思を離れ独自の動態によって発展する。換言すれば，EU法は構成国に対して一定の自律性を獲得するものと理解することができる。

　このEU法は，EUがその権限を拡大するほど，規則や指令によって各国の国内法に対して内容や枠組みを定めることによって，各国法秩序に対する浸透を強める。この場合，例えば経済法や環境法など個別の法領域のあり方は，EU法と国内法の両方を視野に入れることなしには理解できないものとなろう。この意味で，EU法と各国法は相互補完的な関係に立ち，両者相俟ってヨーロッパの法秩序の全体像を形作るものと考えられる。

　かくして，条約締結の場面に照準を合わせる場合には，構成国が「条約の主人」であり，EU法は派生的な法であるとの説明が妥当するように見えるが，条約締結後の動態と機能に着目する場合には，これと大幅に異なるEU法の像を描くことが可能になる。それは，自律的な法秩序としてのEU法が，各国法

---

[27]　とは言えもちろん，国内裁判所と欧州裁判所の関係は現実にはより複雑である。分析として参照，Franz C. Mayer, Verfassungsgerichtsbarkeit, in: Bogdandy, Bast(Hrsg.), a.a.O.(Anm. 4), S. 559ff.

と相互補完的関係に立って，ヨーロッパにおける法の全体を形成するというイメージである。

　イ　もしこの後者の側面を重視する場合には，「国家」や「主権」の観念を基軸とした理論構成は，一面的で不十分な説明能力しか有しないものとして，批判と克服の対象とされることになる。国家はもはや全能ではなく，日常の統治においては他のアクターと相互補完的に限定された役割を担うにすぎない。かような国家の相対化は，条約締結や最終的決定権といったクリティカルな局面に焦点を当てた理論構成においては，正しい理論的表現を与えられていない。かように考える場合には，一段抽象度の高い理論的次元で，国家中心主義的な構成を克服する理論枠組みを探る可能性が浮かび上がる。例えばペルニース（Ingolf Pernice）のヨーロッパ憲法論は，かような試みの例として位置づけることができる[28]。

　ところで国内憲法学の領域でも，かつて1950-70年代，いわゆるシュミット学派とスメント学派の対立に代表されるように，ドイツの伝統的な国家観念との対決は，憲法理論的討議の重要な主題とされていた[29]。ここにおける議論の端緒は，EUレベルでの国家論批判の際にも，ひとつの知的資源を提供するものと考えられる[30]。かくしてペルニースの議論には，例えばヘーベルレを連想させるような[31]，憲法変遷を含めた動態的プロセスとしての憲法制定とここにおける多元的アクターの観念が援用される。「国家」という単位の特権性も剥奪され，こうした連関の中で個人もまた，EUや国家など多元的・重層的な所属とアイデンティティを有する「市民」となる[32]。

　だが，かような国家論批判の文脈で最も注目すべきは，「憲法」の観念の援用である。これは，かつて国内憲法学で，「国家」から「憲法」への中心概念

---

28) Ingolf Pernice, Europäisches und nationales Verfassungsrecht, in: VVDStRL 60, S. 148ff. 特にその「ポストナショナル」な性格を強調する指摘として参照，Ebenda, S. 155f.
29) Vgl. Frieder Günther, Denken vom Staat her: Die bundesdeutsche Staatsrechtslehre zwischen Dezision und Integration 1949-1970, 2004.
30) ヘーベルレの弟子であるペルニースは，シュミット対スメントという枠組みへの意識も垣間見せる。Ingolf Pernice, Carl Schmitt, Rudolf Smend und die Europäische Integration, in: AöR 120, 1995, S. 100ff.
31) Vgl. Peter Häberle, Die offene Gesellschaft der Verfassungsinterpretation, in: JZ 1975, S. 297ff.
32) Pernice, a.a.O.(Anm. 28), bes. S. 160-163, 165-168.

の転換が試みられた(例えばヘッセの「公共体の法的基本秩序としての憲法」)[33]ことと，恐らく無縁ではない。単純化して述べるなら，ここでの争点のひとつは，国家が絶対無制約の権力的存在として先に存在し，これを制限するために憲法が後から付け加わるのか，それとも規範としての憲法が，国家を正統化され限界づけられた存在として初めて組織するのか，という問題に求められる。後者の立場に立つ場合，公法学の体系の中心に据えられるべきは国家ではなく憲法の規範性だとの主張が導かれることになる[34]。

ところで，EU は国家ではないとしても，公権力の担い手である以上，この公権力を組織し，正統化し，限界づける法という意味での「憲法」をここに観念することは不可能ではないと見ることもできる[35]。これと，先ほどの EU 法の自律性という観念とを結びつけるなら，EU 法と国内法は，それぞれ固有の憲法によって統べられた自律的な法秩序として，相互補完的関係に立って全ヨーロッパの憲法秩序を形成しているものと観念されうることになる。ペルニースはかような立場から，EU は諸国家の結合によって形成される「国家合同」ではなく，EU 憲法をも含む複数の部分憲法の結合によって形成される「憲法合同(Verfassungsverbund)」として捉えられるべきだと提唱する[36]。

かくして，国家は憲法に基礎づけられ，EU は条約に基礎づけられる，との質的な対置を相対化し，国家も EU もともに憲法に基礎を置くと観念することによって，自律性・動態性・相互補完性といった，より幅広い両者の相互関係を主題化する可能性が探られることになる。それは同時に，憲法というシンボルを国家による独占から解放することで，国家の特権性を相対化するという志向をも有しているものと考えられる(そしてこの限りにおいて，それは EU に「憲法条約」を与えようとする動きとも，緩やかな意味で共通の方向に属していたと言うるように思われる)。

---

[33] Vgl. Konrad Hesse, Grundzüge des Verfassungsrechts der Bundesrepublik Deutschland, 20. Aufl., 1995. 戦後スメント学派につき参照，Stefan Korioth, Integration und Bundesstaat: Ein Beitrag zur Staats- und Verfassungslehre Rudolf Smends, 1990. また参照，林知更「政治過程の統合と自由(4)」国家学会雑誌 116 巻 11・12 号(2003 年)1 頁以下。

[34] Pernice, a.a.O.(Anm. 28), S. 158-160.

[35] なお，かような憲法概念をめぐる検討として参照，Anne Peters, Elemente einer Theorie der Verfassung Europas, 2001, bes. Teil 2 und 3.

[36] Pernice, a.a.O.(Anm. 28), S. 163-176.

(3) 基本理解の対立

以上の検討によれば，EU の理解をめぐって，「国家」概念を基軸に据えた「国家合同」の観念と，「憲法」概念を基軸に据えた「憲法合同」の観念とが対立する。それは，「国家」かそれとも「憲法」か，というかつての憲法理論的対立の，EU 論を舞台とした回帰としても理解しうる面を有するように思われる[37]。

かような対立は，EU をめぐる議論を根強く規定する，ふたつの主要な「前理解」を体現するものとも指摘される[38]。そこで，我々が次に問わなければならないのは，かような議論の枠組み自体に，いかなる意義と限界が存在しているかである。

3 理論と解釈

(1) ディスコースの分節化

ア ところで，国内憲法学の領域では，シュミット学派とスメント学派に代表されるかような憲法理論的対立は，1960 年代の後半以降は次第に収束したものとされる[39]。その原因として考えられるひとつは，実定的な憲法典（およびその公定的解釈を蓄積させていく憲法裁判所判例）を共通の前提として解釈論を精緻化していくに際して，かような憲法理論が有効性を喪失していった，という消息にあるように思われる。解釈論上の争点を解決するに当たって，出発点とされる理論的立場から一義的に解答が導かれるのではなく，むしろ憲法典のテクストや解釈方法論，結論の妥当性，既存の判例との整合性等といった多くの他の要因が重要な役割を果たし，時として異なる理論的立場は同一の結論に対する説明の仕方の違いをもたらすにすぎないとなれば，解釈論のディスコースは理論的なディスコースから次第に自律性を強めていくことになると考えられる。

---

37) 但し F. C. マイヤー（Franz C. Mayer）によれば，「憲法合同」の観念は，当初は連邦憲法裁判所の「国家合同」への対抗構想として提唱されたのに対して，次第にかかる二項対立の枠組みから解放されて用いられるようになる。Mayer, a.a.O. (Anm. 27), S. 594, Anm. 228.
38) Wahl, a.a.O. (Anm. 20), S. 592.
39) Vgl. Günther, a.a.O. (Anm. 29); Lepsius, a.a.O. (Anm. 12). また参照，林・前掲註 4)。

これは換言すれば，憲法論上のグランドセオリーが解体し，それぞれ固有の認識関心と方法を持った，相互に関連しながらも相対的に自律的な複数のディスコースへと憲法論が分節化していくプロセスとして理解することができるように思われる。ここではまた，(かつてのグランドセオリーとは異なる)憲法理論の固有の役割とその憲法解釈論との関係を再定義する試みも新たに行われていくことになる[40]。

　イ　既に見たように，EU をめぐる「国家」論と「憲法」論の対立は，かつての(グランドセオリーの意味での)憲法理論上の対立の再生産として理解しうる面を持っていると考えられる。とすればここでは，この間に生じたかような憲法学の学問的なあり方の変化と，そこで現在までに到達した議論の水準に照らして，かような理論的対立の意義と限界をいかに評価すべきか，という問いが，不可避的に浮かび上がるものと思われる。

　ヴァールによれば，上記のような EU をめぐる基本理解の対立の背後には，EU と構成国の地位およびその相互関係についての見解の相違があるが，このふたつの理解はともに，わかりやすいイメージを喚起する力を強く有する点に特徴がある。このために，これらは法学的な範囲を超えて，EU の自立性と拘束性についての一般的な指導的イメージとして用いられる傾向を有している，とされる[41]。実際のところ，上記の対立は，EU の法的特質をいかに理解するかという理論的問題と，EU 法と構成国の憲法に関わる解釈論的問題とをともに含んでいるが，それのみではなく，時に EU の現状や将来像に関する政治的スタンスの対立(親 EU か反 EU か)とも結びつけて理解される傾向があるように

---

40)　以下に検討するメラースとイェシュテットは，この観点一般から見ても重要な論考を提示している。Möllers, a.a.O.(Anm. 7); ders., Neue Entwicklungen, alte Argumente — der Staatsbegriff im deutschen Verfassungsrecht 2000–2010, in: ders., Staat als Argument, 2. Aufl., 2011, S. XIff., bes. XIII–XIX; Matthias Jestaedt, Das mag in der Theorie richtig sein. . ., 2006; ders., Die Verfassung hinter der Verfassung, 2008. なお，憲法理論をめぐる方法論的に反省度の高い議論として，長く Martin Morlok, Was heißt und zu welchem Ende studiert man Verfassungstheorie?, 1988 が孤立した例と見なされてきたのに対して，2000 年代に入り，方法論的意識の深化とともに憲法理論への関心も高まっている印象を受ける。方法論と理論に関する主要な論集として参照，Otto Depenheuer, Christoph Grabenwarter(Hrsg.), Verfassungstheorie, 2010; Matthias Jestaedt, Oliver Lepsius(Hrsg.), Rechtswissenschaftstheorie, 2008; Helmuth Schulze-Fielitz(Hrsg.), Staatsrechtslehre als Wissenschaft, Die Verwaltung Beiheft 7, 2007; Christoph Engel, Wolfgang Schön(Hrsg.), Das Proprium der Rechtswissenschaft, 2007.

41)　Wahl, a.a.O.(Anm. 20), S. 592.

感じられる。これは，かかる対立枠組みが有する，我々の思考を躍動する力の強さを示してもいるが，同時に解釈論・憲法理論・政治論などの複数の要素を自らの内で接合させることで，議論を未分化なものにしてしまう危険をも内包しているものとも考えられる。

　このことは，「国家合同」と「憲法合同」の観念それぞれについて，方法論的により意識的な立場から，その有効性を批判的に検証する必要性を示唆する。実際に，両者のいずれについても，既にかような見地から厳しい批判が投げかけられている。そこで次に，これを手短に検討しよう。

(2)　EU 理論の批判的検討
　ア　まず，「国家合同」論については，メラースが上記の我々の関心に深く触れる視角から，興味深い検討を行っている[42]。

　多くの論者によれば，EU に対する高権の委譲の限界を画するのは，ドイツ連邦共和国の国家としての性格である。すなわち EU の権限拡大が，連邦共和国から国家としての性格を奪う程度まで至る場合には，憲法上許される限界を超える，と主張される。メラースはかような議論の代表者としてキルヒホフの「国家合同」論を取り上げ，それがヨーロッパ統合に対する規範的限界を導くことに成功しているか否かという観点から，批判的検証を加える。

　国家性を統合の限界とする議論を支えるのは，国家が憲法に先行する，という観念である。すなわちドイツ国家は種々の憲法体制の変動を超えて歴史的に連続性を維持してきたのであり，このドイツ国家の存在は現行憲法にとってもその存立の前提をなす。それ故，この憲法自身の前提を破壊する行為を憲法が授権ないし許容することは許されず，ドイツから国家としての性格を失わせるに至る高権の委譲は憲法に違反する。「ドイツ連邦共和国は民主的かつ社会的な連邦国家である」，と定める基本法 20 条 1 項は，この意味での国家性の保護をも要求するものと解釈することができ，従ってこれは基本法 79 条 3 項の憲法改正の限界をも構成する[43]。

　これは一見するとそれなりに説得的にも見えるが，より分析的に検討するな

---

[42]　Möllers, a.a.O.(Anm. 7), Kap. 17.
[43]　Ebenda, S. 378f.

ら維持しえない議論である。まず,ドイツ国家がこれまで連続性を維持してきたこと自体は,直ちに規範的意味を持たない。国際法上の法主体としての連続性から国内憲法上の規範的帰結を導くことは無意味であるし,法に先立つ事実としての国家の存在という主張は,やはり事実としての統合による浸食を防ぎえない[44]。次に,「憲法前提」という議論の有効性も支持しえない。憲法が自らの前提を全て規範的に保護していると解すべき解釈論上の根拠は明らかでないし,そもそも何がこの意味での憲法の前提なのかも明確でない(もし基本権など個別の憲法規範に関して実効性の前提を問いうるとしても,憲法全体についてその前提を同様に論じるのは著しく困難である)。内乱や戦争,災害などで憲法の有効性の前提が揺るがされた場合に,憲法前提としての秩序の保護を規範的に認めるという立場が仮にありうるとしても(国家緊急権),EU 統合はこれとは性格が全く異なる。統合のどの段階で憲法の機能前提が失われたのかを,「国家」概念自体から導出することは不可能である[45]。最後に,基本法 20 条 1 項は,その条文と制定史に照らして,国家形態を定めた規定として理解されるべきであり,ここに「国家」の語が用いられていることのみから,国家性自体を憲法改正からも保護された憲法原理として導くのは,解釈論上十分な根拠を欠いている[46]。

以上の意味で,EU 統合の規範的限界として国家性を掲げる主張は,厳密な批判に耐ええない。だが,これに加えてメラースが更に指摘するのは,仮にこうした主張が根拠づけられたとしても,そもそもこの「国家性」の保護が具体的に何を意味するかが,やはり極めて不明確だという点である。いったい何を譲り渡したら国家が国家でなくなってしまうのか。国家が必ず自らの手に留保すべき任務が存在するのか,存在するとしてそれが何であるかは,一義的に確定しがたい問題である(歴史的に長く国家に固有の権限であった貨幣発行権すら今では委譲されている)[47]。他方,「主権」の観念から答えを導こうとする議論も存在するが,その具体的な主張が本当に主権概念によって根拠づけられるのかは,

---

44) Ebenda, S. 379f.
45) Ebenda, S. 380–382.
46) Ebenda, S. 382–385. 更に国家理論的基礎づけと解釈論的構成の齟齬につき,Ebenda, S. 385–388.
47) Ebenda, S. 389–392.

疑問の余地がある。例えばEUからの離脱権の保持が主権の要請として不可譲の一線を成すと主張されることがあるが，主権者の自己拘束という見地から離脱権の放棄を主権によって根拠づけることもまた可能なはずであり，決定的な議論とは言えない。もし主権を，自己拘束以外のいかなる他律的な拘束をも受けない自由と理解するなら，ここから確実に導かれうるのは，EUの一次法の制定・改正に国家が参加する権利くらいである。このように考えると，主権概念から十分な確実性をもって基礎づけうる規範内容は，さほど多くない，ということになる[48]。

かくして，ドイツの国家としての性格の維持がEU統合の限界を成す，という議論は，規範的にも根拠づけられないし，仮に根拠づけられたとしても有益性に乏しい，というのがメラースの結論である。彼はここに，「国家」概念や「国家」理論が公法学にとって果たしうる役割は今日限定的なものにすぎない，という彼のテーゼのひとつの例証を見るのである[49]。

イ それでは，「憲法合同」論についてはどうか。ペルニースの議論に対しては，イェシュテットが徹底した批判を加えており，注目に値する[50]。

第一に，「憲法合同」という概念は憲法理論上の概念として理解されるべきものであり，それ自体実定法に含まれないのみならず，実定法の内容を法適用者の視座から解明するという教義学的（ドクマーティッシュ）な性格を有するものでもない。憲法理論は，ある規範が何故，いかなる形で，どのような秩序に属しているかを説明しうるような全体的な解釈図式を提供し，これによって理解と説明の補助を提供するものであるが，それ自身は法ではない。従って憲法理論的な構成のみを手段に規範的な法的帰結を根拠づけることはできない[51]。「憲法合同」の概念も，あくまでこの意味での憲法理論上の概念として，その首尾一貫性と意義を判断される必要がある。この際に注意すべきは，実定憲法

---

48) Ebenda, S. 399-405.
49) 上記の著作に加えて更に参照，ders., Artikel „Staat", in: W. Heun/M. Morlok(Hrsg.), Evangelisches Staatslexikon, 2006, Sp. 2272-2284; ders., Artikel „Staatslehre, Allgemeine", in: ebenda, Sp. 2317-2321.
50) Matthias Jestaedt, Der Europäische Verfassungsverbund — Verfassungstheoretischer Charme und rechtstheoretische Insuffizienz einer Unschärferelation, in: Gedächtnisschrift für Wolfgang Blomeyer, 2004, S. 637ff.
51) Ebenda, S. 646f.

がひとつであるとしても、これに対する憲法理論は複数存在しうるということである。憲法理論が解釈図式の提案である以上、その認識関心や方法などに応じて、複数の異なる憲法概念や憲法モデルが存在しうる。従って、理論的な首尾一貫性を担保するためには、論者は自らが選択した理論的地平の中に、異なる理論的地平に属する議論を混入させないことが必要である。「憲法合同」論は、この禁則を破っている。例えば、EU憲法と国内憲法との合同を論じる場合には、法的な(形式的)意味の憲法概念が含意されるのに対して、動態的なプロセスとしての憲法を論じる場合には、市民の「社会契約」といった法以前の観念が援用され、合法性ではなく正統性の次元の問題が持ち込まれている。同様に、構成国の基本条約に対する同意法律について、法適用命令としての性格が否定され、これに代わって市民がヨーロッパ「社会契約」に参加する方法としての機能が強調されるときも、法的な規範内容の問題と法を超えたレベルの問題が混同されている[52]。「憲法合同」論は、理論的な首尾一貫性という点で重大な欠陥を抱えている。

　第二に、EU憲法と構成国憲法とが実質的な一体を成す、という「憲法合同」論のテーゼも、明晰さを欠いている。まず、ここで相互補完的関係を形成するのは、必ずしも形式的意味の憲法に限られない。一次法と二次法を含むEU法の全体が、憲法のみに限られない国内法の諸分野に影響を与えるのであり、特殊に憲法のみに関わる問題がここに存在するわけではない[53]。またそもそも、EU法全体と国内法全体との合同として問題を捉えるとしても、国際的な諸関係の緊密化に伴って異なる法秩序の間で内容的な相互関連性が高まること自体は、別にEU法のみに限られずに(例えば人権条約と国内法の関係などでも)広く観察される周知の事実であり、これを「憲法合同」として概念化したところで、EU法と国内法の関係の構造的な理解にとって新しい知見をもたらさない[54]。「憲法合同」論は、「憲法」という多分に象徴性を帯びた概念を厳密さを欠いた形で用いることで、既に知られた事実に擬似理論的な装飾を与えているにすぎない、ということになろう。

---

52) Ebenda, S. 647f.
53) Ebenda, S. 653-655.
54) Ebenda, S. 648-653.

第三に,「憲法合同」論は,EU 法や各国法という自律的な複数の法が,相互に「非ヒエラルヒー的」な関係に立って協働する,という多元的な法秩序像を描くが,その理論的妥当性にも疑問が呈される。ケルゼン的な法理解に立つなら,ある規範命題が法として妥当するのは,それが有効な法秩序に属するからであり,ここでは法は本来的に一元的かつヒエラルヒー的である。この際,何を以て有効な法秩序と考えるかは,根本規範の選択の問題に帰着する。それ故ここに存在するのは,法そのものの多元性ではなく,本当は複数の根本規範の可能性に由来する法的視座の多元性である。「憲法合同」論は,この法的視座の複数性をいわば社会学的な次元で捉えることで,実定法内在的な観点とは異質な説明を持ち込み,法理論としての一貫性・徹底性を損なっている,と言い換えることが許されよう。加えて,この視座の多元性がもたらす実際的帰結を過大評価すべきではない。特定の法的争点について,ある根本規範を選択すれば一定の結論が導かれ,他の根本規範を採用すれば反対の結論が導かれる,という単純な対応関係は必ずしも成り立たない(例えば,構成国が「条約の主人」であるかどうか,また EU 法の適用上の優位が無条件か限定的か,といった争点は,EU 法の視座に立つか国内法の視座に立つかのみによっては決せられない。EU 法自身が構成国の基本条約制定権を認めているし,また国内憲法が EU 法の無条件的な適用優位を定めることも可能である)。法的結論は,むしろ具体的な法的素材の解釈に負うところが大きく,このため複数の法的視座が対立する状況でも,解釈論はその実践知によって,相互に法内容を接近させることによって,深刻なコンフリクトを未然に防ぐことができる[55]。この意味での解釈論の自律性に鑑みれば,ヨーロッパ憲法秩序の多元的な理解それ自体は,「国家合同」論と同様,解釈論的な争点の解決に必ずしも寄与しない。

　以上を要約するなら,かかる峻厳な批判によれば,「憲法合同」論は,憲法理論として首尾一貫せず,認識上の貢献も乏しい上に,法理論と法解釈との関係について未だ十分明晰な理解を欠いている,ということになろう。

---

[55] Ebenda, S. 657-673.

(3) 憲法理論の役割

　以上に検討したように，これまで EU 論の基本的枠組みを形成してきた「国家」論と「憲法」論のいずれに対しても，今後の議論を主導していくと考えられる新たな世代の論者によって，厳しい批判が加えられている。その個別の論点についてその当否を問うことがここでの関心ではない（各々の論者がその批判の際に採用している前提がどこまで共有しうるものであるかは，なお慎重な検討が必要であろう）。我々の注目を引くのは，上に見た批判がいずれも，その方法論的な未分化さを問題としている点である。「国家合同」論は，その国家理論上の立場から EU 統合の憲法上の限界という解釈論上の帰結を導きうると考えるが，これは厳密な解釈論上の批判に耐えられないものと評価された。「憲法合同」論は，法解釈論と区別された憲法理論上の議論として評価する場合には，理論的な首尾一貫性と認識上の貢献をともに欠くものと判断された。いずれの場合も，異なる地平に属する議論が接合され，あるいは自らの属する地平が十分厳密に自覚されないことで，議論全体の水準ないし合理性が低下している点が批判の対象とされているものと理解しうるように思われる[56]。

　かような着眼は，今後の議論に対して基本的に正しい方向性を指し示していると考えられる。「実定法（EU 法および憲法）がいかなる内容を有しているのか」という問いと，「EU の性質や構造がいかに理解されるべきか」という問い，それに「EU 統合の到達点はいかにあるべきか」という問いは，別の問題であり，その論究に当たってはそれぞれ独自の論証作法や正しさの基準が存在すると考えることができる。EU の法的性質に関するグランドセオリーが，個別の法的問題に解決を与え，また EU のあるべき姿をも示唆する，という幸福な想定が必ずしも常に成り立たないとすれば，むしろ複数のディスコースの区別こそを出発点として，その相互の間に可能な関係のあり方を探る方が，考え方の筋道としては正しいように思われる。我々は EU を論じるとき，解釈論か憲法理論か政治論か，どこに足場を置いて議論しようとしているのかについて，十分自覚的でなければならない。

---

56) 従ってかような批判は理論的性格の高い学説の議論に対してのみでなく，判例の解釈論へも向けられうることになる。イェシュテットのリスボン判決への批判として参照，Matthias Jestaedt, Warum in die Ferne schweifen, wenn der Massstab liegt so nah?, in: Der Staat 48, 2009, S. 497ff.

かくして憲法理論は，イェシュテットの意味で言うなら，憲法解釈論に解釈図式を提供し，個別の問題の位置を測定するための文脈を明らかにすることで，解釈論の仕事を補助する役割を果たすことができるが，それ自体は解釈論的問題の解決という負担から解放されることで，独自の認識上の貢献を追究しなければならない[57]。この意味での憲法理論の立場からEUを論じる際のいくつかの可能性について検討するのが，次の課題である。

4 連邦と多層的システム

(1) 主権論の桎梏

ア そこで，EUの理論的把握を試みる際に，直ちに他の社会科学分野から枠組みを借りてくるのではなく，ドイツ国法学の学問的伝統との対決の上に自らの議論を位置づけようとする場合，そこで出発点となるのは，やはり国家論との対決という主題であるように思われる。ビスマルク帝国期の連邦国家論に手を加えた，国家連合・国家合同・連邦国家という三分論の枠組みは，それが個別具体的な解釈問題の解決に際してどの程度有効であるかは別として，EUの法的性質の理解としては，今なおひとつのスタンダードを提供していると解することができる。

かような枠組みに，克服されるべき問題があるとすれば，それは何か。ひとつの答えは，主権の問題に対する関心の集中である，と言うことができるように思われる。ボダン(Jean Bodin)以来の近代国家理論の公理に従うなら，国家の内部にはただひとつの最高独立の権力としての主権が存在しなければならない。連邦制は，この公理と鋭い緊張関係に立つ。トクヴィルはアメリカ合衆国について主権分割論を提唱し，ドイツでも影響力を発揮したが，ザイデル[58]以

---

57) Vgl. Jestaedt, Die Verfassung hinter der Verfassung, 2009; ders., Verfassungstheorie als Disziplin, in: Depenheuer, Grabenwarter(Hrsg.), a.a.O.(Anm. 40), S. 3ff. この意味での学問的分化は，EU研究において，法学がいわば学際的に他分野の知見を参照する必要性と矛盾するものではないと考えられる。他分野との協働関係に関する示唆を含む論攷として参照，Ulrich Haltern, Rechtswissenschaft als Europawissenschaft, in: Gunnar Folke Schuppert, Ingolf Pernice, Ulrich Haltern (Hrsg.), Europawissenschaft, 2005, S. 37ff.
58) Max von Seydel, Der Bundesstaatsbegriff(1872), in: ders., Staatsrechtliche und politische Abhandlungen, 1893, S. 1ff.

後は，主権が単一不可分であるという原則が，連邦国家論にとっても不動の前提とされていく。こうした見地から見た場合，単一不可分の主権は，連邦に存するか構成国に存するかのいずれかである。前者の場合が連邦国家，後者の場合が国家連合ということになる[59]。

かかる枠組みを下敷きとしてEUの性質を論じる場合，主権がEUにあるのか構成国にあるのか，という問いが中心的な位置を占めることは当然の理であり，ここでは構成国が主権を持つとの解答が導かれるのも自然である。問題は，こうした主権問題への関心の集中によって，連邦制にとって重要な他の問題が後景に退き，正しく理論的に主題化されない危険が存在するのではないか，という点にある。

　イ　まず，既に見たように，そもそも「主権」の観念が具体的にいかなる権限を根拠づけるのか，必ずしも明瞭でない点が挙げられる[60]。これを法的な全能として捉えるのは明らかに妥当ではないし，法的自律の意味で捉える場合にはさほど多くの権限が導かれるわけでないことは，上にメラースの議論で指摘された通りであろう。とすれば，EUの性質を論じるに当たっては，かように多義的で不明確性を残した概念を議論の出発点に据えるのではなく，まず法的に形作られたEUと構成国との相互関係，そこにおける両者の権限配分の具体的なあり方などを解明することが先に置かれるべきだ，と考えるべきように思われる。かような前提の上で初めて，主権論の関心に触れる問題がその中で具体的にいかなる形で現れるのかを有意味に論じることができるものと考えられる。

　また，EUと構成国の関係をめぐっては，主権という問題設定が想起させるような二者択一的な解決を容易に許さない種類の問題も存在する。EU裁判所

---

59)　学説の展開につきフーゴー・プロイス(Hugo Preuß)の整理は今なお示唆的である。Hugo Preuß, Gemeinde, Staat, Reich als Gebietskörperschaft, 1889, S. 11-86. 連邦と主権の関係に関する簡要な整理として参照, Dieter Grimm, Souveränität, 2009, bes. S. 54-69. 筆者の理解として参照，林・前掲註11)。

60)　前掲註48)に対応する箇所の本文の記述を参照。「主権」概念に歴史的に付着した多義性と不明確性に鑑みれば，これを今日なお維持するためには法概念としての明晰化が不可欠となる。近年のいくつかの議論として参照, Manfred Baldus, Zur Relevanz des Souveränitätsproblems für die Wissenschaft vom öffentlichen Recht, in: Der Staat 36, 1997, S. 381ff.; Stefan Oeter, Souveränität — ein überholtes Konzept?, in: Festschrift für Helmut Steinberger, 2002, S. 259ff.; Christian Hillgruber, Souveränität — Verteidigung eines Rechtsbegriffes, in: JZ 2002, S. 1072ff.

と構成国の最高裁判所の関係は，その重要な例である。例えば，EU裁判所がEU法の国内法に対する絶対的な適用優位を主張するのに対して，国内裁判所はしばしば国内憲法の基本原理をかような適用優位の範囲から除外しようとするし，またEU裁判所はEUの二次法に対する違法判断を自らの手に独占しようとするが，国内裁判所は時として権限踰越（ultra vires）の判断権を留保しようとする。両者は，それぞれ異なる視座から自らの立場を主張して対峙しており，いずれの側に最終的な決定権が存するかは容易に決することができない。ここで注目すべきは，かように相互に対立する見解をいわば呉越同舟のように共存させながらEU統合の進展が行われてきたという事実であるように思われる。そこでは，最終的決定権の所在が未決定のままに開かれ，対立する利害の表出が妨げられないこと自体が，統合を安定化する上で積極的な意味を持った可能性も示唆される。この場合，EUの構造の理論的把握を試みる上で重要なのは，例えばEU裁判所の立場と国内裁判所の立場のいずれが法学的により正しいのかを判定することではなく，かような対立や摩擦の存在をも含め，相互に対立する複数の視座を内に含みながら交渉と協働を成り立たせる全体の構造のあり方をいかに理論的に説明するかにあると考えられる[61]。

　国家連合・国家合同・連邦国家の三分論のような枠組みは，この意味で理論的次元でも克服される必要に迫られているように思われる。

(2) 連邦制の読み直し

　ア　ところで，ここで述べられた問題は，EUのみに特有ではなく，実は連邦制においても古くから観察される問題である。主権の所在といった問いに視野を局限することなく，連邦と構成国との相互関係を多面的に明らかにする必要性は，まさに連邦制を理解する上で強く当てはまる[62]。また，南北戦争前のアメリカ合衆国において，無効化（nullification）や離脱権といった論点をめぐっ

---

61) Vgl. Franz C. Mayer, a.a.O.(Anm. 27).
62) ドイツの連邦国家論史の中で，かような役割を果たした論者の一人としてトリーペルの名を挙げることは，恐らく不当ではあるまい。Vgl. Heinrich Triepel, Unitarismus und Föderalismus im Deutschen Reich, 1907; ders., Die Kompetenzen des Bundesstaates und die geschriebene Verfassung, in: Staatsrechtliche Abhandlungen: Festgabe für Paul Laband, 2. Band, 1908, S. 247ff. その主著 Die Reichsaufsicht, 1917 を含めた彼の連邦論の全体像については検討を他日に期したい。

て連邦と南部諸州に鋭い対立が見られたように，相互に対立する立場を内包しながら連邦制が存立することもありうる[63]。現実の連邦制は，法学的な連邦国家概念が明快に描いてみせる像よりも，恐らくはもう少し複雑である。

とすれば，EUを論じるに当たって徒手空拳から始めるのではなく，我々が過去に有する経験を有効に利用しようとする場合には，連邦制の読み直しはこの際の重要な端緒となる可能性を有しているはずである。実際のところ，現在のEUが連邦国家でないことは異論の余地がないとしても，複数の政治的単位が結合してより大きな単位を形成するという点で，EUと連邦制とは構造的に一定の共通性もしくは類似性を有するものと推定することができ，このためEUと連邦制との比較は一定の生産性が期待されるところである。

ところが，我々の連邦制イメージが，主権国家としての連邦国家という像によって強く規定されている限り，EUと連邦制との比較は，非主権的存在と主権的存在という質的な断絶に焦点が当てられてしまうか，ヨーロッパを連邦国家になぞらえるだけに終わってしまう危険がある。そうであるとすれば，ここで必要なのは，連邦制論を国家や主権の観念によるビスマルク帝国期以来の拘束から解放し，より幅広い視野から連邦的な性格を持つ秩序を分析しうるための理論枠組みを発展させることであると考えられる[64]。

イ このような理論的可能性をどこに探ったらよいのか。ひとつの可能性は，過去の連邦国家論の蓄積の中に，新たな理論的発展のための端緒を探るという方向であろうと思われる。実際，ラーバント的な連邦国家概念は，何の批判を受けることもなく現代まで継承されてきたわけではなく，これまで様々な挑戦に晒されてきた。中でも注目されるのはワイマール期における憲法理論の刷新であり，例えば近年のシェーンベルガー[65]やオリヴィエ・ボー(Olivier Beaud)[66]は，このワイマールにおけるシュミットの「連邦(Bund)」論[67]を，連邦

---

63) 差し当たり参照，M. L. ベネディクト（常本照樹訳）『アメリカ憲法史』(1994年)65-102頁。
64) Vgl. Stefan Oeter, Integration und Subsidiarität im deutschen Bundesstaatsrecht, 1998. 連邦制論の近時の展開に関して参照，Alexander Hanebeck, Der demokratische Bundesstaat des Grundgesetzes, 2004, S. 27-76.
65) Christoph Schönberger, Die Europäische Union als Bund, in: AöR 129, 2004, S. 81ff.; ders., Unionsbürger, 2005.
66) Olivier Beaud, Föderalismus und Souveränität, in: Der Staat 35, 1996, S. 45ff.; ders., Théorie de la Fédération, 2007.

制理解の刷新のための知的源泉として読み直す。

　シュミットの「連邦」論の特色は，主権概念を放棄するのではなく，むしろ尖鋭化することによって，主権国家とは異なる独自の存在としての「連邦」を浮かび上がらせる点にある。すなわち，ビスマルク帝国期の通説的枠組みでは，連邦国家においては連邦が主権を持ち，国家連合においては構成国が主権を持つ。そして，具体的な政治体がこのいずれに該当するかは，その設立の基礎や構造，権限（例えば Kompetenz-Kompetenz の所在）などに照らして，法学的見地から客観的に判断できるはずであった。これに対してシュミットは，主権の所在をかような法学的次元ではなく，政治の次元に位置づける（これは「例外状態について決定を下す者が主権者である」との定式[68]にも典型的に示されている）。この場合，政治体の内部に自らの主権を主張する複数の勢力が存在し，いずれも自己を貫徹できない事態が生じうることになる。南北戦争前のアメリカのように，同一の領域内に連邦と構成国というふたつの政治的単位が重層的に存在しながら，いずれが主権を有するかが未決定のままに置かれた状態は，まさにこれにあたる。シュミットの「連邦」概念は，かように主権が浮動状態に置かれた政治的結合を指示する概念である[69]。

　かようなシュミットの「連邦」概念は，複数の対立する視座を共存させ，種々の権限問題に争いを抱えながらも，その中で複数の政治的単位が相互の結合を維持し強めていく政治的状態を捉えることができる点で，連邦制の理解のために新たな光を投げかけるものであり，この意味でEU論の文脈にとっても，その連邦的構造の解明という点で示唆的である[70]。主権を未確定のままにした政治体としての「連邦」という像は，連邦国家概念に強く規定された連邦制イメージに対して，一定の解毒剤としても機能しえよう。ただ他方，シュミットのかなり個性の強い主権概念を前提とする「連邦」概念が，我々が思考を進める上での端緒たることを超えて，それ自体としてどこまで有効性を発揮しうるかは，なお慎重な判断が必要となるように思われる[71]。

---

67)　Carl Schmitt, Verfassungslehre, 1928, S. 361-391.
68)　Carl Schmitt, Politische Theologie (1922), 7. Aufl., 1996, S. 13.
69)　以上の解釈につき参照，林・前掲註11）。
70)　ヴァールもかような立場に好意的である。Wahl, a.a.O. (Anm. 20), S. 603-606.
71)　かような主権の未確定状態を，ケルゼンの純粋法学の枠組みを用いて，複数の根本規範の対立

ウ これに対して,連邦国家論の伝統を読み直すのではなく,既存の概念に歴史的に付着してきた含意や先入見から自由な,より中立的な理論枠組みを探るという方向が存在しうる。「多層的システム(Mehrebenensystem)」ないし「多層的法秩序」は,その重要なひとつである[72]。ここでは,メラースの議論を例に取り上げよう[73]。

連邦国家においては州と連邦というふたつの公権力の担い手が同一の地理的領域内に重層しており,EU においては構成国と EU というやはりふたつの公権力の担い手が重層する。これらを共通の枠組みの下で比較し分析するための道具が,「層(Ebene)」の概念である[74]。すなわち,EU も国家も州もみな法制定の権限を持つ「層」と捉えることができるとすれば,連邦制と超国家組織はともに,複数の層が積み重なり相互に連結した体制である点に,単一国家のような単純な秩序モデルと異なる共通の構造上の特性を有すると見ることができる。これを多層的システムと呼ぶならば,連邦国家も超国家組織も,この多層的システムの一形態として位置づけられる。

もう少し具体的に見ていこう。例えばある国家が,より広域的な法的決定の担い手を他の国家と共同で立ち上げるとき,この当初の国家という層の上にもうひとつ新たな層が形成されると見ることができる(この新たな層は,その性質によって,国際組織や国家連合,超国家組織や連邦国家であったりする)。例えばここで生じたのが連邦国家であったとして,この連邦国家は,他の国家と共同で,共通の問題に取り組むために,更により広域的な新しい層を立ち上げることができる。今これを仮に EU のような超国家組織としておくと,ここでは超国家組織・連邦国家・連邦構成国という三つの層が積み重なっている。これらはしばしば複雑な形で構造的に連結されている。EU の制定する二次法が構成国の行

として捉える可能性がしばしば指摘される。もっとも,かような理解が本当に EU に適合するかについては批判もある。Vgl. Möllers, a.a.O.(Anm. 7), S. 393–399.

72) 多層的システムという語は,既に註で名前の挙がったペルニースや F. C. マイヤー含め,少なからぬ論者が言及ないし援用し,既に一般化された観念と言ってよいが,曖昧さと不明確性がなお完全には払拭されない印象を受ける。Vgl. F. C. Mayer, a.a.O.(Anm. 27), S. 593–596; ders., Europäische Verfassungsgerichtsbarkeit, in: Bogdandy(Hrsg.), a.a.O.(Anm. 19), S. 264–272.

73) メラースは,正統化(Legitimation)の概念を基軸に据えた権力分立論の再検討を行うに際して,EU や国際組織に対する分析の道具としてこの多層的法秩序という観念を用いる。Christoph Möllers, Gewaltengliederung, 2005. 以下で検討しうるのは,そのごく簡単な概要にすぎない。

74) Ebenda, bes. S. 210–218.

政によって執行され，ドイツで連邦法律が州の行政によって執行されるように，しばしば上位の層の決定に対する執行を下位の層が担う仕組みが採られる一方，ドイツで州政府が連邦参議院を通して連邦の決定形成に参与し，EU 構成国の政府が理事会を通して EU の決定形成に参画するように，下位の層が上位の層の決定に関与する仕組みが採られることがある[75]。すなわち多層的システムは，多くの場合，ある層だけで十分に解決できない問題により広域的な規模で取り組むために，上位の層[76]を新たに創設することで形成され，複数の層の間に正統化の媒介や分業と協働の相互連関を生み出すのである。このような捉え方をすることで，連邦制や超国家組織，国際組織などを相互に比較し，その構造上の共通性と差異を明確にする可能性が切り開かれる。また，従来しばしば国家主権の名の下で主題化されてきた問題は，かような多層的システムの中で主権国家と呼ばれる特殊な層が担うべき固有の機能が何なのか，という問題の一部として，より明晰化された形で捉え直すことができるものと考えられる[77]。

かような理論枠組みは，連邦制をひとつの主要な分析対象としつつも，より多様な組織をも幅広く分析および比較の対象として取り込むことができ，また EU・連邦・州のような三層構造をも視野に収めることができる点で，分析のための有益な出発点を提供するものと評価することができるように思われる。もっとも，この多層的システムという捉え方自体はあくまで可能な分析の道具のひとつであるにすぎず，これを用いて具体的にいかなる有意義な知見が導かれうるかによって，今後その意義と限界が測定されていくことになるものと思われる。

(3) EU 論の変容

以上，連邦制の再検討に関わるふたつの議論を検討した。我々はこれで，国家概念を基軸に据えた伝統的性格の強い理論から，その克服に向けた理論的試みまでを，駆け足で概観してきたことになる。かような EU の理論的把握における深化もしくは変化は，我々が EU をめぐる具体的な問題を考えるに当たっ

---

75) Ebenda, S. 233-243.
76) 優劣関係とその意義に関して参照，Ebenda, S. 228-233.
77) Ebenda, S. 218-228.

て，いかなる違いをもたらすことになるのだろうか。そこで最後に，EUと民主政の問題を手短に論じて，本章を閉じることにしよう。

5　ヨーロッパと民主政

(1)　民主政と国家

　EU統合が進み，その権限が強力なものとなるに応じて，かかる権力がいかに正統化されるのかという問いも，重要性を増していくものと考えられる。民主的な自己統治は，この権力の正統化の主要な方法のひとつである。

　EUのレベルで民主政が可能かについては，否定的な見解が有力であると思われる[78]。国家のレベルで民主政を論じるときは，集合体としての国民による，選挙や投票を通じた自己統治が観念されるのが通例である。これに対してEUレベルでは，単一のヨーロッパ国民というものは存在せず，言語もメディアもEUの内部で多元的に分裂している。ヨーロッパ議会も現状では投票価値の平等を保障された均質なEU公民の代表とは言えない。もしこの意味で，EUの民主政が現時点では成立の前提を欠いているとすれば，そこでなおEUの統治に民主的正統性を媒介しうるのは，各国の国民から負託を受けた各国政府の存在である。それ故，構成国がEUの統治構造の内部で実質的な権限を保持することが，その民主的正統性にとって不可欠の役割を果たす。

　かような見解は，EUを諸国家の結合体として捉える「国家合同」論とも親和性の強いものと理解することができる。構成国の国民という単位こそが，民主政を最も良く（もしくは唯一）実現しうる場所なのだとすれば，EUにおいて統治の民主的正統化をいかに実現するかという問いは，EUにおける国家の地位と権限をいかにその浸食から守るかという問いと，大幅に重なり合うことになると考えられる。かくして民主政論は，「国家合同」論を側面から補強するものとして，しばしば議論の中に取り込まれていく[79]。

---

[78]　代表的な例として参照，Dieter Grimm, Braucht Europa eine Verfassung?, in: ders., Die Verfassung und die Politik, 2001, S. 215ff.

[79]　Vgl. Marcel Kaufmann, Europäische Integration und Demokratieprinzip, 1997.

(2) 機能主義的な正統化論

これは言い換えると，EUが政府間関係的な要素を実質的な程度維持することによってのみ，その民主的正統化を担保しうるとする見解だと見ることができよう。これに対して，欧州委員会やEU裁判所などEU独自の立場を代表する諸機関が中心となって，EUが構成国の意思から自律的に自らの法的・政治的発展を推し進めていく場合には，その民主的正統性の欠損(「民主主義の赤字」)が問題とならざるをえない。

とは言え，かような統合の推進がヨーロッパの共通利益にとって有益かつ正当なものであった，と評価する立場から見れば，民主主義の赤字を一面的に強調する議論は，統治が公共善の実現という成果によって正統化される側面を軽視しているとも映ろう。かくしてかような連関でしばしば提起されるのは，統治のインプットではなくアウトプットの側面に焦点を当てた帰結主義的な正統化論である[80]。とは言え，公益の実現が直ちに手続的なレベルでの民主的正統化を不要にすると考えるのも，十分な根拠を欠いており，このためEUの民主政をめぐる問題は，なお完全に解消されないままに残る[81]。

(3) 多層的システムの正統化問題

かようにEUレベルでの民主政の可否が論じられるとき，しばしばその前提とされるのは，単一の国民が自らの意思で集合的な自己決定を下す，という一元論的な民主政モデルであるように思われる。だが，冷静に眺めるなら，実はこのモデルはドイツ連邦共和国にすら当てはまらない。ここでは，国民によって選挙された連邦議会と並んで，州政府によって構成される連邦参議院が存在し，少なからぬ場合に立法にはこの連邦参議院の同意が必要とされるからである[82]。ここでは，ドイツ国民―連邦議会という正統化の鎖と，州国民―州議会―州政府―連邦参議院という正統化の鎖が，複線的に併存している。

これを一般化するなら，複数の政治的単位が結合して形成される連邦制的な

---

80) Vgl. Anne Peters, a.a.O.(Anm. 35), Teil 5.
81) ひとつの整理として参照，Ralf Poscher, Das Verfassungsstaat vor den Herausforderungen der Globalisierung, in: VVDStRL 67, 2008, S. 160ff., 172-182.
82) Vgl. Christoph Schönberger, Die Europäische Union zwischen „Demokratiedefizit" und Bundesstaatsverbot, in: Der Staat 48, 2009, S. 535ff., 542-550.

秩序においては，複合的な正統化の仕組みが採用されることが稀ではない[83]。これは連邦制的な秩序としてのEUにも当てはまる。そこでは，構成国政府から構成される理事会と，EU市民によって選挙されるヨーロッパ議会とが併存し，ふたつの正統化の鎖を形作っている。それ故，ここで重要なのは，一元論的なモデルを尺度にしてEUにおける民主政の欠損を批判することではなく，まずはその正統化の複合的構造を解明することであると考えられる。

　これは，多層的システム論の立場からは，次のように説明される。すなわち，ある層が，より広域的な問題解決を図るためにより上位の層を創設するとき，この新たな層はその法的権限に対応した正統化の必要に迫られる。このための方法のひとつは，下位の層に存在する既存の民主的正統化の仕組みを自らの正統化に利用することである（連邦参議院やEU理事会）。他方で，新たな層はしばしば独自の民主的正統化の仕組みを作り出そうともする（連邦議会やヨーロッパ議会）。この両者が併用されることで，多層的システムは多くの場合ふたつの民主的正統化の競合という特徴を有することになる[84]。

　この民主的正統化に加えて，上位の層は，個人の自由や自己決定を広域的により良く保障することによって自己を正統化することができ（違憲審査権による基本権保障やEU裁判所による基本的自由の保障など）[85]，かような複数の正統化の態様が競合ないし協働することで，複合的な組織構造を形成している。こうした視角から見た場合，EUレベルでの民主政をめぐる問題は，かかる複合的組織の抱える問題点の改善などを通して，全体としての統治の正統化の水準をいかに高めるか，という問題連関の一部として議論されることになると考えられる。

---

83) こうした観点からドイツ連邦共和国の民主的正統化の構造を再検討する業績として参照，Hanebeck, a.a.O.(Anm. 64). この意味で連邦制の再評価は民主政論自体の見直しと連結しうる。Vgl. Stefan Oeter, Föderalismus, in: Bogdandy(Hrsg.), a.a.O.(Anm. 19), S. 59ff.; 一元的な民主政像に対して多元的な民主政像を支持する有力な見解として参照，Brun-Otto Bryde, Die bundesrepublikanische Volksdemokratie als Irrweg der Demokratietheorie, in: StWStP 5, 1994, S. 305ff.
84) Möllers, a.a.O.(Anm. 73), S. 246-251. ここで生じるEUの組織構造上の特色につき参照，Philipp Dann, Die politischen Organe, in: Bogdandy, Bast(Hrsg.), a.a.O.(Anm. 3), S. 335ff.; ders., Europäisches Parlament und Exekutivföderalismus, in: Der Staat 42, 2003, S. 355ff.
85) Vgl. Möllers, a.a.O.(Anm. 73), S. 27-63; ders., Die drei Gewalten, 2008, S. 57-90.

(4) 民主政と政治的単位

かような検討は，我々が民主政を論じる際にしばしば暗黙の内に前提としている想定の存在を浮かび上がらせる。「国家に関する一般的な概念は，単一国家という類型から取り出されている」というイェリネックの言葉は，まさに民主政の観念にも当てはまるように思われる。そこでは，古代ギリシャの都市国家であれ近代の広域国家であれ，閉じた一元的な政治的単位が念頭に置かれ，その統治権力を誰が行使するのかが問題とされてきた。ここでは民主政は，政治的単位の構成員自身による自治ないしは集合的な自己決定として観念することができる[86]。

これに対して，近時グローバル化や国際関係の緊密化の中で浮かび上がるのは，これとは別種の問題である。そこでは，国家のような政治的単位が単独では十分な解決能力を持たない種類の問題に取り組むために，複数の政治的単位が結びつき，協働の仕組みを発達させていく[87]。かような複数の政治的単位から成る仕組みもまた，それが権力を伴うものである限り，正統化の要請を逃れることはできないが，ここでは単一の政治的単位の内部におけるような民主政モデルは容易に成り立たない。ここにおいて権力に対する正統化と統制をいかに成り立たせていくのか[88]。EUと民主政という主題は，一面における協働の強化の必要性と，他面における正統化の要請との緊張関係を解決するための取り組みとして捉えた場合に，その意義をより良く理解することができるように思われる。そしてそれは，国際関係の中に組み込まれた存在としての日本にとっても，恐らくはその深層において決して無縁でない問題を潜在させているも

---

[86] 近代におけるその典型としてルソーを挙げることができよう。ルソー（桑原武夫，前川貞次郎訳）『社会契約論』(1954年)。

[87] このことは一方で，国家に対する我々の理解を，国際的な協働に向けて「開かれた国家(der offene Staat)」(例えば参照，Udo Di Fabio, Das Recht offener Staaten, 1998)へと修正する動きを生むとともに，他方でかような協働の秩序における国家固有の役割を探る関心を引き起こすと考えられる。いくつかの例として参照，Stephan Hobe, Der offene Verfassungsstaat zwischen Souveränität und Interdependenz, 1998; Utz Schliesky, Souveränität und Legitimität von Herrschaftsgewalt, 2004; Christian Seiler, Der souveräne Verfassungsstaat zwischen demokratischer Rückbindung und überstaatlicher Einbindung, 2005.

[88] 他方，そもそも国内においても，一体としての等質的国民の集合的自己決定という理想化された民主政像がどこまで現実的基礎を有しているかは，疑問を呈することもできる。この意味で，実体としての国民という想定に依存せずに，法学的に民主政を論じることがどこまで可能かが，問われることになるとも予想される。参照，林知更「政治過程における自由と公共」(第7章)。

のと考えられる。

6 おわりに

　本章が提示するのは，ドイツ公法学が EU という存在を前に，その国家論的伝統と対決しながら，いかにして対象のより良い把握に向けた理論枠組みを発達させようとしているのか，という関心から描かれた，ひとつの理解の構図である。もしも，自己の伝統との真摯な対決によってこそ我々は自らの学問を正しく前進させることができるのだとすれば，明治以来，ビスマルク帝国期以降のドイツ公法学から強い影響を受け，これを我々自身の伝統の一部としている日本憲法学にとっても，彼の地におけるかような伝統との対決のあり方は，無視しえない刺激と示唆を含んでいるように思われる。

第12章

連邦・自治・デモクラシー
―― 憲法学の観点から ――

1 本章の主題

(1) デモクラシーの枠組み

　権力は，正統化を必要とする。個人の自由という要請を出発点に置いて考えるなら，これに対する他律的な支配は，それを正統づける根拠によって支えられていなければならない。神による授権や自然法論といった超越的な根拠が通用力を喪失した現代において，かかる権力の基礎づけを提供してきたのが，民主政の理念である[1]。たとえ人間の社会が存続するために支配権力の存在が不可欠だとしても，この人間の人間に対する支配は，支配される人間自身の意思に根拠を有するものでなければならない。が，具体的にどうやって？

　考えられるひとつの方策は，多数決という決定手続である。ある人間集団において，他者の意思による支配に服する人間が最も少ない決定方法，すなわち最も多くの人間が政治的な自律を享受しうるメカニズムは，全員一致ではなく，単純多数決である，と考えられる。この意味で多数決は，現在まで，自由で民主的な政治体制の最も原則的な決定手続とされてきた。とは言うものの，ここでは多数決で敗れた少数者は，多数者による決定を受け入れざるをえない。ここになお残る少数者への支配は，いかに正当化されうるのか。ひとつの解答は，多数派の形成に向けた政治プロセスが，自由かつ平等で，少数者にも開かれた競争を基本原理とすることに求められうる。別の解答は，少数者もまた予め多数決という決定手続に同意していたはずだ，という擬制にその根拠を求めよう

---

[1] Ernst-Wolfgang Böckenförde, Demokratie als Verfassungsprinzip, in: Josef Isensee, Paul Kirchhof (Hrsg.), Handbuch des Staatsrechts der Bundesrepublik Deutschland, Bd. 2, 3. Aufl., 2004, S. 429ff.

とする。更に考えられるのは，多数者と少数者をともに包摂する「国民」という集合的主体を，自己統治の単位として観念することである。ここでは，多数決とはこの国民の真の意思を発見ないし確定する手続であり，国民は少数者を含めみな自己の意思に服従しているにすぎない[2]。

かくして，政治的自律の単位としての国民を基礎とする主権国家を舞台に，国民のコンセンサスによって支えられた憲法によって，代表制と結合した多数決主義による政治的決定手続が定められ，同時に政治的平等や表現の自由，集会・結社の自由などによる開かれた政治的競争の保障が与えられる，というのが，民主的な統治について我々が抱く基本的な(もしくは最大公約数的な)イメージであるように思われる(従ってデモクラシーをめぐる憲法学上の議論の多くは，例えば主権や代表原理，違憲審査と民主政，表現の自由論などに見られるように，かかる基本的枠組みを共有した上で，その理解や具体的形成，他の国家の構造原理との関係などをめぐって展開されることになる)。

(2) 文脈の変容

かような思考には，暗黙の前提が存在する。それは，我々を支配する政治的権力の所在が，一定の領域内におけるある一点に集中されている，という前提である。この一点，すなわち主権国家体制の下での国家権力を，民主的決定手続や政治的自由の保障などを通じて国民による民主的正統化に服さしめることが，ここでの関心の中心とされることになる。

これに対して，近年とみに指摘されるようになったのは，この権力の集中という思考前提の溶解である。グローバル化や地域統合などの進展は，個別の主権国家によっては統御されえない，超国家的な次元の決定装置や権力の存在に我々の注意を喚起する。公私の関係の変容は，非国家的な私的アクターの担いうる公共的な機能を浮かび上がらせる。国家権力と並んで存在する多元的な諸勢力によって織りなされる秩序のあり方をいかに理論的に捉えるかは，社会科学の諸分野それぞれにとって重要な課題を提起しており，法学もまたその例外ではない[3]。

---

2) 以上につき参照，Hans Kelsen, Vom Wesen und Wert der Demokratie, 2. Aufl., 1929, jetzt in: ders., Verteidigung der Demokratie, 2006, S. 1ff.

我々が有する憲法の基本原理——国民主権，民主政，権力分立，基本的権利など——が，主権国家に集中された権力の存在を念頭に，その制限や正統化のための仕掛けとして議論されてきたとすれば，上述のような(フォーマル，インフォーマル両面を含めた)権力の多元化・分散化を前にして，かような従来の憲法原理がなおいかなる意義を有し，またいかなる変容を余儀なくされるのかは，憲法論にとって避けることのできない主題である[4]。中でも，人権保障が超国家的な次元でも観念可能である(国際人権や，ヨーロッパ人権条約のような多国間の人権保障など)のに対して，上述のように国家という単位と強く結び付いて観念されてきた民主政の原理にとって，かかる状況はとりわけ深刻な挑戦を意味する。国家の外に拡散した権力を国民が正統化しコントロールすることはなお可能なのか。そもそもいかなる法的・事実的条件が満たされたときに，権力が民主的に正統化されたと言えるのか。ここに国民以外の民主的正統化の主体を承認することは可能か。国民国家という単位に照準を合わせた民主政モデルの限界を指摘する声は多いが，代替的モデルの可否について未だ明瞭な結論が見出されているわけではない[5]。

(3) 伝統的諸原理の再検討

ところで，いったんかような現代的状況から離れて視線を過去に向けるなら，一定の領域内に多元的もしくは多層的に複数の権力が存在すること自体は，実

---

[3] 近年よく言及されるガバナンスも，ネットワークなどと並んで，かかる問題状況を指示するために参照される概念のひとつである。行政法領域における問題状況に関して参照，Andreas Voßkuhle, Neue Verwaltungsrechtswissenschaft, in: Wolfgang Hoffmann-Riem, Eberhard Schmidt-Aßmann, Andreas Voßkuhle (Hrsg.), Grundlagen des Verwaltungsrechts, Bd. 1, 2. Aufl., 2012, S. 1ff.

[4] グローバル化との関係で差し当たり参照，Georg Nolte/Ralf Poscher, Das Verfassungsrecht vor den Herausforderungen der Globalisierung, in: Veröffentlichungen der Vereinigung der Deutschen Staatsrechtslehrer, Bd. 67, 2008, S. 129ff.

[5] ドイツでの民主政原理に関する問題状況につき，差し当たり参照，Hans-Heinrich Trute, Die demokratische Legitimation der Verwaltung, in: Wolfgang Hoffmann-Riem, Eberhard Schmidt-Aßmann, Andreas Voßkuhle (Hrsg.), Grundlagen des Verwaltungsrechts, Bd. 1, 2. Aufl., 2012, S. 341ff. 国民国家における一元的モデルの側からの近時の応答として参照，Matthias Jestaedt, Radien der Demokratie: Volksherrschaft, Betreffenenpartizipation oder plurale Legitimation?, in: Hans Michael Heinig, Jörg Philipp Terhechte (Hrsg.), Postnationale Demokratie, Postdemokratie, Neoetatismus, 2013, S. 3ff. ドイツにおける議論の意義に関して参照，林知更「憲法原理としての民主政——ドイツにおける展開を手がかりに」(第9章)。

は近代においても観察される現象である。国際化という現象が意識され始めたのは，恐らくかなり以前に遡ろう。連邦制は単一国家と並ぶもうひとつの国家モデルとして国家論に問題を投げかけてきたし，地方自治もまた国家から一定の自律性を保障された地域的な統治団体を創出する。社会的権力の存在や私人の公共的役割も，それ自体としては古くから知られた現象のはずである[6]。もっともこれらは，主権国家の論理の枠内に回収し無害化すべく試みられてきたものと考えられる。とすれば，現代における多元的な権力状況への関心の高まりは，従来我々が採用してきた構成がどのように成立していたのかを距離を置いて見直し，その意義と限界がどこにあるのか，またここにいかなる別種の構成が可能なのか，等を改めて問い直す契機を与えるように思われる。

本章が以下でかような関心から若干の検討と試論を試みるのが，地方自治の憲法上の位置づけという問題である[7]。主権国家の相対化という潮流は，補完性原理への関心の高まりなどを通じて，地方自治の重要性に対する再評価をもたらしたように感じられるが，他方で地方自治を憲法原理の上でいかに位置づけるかには，なお不安定な部分が存在するように思われる[8]。上述の民主政との関係を考えても，住民に近接した地方自治が民主政を強化するという考え方に対して，国民の自己支配としての民主政を地方自治が制限するという側面を重視する見解もまた根強く存在する。

(4) 主題としての自治

地方自治という問題を論じるために我々が有している言語は，一見して古い。代表的な公法学の教科書を繙くなら，その叙述に骨格を与えている基本概念は，伝来説と固有権説の対立にせよ，制度的保障(制度体保障)にせよ，団体自治と住民自治にせよ，19世紀から遅くとも20世紀の前半には既にドイツで確立したものだからである[9]。かような諸概念が生成した過程を学説史的に内在的に

---

[6] これらはみな既に19世紀に観察されようが，その主権国家原理との緊張がとりわけ尖鋭に意識された時期の例として参照，Carl Schmitt, Der Hüter der Verfassung, 1931.

[7] なお行政法学における現代的状況を踏まえた再検討の試みとして参照，飯島淳子「地方自治と行政法」磯部力，小早川光郎，芝池義一編『行政法の新構想I 行政法の基礎理論』(2011年)193-221頁。

[8] 参照，高田篤「グローバル化時代の地方自治」ジュリスト1378号(2009年)154-165頁。

[9] 憲法学の通説的見解につき参照，芦部信喜(高橋和之補訂)『憲法〔第6版〕』(2015年)366-369頁，佐藤幸治『日本国憲法論』(2011年)548-550頁，野中俊彦，中村睦男，高橋和之，高見勝利『憲法

解き明かすことは，それ自体として重要であるとは言え，ここでの主題ではない。むしろ本章では，近時の問題状況の中で登場した新しい視角を試論的に応用することで，これまで憲法学が議論してきた主題や枠組みの意味をやや異なる角度から測定し直すべく試みる。旧来の議論が，現代の諸状況を前にしてなお有効でありうるとしたら，それはいかなる点にあるのか。

ここでは同時に，自治という，複数の学問分野から同時に接近されうる共通主題[10]について，憲法学がいかなる固有の視角から議論しうるのかを考察することを通じて，学際性という課題に直面することの多い近時の学問的状況の中で，憲法学が諸学問のフォーラムに対して果たしうる貢献と，その裏面としての限界——学問システムとしての憲法学が持つ盲点[11]——の所在につき若干の示唆を獲得することが試みられる。

2　国家論の中の連邦と自治

(1) 国家と政府

憲法学が地方自治を論じる際に，その関心の中心に置かれてきたのは，国家と地方公共団体の関係であるように思われる。後者の有する自治権が国家に先立つ固有の権利なのか，国家から伝来したものか，という自治の本質論や，憲法による地方自治の保障の意義につき，これを立法者による改廃等からの制度の保障と解する制度的保障論[12]など，かかる伝統的な枠組みの背後にあるのは，国家との関係で自治およびその担い手をいかに位置づけるのか，という関心であるように思われる。ここには，ひとつの暗黙の前提が存在する。それは，国家と自治体の間には本質的な違いが存在しており，前者が有する優越性の故にこそ，その支配権から後者の保障を図らなければならない，という関心である。

Ⅱ〔第5版〕』(2012年)362-365頁〔中村睦男執筆〕，高橋和之『立憲主義と日本国憲法〔第3版〕』(2013年)367-371頁など。行政法学の代表的見解として参照，塩野宏『行政法Ⅲ　行政組織法〔第4版〕』(2012年)127-132頁，宇賀克也『地方自治法概説〔第6版〕』(2015年)2-7頁など。

10) Vgl. Matthias Jestaedt, Selbstverwaltung als „Verbundbegriff", in: Die Verwaltung, 35; 2002, S. 293-317.

11) Vgl. Niklas Luhmann, Die Wissenschaft der Gesellschaft, 1992.

12) 成田頼明「地方自治の保障」田中二郎編集代表『日本国憲法体系　第5巻』(1964年)135頁，石川健治『自由と特権の距離——カール・シュミット「制度体保障」論・再考〔増補版〕』(2007年)など。

これに対して，法学を一歩離れるならば，むしろ両者に共通の性質に照準を合わせた意味体系を見出すことができる。すなわち行政学では，「国家」ではなく「政府」の観念を用いて，地方政府と中央政府という重層する複数の政府の関係を，政府間関係といった用語で分析する，といった作法が定着している[13]。確かに，国も地方公共団体も，一定の権限と財源をもって公益のために活動する領域的な統治団体である点に変わりがないとすれば，その共通性に着目すること自体は理由のあることであり，また異なる学問が異なる認識関心と方法に基づいて自らの枠組みを構築するのも自明のことである。

　むしろ，かような別種の概念構成の存在が我々に突き付けるのは，国家と自治体の差異を重視する従来の憲法学の構成を支えていた固有の認識関心が一体何であったのか，という問いである。

(2) 自治と連邦

　かような問いは，連邦国家という存在を念頭に置く場合には，一層尖鋭化する。上述の基本的枠組みが成立した19世紀ドイツはまた，連邦国家の法的構成について標準的枠組みが形成された時代でもあった[14]。ここでの通説的見解は，連邦国家を，複数の国家から構成される国家の一種として定義する。すなわち，連邦を構成する諸邦（本章では「州」ではなく「邦」の呼称で統一する）もまた，連邦それ自体と同様に国家としての性質を有するものとされることになる。こうした説明は，基本的には今日もなお維持されていると見ることができる。

　ここでは，国家としての諸邦は，非国家としての地方公共団体から質的に区別される。しかし，このような区別を置くことの意味はどこにあるのか？　例えば，連邦制も地方自治もともに垂直的権力分立のための仕組みだと解する立場に立つ場合には，諸邦も自治体もともに「地方政府」の一種として性格づける方が，事柄の性質に適合してはいないだろうか？　仮に単一国家における国

---

[13]　西尾勝『行政学の基礎概念』(1990年)，同『行政学〔新版〕』(2001年)，秋月謙吾『行政・地方自治』(2001年)，礒崎初仁，金井利之，伊藤正次『ホーンブック地方自治』(2007年)，真渕勝『行政学』(2009年)など。

[14]　以下につき参照，石川健治「「国家結合の理論」と憲法学」塩川伸明，中谷和弘編『法の再構築II　国際化と法』(2007年)33-60頁，林知更「連邦と憲法理論——ワイマール憲法理論における連邦国家論の学説史的意義をめぐって」(第10章)。

家と自治体との間に有意な差異を認めることが可能だとしても、同じことが連邦制における諸邦と自治体との関係で成り立つかは、必ずしも自明ではない。

逆から言えば、地方自治に関する憲法学の伝統的見解がもつ意味を考えるにあたっては、連邦制と地方自治との比較がひとつの有力な切り口を提供すると見ることができる。そこで我々は次に、比較対象たる連邦の基本的性質を検討しなければならない。

(3) 連邦国家論の歴史的文脈

ドイツの古典的な連邦国家論が形成された19世紀は、国民国家形成の時代でもあった。複数の小国家に分断されていた国民が、これら諸国家間の結合を強めることでひとつの全体国家への統一を果たす。ドイツはまさにこの例であり、この間の発展は一般に、国際法上の結合としての国家連合（ドイツ連邦）から国家としての連邦国家（北ドイツ連邦、ドイツ帝国）へ、という図式で整理されることになる。

この新しく作られた連邦国家の性質をいかに理解するかは、公法学に対して難問を提供することになる。連邦を構成する諸邦は、その多くが世襲の君主国で、固有の正統性に立脚しており、実際上も連邦は自らの統治のためにこれら諸邦の行政機構などに依存せざるをえなかった。一言で言えば、ビスマルク帝国の連邦国家は、少なくともその当初の姿においては、諸邦の一定の自立性を基礎にしてその上に打ち立てられていたと言ってよい。ここでは、諸邦を地方自治体と同視することは、かような現実に対する概念的表現として必ずしも適切でないのみならず、実際上も独自性の意識の強い諸邦の自己理解に反する。かくして新たな帝国は、諸邦が国家としての性質を維持したまま、その上位に更なる国家を創設したものと観念されることになる。

だが、同一の地理的領域内に複数の国家が重層的に存在するという観念は、伝統的な国家論上の諸概念から見て必ずしも自明のものではない。ここでとりわけ問題となるのは主権の概念であり、もし主権が国家の徴表であるなら、これは同一の領域内にふたつの主権者が存在するという奇妙な議論を帰結することになる。かような困難を回避する方法のひとつは、主権を分割可能と解することである。連邦国家を連邦と諸邦の間で主権を分割した体制と定義するトク

ヴィルの説明は，ドイツへも移入されて一時期有力となる。が，これに対しては，主権の意味がその至高性に存するとすれば，それは定義上単一にして不可分でなければならない，との批判が提起される。かように主権の単一性というドグマを維持しつつ，連邦と諸邦がともに国家であると言いうるためには，残る可能性は，主権が国家の徴表であることを否定することより他にない。主権とは国家権力が有しうる可能な属性のひとつにすぎず，国家には主権的な国家と非主権的な国家の二種類が存在する，ということになる。

　かくしてここでは，国家が国家であることの所以は，主権ではなく国家権力の概念に求められていくことになり，人々を一方的に義務づけることのできる支配権力を，自らの固有の権利として始原的に有することが，連邦と諸邦とを含む国家の特質と解されることになる。これに対して地方公共団体の場合は，その自治権は国家から伝来したものにすぎず，連邦国家における諸邦からは質的に区別される。

　かような，一見普遍的に通用する抽象概念で構築されたドイツ的枠組みが，ある特定の歴史的背景を前提として生まれてきたことを見てとるのは，今日の視点からはある意味で容易なことである。が，他方で，かような説明にせよ，あるいは主権分割論にせよ（主権分割論も通例は地方自治を主権の一種としては説明しないであろうから），これらはともに，連邦において諸邦が有する地位や権限の特質には地方公共団体のそれとは質的に異なるところがある，という洞察に理論的・概念的表現を与える試みとして理解することができるように思われる。かような試みの一類型が如上の形で今日の憲法学にまで受け継がれているのだとすれば，我々が問わなければならないのは，かかる洞察の中に，特定の時代状況に制約された一種のイデオロギーを超えた正しい核心が存在しているのか否か，存在するとしてそれはいかなる点に求められるか，である。

(4)　EUと連邦

　こうした説明枠組み自体は，その後のドイツ憲法学において標準的説明として維持されていくものの，もはやビスマルク帝国期のように熱心に議論されることはなくなっていく。現実の連邦制の態様も変化を遂げていく中，学問上の議論も，連邦国家の概念的把握よりは，かような現実上の変容を主題化したり，

個別的な諸問題にプラグマティックな見地から取り組むことへと重心を移していったように思われる。では，かつての連邦国家論はもはやその意義を失ってしまったのだろうか？

近時において，「連邦」という主題は公法学においても再度の注目を集めているように感じられる。その契機のひとつは，欧州統合の深化にあるものと思われる[15]。欧州連合(EU)自体は連邦国家ではないし，ヨーロッパ合衆国という構想が早い段階で挫折して以来，必ずしも連邦国家を目標として進化してきたものとは言えない。が，国家的統一という観念から離れて，「連邦」を，複数の政治的単位が政治的に結合することで，より広域的に問題解決を行うための法的仕組みと捉えるならば，EUと連邦国家との間には一定の比較可能性が存在していると考えることもできる。こうした問題意識による新しい議論を踏まえ，かつての連邦国家論が主題化した国家・諸邦・地方公共団体の性格づけをもう一度見直すことを通して，我々は伝統的な議論に新しい光を当てることができるのではないかと考える。

この際に本章が思考の端緒として注目するのが，「多層的システム」と「民主的正統化」というふたつの考え方である[16]。

(5) 多層システムにおける正統化

主権的な単一国家について語るとき，我々は一定の領域内における法的な決定権限が原則として一点に集中した体制を観念することが多い。これに対して，EUのような超国家組織とその加盟国も，また連邦国家とこれを構成する諸邦も，同じ領域上に複数の決定権力が重層的に存在する体制であるという点に共通性を有している。かような多層的な政治体制においては，それぞれの層の間の関係がいかに形成されるかが，重要な意味をもつ。権限や財源の配分，諸機関の創設や決定の手続における他の層の関与のあり方などは，連邦国家においても超国家組織においても，中心的な主題となる。

この多層システムの構造を分析する上で，権限や財源などと並んで重要な切

---

15) 以下につき参照，林知更「EUと憲法理論——ドイツ公法学における国家論的伝統をめぐって」（第11章）。
16) かかる視角につき参照，Christoph Möllers, Gewaltengliederung, 2005.

り口を提供するのが，正統化の構造という観点である。冒頭で述べたように権力が正統化を必要とする以上，君主政がかつての正統性を喪失した現代では，正統化を民主的に行うための制度的仕組みを確保することが必要となる。この民主的正統化の構造という点から見た場合，連邦国家や EU のような「連邦」的性格をもった多層的システムには，しばしば一定の特色が見出される。翻って，この多層システムにおける民主的正統化の構造という観点は，この「連邦」と地方自治との共通性と差異をも浮かび上がらせるように思われる。次に，この正統化の見地から「連邦」と地方自治の理念型的モデルを構成することによって，この点をもう少し詳しく論じよう。

3　多層システムの中の連邦と自治

(1)　「連邦」の特質

　結論から述べるなら，この点で「連邦」というモデルは，「下位の層が上位の層の民主的正統化に構成的に関与する仕組み」を備えている点に，構造的な特色を有するものと考えられる。

　まず出発点として，様々な国家が併存し，それぞれの領域の問題を各自で解決している状態を想定しうる。ここでは複数の国家が，相互に共通する問題に協力して取り組み，問題解決能力を高めるために，連携を深めていき，最終的に諸国家の存在を維持しながら，その上位に立つ広域的な機構を創設することが考えられる。我々はこれを「連邦」と呼ぼう。ここでこの上位の層が法的な決定権限を有するとすれば，そこで行使される権力には正統化が必要である。その民主的正統化には，ふたつの戦略が考えられる。第一は，下位の層である諸国家の内部で民主的な統治が行われているとして，これら諸国家が上位の層における決定手続に関与することによって，構成国の諸国民から上位の層へと民主的正統化を媒介する，という方策である。もっともここでは，上位の層は下位の層に大幅に依存することになる。そこで第二に，上位の層がその自立性を強めるために，自らに固有の正統化のメカニズムを創設することが考えられる（直接公選の議会の設置など）。このふたつの方策が併用されるとき，この「連邦」的な組織は，ふたつの異なる民主的正統化ルートを備えることになる。

このモデルは，ドイツ連邦共和国のような型の連邦国家や，EUのような型の超国家組織を説明する上で有効であるように思われる。ドイツでは，全ドイツ国民が連邦議会を選挙し，連邦議会が首相を選出する，という正統化の鎖と，諸邦の国民が邦議会を選挙し，邦議会が邦首相を選出し，この邦政府が連邦参議院の構成員を送り込むという正統化の鎖が存在している。憲法改正に連邦議会と連邦参議院の3分の2が必要であり，通常立法でも一定の場合には連邦参議院の同意が必要とされるなど，重要な点で両者の協働が予定されている。他方EUでも，構成国の政府の代表者からなる理事会と，EU市民によって直接選挙されたEU議会というふたつの鎖が存在し，前者が中心的役割を果たしながらも，後者が権限を次第に拡大してきた。EUとドイツ型連邦国家の構造的類似性が語られる所以である(正統性原理の違いを度外視すれば，EUとビスマルク帝国との構造的類似性が注目される所以でもある)。

またこのことは，ドイツとはいくつかの点で異なる構造的特質を有するアメリカ合衆国型の連邦国家にも基本的に当てはまるように思われる。憲法改正手続において諸邦が中心的役割を果たす点は，下位の層による上位の層の創設・発展と，これによる制度的な民主的正統化の供給として理解しうる。連邦の組織構造においても，上院が諸邦代表として構想された(とりわけ1913年に第17修正が成立するまでは，上院議員は諸邦の立法府が選出していた)ことを考えれば，ドイツとは異なる形ではあれ，その当初の基本構造に二本の正統化の鎖の存在を読み取ることは可能である[17]。

(2) 地方自治の特質

かような多層的システムにおける民主的正統化の構造という分析視角から見た場合，地方自治の特質はどのように理解することができるだろうか。

まず，法的な決定権限をもち，それを正統化する仕組みを備えていることが「層」であることの条件だとするなら，地方自治もまた多層的システムを構成する層のひとつだと考えるのが適切である。例えばドイツ連邦共和国を例にと

---

17) なお建国期の理解に関して参照，Alexander Hamilton, James Madison, John Jay, The Federalist Papers, 1788, chap. LXII.(A. ハミルトン，J. ジェイ，J. マディソン(斎藤眞，中野勝郎訳)『ザ・フェデラリスト』1999年)

るなら，地方公共団体から始まり，連邦制における諸邦と連邦，そしてEUに至るまでの重層的な統治システムの中の一部として地方自治を位置づけることには，十分な理由があると思われる。この意味で，「国家」や「主権」の観念に与えられてきた特権的な位置づけを剝奪してこれを平準化し，ゲマインデ・国家・ライヒからなる多層的な秩序像を描き出そうとしたビスマルク帝国期の異端の試み[18]や，「国家」を中心とした観念体系から「政府」を中心としたそれへと切り替えることで，重層する政府という像を描く隣接分野の議論に含まれる問題意識は，かような枠組みの中に受け止めることができるものと考えられる。

　しかしながら，この多層的システムの中で地方自治という層がいかなる位置を占めるかを，とりわけ上述の民主的正統化という観点から見るならば，ここにはEUや連邦国家のような「連邦」的秩序との間で，顕著な違いを見出すことができる。上述の「連邦」モデルが，下位の層が上位の層の民主的正統化に構成的に関与するという構造によって特徴づけられていたとすれば，地方自治は通例ベクトルが全く逆である。そこでは，上位の層に当たる国家（連邦制の場合には諸邦）がその法律で地方自治制度の骨格を形成するとともに，地方公共団体の統治の内容についても法律で一定の枠を与える。すなわちここでは制度的および内容的な民主的正統化[19]が上位の層から下位の層へ一定の限度で伝達されることになる。

　これに対して憲法上の地方自治の保障は，この下位の層の自立性を立法による改廃から保護するとともに，それがその自立性に相応する固有の民主的正統化の仕組みを備えるべきことを要請する（議会や首長の選挙による人的な民主的正統化，条例制定権による内容的な民主的正統化）。また政策上の地方分権は，かかる憲法上の制約の枠内で，下位の層の権限や財源における自立性の強化や，諸層の間の役割分担の明確化を要請する。

　以上の意味で地方自治は，下位の層が有する固有の正統化の仕組みを梃子として，これを上位の層から自立化するための仕組みとして理解することができる。上述の「連邦」が問題解決の広域化という志向をその構造に具現化させて

---

18) Hugo Preuß, Gemeinde, Staat, Reich als Gebietskörperschaften, 1889.
19) 民主的正統化の諸種類に関しては参照，Böckenförde, a.a.O.(Anm. 1).

いたとすれば(とは言えもちろん単一国家が国内の分権化のためにかような連邦的組織構造を敢えて採用することは妨げられないが)、自治の背後にあるのは逆に、住民に身近な層による問題解決を志向する狭域化の論理であるように思われる。

(3) 憲法上の位置づけ

かような「連邦」と地方自治との違いは、その憲法上の扱いの違いに如実に現れる。一般に「連邦」と地方自治とでは憲法上の規律の密度に大きな違いがあるが、これは理由のあることだと考えられる。まず、「連邦」が下位の層の参加によって上位の層を創設し正統化する仕組みを本質的な要素として含むとするなら、その憲法はここで創られた上位の層が既存の下位の層といかなる関係に立つのかを、ある程度詳細に定めておく必要がある。連邦国家の憲法が、この連邦と諸邦の関係について多くの規定を割き、その改正には諸邦の関与する手続を必要とするのは、この意味で理解しうる(EUのような超国家組織に関する条約的規律についても同様である)。他方、国家内での地方自治については、事情が大きく異なる。国家という審級が下位の層に論理的に先立ち、その関与なしで既に成立していることを前提に、その一方的な行為によって下位の層が創設されるのであれば、諸状況の変化に伴う柔軟な変更可能性をも考えれば、その詳細までをも国の憲法で定めておく必要は必ずしも大きくない。憲法は大枠の保障にとどめ、具体的な規律を法律に委ねるのは、一定の理由のある考え方であるように思われる。

この意味で、国の憲法による地方自治の保障の重点が、上位の層による下位の層の自立性の侵害を防ぐ点にあるとすれば、それが基本権保障と構造的に類似する部分を有することは確かである。地方自治が憲法上伝統的に基本権の一部として扱われてきた(フランクフルト憲法やワイマール憲法など)ことは、地方自治を広い意味で国の統治の一部とみなす現在の見方には反するとはいえ、かような類似性の歴史的な表現として理解することができる[20]。

このことはまた、憲法学の地方自治に対する相対的な関心の低さをも説明するように思われる。憲法学が関心を寄せるのは国の constitution(体制ないし構

---

20) 元来の制度的保障説は、その上でしかし基本権から区別されるべき差異に関わる。Carl Schmitt, Verfassungslehre, 1928, S. 170ff.

造)のあり方である。連邦国家において諸邦と連邦の関係がいかに形成されるかが連邦の constitution のあり方にとって規定的な意味を持つ限りで、それは連邦国家の憲法学にとって重要な主題となる。これに対して、地方自治がいわば国の constitution から地方の constitution を切り出し、後者を前者から自立化させる企てである以上、憲法学がその関心を国の constitution のほうに集中するのもそれなりに自然な成り行きである。そこで地方自治に関して問題となるのは、憲法の要求するかかる自立化が本当に正しく実現されているか、という観点にとどまることになろう(とは言え、ここで憲法が具体的に何を要求しているのかをめぐって議論が存在することは周知の通りである)。その先で地方の constitution の具体的内容をどう考えるかは、主に法律上の制度設計とその解釈を担う隣接諸分野に委ねられてきたように思われる。

(4) 伝統的法理の再定位

地方自治に関する伝統的理解が有する意義は、かかる見地から新たに捉え直すことができると考えられる。すなわち、国家(単一国家のみでなく、連邦国家における連邦と諸邦を含む)と地方公共団体との決定的な違いは、他から派生したのではなく始原的に民主的正統化の起点となりうる能力の有無に求めることができる[21]。単一国家の国民は当然として、連邦国家における連邦の国民と諸邦の国民もまた、それぞれ連邦の憲法構造を支えるふたつの正統化の鎖の起点としての地位を有している。これに対して地方公共団体は、国家との関係では、これによって創出された派生的な民主的正統化の単位であるにとどまる[22]。

ビスマルク帝国期に形成された古典的枠組みが、君主政をとる諸邦の自立性を現実上の前提としつつ、しかしその国家形態や正統性原理の問題を捨象して、国家一般に関する法理として連邦国家論を展開したとすれば、我々はこれをも

---

21) 諸邦の国家的性格を民主的正統化の能力の問題として捉え直す指摘として参照、Christoph Möllers, Staat als Argument, 2000, S. 431-432.
22) なお、連邦制と地方自治との憲法上の差異を、国家作用論の見地から、執政権の分有の有無という観点と結びつけて理解する見解として参照、石川健治「執政・市民・自治——現代統治理論にとっての『金枝篇』とは」法律時報69巻6号(1997年)22-27頁、同「自治と民主」ジュリスト1203号(2001年)61-66頁。緩やかな意味で国の「政治」への地方の関与を問う点で、本稿とも関心を共通にする部分を有するが、その先で問われるべきは、執政に関与するための具体的機制であろうと思われる。

う一度より具体的な次元へと引き戻し，民主政原理の貫徹した多層的世界における正統化の構造問題として再定位することができる，ということになる。

地方自治の本質に関する伝来説は，この地方という層の国家との関係における派生的性格を表現するものと理解しうるし，団体自治はこの地方の層の有すべき自立性を，また住民自治はそれが備えるべき固有の民主的正統化の仕組みを指示する。かような国家から派生しつつも自立性を付与された層に憲法が与える保障の意義と内容を問うのが，制度的保障を軸とする一連の議論である[23]。この意味で，我々が伝統的な諸概念を用いて主題化してきた諸問題は，いずれも重層する統治の仕組みを考える上での基本問題に関わることを確認することができる。

かような異なる枠組みからの捉え直しは，従来の憲法上の諸概念ないし諸議論が何に照準を合わせて議論しようとしてきたのかについて，一定の示唆を与えるように思われる。多層的な統治システム自体は決して新しい現象ではなく，地方自治や連邦と同じだけ古くから存在してきたとも言えるのであり，ここでは主権国家体制の中に存する重層的・多元的な側面に照準を合わせて世界を描くことも不可能ではなかったはずである。換言すれば，伝統的な見解が国家と非国家の区別を重視し，異なる層の間の関係につきある特定の局面に関心を集中したのだとすれば，その背後にはそれを支える特殊な問題意識が存在したものと推測することができる。これを今日の時点でどのように受け止めるべきかが，本章に残された最後の問題である。

4 多層的デモクラシーと憲法学

(1) 単一国家と連邦国家

国家か国家でないかの区別，始原的に民主的正統化の起点となりうるか否かの区別を重視する立場から導かれるのは，単一国家と連邦国家の質的な相違で

---

[23] 従来わが国では，ここで憲法が具体的に何を要求しているかという憲法解釈論の次元に位置する問題が，地方自治の法的性格をめぐる「理論」的対立（ここでは，固有権説・伝来説・制度的保障説・新固有権説といった本来必ずしも同じ次元にない諸説が同一線上に並べられ比較される）として争われる傾向があったように感じられるが，かような問題の立て方がどこまで適切であるかは再検討の余地があると考えられる。参照，木村草太「地方自治の本旨」安西文雄他『憲法学の現代的論点〔第2版〕』(2009年)209-228頁，小山剛「地方自治の本旨」小山剛，駒村圭吾編『論点探究憲法〔第2版〕』(2013年)373-395頁。

ある。単一国家において民主的正統化の起点としての国民がひとつしか存在しないのに対して、連邦国家では連邦全体の国民と諸邦の国民というふたつが存在し、後者は上位の層である連邦へと民主的正統化を伝達する。かようなモデル化に従うなら、単一国家か連邦国家かという区別は、いわば憲法体制の選択に関わる問題であり、憲法制定権者の意識的な選択を必要とすると考えるのがひとつの筋であるように思われる[24]。

　かような区別が具体的な形で現れる局面のひとつが、議会の上院ないし第二院の位置づけという問題である。連邦制型の第二院は、制度設計の論理としては、諸邦の代表としての位置づけを与えられ、このために有権者間の投票価値の平等とは異なる論理で議席数の配分が行われるのが通例である(なおドイツの連邦参議院は、純粋な議院と異なり、諸邦政府のメンバーによって構成され、また立法以外の権能をも併せ持つ)。これに対して民主政原理の貫徹した単一国家における第二院は、基本的に国民代表の一種として考えるべきであり、ここで問われるのは国民をいかなる形で代表するのが適切かという問題であると考えられる。この際に、「平等な公民から構成される国民」という論理と「多様かつ異質な諸要素から構成される国民」という論理との間で緊張が存在する(後者としては職能代表、地域代表などが知られる)のは周知の通りである。この後者の論理、とりわけ地域代表の論理を押し進めた先に、それが連邦型の第二院に接近する可能性も考えられないわけではない。地域的多元主義を徹底した単一国家と連邦国家との間で、なお両者を分かつ一線がどこに存するかという問いは、そもそも我々は「単一国家であることの意義」をどこに求めるのか、という問題とも表裏一体であるように思われる[25]。

---

[24]　なお、道州制論はしばしばこの区分に跨る形で議論される。大橋洋一「地方分権と道州制」ジュリスト1289号(2005年)。

[25]　第二院に関する比較研究として参照、岡田信弘編『二院制の比較研究——英・仏・独・伊と日本の二院制』(2014年)。参議院の地域代表化ないし都道府県代表化については、近時議論が活性化しつつあるように感じられる。高見勝利『政治の混迷と憲法』(2012年)184頁。単一国家の第二院でありながら地域代表的性格を憲法上認めた例として、興味深い思考の素材を提供するのが、フランス元老院である。只野雅人「「国民主権」「一般意思」と「特殊利益」」樋口陽一他編『国家と自由』(2004年)141頁、同「政治代表と人・領域・利益——フランスにおける「地域代表」・再論」長谷部恭男他編『高橋和之先生古稀記念 現代立憲主義の諸相 上巻』(2013年)63頁の他、前掲・岡田編所収のソフィー・ボアロン、新井誠の各論攷も参照。

(2) 集権国家と分権国家

　他方，地方自治制度の基本設計を(何をどこまで自治体の自主性に委ねるかを含め)法的に定める役割を負うのは，地方公共団体ではなく国であると考えられる。この際に，憲法は地方自治に対する一定の保障を定め，国の立法者に拘束的な枠を与えているが，それが憲法律上の保障にすぎない以上，憲法制定権者は理論上はいつでもかかる保障を廃棄して集権体制へと転換することができる。換言すれば，集権国家か分権国家か，また自治と分権のあり方を具体的にどのように形成するかは，憲法制定者と立法者とを包括する意味での国の権限に属するものと考えられる。これは，連邦国家において諸邦が憲法制定および改正手続に構成的に関与することで，諸邦自身が連邦制の制度形成の少なくとも一翼を担うのとは，一線を画するということができる。

(3) 国家の固有の役割

　このことを，上記の単一国家と連邦国家の区別と併せて考えるなら，以上のような地方自治の位置づけの背後に，地方という層に対する国家という層の自律性の確保という関心を読み取ることは，さほど困難でないように思われる。国家は自らの民主的正統性を地方公共団体に依存せずに自前で調達し，またいかなる地方制度が採用されるべきかを国家全体の公共的見地から自ら決定する，ということになる。これをもう少し実質的な意味で言い換えるなら，国家と地方公共団体の基本的関係の中に埋め込まれているのは，地方的諸利害から国家的公共性を自律化するための仕組みであると考えることができる。この意味で地方自治は，諸邦を通して国家の「統合」を実現しようとする古典的な連邦制像[26]とは，その論理構造において大きな対照をなす。それはまた，戦後日本憲法学におけるある重要な潮流が，近代国民国家の憲法構造として主題化してきた問題とも重なっている[27]。

　伝統的な憲法学の枠組みが我々に突き付けるのは，実は不可避的に多元的かつ重層的たらざるをえない我々の生きる世界の中で[28]，「国家」という審級が

---

26) Vgl. Rudolf Smend, Verfassung und Verfassungsrecht, 1928.
27) 樋口陽一『近代国民国家の憲法構造』(1994年)。
28) そこでは地方自治が積極的な役割を担うことが当然に予定されているとも言える。主にこちら

なお担い続けるべき特別な公共性とは何か，という問いであると考えられる。これは，国家が地方など他の層と並び立つ層のひとつにすぎないとしても，そこでなお国家には他の層と異なる固有の役割があるのではないか，という問いとして置き換えることができる。

(4) 憲法学の課題

　もっとも他方で，繰り返しになるが，かような伝統的枠組みが照準を合わせるのは，多層的な統治の仕組みをどのように設計し，それがいかに機能するか，という問題群のうちのある特定の側面にすぎない。他の面に視野を及ぼすなら，「政治的なもの」は既に国家による独占を逃れて，超国家的な次元やより下位の次元へと分散していると見ることにも理由がある。国内だけに視野を限っても，我々の日常的経験に照らして，重要な政治的争点で国と地方の双方が利害と権限を有する例はめずらしくない。国政上の対立軸が地方選挙に影響を与え，地方選挙の結果が国政に影響を及ぼすという相互作用もまた，見慣れた光景に属しよう。我々の政治的な世界は複数の層の間の複雑な絡み合いによって成り立っているのであって，本章の検討が示唆するのは，この両方の側面をともに視野に収めることの必要性である。「絡み合った民主政システム」をより良く秩序づけるにはどうすればよいのか，という問いは，我々に重く突きつけられている。

　このことは，本章の冒頭で掲げた我々のデモクラシーについての伝統的観念に照らせば，ある種の苛立ちをもたらしうる。我々は，そこにおいて自由を実現しうるような基底的な政治的単位，我々が自らを同一化しうるような政治的主体の存在を暗黙のうちに期待しがちだからである。グローバル化のもたらす不安は，これへの反発としてのナショナリズムの復活をもたらし，国家への失望は，より身近な単位としての地方のシンボリックな次元における価値上昇をもたらす，というように[29]。

　　の面に照準を合わせた検討として参照，斎藤誠『現代地方自治の法的基層』(2012年)61-73頁。
29)　民主党政権(2009-12年)下で提起された「地域主権」論は，この面では従来国家が独占してきた象徴を地方が奪取する試みとも解釈しえよう。なお参照，長谷部恭男『続・Interactive 憲法』(2011年)148-157頁。

この中で，冷静な学問的分析が果たしうる役割があるとしたら，それは我々の心理的傾向の中に存する単純化への誘惑に抗して，世界の複雑さを知的に受け止めるための補助を提供する点に求められうるものと思われる。憲法学はこれを自らに固有の観点から果たそうと試みる。憲法が地方自治に関して定めるのは法的な組織・権限・手続等の大枠にとどまるが，それは歴史的に形成されてきた一定の政治理念を背景にもつものでもある。この意味で具体的な法的制度へと形成された政治理念の構造を解読する点に，憲法学が隣接諸学との関係で果たしうる固有の貢献のひとつを見出すことができるとすれば，本章がここで行おうとしたのは，かかる視角に基づくひとつのデッサンの試みである。それは同時に，新たな問題状況を前にして，我々は過去の議論の蓄積との対話を通してのみ，世界を捉えるための自らの学問的言語を鍛え上げていくことができる，という立場からなされた，「通説」との対話のささやかな試みであった。

IV
日本憲法学の行方

第Ⅳ部は，第Ⅰ部から第Ⅲ部までのドイツ憲法学との対決を経由した視点から，現在の日本憲法学のあり方をいかに考えるか，という主題に取り組む。もしドイツの戦後憲法学が，ワイマールに比したその豊かさの低下と引き替えに一定の成熟を遂げたと言いうるとすれば（特に第２章を参照），逆に日本の戦後憲法学は，知的な多様性を許容する反面で，必ずしも十分な学問的成熟に達していない「若い」部分を抱え続けてきたと見る余地はないだろうか。かような憲法学のあり方を背後で規定している社会的条件は何だろうか。ここでは一種の「憲法学批判」として，その現状と今後の可能性をいくつかの論点に即して批判的に考察すべく試みる。第13章は，2007年時点での著者の問題状況の理解と見通しを論じる（2016年の現在でもそこでの理解に本質的な変更はない。但し後記も参照）。第14章は，「法人の人権」論を検討する。ここで真に問題となっているのは，法秩序の中で憲法が果たすべき機能と役割に関する，学説と実務の根深い対立である。第15章は，この憲法の役割に関する主要論点のひとつである「私人間効力」を分析する。憲法の射程拡大をめぐる学説の論証構造の中に，「近代」や「立憲主義」を鍵とする論法の意義と限界がいかなる形で露呈されているかがこのふたつの章を貫く主題である。第16章は，政教分離を論じる。この問題をできる限り構造化された形で理解しようとする試みは，翻って判例を含めた日本憲法論の抱える困難の所在を浮かび上がらせるとともに，政教分離論の陰に控える戦後日本国家の正統性問題（特に神道との関係での）の難しさをも示唆するものと思われる（なお，国家と宗教の問題については，関連する次の拙稿も参照。「政教分離原則の構造」高見勝利，岡田信弘，常本照樹編『日本国憲法解釈の再検討』(2004年)114-136頁。「思想の自由・良心の自由」南野森編『憲法学の世界』(2013年)191-204頁）。

第13章
戦後憲法学と憲法理論

1 はじめに——ポスト「戦後民主主義」時代の憲法学？

　本報告に与えられた課題は，戦後民主主義に関する他報告の検討を受けて，若い世代の立場から「ポスト「戦後民主主義」時代の憲法学」のあり方を語れ，というものであった。しかし，これに正面から回答を与えることは困難である。憲法研究者として出発点に立ったばかりの報告者には今のところそれだけの資格も準備もない，という他に，そもそも「これからの憲法学」を安易に語ることを許さないような閉塞感こそが，現在の学問状況を特徴づけるように感じられるからである。わが国の憲法学のあり方が，敗戦と憲法制定から今日に至る長い「戦後」という特殊な時代環境によって強く刻印されてきたとすれば，このひとつの時代が緩やかに終焉へと近づきつつあるように感じられる現在，「戦後憲法学」は自らの方向付けと展望を見出しかねているようにも見える。かかる状況下でなしうる最善の事柄があるとすれば，それは性急に未来を語ることではなく，今日の状態がいかに作られ，その中でいかなる課題が取り残されてきたのかを冷静に見直し，自らが抱える困難の深層に各人なりのやり方で一歩でも近づこうとすることであると思われる。本報告は，この意味で報告者が抱くささやかな問題意識を提示するという以上のものではない[1]。

---

1) 本報告は次の拙稿と問題意識を共通にし，若干の点についてこれを発展させたものである。林知更「国家論の時代の終焉？——戦後ドイツ憲法学史に関する若干の覚え書き」（第2章）。なお，紙幅の都合のため，以下註記は最小限にとどめる。

2 立憲主義憲法学の黄昏？

(1) 「危機」の中の戦後憲法学

　戦後憲法学の「危機」が意識されてから既に久しい。日本国憲法の正統性の擁護者をもって任ずる憲法学にとって，遅くとも冷戦終結以来，「護憲」というシンボルが色褪せ，憲法学が日本社会全体の中でマージナルな存在へと追いやられつつあるという危機意識は，切実であり続けた。他方でかつて「ポストモダン」の標語で語られた時代思潮の変化は，憲法学が拠り所としてきた近代的価値それ自体に対する懐疑を突きつけ，同時に学問の多様化をも促した[2]。

　かかる「危機」の意識が，我々の学問のあり方をどのように変え，あるいは変えなかったかを問うことは，将来1990年代以降の憲法学史が批判的に総括される際に改めて問われるべき論点のひとつである。本稿にとって重要なのは，この繰り返されてきた外からの「危機」の語りを再生産するよりも，むしろ自らの学問の現状をできる限り内在的に点検して批判し直すことであると思われる。このように述べるのは，従来の憲法学が現在様々な点で，自らの内側に機能不全を抱えているように考えられるからである。

(2) 戦後憲法学の憲法理論としての立憲主義論

　とは言え，参照対象たる多様な国々からの影響が混在し（例えばアメリカ派，ドイツ派，フランス派では時として概念枠組みも大きく異なる），また世代や学派，各論者ごとの個性にも刻印されて，しばしば相互の対話が困難になるほどの多様性を抱えるわが国の憲法学を，全体として論じることは容易ではない。そこで以下では，差し当たり芦部信喜や樋口陽一を筆頭に，緩やかな意味で「(近代)立憲主義」を日本国憲法を理解する上での中核としたひとつの潮流を念頭

---

[2]　かような学問風土の変化を象徴するものとしばしば見なされたのが，1950年代中頃に生まれた一群の憲法学者の登場である。参照，長谷部恭男編『リーディングズ現代の憲法』（1995年）。彼らが学界の前線に登場した90年代は，国際的・国内的な環境の変化に学界内の世代交代が相俟って，学問風土の多様化を印象づけるものとなったように思われる。この時期の変化が持つ功罪とそこで残された問題を総括することは今後の課題となろう。他方，より伝統的な傾向の強い学会レベルでの問題意識の推移は，例えば本章の初出誌である『憲法問題』のこの時期の号からも窺い知ることができる。

に置いて議論を進める。

　かような学問的傾向の特徴のひとつは，その強い普遍志向と外国志向であり，これは比較法的研究方法の隆盛にその端的な表現を得ているように思われる。外国憲法の研究を通じて，それぞれの国の差異や特殊な文脈を読み解きながら，その基底に存在するはずの「憲法に内在し，または憲法の背後に宿る普遍の法理念ないし政治理念の存在」(芦部信喜)[3]を探り当てていく，という想定こそは，しばしば外国法を参照する際に暗黙に前提とされた理念であったように思われる。また，「科学」としての比較憲法学を構築すべく試みる立場(樋口陽一)[4]は，西洋立憲主義諸国の憲法史の中から「近代立憲主義」とその「現代的変容」の諸特徴を抽出することによって，日本自身を理解する上での座標軸を獲得しようとした。かくしてここでは，「人類普遍の原理」に立脚するという憲法典自身の自己了解にも支えられながら，西洋の立憲主義の歴史の上に自らを位置づけ，その蓄積や最新の動向を知的資源として自らの学問を構築すべく試みられる。とりわけ解釈論の領域では，欧米(特に米独)で戦後ほぼ同時的に見られた違憲審査制の飛躍的発展は，同様の課題を抱えたわが国にとって憲法訴訟や人権実体法を中心に参照すべきモデルを提供した。

(3) 学説継受の行き詰まり

　しかし，かような学問的方向性は，現在様々な点で困難に直面しているように感じられる。第一は，解釈論の領域でかような従来の研究方法が限界に行き当たっているように感じられることである。アメリカ法起源の憲法訴訟論の行き詰まりに端的に見られるように，わが国の判例理論や訴訟制度が有する独自の文脈の壁に阻まれて，学説による外国法継受の試みは少なからぬ場面で十分に貫徹・定着することのできないまま，判例実務との対立が固定化して膠着状態に陥ることになった[5](これは基本権の客観法的側面をめぐるドイツ系の議論など

---

[3]　芦部信喜『憲法と議会政』(1971年)i-ii頁。また，芦部の国法学上の立場を示すものとして，同『憲法制定権力』(1983年)。

[4]　樋口陽一『比較憲法〔第3版〕』(1992年)(以下，「比較」として引用)。また参照，同『近代立憲主義と現代国家』(1973年)。

[5]　例えば参照，安念潤司「憲法訴訟の当事者適格について」『芦部信喜先生還暦記念 憲法訴訟と人権の理論』(1985年)359頁。憲法訴訟論の収束をめぐる消息を伝えるものとして，参照，石川健治「巻頭言 Festschrift」法学教室308号(2006年)1頁。

にも当てはまろう)。ここでは，一面では外国法がわが国の文脈に引きつけて理解され，他面ではわが国の判例が学説の設定した枠組みに引きつけるかたちで批評・批判されて，そこでの理解がそのそれぞれの思考の差異に対して十分な繊細さを欠く事態も時として生じるように思われる[6]。かように，とりわけ「二重の基準」論や「基本権の客観法的側面」の導入といった原則的次元における転換をわが国が共有することに成功しなかった後では，こうした分岐点の先における米独の最新動向をなお勤勉に日本に紹介し続けることが，日本の問題状況にいかなる示唆を与えるかは，もはや以前ほどには自明ではない。ここで勤勉にルーティーンとして継続される外国法研究については，時として「些末化・自己目的化が著しい」[7]ものと批判されることもある。

他方，ここでなお自らの従来の解釈論上の立場を維持しようとする限り，学説はこれを新たに実質的な観点から基礎づけ正当化する必要に迫られることになる。かくしてこの領域の研究の花形は，憲法訴訟論や個別的論点に関する外国判例研究から，原理論の次元へと移動し，道徳哲学上の正義論・権利論や，違憲審査権の正当化をめぐるアメリカ憲法理論が，モザイク状の解釈学説を統一的に説明し補強するために動員されることになった[8]。もっとも，かような不安定な解釈論的土台の上に構築された理論構想が，従来の学説継受の行き詰まりに対する弥縫策たることを超えて，解釈論の発展に対していかなる示唆を与えることになるかは，まだ今後に開かれているように思われる。

こうした中，基本権論を中心に従来の学説継受を改めて批判的に点検し，これまでの(特に違憲審査基準論の)通説的枠組みから自由に判例と対決し直すなど，解釈論の言語を再構築しようとする動きが新たに生じつつあることは注目される[9]。

---

6) 例えば，私人間効力論において，リュート判決と三菱樹脂事件がともに「間接適用説」の名の下に括られるような場合には，かかる危険は大きい。詳しくは本書第15章を参照。
7) 安念潤司「憲法と憲法学」樋口陽一編『ホーンブック憲法[改訂版]』(2000年)77頁。
8) ここでは，90年代以降におけるかかる傾向の代表者として長谷部恭男，松井茂記，阪口正二郎らの名を挙げるにとどめる。
9) 2000年代以降の発展の特色のひとつは，解釈論の言語の彫琢が特にドイツ憲法学の再継受を通して進められた点に求められよう。ここでは最も根本的な指摘を含むものとして石川健治の基本権ドグマーティクに関する一連の論攷(例えば「憲法解釈学における「論議の蓄積志向」」法律時報74巻7号(2002年)60頁など)を参照。解釈論としての展開に関してはここでは小山剛の名を挙げるにとどめる。

(4) バイアスとしての立憲主義

　第二に，しかし戦後憲法学は違憲審査制を念頭に憲法典の諸条項についての解釈論のみに取り組んできたわけではない。むしろ実質的意味の憲法ないしは国制構造の全体を対象に，「立憲主義」のあり方をトータルに解明し，わが国に定着させることをも自らの課題としてきたと考えられる。かように憲法学が立憲主義の総合的な学として自らを了解するとすれば，ここでは外国憲法に加えて歴史学や経済史，思想史，政治学等の知見が，日本国憲法の基本的性質を解明するために総動員されることになろう[10]。これは，方法二元論の下でも，各人の実存的な責任を媒介項とすることで法実践にしばしば直接的なレレヴァンスを与えられることになり，また「イデオロギー批判を越えて」[11]立憲主義の理念の現実化を正面から追求する立場も有力に主張されることになった。

　もっとも，こうした観点による比較憲法ないし憲法史研究は，「準拠国」「反・準拠国」といった表現[12]が明らかにするように，しばしば我々の模範とすべき立憲主義の「型」の選択という実践的な関心にも制約され，意識的または無意識的にかような願望が投影されてモデル化が施される結果，各国の憲法が抱える独自の文脈とそこにおける営みの意義の内在的理解を妨げる危険から完全には自由ではなかったように感じられる。その最大の被害者は「反・準拠国」としてのドイツであり，これは戦後西ドイツを反共的で自由抑圧的な「たたかう民主政」という見地から理解しようとする強度のバイアスにおいてとりわけ顕著である。他方，新「準拠国」のひとつのフランスについても，その憲法観念が実は容易に「立憲主義のトポス」によって他国と共通に括ることのできない特殊性を帯びている旨が指摘されている[13]。立憲主義の理念の展開という一種の歴史哲学は，自らの枠組みに合わせて対象を裁断してしまう危険をも孕んでいるはずである。

---

10) 樋口陽一の一連の著作のうちここではかかる立憲主義論の優れた例として，同『近代国民国家の憲法構造』(1994年)のみを挙げる。
11) 参照，高橋和之「イデオロギー批判を越えて」『国民内閣制の理念と運用』(1994年)1頁。
12) 樋口陽一『近代憲法学にとっての論理と価値』(1994年)216頁。
13) 山元一「フランス」全国憲法研究会編『憲法改正問題』(2005年)259頁。関連して，表現の自由の領域におけるアメリカの「特殊性」をめぐる検討として参照，阪口正二郎「表現の自由をめぐる「普通の国家」と「特殊な国家」」東京大学社会科学研究所編『20世紀システム5　国家の多様性と市場』(1998年)13頁。

とは言え逆に，かような拘束を逃れるために，外国法や思想史・歴史等の諸研究分野の自律性を強調し，研究対象をあくまでそのそれぞれの文脈の中で内在的に理解しようとする方向性を採る場合，自律化した個別領域が独自の文脈へと沈潜することの裏面として，時としてわが国の憲法を理解する上でのレヴァンスが見失われる危険も控えている。また，一般に学問が対象ではなく方法によって編成されるべきだと考える場合には，学問的水準の観点からも，憲法学がかように多様な研究方法をひとつの学問として包括することの意義は問われうるだろう。

(5) 方法論的分化が投げかけるもの

以上の検討から浮かび上がるのは，複数の国の解釈論的伝統からの影響がシンクレティズム的に混在し，かつ実定法解釈学の枠を超えた多様な方法を内に抱えた，一種の"Monstrum"としての憲法学の姿である。かように必ずしも相互に整合的でない諸部分を，ひとつの学問的な全体へと緩やかに統合する役割を引き受けてきたものがあるとすれば，そのひとつが「立憲主義」の理念であったと考えられる。もっとも，これがかかる過大な負荷に今後とも耐え続けることができるかは，戦後憲法をめぐる社会的環境の変化といった外的な要因を別にしても，上記のように学問内在的にも問題とする余地がある。他方で，「立憲主義」論からの解放は，自国の憲法解釈と外国法研究との関係や，あるいは憲法解釈と法哲学，憲法史，思想史などの間の方法論的な関係をいかに構想し直すか，という難問を改めて突き付けるように思われる。ここで問われるべきは，憲法学の方法をめぐる問いに他ならない。

ここでいま，もし仮に「解釈論こそ法律学の本流である」[14]として，憲法学という学問の中心をあくまで憲法解釈に求める立場から問題を眺めるなら，恐らく突き付けられるのは次のような問いであろう。すなわち，「憲法解釈は，自国の憲法典や判例といった直接的な法的素材を超えた視点をいかなる意味で必要とするのか。そもそもなぜ憲法学という学問は，立憲主義の総合的な解明を目指す学問でなければならないのか」。

---

14) 安念・前掲註7)75頁。

(6) 憲法「学」の比較

ところで，かようなわが国の普遍主義志向の憲法学が必ずしも自明なものでないことは，視線を軽く外国に向けるだけで容易に見て取ることができる。憲法学の課題と方法が，国や時代によって決して一様でありえないことは，わが国で好んで研究対象とされる英米仏独などの憲法学を瞥見するだけで，あるいは同じ国の中でも例えばフランスにつき指摘される政治学的憲法学から法律学的憲法学への変化などを見るだけで明らかであろう。

我々が，自分自身をより深く知るためにこそ，自らの姿を照らし出してくれる異質な存在と向き合うことを必要とするのならば，わが国の憲法学のあり方を問い直すためには，これと異なる他国の憲法学との比較という方法はひときわ有意義であると考えられる。従来の比較憲法において問われてきたのが，各国における実質的意味の憲法の発展や，憲法典の諸条項とその解釈の比較（あるいは継受）であったとすれば，いま我々にとって切実に問われているのは，憲法をめぐる「学」のあり方の比較という問題に他ならない[15]。

このための比較対象としては様々な国が考えられようが，戦前の日本憲法学がドイツ語圏における同時代の学問的発展を意識しつつ自己形成を遂げてきたという事実に鑑みれば，わが国がこの旧「準拠国」から離反した後の，戦後におけるドイツ連邦共和国の憲法学がどのような発展を遂げたのかは，我々にとってとりわけ興味深い主題である。戦後ドイツ憲法学は，日本と異なるどのような学問的特質を発展させてきたのだろうか。

3 戦後ドイツ憲法学の変容

(1) 研究の個別化・精密化

戦後，日本ではアメリカ憲法の影響が強まったとは言え，ドイツはなお重要な研究対象であり続け，それ故ここでの同時代の発展は様々な角度から紹介・検討の対象とされてきた。この研究状況について恐らく指摘しうるのは，かつてある時期まではシュミット学派とスメント学派の対立のような憲法理論的主

---

[15] こうした見地から日本の戦後憲法学の特色を描き出すものとして参照，小嶋和司「戦後憲法学の特色」ジュリスト638号（1977年）71頁。

題に好んで関心が向けられたのに対して[16]，次第に研究の重心が連邦憲法裁判所の判例を中心とした解釈論へと移行したと感じられることである[17]。これはある程度までドイツ自体における学問的方向の変化の反映であると推測される。とすればここでは，ドイツで何故かような変化が生じ，その意味は何なのか，という疑問が突き付けられるはずであるが，この点について説得力ある説明は未だ十分に成功していないように思われる。研究対象の個別化・精密化を超えて，それぞれの時代の学問的特色とその通時的な変化の意義についてマクロな視点から分析を行うことは，わが国のドイツ憲法研究にとってなお重要な課題として残されているものと考えられる。

　これについてドイツでは，自国の戦後憲法学史が徐々に歴史的な関心の対象へと移行し，しばしば自覚的な論究の主題とされ始めているように感じられる。ここで提示されている論点のひとつは，戦後ドイツ憲法学史における憲法理論，就中国家理論の衰退という傾向である。そこで次に，かような研究動向に依拠しながら，敢えて単純化を厭わず，戦後ドイツ憲法学の変容についてのひとつの理解のあり方を整理すべく試みることにしよう[18]。

(2) 方法としての「ワイマール」

　この際にひとつの分析の切り口として，戦後憲法学が「ワイマール」といかなる関係に立つのか，という問いを立てることができる。「戦後」の特徴を浮かび上がらせる方法論上の手法として，発見的意義に仕える概念として「ワイマール的なるもの」を措定するのである。これによれば，「憲法が新しい正統性の基礎に依拠し，国法学上の諸カテゴリーにとっての政治的背景は変容し，認識論的・哲学的な新傾向の時代が幕を開けた」[19]という動揺の中にあったワ

---

16) 「国家と社会」や基本権理論をめぐる研究に顕著であったように思われるが，ここでは栗城壽夫「西ドイツ公法理論の変遷」公法研究 38 号（1976 年）76 頁と，解釈方法論に着目した渡辺康行「憲法と憲法理論の対話(1)-(6・完)」国家学会雑誌 103 巻 1・2 号（1990 年）1 頁以下，105 巻 1・2 号（1992 年）90 頁以下，111 巻 5・6 号（1998 年）110 頁以下，112 巻 7・8 号（1999 年）40 頁以下，113 巻 5・6 号（2000 年）1 頁以下，114 巻 9・10 号（2001 年）25 頁以下を挙げるにとどめる。

17) 多くの研究を代表して，ここではドイツ憲法判例研究会編『ドイツの憲法判例〔第 2 版〕』（2003 年）を挙げるにとどめる。

18) 本節の以下の叙述は，拙稿・前掲註 1）およびそこで註記した諸文献に基づく。

19) Oliver Lepsius, Die Wiederentdeckung Weimars durch die bundesdeutsche Staatsrechtslehre, in: Christoph Gusy (Hrsg.), Weimars lange Schatten —„Weimar" als Argument nach 1945, 2003,

イマール共和国では，シュミットやスメントを始めとした若い世代の論者による実験的な憲法学の登場が新たな方法論論争を引き起こした。彼らの信念によれば，実定憲法はそれ自体として自足的・自己完結的なものではなく，憲法解釈上の具体的問題への取り組みは，憲法典の背後にあってこれを規定する何ものかへの取り組みを要請する。「ワイマール共和国ではしばしば憲法について判断する尺度が存在しなかったために，この尺度を獲得するために方法論争が引き起こされた」[20]。憲法が国家の法であり，憲法の基底にあるものが国家であるとすれば，かかる憲法理論の試みはしばしば国家理論として現れ，憲法学の刷新は国家論の刷新という形を取る。憲法典の背後に国民の統合プロセス（スメント）や国民の政治的単一体（シュミット）としての国家像を読み取る新たな理論的試みは，かような国家概念の拡大を通じて，法の背後にある「政治」や，支配の正統性，それに歴史や社会への問いを，憲法についての規範的議論の中に持ち込む可能性を切り開いた。憲法解釈をめぐる具体的問題は，かかる理論的・方法論的地平の議論と密接に結び付くものと考えられた。

　かようなワイマール期の理論構想は，戦後初期の学派形成にも影響を与えることになり，法学的な憲法解釈を導く「前理解」としての憲法理論の構想の中に姿を残す。しかしながら，学界全体の趨勢を眺めるなら，実際にはかような表面的な学派対立の水面下では，1960年代を通して，具体的な解釈問題と理論的・方法論的問題が相互に自立化する傾向が生じ，国家理論が憲法解釈をめぐる個別具体的な問題解決にとっての有用性を喪失していく，という重要な変化が生じていたものとされる。ワイマールとは異なり，「若い世代の目には，差し迫った具体的問題は，方法論に従属した基礎的な地平にあるのではなく，基本法それ自体から生じるものであった」[21]。かかる事態の背景のひとつとされるのは憲法裁判所による判例の飛躍的な発展である。ここでは，憲法学の課題と方法が実定法解釈学としての性質を強めるとともに，判例法理の密度の上昇が国家理論などの展開しうる「隙間」を埋めていくことによって，憲法解釈学が法学的素材に内在化する傾向をいっそう強めた，という仮説を差し当たり

　　S. 356.
20)　Ebenda, S. 375.
21)　Ebenda, S. 383.

は立てることができるように思われる。ここで生じた学問的傾向を批評した「連邦憲法裁判所実証主義」という表現は，事態の一面を鋭く衝くものとして受け入れられた。

(3) 憲法学の内部分化

かようにドイツ憲法学において解釈論が他の理論的アプローチから自律化する傾向を強めたと言えるとすれば，ここでは解釈論と法哲学や憲法史，比較憲法などの諸分野との相互の関係は，わが国よりも独立性の高いものとして理解されているように感じられる。例えば，ドイツでも大きな注目を集めたドゥウォーキン (Ronald Dworkin) の法理論についてある論者が次のように突き放した見解を述べるとき，立憲主義に関する道徳哲学的議論が解釈論の内側にまで当然に深く浸透すべきものとしばしば考えられるわが国との間の温度差は明瞭である。「連邦憲法裁判所のみでなく，加うるにそれぞれの専門裁判所の，数十年にわたる基本権判例に鑑みれば，「権利を真剣に受け止める」という綱領的なタイトルが，ドイツでも〔アメリカと〕同様の旋風を起こすことができたはずだ，とはあまり考えにくい」[22]。

かような，法解釈論が有する言語の自立性への強い意識と，これに付随する学問的分化への傾向の中に，一種の成熟を読み取ることは恐らく不可能ではない。もしもかかる事態こそが，比較憲法や憲法史などに，実践的関心から相対的に自由に研究対象への冷静な接近を容易にするのだとすれば，皮肉な言い方をするなら，「法の科学」の「解釈」からの自律性を真に可能にするのは「科学」の「解釈」に対する有用性が失われることである，とも言いうるかもしれない。かくして，ここで意識されるのは，シュミットやスメントらに象徴される「ワイマール的なるもの」との断絶である。しかし，かような憲法学の基本的性格の変容は，成熟としてのみではなく，反面で喪失としても意識されうる。「憲法は厳格に「法学的」に理解された実定憲法律の技術性に解消されうるの

---

22) Hasso Hofmann, Einführung in die Rechts- und Staatsphilosophie, 2. Aufl., 2003, S. 29. ここで指摘されるのは，ひとつには英米の判例法主義やここでの基本権ドグマーティクの未発達などとの関係である。もっとも，日本でもドゥウォーキンらの道徳哲学的議論の流行とは裏腹に，こうした方法がわが国自身の判例理論との内在的な対決に際していかなる効果を持ちうるかは，なお検討を深める余地を残すように思われる。

だろうか？ これによって，実証主義を克服してワイマールの憲法論争がもたらした，憲法の「政治的」性格についての洞察が，危険に晒されるのではないか？」23)

4　戦後憲法学を超えて

(1)　日本憲法学の一部としてのドイツ

　戦後日本憲法学の現状が，その課題と方法の両面において現在のドイツ憲法学と大きく異なるとしても，そのこと自体は何ら不思議ではない。憲法学の対象である「憲法」が，自然科学の対象とは異なり，それぞれの社会の政治的な生の中で様々に異なる意味や役割を与えられる文化的な事象であるとすれば，ここでの「憲法」の違いに応じて，これを対象とする学問のあり方が異なるとしても当然と言えよう。何よりも「立憲主義」のような基本原理の弁証を自らの課題として引き受け，しばしば「啓蒙的」であることを厭わなかった日本憲法学と，実定法解釈学的な傾向が比較的強く，実務との距離も近いドイツ憲法学との違いの背後に，両国の戦後社会における「憲法」の違いを読み取ろうとすることも，全く不可能なことではあるまい。

　もっとも，憲法学のあり方を背後で規定する要因は，他にも法学的な思考の伝統の差異や，法学者と法曹実務との社会学的な関係などを含め，極めて多様であり，これら様々な点で大きく異なる背景を持つ他国の経験から，安易に自国のための模範や教訓を引き出すことはできない。他国との比較は，これとの対比で自国の問題状況の特徴を浮かび上がらせる意義を有するものの，その先で自らの困難にいかに取り組むかは，例えば勤勉に外国の解釈論や判例理論を勉強していれば自ずと浮かび上がってくるような性質の事柄ではなく，最終的には我々自身の力で答えられなければならない問題である。

　とは言え他方で，日本憲法学が西洋憲法からの継受やここでの古典的著作との格闘を通して作られてきたとすれば，我々は自らの学問を問い直すためにこそ，既に自分自身の一部となっているこれら西洋諸国の憲法学の伝統と改めて

---

23)　Rainer Wahl, Der Vorrang der Verfassung (1981), in: ders., Verfassungsstaat, Europäisierung, Internationalisierung, 2003, S. 158.

対決する必要があると考えられる。そしてドイツは，この意味で避けて通ることのできない対象のひとつである。

(2) 宮沢憲法学と「ワイマール」

そこでここでは，このためにひとつの仮設的な問いを設定してみたい。前節では，戦後ドイツ憲法学の展開を「ワイマール的なるもの」からの離脱として整理したが，これに対してそもそも戦前に同時代のワイマール憲法学の展開を注視していたはずの日本憲法学は，戦後に自らの学問的方向性を形成する際に，これとどのような決着をつけようとしたのか。現在の日独憲法学のあり方の差異は，両国における「ワイマール」との対決のあり方の違いと何らかの関係があるのだろうか。

いま仮に宮沢俊義をもって戦後憲法学の創始者たちを代表させることが許されるなら，彼の憲法学は一見したところ「ワイマール」の拒絶の上に成立しているように見える。ここでいう「ワイマール的なるもの」がシュミットやスメントを念頭に定義されるとすれば，宮沢を筆頭に戦後のわが国で強い影響力を誇ったのはむしろ彼らに対する仮借なき批判者たるケルゼンであったはずである。とは言え，もう少し仔細に眺めるなら，宮沢の態度は実際はそれほど一義的ではない。一方で宮沢は，ワイマール期からナチス期の新たな政治的傾向の国家理論が，科学的議論の中に論者の主観的な政治的立場を混入させ，方法論的混淆を犯すものとして，これを批判する[24]。しかし他方で，彼はケルゼンの忠実な徒として実定法秩序の存在構造の解明に自らの学問的課題を限定することもできなかった。むしろ宮沢は，その研究生活の最初期(1924年)において憲法変遷論に取り組み，「法はその本質に於て生きた社会の規範である」と宣言した論者であり，形式的な実定法規定の背後にあってこれを動かす「生命」の所在に常に関心を持ち続けたと考えられる[25]。しかしこれは，ワイマールの政治的憲法学の関心へも直につながる論点のはずである。後年の38年の論文[26]で

---

[24] 代表的なものとして1934年の「国民代表の概念」『憲法の原理』(1967年)185頁を挙げるにとどめる。
[25] 宮沢俊義「硬性憲法の変遷」『憲法の原理』67頁。
[26] 宮沢俊義「法および法学と政治」『公法の原理』(1967年)107頁。これに先立つものとして参照，同「公法学における政治」(1932年)同書43頁。

は，宮沢は法が不可避的に政治的性格を有することを強調し，この点でワイマールの政治的憲法学の有する正当な側面を承認して，ケルゼンの方法に対して法の政治性に目を閉ざすものとの批判を加えるに至る。かくて彼は法理論に対して，政治性を帯びた法という対象に適合的な方法を要求する。これは，「方法が対象を規定する」とするケルゼンの立場に対する端的な離反に他ならない。

では，この意味での「政治」を捉えうる憲法理論は方法的にいかに可能となるのか。しかし，この宮沢の「法の科学」の具体的内実は結局のところ最後まで不明確なままにとどまったように思われる[27]。宮沢の「ワイマール」に対する態度として我々が読み取れるのは，例えば8月革命説におけるシュミット的観点の採用などに鑑みても，明瞭な拒絶よりも，むしろ彼が抱え続けた理論的な逡巡であるようにも見える。

(3)　隠された継承？

この宮沢が遺した「空白」を，宮沢後の戦後憲法学はそれぞれのやり方で埋めていったように思われる。例えば芦部信喜は，かような宮沢の38年論文における立脚点を継承しつつ，尾高朝雄の国家論や，戦後自然法論などからも影響を受けながら，その憲法制定権力論などを通して，憲法の「究極」に理念的なものを探究していく[28]。これに対して樋口陽一[29]を含め「科学としての憲法学」を志向する別の流れは，むしろ法の背後にこれを規定する社会や経済の構造の歴史的発展などを読み取っていくことになろう。いずれにしても憲法学は，ここでは第一義的には実定憲法典の学としてではなく，むしろその背後にあってこれを規定する何ものかをつかみ出す学として理解される。

こうして宮沢に関して言えば，その方法論的な問題提起のうち後に残されたのは，「科学」と「実践」の区別のみであるかに見える。しかし，上記のよう

---

[27] 但しこれを窺わせるものとして参照，宮沢俊義『転回期の政治』(1936年)。
[28] 芦部・前掲註3)の「はしがき」は，宮沢の同論文の立場を基本的に継承しつつ，「法の政治性」より「憲法の規範性」を重視する立場への転換を示す。また参照，芦部信喜，高見勝利「国法学から憲法訴訟論へ」大石眞，高見勝利，長尾龍一編『憲法史の面白さ』(1998年)261-262頁。かかる立場と憲法訴訟論との不整合性を指摘するものとして参照，石川健治「憲法学の過去・現在・未来」横田耕一，高見勝利編『ブリッジブック憲法』(2002年)290-291頁。
[29] 参照，樋口・比較・序論第2章。なお本文では限定された視角のみから論じたこの問題連関については参照，高見勝利『宮沢俊義の憲法学史的研究』(2000年)第1部。

な戦後ドイツとの比較をも考慮に入れて見直すなら，浮かび上がるのは逆にわが国の戦後憲法学における両者の連結である。ここでは，憲法制定権力に関する理論的探究から日本国憲法の下における憲法改正の限界という解釈論的帰結が基礎づけられたり，西欧における国民主権論や代表観念の歴史的変容に関する「科学」的認識が日本国憲法における主権原理や代表制の解釈を規定する。例えばシュミットが議会主義の凋落という時代診断を下すのに対してわが国の論者が「半代表」の観念に依拠してこれを批判するとすれば，この両者のあいだに存在しているのは政治的立場と歴史認識の違いではあっても，実質的な方法論的差異ではない[30]。こうしてかような憲法学は，その特質において実は「ワイマール」へと接近する。ここでもし「科学」と「実践」の区別を強調することに意味があるとすれば，それは立憲主義の理論的解明が憲法解釈などの法実践に対して意義を持ちうるからこそ，逆に実践上の立場が認識の「科学」性を歪める危険に警戒を促す[31]という程度にとどまろう（ここで「科学」の内実が具体的輪郭と明確さを失っていけばいくほど，そこに残るのは恐らく思考のスタイルとでもいうべきものとなる）。

　このように，宮沢を出発点とする戦後憲法学の重要な流れの中に，反実証主義的で，憲法解釈を「社会」や「政治」への問いなど自らの外部に向けて開いていこうとする学問的特質が強く表れていると言えるとすれば，ここに見られるのは「ワイマール」との断絶よりは連続性であるように思われる。もちろんこの際に，憲法理論の中心軸はドイツ風の「国家」概念から「立憲主義」へと移行していった。いずれにせよ，かような戦後憲法学の一側面を敢えて挑発的に「ワイマール的なるもの」の隠された継承と特徴づけることが許されるとすれば，戦後憲法学を超えるために答えられるべき問いのひとつは，我々自身がこれまで作り上げてきた，内なる「ワイマール的なるもの」のあり方といま改めていかに対決するべきか，なのかもしれない。

---

[30]　例えば参照，樋口陽一「憲法――議会制論」鵜飼信成，長尾龍一編『ハンス・ケルゼン』(1974年)63頁，同「「議会までの民主主義」と「行政権までの民主主義」」『現代民主主義の憲法思想』(1977年)203頁。ここに見られるのは「ワイマール」とフランスの政治学的憲法学との接合である。
[31]　参照，樋口・比較・3-11頁。

5 結びに代えて

　ここでのひとつの道は，いったん「立憲主義」志向から距離を置いて憲法学の法律学化を徹底すべく試みた場合に，従来の憲法理論のうち何が生き残りうるのかを洗い出すことである。これは換言すれば，改めて「実証主義を真剣に受け止める」こととも言えよう。他方では，逆に自覚的に一般国家学や「ワイマール」を継承して，その現在における可能性を問う道もあるかもしれない。いずれにせよ，「戦後憲法学」の黄昏に直面して我々が現在必要としているのは，憲法学の可能性に関する自覚的な方法論的探究であるように考えられる。とは言え，現実的に見て最も蓋然性の高いのは，従来の包括的な問題設定が徐々に魅力を失っていく中で，学問的な中心軸を欠いたまま各人が自分の足元を耕すことに精力を傾注し，学問の断片化がいっそう進んでいく，というシナリオであろう。

〔後記〕本章は 2006 年 5 月に全国憲法研究会の総会で行った学会報告を基礎としている。ドイツ留学から帰国後まだ 2 ヶ月半で，日本の問題状況に対する著者の問題意識が後の論攷に比べてより生々しい形で表明されている点を別として，その後の日本社会の問題状況の変化（特に 2012 年 12 月の第二次安倍政権成立以降の憲法問題をめぐる対立の尖鋭化）に鑑みて一言しておきたい。ここで見られるのは，政権側の動きに対する批判や抵抗としての「立憲主義」憲法論の復興であるとも言えるからである。これは，政権側の一連の動きが，国政において憲法の果たすべき役割や，憲法の基本原理へのコンセンサス，広くこの国の政治文化等について，少なからぬ人々の危機意識を喚起するものである以上，政治的には自然な成り行きと言えよう（著者もそこでの政権批判に本質的な点で賛同する）。が，憲法学の見地から見れば，古いイデオロギー的対立が再び蒸し返され，本書の意味での「戦後憲法学」がその利点と欠点ともども延命されることは，この国における憲法的思考の成熟を更に遅らせる危険をも孕んでいるように思われる。しかも他面で，論壇憲法論を離れてより学術的な領域に目を遣るなら，この間にも徐々に進行している解釈論的次元での精緻化や部分領域の自律化への志向を，果たして現行ヴァージョンの「立憲主義」論が今後どこまで繋ぎ止めうるかは，疑問も提起しうる。この意味で「中心軸の喪失」と「学問の断片化」という本章の診断は，現在いっそう強く当てはまるものと著者は考えている。なお，本書第 3 章 3 と終章の考察も参照。

第14章
憲法秩序における団体

1 本章の課題

　本章の課題は，結社や団体が個人の自律との関係で有する緊張関係を意識しながら，憲法におけるその位置づけを論じるというものである。かかる主題は，わが国では憲法上の論点としては主に「法人の人権」論を舞台として議論されてきたが，この際の論じ方にはひとつの特徴があるように思われる。それはかような論点が，特に樋口陽一の問題提起以来，実定憲法解釈上の法技術的な一争点であることを超えて，フランス革命に始まる「近代立憲主義」というプロジェクトの根幹に関わるものとしての位置づけを与えられる点である。ここでは，個人の権利であるはずの「人権」を法人に対して安易に承認することが，フランス革命で実現された「中間団体からの個人の解放」の意義を見逃し，団体が有する危険性を軽視するものと批判されることになる。かかる立憲主義の「原点」を梃子とする原理的な議論は，個人の自由が国家によってのみではなく諸々の社会的権力によっても脅威に晒されているという現代的な状況への問題意識にも裏打ちされることで，広範な影響力を獲得することになった[1]。

　そこで以下本章では，わが国の憲法学がこの「法人の人権」という主題の下で，何を明らかにしようとしてきたのか，その議論から日本憲法学のいかなる特徴と問題状況が読み取れるかを検討することにしたい[2]。

---

[1]　樋口陽一の一連の議論のうち，社会的権力に関する比較的早い段階のものとして，「社会的権力と人権」芦部信喜他編『岩波講座 基本法学6 権力』(1983年)345-372頁を参照。フランス革命200周年に前後して展開されたうち，特に憲法解釈との関連で「法人の人権」に触れるものとして，同『近代憲法学にとっての論理と価値』(1994年)168-175頁と，同『転換期の憲法?』(1996年)79頁以下を，またより広い理論的見地から立憲主義の「型」を論じるものとして，同『近代国民国家の憲法構造』(1994年)第Ⅱ章と，同『自由と国家』(1989年)を参照。

[2]　なお，この問題は通例「法人」の人権として議論されるが，憲法上の基本権主体性を判断するに

2 自由と秩序

(1) 国家による自由

「法人の人権」を考える際のひとつの視角は，憲法の企図が必然的に，自ら保障することのできない憲法外的な諸条件に依存するという事態への洞察と関係する。憲法が，直接的にはあくまで国家組織を対象として，主にその権力の構成や制限を定めるものにすぎないとしても，その背後に法的な形式性や技術性を超えて「自由」や「民主」といった理念が存在する限り，かかる理念の現実化は，個人の自由も民主的な政治的意思形成もともに，憲法の直接の規律対象を超えた社会的諸条件などにも大きく依存せざるをえない。

フランス革命は，こうした問題連関が近代憲法の出発点に深く根を持つものであることを示している。アメリカ独立革命と区別されるフランス革命のひとつの特色として指摘されるのは，封建制の解体という既存の社会秩序の変革を必要とした点である。このために，憲法による国家組織の再編と並んで，あるいはそれ以上に重要な意義を持ったのは，民事法をはじめとした法の諸領域の立法による変革であった。憲法は，かような変革を可能にするための権力を組織する。人権宣言は，この国家の企図に法的な限界を定めるものであるよりも，むしろ国家によって新たに行われるべきかかる立法的改革の指導理念を示す性格を与えられることになる[3]。

これに対して，革命による急激な政治的変動を拒絶し，君主政の下で漸進的な改革の道を歩んだドイツにおいても，基本権規定は立憲主義の初期においては，封建的特権や制約の解体などに向けた，立法による改革のプログラムとしての性格を強く持ったものと指摘されている。かようなプロセスが進展を遂げた後に初めて，基本権は国家による侵害から自由を防御するものとしての法的

当たっては，法律レベルでの法人格の有無は必ずしも決定的ではないと解されており，これに代えて主に「団体」の語を用いる例もある（例えば高橋和之「団体の人権主張適格」藤田宙靖，高橋和之編『憲法論集 樋口陽一先生古稀記念』(2004年)5-34頁，同『立憲主義と日本国憲法〔第3版〕』(2013年)93-97頁)。以下，本文で慣例に従って「法人」というとき，必ずしも法律上法人格を有することは含意されない。

3) Vgl. Dieter Grimm, Die Grundrechte im Entstehungszusammenhang der bürgerlichen Gesellschaft (1988), in: ders., Die Zukunft der Verfassung, 2. Aufl., 1994, S. 67ff.

性格を強めていったものとされるのである[4]。

　人権宣言が掲げる自由の理念を現実化する役割を担うのは，第一義的には，立法を通した積極的な社会の諸領域の秩序形成である。かように創出された市民社会の自律性ないしは自己制御に対する信頼が維持されうる限りで，これを基本権によって国家の介入から防御することが，同時に諸個人にとっての現実の自由を意味しうる。換言すれば，「国家からの自由」の法的保障が，個人の現実的な自由に対する擁護を意味しうるためには，その前提として，国家の介入から保護されるべき，諸個人にとって自由な秩序が既に存在していることが必要である。逆に，経済的な自由市場が，時として貧困を始めとした様々な社会問題を引き起こしうることが次第に認識されていくと，ここで現実的自由を確保するためにこそ，国家の介入が改めて要請されることになるはずである。「自由な秩序」が未だ存在しないところでは，これを新たに創出することは国家の基本的な任務である。

(2) 基本権保護の両義性

　このことは，基本権保障にひとつのディレンマをもたらす。立憲主義の要請によれば，国家の権力は濫用されてはならず，制限されたものでなければならない。基本権の法的保障はこのために重要な役割を果たす。しかし他面で，基本権はまた場合によっては，自由の行使によって生み出された社会的な権力構造や諸々の不自由を，国家の介入から防護し温存する機能をも果たしうることになる。かかる問題は，基本権が「法律による行政」の一部であることを脱して，立法自体に対する制約としての性質を獲得する場合には，とりわけ尖鋭化する。このことは，例えば早くから違憲審査制を確立したアメリカ合衆国において，20世紀初めにおける「契約の自由」の厳格な保護が労働者保護などのための立法を次々と頓挫させていった歴史的経験(Lochner v. New York, 198 U.S. 45(1905)に象徴される)が，典型的に示すところである。更には，わが国の「営

---

4)　Vgl. Rainer Wahl, Rechtliche Wirkungen und Funktionen der Grundrechte im deutschen Konstitutionalismus des 19. Jahrhunderts(1979), in: ders., Verfassungsstaat, Europäisierung, Internationalisierung, 2003, S. 341ff.; Ulrich Scheuner, Die rechtliche Tragweite der Grundrechte in der deutschen Verfassungsentwicklung des 19. Jahrhundert(1973), in: ders., Staatstheorie und Staatsrecht, 1978, S. 633ff.

業の自由」論争[5]において，憲法による職業選択の自由の保護範囲を無思慮に拡大することが，企業の「独占の自由」という一種の倒錯を帰結してしまうのではないか，との危惧が提起されたのも，一面ではかような消息に関わるものと言えよう[6]。防御権保障の強化と拡大は，「自由な秩序」の立法的形成を妨げることによって，逆説的に不自由を固定化する危険をも内包している。

(3) 正当化審査の差異化

こうした問題が認識されたのが，主として経済活動の領域であったことに鑑みれば，これに対処するために考えられる方策のひとつは，憲法による経済的自由の保障水準を全体として切り下げ，この領域における立法者の形成の自由を大幅に承認するというものである。これは具体的には，特に侵害の正当性の審査の際に，審査基準の厳格度の緩和やいわゆる合憲性の推定というかたちで現れる。この場合，かように社会経済的領域で立法者に広い形成の余地が与えられる以上，その政治的な決定形成プロセスが実際にいかに機能するかが，重要な意味を持つ。この際に，もしも民主政にとって，少数者に対しても政治的な自由と平等が保障されることが不可欠の基礎をなすと考えるならば，これら民主的政治プロセスに関わる基本権は，経済的自由とは違って立法者の裁量に委ねるのは適当ではなく，なおその侵害からできる限り厳格に保護されるべきことになろう。わが国で長く通説的地位を占めてきた「二重の基準」論を背後で支える発想の少なくともひとつは，かかるものであると見ることができる[7]。

とは言え，かような立場に対しては，いくつかの批判が可能である。ひとつには，精神的自由の領域でも，国家の介入から防御されるべき「自由市場」の自律性をどこまで信頼しうるかは，決して自明でない。放送メディアを典型に，表現の発信者の寡占状態が不可避的に生じるところでは，予定調和的な自由競争のメタファーはもはや十分に適合しない。同様の理は，少数の巨大政党によ

---

[5] 参照，岡田与好『経済的自由主義』(1987年)。
[6] 論争の憲法学的意義に関して参照，石川健治「営業の自由とその規制」高橋和之，大石眞編『憲法の争点〔第3版〕』(1999年)128-131頁。
[7] 言うまでもなく，表現の自由の根拠論については民主政からの議論のみでなく，個人の自律という見地からの議論が拮抗している。議論の蓄積の厚い分野でもあり，ここでは差し当たり「二重の基準」に関する問題状況の整理として，巻美矢紀「個人としての尊重と公共性」安西文雄他『憲法学の現代的論点〔第2版〕』(2009年)257-280頁のみを挙げるにとどめる。

って支配される政治過程についても当てはまろう。ここではまた，経済権力が政治資金などを通じて政治過程に強い影響力を行使する事態が，公民の平等を基礎としたはずの民主主義の「歪み」として意識されることになる。「自由な秩序」の所与性が十分に前提とできない場合に，この領域で国家がどこまで積極的な秩序形成的役割を果たしうるかは，反面でのその危険性にも鑑みれば，難しい考慮が必要とされるはずである。「ニューディール」の射程が経済的自由の領域のみに限定されるべきか否かは，実際はそれほど自明のことではない[8]。

加えて，わが国で「二重の基準」論に対して投げかけられてきた最も厳しい批判は，経済的自由の領域に関わる。この領域での憲法上の保護を一律に切り下げることは，必ずしも個人の自由の現実化に寄与するとは限らない。むしろ例えば，一定の職業への参入規制によって，職業選択という個人の重要な自己決定の犠牲の下に，特定業種の経済的な既得権益の保護が図られるような事態の問題性がしばしば指摘されている。諸々の経済的利害の相争う政治プロセスにおいて，立法者が常に個人の保護のために行動するという保障は存在しない以上，「ニューディール」の教訓を踏まえた上でも，少なくとも個人の人格的自律に枢要な経済的自由を，相当性や必要性の疑わしい国家の侵害から防御する必要性は，なお失われないと考えることも可能である。

以上の考えを前提とすれば，経済的自由の領域と精神的自由の領域とを截然と区別し，その侵害の正当化審査の局面でダブル・スタンダードを適用することのみによって，「自由な秩序」をめぐる基本権のディレンマが解消すると考えるならば，それは楽観的に過ぎ，事柄の性質に適合した思考の精密さを欠くものと評価されることになろう。むしろ，かかる合憲性審査の局面では，制約される自由の種別のみではなく，具体的な被侵害利益の性質や，規制の態様など，事案に関わる他の事情をも広く考慮に入れた，より差異化された判断の枠組みが要請されているところである[9]。

---

[8] Cf. Cass R. Sunstein, The Partial Constitution, 1993.
[9] 参照，高橋和之「司法制度の憲法的枠組」公法研究 63 号（2001 年）19–27 頁，同『立憲主義と日本国憲法〔第 3 版〕』111–114 頁。

(4) 基本権判断の構造化

　この際に浮上しうる観点のひとつは，基本権による保護の対象として，個人の自由と組織・団体の自由とでは多くの場合に性質が異なるのではないか，という点である。様々な資源と実力を持つ組織・団体の活動が，しばしば社会に危険をもたらし，また個人の自由にとっての脅威となりうる，との認識を前提としうる限りでは，基本権保障の不用意な拡大・強化が不自由な社会状態を固定化しかねない，という上記のディレンマは，一般的には個人権よりも「法人の人権」においてより強く当てはまると考えることは，おそらく不可能ではない。

　この問題は，基本権論上は，更にもう一段根本的な次元で考えることが可能である。すべての必要な考慮要素を，基本権侵害の正当化審査における単一の利益衡量のるつぼに流し込むのではなく，基本権判断の枠組みをより構造化して理解するべきだとすれば，侵害の正当性が問題になる以前に，そもそも憲法が誰に対して，いかなる範囲の権利を保護しているのか，という問題がここでは論理的に先行するはずである。そしてこの際に，憲法は絶対無制約の自由ではなく，「自由な秩序」を構成するものとして，他者との共存によって予め内在的に制約された自由を保障しているのだとする立場を取る場合には，基本権の主体と保護範囲の同定という問題には，固有の重要性が与えられる10)。

　「法人の人権」という主題は，かような基本権論の文脈に登場する。そもそも何故，個人ではない組織・団体に対して，憲法上の権利の主体性が認められるべきなのかは，実はそれほど自明ではない。フランス人権宣言を典型とするように，近代憲法があくまで個人に固有な権利としての「人権」の理念を出発点にしており（「人は，自由で権利において平等なものとして生まれ，かつ，自由で権利において平等なものであり続ける」フランス1789年人権宣言第1条），他方で「中間団体」はこの個人を析出するために国家によって解体されるべき存在だったのだとすれば，この「人権」を「法人」に対してまで認めるとは，奇妙に転倒

---

10) 例えば参照，樋口陽一『憲法〔第3版〕』(2007年) 200頁以下。「営業の自由」論争の影響をここに読み取ることは恐らく可能だろう。ここでは従来の判例上の立場に対する批判も含意される。なおわが国では，この基本権判断の構造化への関心は，ドイツの基本権ドグマーティクの参照によって高まりつつあるように感じられる。代表的なものとして参照，松本和彦『基本権保障の憲法理論』(2001年)。

した観念である。憲法の基本権規定が精神史的にかかる「人権」の理念を支えとしていると解しうる限りでは、そもそも「人権享有主体」は初めから個人に限定されるべきだとの原理主義的な立場を貫くことにも、理由があるように見えてくる。かくして、社会的権力をめぐる現代的な問題意識は、「近代立憲主義」の形成に関する思想史的・憲法史的な論拠によって補強されうることになる[11]。

(5) 「型」の選択？

もっとも実際には、わが国の憲法学の通説・判例は、(とりわけ八幡製鉄政治献金事件(最大判昭和45年6月24日民集24巻6号625頁)を契機とした問題意識の高まりにも拘わらず)法人に基本権の享有主体性を承認する立場を維持し続けてきた[12]。そしてこれは、必ずしも他国から孤立したものではない。比較法的に見ても、アメリカ合衆国の判例理論では corporation に憲法上の基本的権利が認められ[13]、またドイツ連邦共和国では憲法の明文の規定で「基本権は、性質上内国法人に適用可能な限り、これに対しても適用される」旨が定められている(基本法19条3項)[14]。そもそもわが国の通説・判例は、これら諸外国の例をも参考に構想されていたはずである。

とすれば、ここでは次のような疑問が浮かび上がる。これらの国が現代における最も重要な立憲主義国に当たることは疑いないとすれば、憲法上の権利主体の範囲を画定するために、「立憲主義」という観点は果たして適切な手がかりを提供しているのだろうか。もちろんこれに対しては、「近代立憲主義」と「現代立憲主義」との違いに原因を求めようと試みたり、また実は初めから立憲主義には団体敵対的な「型」と団体友好的な「型」が存在する[15]、と想定す

---

11) 参照、樋口・前掲註10)153-163頁。
12) 多くの教科書・体系書の採用する立場であるが、ここでは伊藤正己「会社の基本権――序論的考察」鴻常夫編『商事法の諸問題 石井照久先生追悼論文集』(1974年)1-19頁と、芦部信喜「法人の人権」芦部信喜編『憲法Ⅱ 人権(1)』(1978年)25-38頁で代表させる。
13) サンタ・クララ判決(Santa Clara County v. Southern Pacific Railroad, 118 U.S. 394(1886))が嚆矢とされる。その歴史的意義につき、モートン・J・ホーウィッツ(樋口範雄訳)『現代アメリカ法の歴史』(1996年)を、またアメリカにおける「法人の人権」の展開につき伊藤・前掲註12)と、木下智史「団体の憲法上の権利享有についての一考察」神戸学院法学22巻1号(1992年)1頁以下を参照。
14) ドイツの状況につき差し当たり参照、鳥居喜代和「法人の基本権能力に関する覚書」札幌学院法学11巻1号(1994年)1-41頁。

ることも,あるいは可能だろう。しかしそもそも,「法人の人権」という憲法上の論点が,立憲主義の「型」に関する文明論的選択といかなる関係に立つかは,必ずしも自明ではなく,まずは論究を必要とする事柄のはずである。前者が後者の単純な反映と言えるかは,検討の余地がある。そこで次に,この問題について検討してみよう。

3 「憲法」と「立憲主義」

(1) 立法による秩序形成

まず,たとえ「個人」の自由が憲法による基本権保障の中心をなすとしても,これとの関係で組織・団体の意義をどのように規範的に評価すべきかは,容易に一義的な解答を許さない[16]。団体は個人に保護を与え,また社会的に有益な機能を果たすという側面も有しており,この場合には団体の利益に憲法上の保護を与えることが,個人の利益にも適うことになる。また,そもそも一口に団体といっても,実際には多種多様な性格のものが存在する。歴史的には,封建制における団体と,諸個人の自発的結社たるアソシエーションとは同一視できないし[17],現代においても公法人・私法人のいずれの内部においてもその性質と社会的機能は多岐にわたるはずである。

現実の次元の問題として,わが国を例にとっても,憲法がその基本権規定を通して関心を向ける様々な社会領域において,組織・団体の役割は無視しえないものとなっている。経済的領域における企業や労働組合,表現の自由の領域における放送を始めとしたマスメディア,政治的自由にとっての政党や政治結社,信教の自由における宗教団体,学問・教育における大学や学校などを始めとして,これらの社会的諸領域は様々な組織・団体によって構成される多元的秩序としての様相を呈していると見ることも可能である。かような与件の下で,

---

15) 「ジャコバン・フランス型」と「トクヴィル・アメリカ型」については樋口陽一『近代国民国家の憲法構造』(1994年)。
16) 歴史的評価について樋口と対照的な像を結ぶものとして参照,村上淳一「団体と団体法の歴史」芦部信喜他編『岩波講座 基本法学2 団体』(1983年)3-29頁,同『ドイツ市民法史』(1985年)。
17) Vgl. Friedrich Müller, Korporation und Assoziation, 1965. なおこれに対する公法人の発展については参照, Karl-Jürgen Bieback, Die öffentliche Körperschaft, 1976.

個人の現実的な自由が不可避的にこれら様々な組織のあり方にも依存するとすれば[18]，ここで「個人の尊厳」にとって重要なのは，原理的な次元で一面的に団体の正統性を剥奪することよりも，これらの生活領域を諸個人にとって自由な秩序へと法的に形成することであると考えられる。このためには，かような組織・団体の多様性と多義性を顧慮しながら，それぞれの領域ごとに適切な法的枠組みを構築することが課題になる。ここでは，例えば情報・メディア法，政党法，宗教法，学問法，教育法，経済法，労働法などといった個別の法領域が分化し，その特性に応じた枠組みを発展させていくであろう。そしてかような法形成を主導するのは，第一義的には立法の役割のはずである。

(2) ふたつの憲法モデル

それぞれの国によって組織・団体の態様や機能が一定の個性を見せるとしても，かような秩序形成の課題それ自体は多くの国に共通するものと見ることができる。ここで問題となるのは，かような立法による秩序形成に対して，憲法という装置がどこまで，またどのような役割を担うことになるかである。

ひとつの可能なあり方は，かかる秩序形成を主として立法に委ねるというものである。これは典型的には，違憲審査制を持たなかったり，あるいは人権宣言が裁判規範性を持たないと考えられる場合に特に当てはまろう。この場合，人権宣言が置かれるとしても，その意義は直接の法的拘束力を持たない理念の宣言にとどまる。かような人権宣言は，現実の法形成の課題から切り離されることによって，上記のような組織・団体の多様性と多義性をめぐる困難から逃れ，理念ないし理想としての純粋さを維持することができる。現代に至る現実の社会秩序の歴史的変化にも拘わらず，憲法の次元ではあくまで18世紀末の近代革命の「原点」を貫徹することがもしも可能だとすれば，このことは憲法の役割のかような限定と表裏一体であるものと考えられる（裁判規範性を承認される以前の1789年フランス人権宣言は，恐らくかような性格を帯びていたのではないかと推測される）。

---

[18] 人権論の領域における「制度」への関心の高まりは，ひとつにはかような文脈に関わる。参照，奥平康弘『憲法Ⅲ 憲法が保障する権利』(1993年)88-114頁。また，蟻川恒正「国家と文化」『岩波講座 現代の法1 現代国家と法』(1997年)191-224頁なども，同様の関心に基づくものと考えられる。

これに対して憲法の基本権規定が、政治理念を宣言した単なる思想的文書ではなく、立法をも拘束し、違憲審査制によって裁判的に保障される、法的拘束力を持った実定法として理解される場合には、事態は大きく異なったものになるはずである。ここでは憲法は、立法に対して制約を置き、また新たな制度形成への委託を与えるなどの役割を期待される。かかる課題を適切に果たしうるためには、憲法は立法による規律対象である社会的諸領域や諸事象の多様性から無縁ではありえず、間接的にこれを自らのうちへと転写し、取り込まざるをえない[19]。

　ここでは具体的には、法律上形成されてきた権利や制度を、憲法のランクへと「昇格」させることで、立法による変更を容易には許さない高められた法的効力を与えるという形を取ることもあるし、逆に憲法が新しい権利を創設し、または新たな制度の創設に向けた積極的な委託を与える場合もありうる。また、この際の方法としては、憲法の明文の規定によることもあれば、条文はそのままに判例や学説による憲法解釈の次元で法発展が行われることもある。日本国憲法について言えば、団結の自由を始め労働基準や社会保障、教育制度の基本原則などを定める社会権諸規定の導入は前者の例であり、憲法によって明示的に言及されない「放送の自由」や「知る権利」、「情報プライヴァシー権」などの発展は後者の試みの例と見ることができよう。

　かように憲法の基本権保障が多様化し、これによって例えばマスメディアの特権や、あるいは労働者の権利などのように、特殊な社会関係のみに関わる権利なども取り込まれていく結果、憲法によって保障される権利は、必ずしも人一般が自然的に有する普遍的な権利のみには限定されなくなる。こうして、理念としての「人権」と、実定法上の権利としての「憲法上の権利」とは、次第にその距離を広げていく。この際に、もしも自然人ならぬ一定の組織・団体の利益もまた、立法者による任意の処分から憲法上保護するに値すると考えられる場合には、これに憲法上の権利主体性を認めることは、法理論上は何ら妨げ

---

19) かように憲法が社会秩序の形成にまで自らの課題を拡大する場合、憲法から各々の社会領域に関してどこまで完結的な秩序像を導くことができるかが争われる。重要な例である経済秩序ないしは経済憲法(Wirtschaftsverfassung)について参照、Ernst Rudolf Huber, Wirtschaftsverwaltungsrecht, 2. Aufl., 1. Band, 1953; Peter Badura, Wirtschaftsverfassung und Wirtschaftsverwaltung, 2. Aufl., 2005.

られないはずである[20]。

　以上の対照的なふたつの憲法は、あくまで単純化されたモデルとして構成されたものにすぎない。現実の憲法が法秩序の中でいかなる役割を果たすかは多様でありうるし、実定法としての憲法が組織・団体をいかに扱うかも、同一である必要はない。しかしかかるモデルは、問題の所在を明らかにするには十分である。一方では法的拘束性を欠く理念に甘んじる代わりに、自然権的な個人の「人権」としての純粋性を維持し、そのことによって古くからの国家の基本価値を体現する機能を担う人権宣言と、他方では逆に立法による社会介入を統制する法的拘束力を与えられることによって、大幅に内容上の多様性と複雑性を増し、時として権利保障の対象を個人以外にまで拡大していく基本権規定という、ふたつの両極端な憲法を対置するなら、この両者の組織・団体に対する態度を分かつものは、必ずしも個人主義か団体主義かという実体的な立場の違いではない。むしろここで決定的なのは、法秩序の中で憲法に与えられた役割の違いである可能性がある（我々はここで、現代において「法人の人権」を承認するアメリカやドイツ連邦共和国の基本権が、いずれも元来のフランス人権宣言とは異なって、裁判的に保障される実定法としての性格を強く持つものであった点を想起することができよう）。

(3)　レセプターとしての基本権

　かような考察を更に別の角度から言い換えるなら、厳格に個人主義的な人権宣言を掲げているにも拘わらず、実際には立法・行政・司法のレベルで、組織・団体に強い保護を与えるような法秩序を想定することは、十分に可能である。逆に法人にも基本権が認められながら、現実にはこれに対する強度の立法的介入が行われ、これが憲法上も正当化を認められるような法秩序も存在しうる。組織・団体を憲法のレベルで基本権の主体として認めるか否かという問題は、その国の法秩序が全体として団体友好的な態度を取るか否かという問題とは必ずしも直結せず、この意味では、団体の意義に関する政治思想上の立場が

---

[20]　Vgl. Friedrich E. Schnapp, Zur Grundrechtsberechtigung juristischer Person des öffentlichen Rechts, in: Merten/Papier (Hrsg.), Handbuch der Grundrechte in Deutschland und Europa, Band 2, 2006, S. 1236ff.; 安念潤司「会社の基本権」ジュリスト 1155 号（1999 年）99–105 頁。

直ちに基本権主体に関する特定の憲法上の結論を導くわけではないのである。立憲主義思想の地平と憲法の地平は，相互に自律的でありうる。

　社会的に重要な機能を果たす組織・団体という存在を前にして，法秩序が全体としてこれに対応する際に，憲法は多かれ少なかれ部分的な役割を担うにとどまる。「法人の人権」とは，この法秩序の中で憲法という特殊な審級がいかなる機能を果たすべきかという問題群の中の，ひとつの限定された論点にすぎず，憲法が社会と法の変化に対応するために獲得した様々なレセプターのうちのひとつであるにすぎない。すなわち，これによって懸けられているのは，組織・団体の体現する利益に関する一定の事柄につき，通常の立法・行政・司法のレベルを超えて，更にもう一段憲法レベルで別種の考慮を行うための場を，そもそも，またどのように用意するか，という問いであると考えられる。この場において，具体的にいかなる憲法判断が行われるべきかは，また別の問題である。

　かような問題の先には更に，そもそも法秩序が全体として，その環境としての社会の諸領域をどこまで実効的に秩序づけ，あるいは制御することができるのか，という困難な問いが控えているのだとすれば，組織・団体の位置づけをめぐる憲法の意識的な選択によって，秩序の「型」が選択されうるという観念自体が，所詮ひとつの幻想ではないのか，疑ってみる価値があるように思われる。

　それでは，憲法がこの「法人の人権」という特定のレセプターを獲得することには，いかなる意味があるのだろうか。そこで次に，これに関する重要な例のひとつであるドイツの状況を素材に，この点を考察することにしよう。

4　自由の諸条件と憲法

(1)　基本権カタログの複雑化

　多様な要素を取り込み複雑化した現代型基本権カタログの嚆矢と見なされうるのは，ワイマール憲法におけるそれであると思われる。その全57条にわたる基本権のカタログは，「個人」「共同生活」「宗教と宗教団体」「教育と学校」「経済生活」の各側面に及び，個人権の他に家族，ゲマインデの自治，公務員

の特権，宗教団体の地位・権利，教育制度，それに社会保険や企業の共同決定，評議会制度など，内容的にもその法的性質においても極めて多岐にわたる規定が置かれている。ここでは基本権規定の課題は，個人の前国家的な自由の保障を超えて，国民の社会生活の諸領域の基本秩序を定めることに向けられているように見える[21]。

　国家と社会の相互浸透が進み，立法による社会形成が不可避的に要請されるところでは，その具体的な内容をめぐって様々な政治的立場が相争い，自らの構想を立法プログラムとして予め憲法に書き込んで，これに高い権威を与えようと試みるのは，ある意味では自然の趨勢である。他方，逆にかような立法者による改廃を防ぐために，例えば歴史的に形成されてきた既存の法制度や制度体の核心部分に対して，憲法のレベルで高められた保護を与えようとすることもありうる[22]。こうして，立法によって起こりうべき様々な法的変動を念頭に置きながら，それぞれの党派がそれぞれの立場から立法に対する指針や限界を基本権規定に書き込み，あるいは読み込もうとする結果，憲法の基本権カタログは，時として雑多で一貫性を欠いた内容を抱え込むことになる。

　かような事態はしばしば，統一的な構想を欠いた諸党派の一時的妥協の産物として，批判の対象とされてきた[23]。しかし，当時のドイツの政治状況に特有な問題を別とすれば，介入国家における法発展に対して憲法が一定の統制を試みる場合，憲法がありうべき立法の内容を先取りすることによって，多様な要素を自らのうちに取り込み複雑化すること自体は，不可避なことだと見ることもできる。とすればここで問われるべきは，憲法が多様な内容を抱え込むことそれ自体の是非であるよりも，それが行われる態様であると考えることができよう。実際，ワイマール憲法への反省から，法的意義を欠いたプログラム規定をできる限り排し，個人の防御権を中心に比較的シンプルな基本権カタログを採用した戦後のボン基本法の下でも，これと共通性を持った事態が，しかしよ

---

21) Vgl. Christoph Gusy, Die Weimarer Reichsverfassung, 1997.
22) Vgl. Carl Schmitt, Freiheitsrechte und institutionelle Garantien der Reichsverfassung (1931), in: ders., Verfassungsrechtliche Aufsätze aus den Jahren 1924-1954, 3. Aufl., unveränd. Nachdr. d. 1958 erschienenen 1. Aufl., 1985, S. 140ff.; Carl Schmitt, Grundrechte und Grundpflichten (1932), in: ders., ebenda, S. 181ff.
23) より肯定的な再評価として参照，Walter Pauly, Grundrechtslaboratorium Weimar, 2004, S. 63-69.

(2) 基本権内容の多元化

　ボン基本法においてもまた，家族(6条)や教育(7条)についての規定が置かれる他，法人にも基本権が保障され(19条3項)，また基本権の章以外でも，政党条項(21条)の導入や，宗教団体に関するワイマール憲法の規定の編入(140条)など，憲法の規律対象は，個人の主観的公権を超えて，広い意味での中間団体にまで及んでいる。しかしそれ以上に，戦後ドイツ連邦共和国で最も注目すべき発展は，個人の防御権を中心としていたはずの基本権規定が，判例・学説による解釈の発展を通して，配分参加(Teilhabe)権や，さらには基本権保護義務などいわゆる基本権の「客観法的内容」へと，その効力を拡大していくという事態である[24]。憲法の射程拡大は，基本権カタログの複雑化ではなく，基本権から導かれる規範的内容の多元化によって成し遂げられる。

　この，わが国でも既によく知られた基本権の発展の持つ意義を，国家と社会の関係の変化という見地から説明するのはディーター・グリム(Dieter Grimm)である[25]。彼によれば，基本権の客観法的内容の「再発見」は，いったん諸個人の平等な法的自由を保障すれば国家の介入なしで自動的に豊かさや正義が実現される，という自由主義の想定が成り立たなくなった事態に根拠を有している。

　この問題のうち古い層をなすのは，実際に自由を行使するための物質的前提を持たない人々が生み出されることから生じる社会問題である。これに対処して平等な自由を実現するには，国家の積極的な作為による資源の配分や利益調整が要求される。これを担うのは第一次的には立法者の役割だが，法適用の次元でこれを補充するために，配分参加や私法規定の解釈への放射効を通して，基本権もまた重要な役割を果たしうることになる。

　これに対して問題の新しい層をなすのは，技術の進歩などに伴って社会の構

---

[24]　現状に関するコンパクトな整理として参照，松本和彦「ドイツ基本権論の現状と課題」ジュリスト1244号(2003年)188-195頁。

[25]　Dieter Grimm, Rückkehr zum liberalen Grundrechtsverständnis? (1988), in: ders., Die Zukunft der Verfassung, 2. Aufl., 1994, S. 221ff.

造や機能が複雑性を増大させるという事態である。ここで生じる（例えば環境や情報保護，遺伝子技術などの）新たな危険から基本権法益を保護する機能を担うのが，国の基本権保護義務である。また，個人の自由が社会や国家の諸制度の枠の中で行使される比重が増大するに従って，かような生活領域が自由を支えるものへと国家によって形成される必要性もまた高まる。基本権が放送や大学を典型に組織や制度の指導原理として動員される根拠はここにある。更には，かような社会において，行政を予め条件プログラムによって規範的に枠づけることが困難になるのに応じて，基本権保護は手続化され，行政手続が基本権の関心の対象となっていく。

　こうした現状分析を基礎にして，グリムは次のように結論づける。これらの個々の基本権の意義増大はすべて，個人の自由を現実化する条件の変化への対応を意味しており，その限りで偶然ではなく必然に基づくものである。かくして基本権の客観法的内容とは，社会の状況の変化と歩調を合わせるために法秩序が所有する，その本来的に動的な要素であるということが明らかになる。かような客観法的な基本権の拡大なしでは，現実における自由への危険と法的な自由の保護との間には裂け目が生じ，これによって基本権の意義は著しく減少することになるだろう，と[26]。かようなグリムの議論は，戦後の基本権の発展の持つ意味に対するひとつの説明として，一定の説得力を有するものであるように思われる。

　かような戦後ドイツにおける基本権の機能拡大は，連邦憲法裁判所の判例と学説によって定着を見せたものの，なお原則的次元における批判も存在しており[27]，わが国でもこれを採用することの是非については意見が分かれる。ただ少なくとも，個人の自由の社会的前提が国家によって積極的に創出されなければならないところで，これを専ら立法とその解釈・運用に委ねるという決断を下すのでない限り，基本権がその射程を古典的な自由の防御から拡大させていくこと自体は，理由のないことではない。もちろんこの際に，すべての国がドイツと同じ道を辿る必要はないとすれば，重要なのは，それぞれの国が自らの

---

[26] Ebenda, S. 234.
[27] Vgl. Ernst-Wolfgang Böckenförde, Grundrechte als Grundsatznormen (1990), in: ders., Staat, Verfassung, Demokratie, 2. Aufl., 1992, S. 159ff.

置かれた条件の下で,いかなる論理に基づき,いかなる程度まで基本権の射程を拡大するべきかであろう[28]。

(3) 法人の基本権の意義

組織・団体を基本権の主体として認めることの積極的な意義もまた,かような問題の文脈の中に位置づけることによって,新たに捉え直すことができるように思われる。憲法が個人の現実的自由の前提条件にまで関心を拡大する場合,組織・団体はこの意味で基本権論にとって無視しえない主題として立ち現れる。この際,問題はふたつの局面に分けることができる。第一は,組織・団体が個人の自由に対する潜在的な敵対者として現れる局面である。ここでは国家は,両者の関係を適切に規律し,個人の自由を保護するために介入することが求められうる。憲法の次元でこれを義務づけ,あるいはその内容に作用するのが,いわゆる基本権の客観法的内容であると見ることができる。

しかし他方で,ここにはもうひとつ別の局面が存在する。それは組織・団体が,これを構成する諸個人や,あるいはその活動のもたらす社会的効用に与る外部の諸個人にとって,その現実的自由を保護し促進する役割を果たす局面である。かような組織・団体の機能が国家によって侵害された場合には,これに基本権による保護を与えることは,個人の自由の保護にも適うことになるはずである。

もちろん実際の問題はそれほど単純ではない。団体をめぐる様々な立場の諸個人の利害関係は,例えば企業ひとつ取っても,株主や経営者,労働者,消費者やその他,複雑に絡み合っていると見ることができる。国家が団体の自由を規制する場合には,ある人々の自由や利益を制限することで,他の人々の自由や利益を促進することになるのが通常であろう。法人の基本権とは,立法者がかように団体を結節点とする様々な利害の調整に踏み出したときに,これが一

---

28) 日本では,憲法典自身が社会権や手続的権利を保障するなど,基本権カタログそれ自体が古典的な自由権を超えた多様な要素を含んでおり,解釈論にとっての与件はドイツと同一ではない(基本権一般に通底するものとしての客観法的内容の承認に慎重な論者でも,個別の基本権条項の解釈において防御権を超えた保障を必ずしも常に拒絶するわけではない)。また制度的な与件として,違憲審査制の仕組みの違いは,判例法による憲法の射程拡大のあり方に無関係ではありえない。自国の文脈の中での内在的な点検と評価が必要とされよう。第15章も参照。

定の合理性の水準を充たしたものであるかどうかを,通常の立法手続とは区別された憲法レベルで改めて判断するための場を設定する意味を持つ。かくして,団体の基本権主体性を認めることから導かれる現実的な帰結は,ドイツの憲法異議のように基本権保護のための特別な訴訟手続が存在するところでは,団体が自らの名においてかかる手続を提起する権限を認められる点にある。そして,その基本権への侵害については,それが比例原則の要請を満たすものであるかが,違憲審査権によって統制されることになる。

かように法人に基本権主体性を承認することが,直ちに必要かつ有益な立法的規制を妨げるという結果を生むわけではない。他ならぬドイツにおいて,共同決定制度のような企業の内部秩序に対する大幅な規制が許容されており[29],決定的なのは実体的な憲法判断のあり方であると見ることができる[30]。これに対して,もしも団体の基本権主体性が否定される場合には,関係する個人による自己の憲法上の権利の主張が及ばない限り,国家が個別の団体に対して相当性や必要性を一切欠いた侵害をも無制約に行う可能性が開かれよう。基本権を原点としての「人権」理念へと純化することは,不可避的に「国家と社会の秩序づけとしての基本権」[31]の機能の犠牲を伴う。

このように考えるならば,「法人の人権」論の争点は,具体的にいかなる組織・団体に,いかなる基本権の保護を及ぼすべきかへと移行する[32]。単に法人

---

29) Vgl. BVerfGE 50, 290. なお法人の基本権主体性に関する同判決の意義につき,Hans-Joachim Mertens, Die Grundrechtsfähigkeit der juristischen Person und das Gesellschaftsrecht, in: JuS 1989, S. 857ff.
30) Vgl. Peter Badura, Die Unternehmensfreiheit der Handelsgesellschaften, in: DÖV 1990, S. 353ff.
31) Peter Badura, Grundrechte als Ordnung für Staat und Gesellschaft, in: Merten/Papier(Hrsg.), Handbuch der Grundrechte in Deutschland und Europa, Band 1, 2004, S. 783ff.
32) 問題状況につき参照,Herbert Bethge, Grundrechtsträgerschaft juristischer Personen. Zur Rechtsprechung des Bundesverfassungsgerichts, in AöR 104, 1979, S. 54ff., S. 254ff.; Bethge, Die Grundrechtsberechtigung juristischer Personen nach Art. 19 Abs. 3 Grundgesetz, 1985; Klaus Stern, Das Staatsrecht der Bundesrepublik Deutschland, Band III/1, 1989, §71; Josef Isensee, Anwendung der Grundrechte auf juristische Personen, in: Isensee/Kirchhof(Hrsg.), Handbuch des Staatsrechts der Bundesrepublik Deutschland, Band 5, 2. Aufl., 2000, S. 563ff.; Wolfgang Rüfner, Grundrechtsträger, in: ebenda, S. 485ff.; Peter J. Tettinger, Juristische Person des Privatrechts als Grundrechtsträger, in: Merten/Papier(Hrsg.), Handbuch der Grundrechte in Deutschland und Europa, Band 2, 2006, S. 1203ff.; Friedrich E. Schnapp, Zur Grundrechtsberechtigung juristischer Person des öffentlichen Rechts, in: ebenda, S. 1235ff.; Bodo Pieroth, Bernhard Schlink, Grundrechte. Staatsrecht II, 22. Aufl., 2006, S. 35-40 など。

ということであれば，国家も地方公共団体もみな法人であり，基本権主体性の無制約な拡大は，基本権自体の意義を不明確にする危険がある。これについては，基本権が国家と個人との間の配分原理に基礎を持つと考えられる限り，ここでは国家と社会の境界線があくまで維持されなければならないと解されうる。国家は基本権に拘束される存在であって，同時に自らが基本権の主体となることはできない，とのドグマは，かかる立場を表現する。この境界画定のための具体的な標識として挙げられるのが，私法人と公法人という法形式の区別である。前者は原則として基本権を享有するのに対して，後者は原則としてしない[33]。もっとも実際には，公法人といっても多様なものがあり，すべての公法人がすべての局面で国家の手足として活動するわけではない以上[34]，仮に上記の原則を認めるとしても，これに対する例外をいかなる基準で認定するかという問題は残される。これに対して，国家の境界を実質的標識によって画定しようとする試みは必ずしも成功しておらず[35]，結局最終的に判断を左右するのは，個別の基本権の保護する法的利益に当該法人がいかなるかたちで関係するか，ということになる。かくして公法人も，基本権の保護する生活領域に国家と対峙するかたちで立ち現れる場合には，例外的に基本権の保護を認められており，かような例として挙げられるのが大学，放送，宗教団体である。この保護を他にいかなる公法人にまで拡大しうるかが，この領域の議論の主要な争点を形成してきた[36]。他方，この国家と社会の境界線に関して新たに争点とされているのは，私法形式の下で設立され公私双方が出資する，いわゆる混合経済企業に対して，どこまで基本権を承認するかという問題である[37]。

　これらの例からも窺われるように，法人の基本権主体性という論点は，国家

---

33) ここにおける法形式の意義を強調するものとして参照, Eberhard Schmidt-Aßmann, Der Grundrechtsschutz gemischt-wirtschaftlicher Unternehmen nach Art. 19 Abs. 3 GG, in: Betriebsberater 1990, S. 1ff.; Schmidt-Aßmann, Zur Bedeutung der Privatrechtsform für den Grundrechtsstatus gemischt-wirtschaftlicher Unternehmen, in: Festschrift für Hubert Niederländer zum 70. Geburtstag, 1991, S. 383ff.
34) Vgl. Karl August Bettermann, Juristische Personen des öffentlichen Rechts als Grundrechtsträger, in: NJW 1969, S. 1321ff.
35) Vgl. Christoph Möllers, Staat als Argument, 2000, S. 305-334.
36) この保護を更に国家内にまで拡張する方向を示すものとして参照, Karl-Heinz Ladeur, Art. 19 Abs. 3, in: Alternativ-Kommentar zum Grundgesetz, 2001.
37) Schmidt-Aßmann, a.a.O.(Anm. 33).

と社会に存在する多様な組織形態とその変化に対応しながら、これを憲法のレベルでの振り分けにかけ、基本権保護の手続による違憲審査への入場をコントロールする窓口としての機能を果たしていると言いうるように思われる[38]。

(4) 憲法の意義変化

ア かような憲法の機能拡大と内容上の多様化に対しては、近代革命の「原点」としての国家と個人の二極構造を不明確化し、個人主義を危うくするという批判が、繰り返し提起されてきた。この意味で、ワイマール憲法の基本権カタログに対する批判の急先鋒であったのはシュミットである。この問題にシュミットが与えた解答のひとつは、「憲法律」と「憲法」とを区別するというものであった。諸々の立法プログラムや制度体、法制度の保障など雑多な内容を含み、議会の3分の2の特別多数で改正可能な「憲法律」とは区別された次元に、その基礎として、憲法制定権力たる国民の基本的決断である「憲法」の存在を措定し、ここに主権国家と私的個人の対峙する近代的な秩序像を維持することが試みられる[39]。基本権がこの「憲法」の次元に本籍を有するものである以上、基本権の主体を個人以外の法人へと拡大する可能性は原則として否定されることになる[40]。シュミットは注目すべきことに、戦後ボン基本法19条3項が明文で法人への基本権の適用を定めた後にも、なお従前の立場から、かかる憲法律の規定に懐疑的な態度を示すのである[41]。

「憲法律」の多元性を仮象の秩序とみなし、その背後に一者の支配する真の「憲法」の姿を見出そうとする超実定法的な憲法理論が、実定憲法典の規範性を前提に展開されるべき憲法解釈にとっていかなる有効性を保持しうるかは、慎重な検討を必要とするとも考えられる。法学としての憲法解釈学が憲法典の諸規定を素通りすることは原則として許されないとすれば、その出発点はあくまで「憲法律」の世界にこそ置かれなければならないとも考えられるからであ

---

38) なおかような基本権主体性の問題とは別に、基本権の客観法的内容の法人に対する適用を論じるものとして参照、Fritz Ossenbühl, Zur Geltung der Grundrechte für juristische Person, in: Verfassungsstaatlichkeit. Festschrift für Klaus Stern zum 65. 1997, S. 887ff.
39) Carl Schmitt, Verfassungslehre, 8. Aufl., Neusatz auf Basis der 1928 erschienenen ersten Aufl., 1998. シュミットの憲法概念については第1章も参照。
40) Carl Schmitt, Grundrechte und Grundpflichten (Anm. 22), S. 208, 212.
41) Ebenda, S. 231.

る。かかる理論的企ては,恐らくは実定法を超えた政治の地平に定位することによって初めて可能となる[42]。

　イ　もっとも,この実定法としての憲法の諸規定は,少なからぬ場合抽象的な文言によって組み立てられており,多様な解釈の可能性を残している。ここに,憲法解釈を指導する「前理解」としての憲法理論,ないしは基本権解釈のための基本権理論として,「市民的法治国」の原像が回帰する道が残される[43]。もっともこの意味での憲法理論は,解釈理論である以上,あくまで解釈対象たる特定の実定憲法に適合的な理論として自己を正当化しなければならず,またこの実定憲法の規定を飛び越えることはできない。かような制約の下で,この実定憲法解釈の場において,どこまで個人主義的な秩序像が維持されるべきかが争われることになる。

　この基本権理論の意義について,ベッケンフェルデは次のように述べる。「……基本権理論は,特定の国家観と,個人の国家共同体に対する関係についての基本的観念の表現である。憲法が,個人および社会の国家に対する関係についての,基底的な法的秩序を意味する限り,基本権理論の背後にあるのは憲法についてのある特定の理念なのである」[44]。かくして,かような立場にとっては,基本権解釈をめぐる争いとは基本権理論をめぐる争いであり,それはつまるところ,憲法が体現する国家観をいかに理解するかという問題に他ならない。近代革命における憲法のひとつの理想的な意義が,憲法制定という特権的瞬間に,憲法制定権力という特権的存在によって,国の基本秩序を一定の理念に従って作為的に造形し,そしてこれを単一の文書として可視化する点にあったと仮に言いうるならば,憲法を単一の秩序理念の具現化として捉えるこのベッケンフェルデの見解は,かような伝統を受け継ぐものと見ることができる。

　そして,違憲審査制の下で憲法が裁判規範としての性格を強めることによって危機に晒されているのは,まさに憲法についてのかかる理解である。憲法訴

---

42)　Vgl. Wilhelm Henke, Staatsrecht, Politik und verfassunggebende Gewalt(1980) in: ders., Ausgewählte Aufsätze, 1994, S. 131ff.

43)　参照,渡辺康行「「憲法」と「憲法理論」の対話(1)-(6・完)」国家学会雑誌103巻1・2号(1990年)1頁以下,105巻1・2号(1992年)90頁以下,111巻5・6号(1998年)110頁以下,112巻7・8号(1999年)40頁以下,113巻5・6号(2000年)1頁以下,114巻9・10号(2001年)25頁以下。

44)　Ernst-Wolfgang Böckenförde, Grundrechtstheorie und Grundrechtsinterpretation(1974), in: ders., Staat, Verfassung, Demokratie, 2. Aufl., 1992, S. 141.

訟の場では，様々な当事者が自らの利益に適合的な憲法解釈を主張し，裁判所は存在する多様な憲法解釈とこれを支える憲法理論の武器庫から，その都度最適と思われる端緒を選択して，問題を解決していく。かような判例の集積から生じるのは，しばしば憲法理論的な一貫性を欠いた，非体系的な有権憲法解釈の集塊である。ベッケンフェルデによれば，かような憲法裁判所の選択的な態度こそは，「この具体的な現行憲法自体が，個人と国家共同体との基底的関係についてのある特定の理解から出発し，これに規範的に表現を与える」ことを否定するものに他ならない。こうして「憲法は，その解釈という入口を通して，順番にまた並列的に，非常に多様で異質な秩序観念を招き入れるが，しかし自らはどれか特定の秩序観念によって担われることのない，形式的な容器へと縮減される」[45]。そして，上述のような戦後における基本権の解釈による発展の原動力となったのは，何か特定の種類の憲法理論であるよりも，むしろかような方法論的多元主義のフォーラムとしての憲法裁判所であった。

かくして違憲審査制の下の憲法[46]は，多様な利害関心を抱えた参加者が種々の解釈論と秩序観念を武器に相争うためのフォーラムとしての性格を強めるだろう[47]。極論するならば，それはもはや世界をひとつの秩序理念によって統一する特権的な地点であるよりも，むしろ世界の複雑性と見渡し難さを反映する鏡となる。自由主義的・個人主義的な基本権理解の自己完結性を掘り崩すのは，これと対抗的な国家観に立つ別種の憲法理論それ自体ではなく，かかる憲法の意義の根本的な変容であると見ることができる[48]。

---

45) Ebenda, S. 142. ベッケンフェルデのかような議論の意義については第4章も参照。
46) Vgl. Rainer Wahl, Der Vorrang der Verfassung (1981), in: ders., Verfassungsstaat, Europäisierung, Internationalisierung, 2003, S. 121ff.
47) もっとも，単数形の国民がひとつの理念に従って憲法を制定する，という観念自体が，一種の神話としての性質を帯びているのであって，実際には国民の内部では多元的な政治理念が相争っているのが通例である（従って憲法律も常に単一の国家観によって整然と構築されるとは限らない）。憲法が制定された後も，かような政治理念の複数性・多元性は日常の憲法解釈の中に回帰するのであって（第3章2(2)も参照），多様な解釈論や憲法理論の武器庫をも駆使しながら，複数の裁判官が様々に異なる種類の事件に対して判断を積み重ねていく以上，ここに単一の憲法理論の整然たる支配を要求し，これによって裁判官を拘束しようとすることはさほど現実的ではない。なお参照，Martin Kriele, Theorie der Rechtsgewinnung, 2. Aufl., 1976, S. 21–46. かような状況の中で学説の側に残された可能性のひとつは，実体的な秩序理念の領域から後退し，より形式的な議論や判断の枠組みの整序に向かうことであろうと推測される。第4章註48)および対応する本文も参照。
48) この際には，複数の憲法理論の選択的な使い分けが行われうるのみでなく，不可避的に一定の恣意性を孕んだ利益衡量もしばしば必要になる。ここで憲法解釈の発展の主導権を握る憲法裁判所

このようにして，個人主義的な秩序像の純粋性は，憲法制定と憲法解釈というそれぞれの局面において，これと異質な諸要素の侵入によって掘り崩されるのである。

　ウ　以上の理解との関係で言うなら，基本権主体の問題は，一面で何らかの基底的な秩序理念の表現でありながら，他面でかような多元性の場としての憲法のフォーラムへの参加資格を定めるものでもある。

　すなわち，特定の国家観を体現した思想的文書として憲法を捉える限り，法人の基本権という主題は，国家・団体・個人の相互関係をいかに理解するかという優れて国家理論的な問題に関わっている。こうした見地からは，法人の基本権を認めるボン基本法19条3項は，個人主義思想やあるいは基本法1条1項の「人間の尊厳」と緊張関係に立つ，一種の異物という性格すら持ちうるものである。とは言え，憲法の実定的な規定を否定することはできない以上，完全な個人主義の貫徹は既にボン基本法自身によって拒絶されている。ここでは憲法解釈は，この法人の基本権を，かような自らの理論的出発点といかに調和的に理解するかへと向けられることになる[49]。

　しかしながら，他方で実質的に見るならば，基本権主体の問題は，憲法という特別な次元で自らの利益を主張する資格の配分に関わる問題でもある。ここで重要なのは，憲法裁判所にその制度的表現を持つところのこの憲法というフォーラムが，その法秩序においていかなる機能を果たすべきかである。そして上述のように，立法・行政・司法による秩序形成に対する憲法レベルでの統制を拡大することが，もしも自由の保護にとって便宜に適うと考えられる場合には，この意味での基本権主体の拡大には固有の合理性を認めることができる。この際に重要なのは，その法人が，憲法が予定する自由な秩序において保護に値する利益を体現していることであって，法人が例えばその構成員である個人の活動を基礎としているかといった問題は，さほど意味を持たない(例えば人的

の判例に対して，憲法学説がなおいかに法的判断の合理性を担保するための固有の役割を果たしうるかという問いは，繰り返し提起されている。最近の例として参照，Bernhard Schlink, Abschied von der Dogmatik, Juristenzeitung 2007, S. 157ff.

49) Wiltraut Rupp-von Brünneck, Zur Grundrechtsfähigkeit juristischer Person, in: Festschrift für Adolf Arndt zum 65. Geburtstag, 1969, S. 349ff.; Günther Dürig, Art. 19 Abs. 3, in: Maunz/Dürig, Kommentar zum Grundgesetz, 1977.

基礎を欠く財団であってもこれを憲法上保護することは何ら妨げられないし，また今日企業が個人の私的自由の発現であるよりも，むしろ一種の社会的制度としての性質を持つことは，これに基本権を認める上での障害にならない)。

　ここでは，様々な種類の組織が様々な基本権を自己の有利に主張しようと試みるであろう。とは言え，他方でもしこの基本権保護を無制約に拡大するのも妥当でないとすれば，ここではその限界づけを一貫性のあるかたちで基礎づける解釈論的枠組みをいかに獲得するかが課題となる。ここに憲法理論の回帰する余地が再度開かれるとすれば，法人の基本権をめぐる問題状況は，この理論的視角と実際的考慮というふたつの関心が重なり合う中で形成されてきたと解することが，恐らくは可能であるように思われる[50]。

　以上の理解が正しいとすれば，ここに現れているのは，特定の政治理念を体現し，国家と個人の関係を基底的に秩序づけようとするものとしての憲法と，実定法秩序の中の特別な審級として，多様な法的利害が持ち込まれ，その意味が発展させられる多元性のフォーラムとしての憲法という，ふたつの側面の対立と緊張であるように考えられる。もしも憲法が，理念と現実のはざまに位置し，両者を媒介する役割を負うものであるとすれば，かかる対立は恐らくは憲法というものの本質に深く根ざしたものであるように思われる。

　こうして，「法人の人権」論が日本の憲法論にとって有する意義もまた，より明瞭に浮かび上がる。それは，個人主義的国家観を体現するものとしての憲法の側面をある限度で犠牲にすることによって，憲法の射程を拡大してこれを

---

[50]　従ってここで問われるのは，前者の理論的見地が後者の実際的見地に対していかに有効な枠づけを提示しうるかであると考えられる。4(3)の本文の叙述も参照。「人間の尊厳」を中心とする基本法の「価値体系」を背景に，法人の背後に自然人の基体を求める思考(Vgl. BVerfGE 21, 362)の一般的有効性に対しては，学説上批判が強い(例えば Albert von Mutius, Art. 19 Abs. 3, in: Kommentar zum Bonner Grundgesetz, 1974, Rn. 29-37; Klaus Stern, Das Staatsrecht der Bundesrepublik Deutschland, Band III/1, 1988, S. 1088)。国家理論からの境界づけの試みとその限界に関しては，Christoph Möllers, Staat als Argument, 2000, S. 305ff. を参照。これまでのところ，憲法理論はクリアーな境界線を引くことには成功していないものと思われる。

　ドイツと日本では議論の状況は大きく異なるものの，本文で述べたようなふたつの観点の交錯という問題構造自体は，わが国でも妥当するように思われる。例えば高橋和之が，人権主体の問題と裁判における人権主張の問題を区別し，前者を個人へと純化する一方で，「法人の人権」は憲法訴訟論上の「第三者の権利の主張適格」に類似の問題として捉えようとするのは，このふたつの側面の緊張関係を，両者を別次元へと分けることで解消しようとする試みであると考えられる。高橋「団体の人権主張適格」前掲註 2)。

より現実に向けて開放し，自由な秩序の様々な諸条件を憲法に取り込もうとする試みのひとつとして位置づけることが可能である。

5　憲法学の可能性

(1)　憲法論の遮断

以上の検討に照らすなら，「法人の人権」肯定説とは自由の条件の変化に対応した憲法の射程拡大を要求する立場であり，否定説とは憲法の法的役割を限定することによって，その政治理念が有する思想的潜勢力をできる限り純粋なかたちで温存しようとする立場であるかのように考えられる。

ところが，日本で「法人の人権」論が議論された具体的な文脈を再検討するなら，実際にはこれとは全く違った像が浮かび上がる。注目すべきことにこの問題は，国家に対する権利という基本権の本来の局面よりも，むしろ私人相互間の関係を念頭に議論されてきた[51]。そもそも，「憲法第3章に定める国民の権利および義務の各条項は，性質上可能なかぎり，内国の法人にも適用される」との立場を初めて示した八幡製鉄政治献金事件は，会社の取締役に対して株主が提起した代表訴訟であり，この「法人の人権」に関する説示も，会社の政治献金が有権者の選挙権を侵犯して民法90条の公序に違反する，との主張を否定する文脈で行われたものであった。また，私人間における人権規定の直接適用を否定したリーディングケースとされる三菱樹脂事件（最大判昭和48年12月12日民集27巻11号1536頁）でも，最高裁は憲法22条や29条の「経済活動の自由」を根拠に企業の「契約締結の自由」を導き，ここから「企業者が特定の思想，信条を有する者をそのゆえをもって雇い入れることを拒んでも，それを当然に違法とすることはできない」，と結論づけている。この他，この文脈で言及されるサンケイ新聞事件（最二小判昭和62年4月24日民集41巻3号490頁）や自衛官合祀事件（最大判昭和63年6月1日民集42巻5号277頁）も，ともに私人が法人に対して，名誉や宗教的人格権といったいわば基本権法益の侵害による不法行為を主張したのに対して，これを退ける際にその論拠のひとつとして法

---

[51]　樋口陽一『近代憲法学にとっての論理と価値』170-171頁，同『転換期の憲法？』84-87頁，同『憲法〔第3版〕』182-184頁。

人の自由に言及した事例であった。

　これらの事例に共通する特徴は，私人相互間の紛争において，団体の自由を制約する目的で個人の憲法上の基本権法益が主張された際に，かかる主張を遮断するために「法人の人権」が援用されている，という状況である。すなわち，私法秩序に対して個人主義的な立場から憲法的価値の浸透を求める議論に対して，かかる憲法上の論拠の効力を減殺するために，これと対抗する法人の「人権」が持ち出されているのである。個人も法人もともに憲法上の自由を主張できるなら，両者は互いに相殺し合って，結論を導く上での決め手とはならなくなり，あとは「私的自治」に委ねる他ない。かくして，それ自体憲法に基礎を持つはずの「法人の人権」論は，法律解釈における憲法論の役割の拡大を阻止するという，逆説的な機能を与えられる。それは，憲法の領分を限定するための憲法論である。

　それ故にこそ，「法人の人権」批判の急先鋒である樋口陽一は，法人が国家に対して基本的人権を主張する局面ではなく，法人が「自然人＝個人の憲法上の権利と「同様」の資格でそれと対抗的に」[52]基本的人権を主張する局面こそを，厳しい批判の対象としたのだった。「法人の人権」批判論が意図するのは，その人権観念の濫用に対する戒めにも拘わらず，憲法による保護を古典的な個人の自由権のみに限定することではなく，むしろ社会的権力から個人を保護するために，憲法がその規範的射程を正しく拡大することにあったと理解するべきである[53]。

　これは，本章のこれまでの検討に照らすなら，極めて屈折した問題状況であると見ることができる。「法人の人権」は，団体に関わる法的な争いを憲法の次元で受け止め，憲法的な論拠による解決へと持ち込むためのレセプターとして過剰な役割を果たしたが故ではなく，むしろ自由の現実的条件の変化に憲法が対応することを阻止する役割を果たしたが故に批判されるのである。「法人の人権」批判論が本当に闘おうとしたのは，わが国の法秩序における実定法としての憲法の領分の，過大ではなく過小である[54]。

---

52)　樋口陽一『憲法〔第3版〕』183頁。
53)　樋口「社会的権力と人権」前掲註1），同『憲法〔第3版〕』193-199頁。
54)　それ故にこそ，法律解釈上の争いの中に潜在している，実質的に憲法原理に関わる問題を探り

(2) 「批判理論」としての憲法学

　この，ドイツとは対照的というべき，法秩序における「日本国憲法の過少な配分」こそは，日本の戦後憲法史を貫く主題のひとつであると見ることができる。奥平康弘はその原因のひとつを，わが国の法律論に内在する「憲法・実定法境界二分論」という思考に求めている[55]。本来は憲法論の次元で争うのが適切と思われる原理的性格を持った論点も，少なからぬ場合，あくまで憲法との関連性を正面から認めずに法律解釈に内在するかたちで処理されてしまう。これは，憲法の私法に対する影響が判例上十分に展開されないという点だけではなく，「わいせつ」処罰の問題に典型的に見られるように，国家による自由権への侵害が問題となる局面でも，法律の合憲性を簡単に承認した上で法律解釈の次元で問題の解決を探ろうとする傾向に現れている。そして日本の最高裁は，そもそも国家の侵害に対する自由の防御という古典的な問題領域において，周知のようにごくわずかの例でしか法律を違憲と判断してこなかった。「法人の人権」の承認が「自由な秩序」を創出するための国家の立法的介入を妨げる危険は，実は日本では始めからさほど切実であったわけではないのである。

　日本の憲法学説による努力の少なからぬ部分は，かような傾向に抗して憲法の領分を拡大することに向けられていたと見ることができる。防御権の領域では，その侵害に対する正当化審査を主戦場に，アメリカ由来の違憲審査基準論を主たる武器として審査の精密化と厳格化が主張されてきた。他面では，私人間効力論や近年の基本権保護義務論[56]などドイツ系の解釈論を導入することによって，基本権の機能の拡大が試みられた。しかしながら，かような試みが判例の傾向を変化させるに至ったとは必ずしも言い難い。もしも戦後70年の蓄積の中で，判例と学説の考え方の違いが固定化し，膠着状態に陥っているとすれば，学説がいかにこの袋小路を逃れて新たな方向性を見出していくことができるかは，今なお容易に答えることのできない問いであるように思わ

　　出すことが，憲法学説の重要な課題と見なされることになる。この領域における例として参照，蟻川恒正「思想の自由と団体紀律」ジュリスト1089号(1996年)199–204頁。
55)　奥平康弘『憲法裁判の可能性』(1995年)155頁以下。
56)　参照，小山剛『基本権保護の法理』(1998年)。

れる[57]）。

　こうした状況で，憲法論になお残された可能性を探るとすれば，そのひとつは憲法の理念的側面に見出されるはずである。わが国の憲法は，実定法として欠損を抱えている代償として，現実に生起する個別具体的な諸事象との関わりの中で「小銭」へと崩され費消されることを免れて，政治理念としての潜勢力をなお維持していると解する余地が残されている。かくしてここに回帰するのは，西洋の思想史的含蓄を負って，近代革命の政治的理念を体現する，思想的文書としての憲法の姿である。ひとつの秩序理念によって社会の全体を構想しようとする「革命」の原点を想起することによって，憲法論というディスコースは，既存の法実務を批判するための拠点を獲得するのみでなく，実定法学の枠を超えた様々な問いを主題化するための場としての機能をも与えられる。「立憲主義」の「型」の「選択」という議論は，そもそも「型」を「選択」しうるような特権的な地点が存在しうることを前提として初めて成り立つはずである。

　かくして，ここに見出される可能性のひとつは，法曹実務を超えた「知識人の関心対象としての憲法」[58]を究明する学としての憲法学であり，またこれを梃子とした日本の社会と法の現状に対する批判理論としての憲法学[59]であった。それは，日本で憲法学が完全に実定法学化されえなかったが故に憲法学に残された活路であった，と見ることも，あながち不可能ではないように思われる。

(3)　次に来るもの

　こうして今や我々は，「法人の人権」批判論がいかなる意味を持つ議論であったかを，より精確に理解することができる。それは，一面で社会全体の秩序理念をめぐる思想的な問いを主題化しながら，他面で同時にここから判例における憲法の領分の過小を憲法解釈論の次元で批判するという，二重の側面を持

---

57)　私人間効力論については第15章も参照。なお，関連して参照，宍戸常寿「法秩序における憲法」安西文雄他『憲法学の現代的論点〔第2版〕』47-53頁。
58)　樋口陽一『近代憲法学にとっての論理と価値』189頁。
59)　樋口陽一『憲法　近代知の復権へ』(2002年) 34頁以下。

つものであった。ここでは，国家と個人の二極構造をできる限り純度の高いかたちで維持することと，憲法の対象をその社会的諸条件にまで拡大すべく求めることという本来緊張関係に立つはずのふたつの要請のあいだで，必ずしも深刻な矛盾に陥ることなく，憲法理論と憲法解釈は幸福な蜜月関係を続けている[60]。近代的であることによって同時に現代的であろうとするかかる困難な企てが，もしも「批判理論」としてのみ可能であったのだとすれば[61]，ここに潜んでいるであろう一種の屈折の中にこそ，日本の戦後憲法学が何を自らの課題として引き受けようとしてきたかが，極めて鮮明に現れている。そしてかような憲法学のあり方の背後に浮かび上がるのは，恐らくは戦後の日本社会を他のいかなる国とも異なる固有のあり方で「生きて」きた，我々の憲法の姿そのものである。

　日本の憲法学は，かようなこれまでの営みを，今後も継続していくことができるのだろうか。憲法解釈論にとって判例実務との関係をいかに組み立て直すかは，未だ模索の中にあるように感じられる。他方，「知識人の関心対象としての憲法」については，「無数の社会関係およびそれらの相互関係全体を同時に見通す見晴らしの良い地点」など存在しえないという醒めた認識が次第に広がる中で[62]，憲法論もまた社会の「全体」のあり方を主題化する場としての説得力を次第に失い，マージナルな閉じたサークルへと衰退していく傾向が現れてはいないであろうか[63]。もしもいつの日か，憲法論がその最後に残された思想的な批判の潜勢力を消費し切る時が来るとしたら，その時こそは日本の憲法

60)　なお参照，林知更「国家論の時代の終焉？——戦後ドイツ憲法学史に関する若干の覚え書き」(第2章)，同「戦後憲法学と憲法理論」(第13章)。
61)　それ故，もしも憲法学がより建設的な志向へと向かう場合には，このふたつの側面の緊張関係を回避することは困難である。この際のひとつの可能性は，憲法を理念としての二極構造にできる限り純化し，その本来的な規範的射程を縮減することでこれを解消しようとすることである。高橋和之の一連の議論の意義は，こうした見地からも理解しうる面を有するように思われる。私人間効力につき参照，高橋和之「「憲法上の人権」の効力は私人間に及ばない」ジュリスト1245号(2003年)。団体の人権について，前掲註50)を参照。またここでは，「立憲主義と日本国憲法」という問題構造の捉え方に見られるように，憲法解釈にとっての「立憲主義」論の基底性はより顕著である。参照，同『立憲主義と日本国憲法〔第3版〕』(2013年)。これについては第15章註23)も参照。
62)　棟居快行『憲法学再論』(2001年)31頁。
63)　これに対して近時の憲法論の活況は，全体社会のあり方を主題化するフォーラムとしての知的魅力によるというより，立憲国家の基礎自体が危機に直面しているという意識に端を発するものであり，憲法論を取り巻く状況はこの点では本章の初出時(2007年)と比べてもむしろ悪化しているように思われる。終章も参照。

にも，長く続いた「戦後」という時代の終焉が訪れることになるのかもしれない。その先に何が待っており，そこで憲法学にとってなお何が可能なのかは，しかし未だ明らかになってはいない。

第15章

論拠としての「近代」
――私人間効力論を例に――

1 主　題

　我々の目の前には，今，基本的人権規定の意義と妥当範囲をめぐるふたつのテクストがある。この両者の関係を我々がいかに受け止めたらよいのかが，以下の行論の主題である。

〔A〕「基本権が第一義的には個人の自由の領域を公権力の侵害から保護するものであることは疑いえない。……しかしながら，〔憲法〕は価値中立的な秩序であろうとはしておらず〔判例引用略〕，その基本権の章において客観的な価値秩序をも定立したのであり，まさにここに基本権の効力の原則的な強化が表現されている〔文献引用略〕，ということも同様に正しい。この価値体系は，社会的な共同体の中で自由に自らを発展させる人間の人格とその尊厳を中心に置いており，それは憲法上の基本決定として法のすべての領域で妥当しなければならない。立法，行政及び司法は，ここから方針と衝撃を受け取るのである。それ故この価値体系は当然民法にも影響を与える。いかなる民法上の規定もこの価値体系と矛盾してはならず，あらゆる規定はこの価値体系の精神において解釈されなければならない」[1]。

〔B〕「憲法の右各規定は……もっぱら国または公共団体と個人との関係を規律するものであり，私人相互の関係を直接規律することを予定するものではない。……私人間の関係においては，各人の有する自由と平等の権利自体が具体的場

---

1)　BVerfGE 7, 198[204f.].

合に相互に矛盾,対立する可能性があり,このような場合におけるその対立の調整は,近代自由社会においては,原則として私的自治に委ねられ,ただ,一方の他方に対する侵害の態様,程度が社会的に許容しうる一定の限界を超える場合にのみ,法がこれに介入しその間の調整をはかるという建前がとられているのであつて,……憲法上の基本権保障規定をそのまま私人相互間の関係についても適用ないしは類推適用すべきものとすることは,決して当をえた解釈ということはできないのである」[2]。

　前者（〔A〕）は,ドイツ連邦共和国で連邦憲法裁判所がその創設から現在まで過去60余年に下した判決の中で,恐らく最も有名な事件であるリュート判決（1958年1月15日）の一節である。ナチス期に体制擁護のプロパガンダ映画を多く撮って名を挙げた映画監督ハーラン（Veit Harlan）が,戦後映画界で復権を企てるのに対して,ハンブルク州広報室長であるリュート（Erich Lüth）はハーランの映画へのボイコットを公衆に呼びかける（1950年）。経済的損害を恐れる映画会社がリュートに対して起こした差止めの訴えをハンブルク地裁が認容したのを受け,リュートは連邦憲法裁判所に憲法異議の訴えを提起する。これに対して下された本判決は,表現の自由と対抗する法益との調整という事案の構造（本判決はリュートに対する基本権侵害を認定し,民主主義社会における表現の自由の擁護という見地から見ても重要な一先例となる）を超えて,戦後ドイツ憲法史に対して消えない刻印を与えることになった。それは,その後のドイツ基本権論の飛躍的発展を導いた法史上の転轍点,もしくは一種の「ビッグバン」とみなされていくことになるのである。

　それから遅れること15年,日本の最高裁判所は1973年にある有名な判決を下す（〔B〕）。1960年代,戦後秩序の安定化と同時に,体制の保守性や政治的閉塞,戦争責任を負うことなく社会の指導層に納まった旧世代などへの新しい世代の反発が,対抗文化の登場とも相俟って様々な形で世界的な広がりを見せていった。青年は,学生運動をしていた経歴を隠してある企業に就職するが,これが露顕し,3ヶ月の試用期間の終了後に本採用の拒否を通告される（1963年）。

---

[2] 民集27巻11号1543頁。

思想・良心の自由の侵害を主張して勤務関係存在の確認とこの間の賃金の支払いを求める彼の訴えに対して最高裁が下した本判決(いわゆる三菱樹脂事件。最大判昭和48年12月12日)は，結論自体は必ずしも画期的と評されえない(それは原告勝訴の原審判決を破棄し，原告の思想・良心の自由の主張を退けつつ，解雇権の行使の適切性の判断について原審に差し戻した)が，それは少なくとも理論的に見て憲法上重要な態度決定を含むものとして学説等に受け止められた。とは言え，最重要判例としての位置づけとは裏腹に，こちらは巨大な路線転換もしくはいかなる「ビッグバン」も生むことなく，本判決の直前，主に労働基本権の領域で1970年前後に展開された烈しい路線闘争の後に保守化した最高裁が，爾後安心して引用していくことのできる権威として，静かに苔むしていったようにも見える。

　ふたつの判決は，異なる国で，異なる時代背景の下，異なる事実関係から生み出され，その後もおよそ共通性が見出しがたいほどに異なる判例法上の命運を辿っていった。〔A〕〔B〕を卒然と読んでも，その文体や，文章に込められた一種のパトスには，一見して明らかと言いうるほどの違いがある。が，これほどに違いのある両者は，これまで長く日本の憲法学説によって，内容的にはほぼ同一の立場を主張する判例として受け止められてきた。我々の問いは，かようなわが国での伝統的理解の中に，日本で憲法を論じるという営みが持ついかなる特質が現れているか，に関わる。

　問題に取り組むための入り口は，「間接効力説」にある。以下，検討しよう。

2　議論の磁場

(1)　設　問

　ふたつの判例を結ぶ共通点は，両者がともに人権の「私人間効力」に関わる事例として理解されうる点にある[3]。通例，憲法が定める基本的権利の諸規定は，原則として国家に対する個人の権利を定めるものと理解される。これに対して私人と私人の相互関係は，民法を始めとする法律によって規律される。も

---

[3] この論点に関する学術文献は，過去半世紀以上の間に膨大な分量にまで増大しており，本章では煩を避けるため文献の引用は(邦語・欧語文献とも)必要最小限度にとどめるという方針を採る。

もちろん，ここには時として社会的格差の拡大や弱者の搾取・抑圧など種々の問題が生じるが，これは立法者による法律制定と行政・司法によるその解釈・適用によって対応すべきだ，というのが原則的な考え方とされてきた（例えば労働者の保護のために労働法が，消費者の保護のために消費者法が立法・判例等によって形成されていったように）。

　もっとも，私人の重要な自由や利益が他の私人によって不当に制約されながら，既存の法律や判例法理によっては十分に救済されえない事例も生じうる。裁判所がここでなお当事者の救済を試みる場合，そのための武器として考えられるのが，憲法の人権規定である。もし憲法の基本的権利規定が私人相互間の関係についても一定の規範的要請を含んでいると解釈できるならば，裁判所は憲法の優位に基づき，私人間関係に関する既存の法律・判例を，憲法を根拠に補充ないし修正しうることになる。

　この人権規定の私人間効力という主題は，1950年代のドイツで大きな争点とされ，これに刺激される形で日本でも活発に議論されることになった。A判決とB判決はともに，それぞれの国でこの問題に対して裁判所が原則的な立場を示したものと受け止められたのである。

(2)　突破口

　この問題に対して最初に原則的な態度表明を行ったのは，ドイツでは初期の連邦労働裁判所である。その立場は，例えば以下のような形で表現される。

〔C〕「憲法の基本権のうち，全てではないにしても一連の重要なものは，単に国家権力に対する自由権を保障するのみではなく，社会生活の秩序原理でもあるのである。これは，基本権からより詳細に展開されるところの範囲において，市民相互の法関係に直接の意味を有する。それ故私法上の協定，法律行為，行動は，具体的な国家秩序・法秩序の秩序構造，公序（ordre public）と呼びうるものと，矛盾するものであってはならないのである」（連邦労働裁判所1954年12月3日判決）[4]。

---

4)　BAGE 1, 185[193].

〔C〕は，勤務中に政治活動を行ったために解雇された労働者が勤務関係存在の確認を求めて訴えた事例で，かような私人間の紛争にも憲法上の基本権規定が効力を有することを述べた部分である（但し結論としては，表現の自由，法の下の平等のいずれについても，原告の主張を退けている）。連邦労働裁判所はかくして，労働関係の法的紛争に基本権規定の効力を拡大していく。例えば同一の労働に対して男女間で賃金に格差を設ける労働協約・労働契約が，憲法の平等規定（ボン基本法3条）に違反して無効と判断される（1955年）[5]。また1957年には，実習看護師が在任中に結婚した場合は退職する旨の労働契約上の規定が，基本法6条1項（婚姻と家族の保護），1条1項（人間の尊厳），2条（自由な人格発展への権利）を侵害して無効であると判断される。具体的構成としては，ドイツ民法（BGB）134条が「法律による禁止に抵触する法律行為は……無効である」と定めており，憲法がこの「法律による禁止」を直接に定めているものと解釈されることになる[6]。

同様の考え方は不法行為法の領域にも登場する。BGB 823条1項は「故意または過失によって，他人の生命，身体，健康，自由，財産もしくはその他の権利を違法に侵害した者は，これによって生じた損害を賠償する義務を負う」，と定めており，もし憲法が私人間の権利を直接に付与していると解する場合には，これによって憲法上の法益に不法行為法上の保護を与えうる。連邦通常裁判所が一般的人格権を導出するに際して，かような発想を長く採用していたことはよく知られる。

〔D〕「今や基本法が，人間の尊厳の尊重を求める権利（1条）と，自由な人格発展への権利を，他人の権利を侵害せず憲法的秩序や人倫法則に反しない限りで（2条），全ての人から尊重されるべき私的な権利としても承認した後には，一般的人格権は憲法上保障された基本権と見なされなければならない〔文献引用

---

[5] BAGE 1, 258. 但しこれは，基本権規定の直接効力に関する先例（前掲註4））の説示を引用しつつも，第一義的には労働協約が実質的意味の「立法」に当たることを理由に基本権規定を直接に適用している。

[6] BAGE 4, 274.

略〕」(連邦通常裁判所1954年5月25日判決)[7]。

かくして連邦労働裁判所は，かような基本権保障の私人間への拡大を自らが先導しているという自信の下，連邦憲法裁判所と連邦通常裁判所に向けて意気軒昂に次のように述べる。

〔E〕「当法廷は，この連邦憲法裁判所の判決〔BVerfGE 6, 55〕の中に，市民相互の法関係に対する根本規範としての基本権の作用についての自らの判例が確認されたのを見出す」。「連邦通常裁判所も同様の立場に立っている」(連邦労働裁判所1957年5月10日判決)[8]。

(3) 着地点

もっとも，この考え方(通例「直接効力説」と呼ばれる)に対しては様々な批判が提起されうる。私人が国家と同様に基本権に拘束されると解することは，憲法上の権利の基本的性格の変質であり，私人の自由を損ないリベラルな秩序を変質させるのではないか，またこの考え方は伝統的な私法の自律性の観念と衝突し，これまでの法秩序の構造を動揺させるのではないか，等の問題も浮かぶ。

結局，連邦憲法裁判所は1958年のリュート判決でこの連邦労働裁判所の立場を退け，より穏やかな形で基本権の効力を私人間に及ぼす方法を選ぶことになった(通例「間接効力説」と呼ばれる)。〔A〕は，憲法が「価値秩序」であり，民法の規定がこの「価値体系の精神」に従って解釈されるべきことを主張している。その趣旨は更に次のように敷衍される。

〔A-2〕「客観的規範としての基本権の法的内容は，私法においてはこの法領域を直接に支配する諸規定を媒介にして展開される。……かような基本権によって影響された民法の行為規範から生じる権利義務についての私人間の争訟は，実体的にも手続的にも民事上の法的争訟にとどまる。解釈・適用されるのは民法である。たとえその解釈が公法，すなわち憲法に従うべきものであるとし

---

[7] BGHZ 13, 334[338].
[8] BAGE 4, 274[277].

ても」[9]。

具体的にはリュート判決では，リュートによる映画のボイコットの呼びかけが，BGB 826条「善良の風俗に反する態様で，故意に他人に損害を与えた者は，損害を賠償する義務を負う」に違反するか否かが争われた。しかし，この「善良の風俗」は，解釈を必要とする抽象概念である。判決は，これを憲法の「価値体系の精神」，具体的には民主主義社会における表現の自由の意義を斟酌して解釈することによって，リュートの不法行為責任を認定した原審判決を破棄した。民法上にはこのような一般条項が他にも存在しており（例えば法律行為ならBGB 138条1項「善良の風俗に反する法律行為は無効である」など），基本的に憲法の価値はこれらの規定を通じて私法に充塡される，ということになる。こうして連邦憲法裁判所は，連邦労働裁判所の急進的な立場とは異なるかような地点に着地点を見出すことになる[10]。

(4) 日本への移植

かくして，私人間効力論という論点設定と，そこでの無効力説・直接効力説・間接効力説というマトリックスが，その後のわが国の議論に対しても基本的な枠組みを設定する。もし私人間効力という主題が，「近代」的人権理念の「現代」的変容を示すものとして，現代国家があまねく直面する普遍的問題に関わるものであり，もしそこでの考え方が純粋に論理的な区分に基づくものであるとするならば，ドイツと日本との間に区別を置く必要などないということになろう。従ってここでは，日本国憲法の基本的人権について上記三説のうちいずれを採用するべきなのか，また日本の最高裁はこの中でどの説を採用しているのか，という形で議論が展開していくことになる。学説は，三菱樹脂事件での最高裁の判示の中に，何とかして無効力説ではなく間接効力説の表れを読み取ろうと努めていく。手がかりとされるのは次の箇所である。

〔B-2〕「私的支配関係においては，個人の基本的な自由や平等に対する具体的

---

9) BVerfGE 7, 198 [205f.].
10) BVerfGE 7, 198 [204].

な侵害またはそのおそれがあり，その態様，程度が社会的に許容しうる限度を超えるときは，これに対する立法措置によってその是正を図ることが可能であるし，また，場合によっては，私的自治に対する一般的制限規定である民法1条，90条や不法行為に関する諸規定等の適切な運用によって，一面で私的自治の原則を尊重しながら，他面で社会的許容性の限度を超える侵害に対し基本的な自由や平等の利益を保護し，その間の適切な調整を図る方途も存するのである」[11]。

(5) 残される疑問

以上の枠組みは，それなりにわかりやすく明快で，安定的であるように見える。かような理解が最近までわが国の解釈論を支配してきたのも，驚くに値しない。

にも拘わらずここには十分に説明されないいくつかの疑問が残されるように思われる。最大の問題は，両判決の判例法上の命運が，同一の論点に関して同じ立場を明らかにした判例としてはあまりに違いすぎている点である。リュート判決は，次節でも改めて述べるように，私人間効力論を超えて，基本権論全体にとって極めて重要な意義を持つ判決と見なされていった。他方，三菱樹脂事件は，基本権論全体どころか，私人間効力という論点だけに限っても，果たして本当に最高裁の原則的な考え方を示したリーディングケースと言えるのか，実のところ疑問を禁じえない。すなわち一方には，翌年の昭和女子大事件[12]のように，三菱樹脂事件を先例として引用しつつ，大学と学生との間の法的紛争において基本的人権規定の関連性を否定し，これを一切顧慮せず事案を解決した事例が存在する。他方で，女子若年定年制事件[13]が，女子の定年を男子よりも低く定めた企業の就業規則を公序良俗（民法90条）違反で無効と判断するに際して，括弧書きながら明示的に憲法14条1項に言及するように，私人間の紛争であるにも拘わらず憲法に言及する事例も見られる。かように，無効力説にも見える判例から実質的に直接効力説とさほど径庭ないかに見える判例まで，

---

11) 民集27巻11号1544頁。
12) 最三小判昭和49年7月19日民集28巻5号790頁。
13) 最三小判昭和56年3月24日民集35巻2号300頁。

よく見ると実は一貫性の疑われる判例群が存在しており，これを全体としていかに整合的に説明しうるかは，学説に課せられた難題となっている。三菱樹脂事件は，私人間効力をめぐる原則的な争いを部分的にしか解決しなかったのである。

伝統的理解が有する非常に明快でかつ安定的な枠組みの背後に，実はこれによっては十分に説明されない諸問題が隠されている。もしこのように言うことが許されるとすれば，このことが我々に示唆するのは，かような伝統的理解の明快さが，実は何か重要な問題を視界から排除することで成り立っているのではないか，という問題であるように思われる。そこで我々は次に，三菱樹脂事件の比較対象としてのリュート判決を，わが国の伝統的理解とは少し異なる角度から眺めてみなければならない[14]。

3　リュート判決再訪——またはリュートから見た三菱樹脂

(1)　「転轍」の行方

〔F〕「憲法の基本権諸規定が体現するのは一個の価値秩序であり，「これは基本権の効力が原則的に強化されたことの表現であって」，憲法上の基本決定として法の全ての領域に妥当する（リュート判決 BVerfGE 7, 198 [205]，また当裁判所の確立した判例〔以下引用略〕）。給付的 (gewährend) な国家活動の領域におけるように，立法者がより大きな形成の自由を有する場合でも，基本法の特別な価値決定はこの自由を制限する。……基本法5条3項もまた，そのような価値決定を含むものである。……この価値決定が意味するのは，予め定まった学問の固有領域に対する国家の侵害の拒絶のみではない。それはむしろ，文化国家として自らを任ずる国家が，自由な学問という理念を引き受けその実現に協働する責任を負うことを含むのであり，保護を与え促進する形で，この自由の保障が空洞化することを防ぐように積極的に行動することを国家に義務づける」（ドイツ連邦憲法裁判所1973年5月29日判決）[15]。

---

14)　リュート判決の意義と背景に関しては，とりわけ次の研究書が多くの情報と知見を与える。
　　Thomas Henne, Arne Riedlinger (Hrsg.), Das Lüth-Urteil aus (rechts-) historischer Sicht, 2005.

〔G〕「連邦憲法裁判所の確立した判例によれば，基本権諸規範は個人の国家に対する主観的防御権を含むのみでなく，同時に客観的な価値秩序をも体現するものであり，これは憲法上の基本決定として法の全ての領域に妥当し，立法，行政及び司法に方針と衝撃を与えるのである(リュート判決 BVerfGE 7, 198[205], 大学判決 35, 79[114]及びそこでの註記を参照)。国家が生成中の生命を法的に保護する義務を負っているか否か，そうだとしたらどの範囲においてか，という問題は基本権諸規範の客観法的内容から既に明らかにされうる」(ドイツ連邦憲法裁判所 1975 年 2 月 25 日判決)[16]。

　リュート判決は，ドイツ連邦憲法裁判所のその後の判例において，重要な意義を持つ先例として扱われていく。それも，私人間効力の領域を超えて，である。〔F〕〔G〕はその中でも重要な例のふたつである。〔F〕はいわゆる大学判決(1973 年)の一節である。ニーダーザクセン州の大学法が定める大学の意思決定の組織・手続が基本法 5 条 3 項の定める「学問の自由」を侵害するとして，大学の教授・講師らが提起した憲法異議の訴えに対して，連邦憲法裁判所はその請求を部分的に認容し，同法の一部を違憲と判断した。この際に憲法裁は，この「学問の自由」が国家による侵害からの自由を大学の研究者に保障するのみでなく，自由な学問を保護するために国家が人的・財政的・組織的な資源を提供し，また公的資源で設立運営される学術組織では自由な学問活動の維持のために適切な組織上の措置を講じることを要求している，と論じている。〔F〕はこの意味で「学問の自由」の規範内容を拡大するに際して，先例としてリュート判決〔A〕を援用する。

　他方〔G〕は，基本権保護義務という観念を確立したことで有名な第一次堕胎判決(1975 年)の一節である。それまで存在した妊娠中絶に対する刑事罰を大幅に緩和する刑法改正に対して，それが胎児の生命に対する権利を侵害しているとして提起された抽象的規範統制手続において，憲法裁判所は基本法 2 条 2 項 1 文の「生命への権利」と 1 条 1 項の「人間の尊厳」から，胎児を保護する国

---

15)　BVerfGE 35, 79[114].
16)　BVerfGE 39, 1[41f.].

家の義務を導出し，これに抵触する刑法の改正規定を違憲無効とした。〔G〕は，この保護義務が胎児の人権享有主体性の問題とは独立に根拠づけられうることを論証する部分であり，ここで判決はリュート判決の〔A〕部分と大学判決の〔F〕部分を援用することで，保護義務をリュート判決以来の「価値秩序」論の射程の中に位置づける。

　これらの引用は，リュート判決がドイツの判例法上いかなる意味を持つものとして受容されたかを，雄弁に物語っている。ボン基本法の基本権規定は自由権を定めた諸規定を中心としているが，これら諸規定が実は対国家的な防御権を超えた内容を含むものであることを判例法上確立したのがリュート判決（〔A〕）であり，この突破口から，私人間効力のみでなく，組織・手続への要請（〔F〕）や配分参加，基本権保護義務（〔G〕）などの具体的な諸要請が導かれる，という論理的な連関になる。リュート判決が基本権論の拡大をもたらした「転轍点」，「ビッグバン」と呼ばれる所以である。

　もっとも他方，この防御権を超えた規範内容（「基本権の客観法的内容」と呼ばれていく）が，裁判所の事例ごとの判断の積み重ねによって種々雑多で一貫性のない寄せ集めに陥ることは，その正当性という見地からも避けなければならない。そこでこの「基本権の客観法的内容」の全体を理論的に整序し，首尾一貫した形で説明し正当化する試みが求められることになる。基本権保護義務論によって私人間効力を説明し根拠づける，近時日本でも有力に主張される考え方は，こうした脈絡の中に位置づけられるものと考えられる。

　このことは，日本の私人間効力論との関係で重要な洞察を我々に与える。まず第一に，リュート判決が果たしたような基本権論上の「転轍点」としての役割を，三菱樹脂事件は明らかに果たしていないし，それは最高裁の他の判例についても同様である。端的に言うなら，日本の最高裁判例には「ビッグバン」は起きなかったのである。リュート判決と三菱樹脂事件をともに「間接効力説」だとする括り方は，この極めて重要な点を覆い隠してしまう。

　第二に，基本権保護義務による私人間効力の基礎づけという考え方は，この「転轍」を経た上で初めて成り立つものであり，いわば「ビッグバン」以降の問題状況を前提とした議論であるように思われる。ドイツで私人間効力を基本権保護義務から説明できるからといって，同じことが日本で当然に成り立つわ

けではない。基本権保護義務自体が実定憲法上の要請として認められているとは言いがたい以上，それは自分の髪を摑んで自分を沼から引き上げようとしたミュンヒハウゼン男爵にどこか似てしまう危険がある[17]。

　従って我々は，ドイツ由来の間接効力説をドイツの最新ヴァージョンへとアップデートする，という作業の前に，より根本的な問いに取り組まなければいけない。何故ドイツではこのような「転轍」が生じたのか。同じように私人間効力を論じながら，何故日本ではその中から同様の「転轍」が生じなかったのか。我々は今からでもこの「転轍」をやり直すべきなのだろうか。

(2) 実体的解釈の制度的文脈

　何故ドイツではリュート判決によって，後の判例・学説の言う「基本権の客観法的内容」が発見されたのか。この問いに取り組むに際して，そもそも法解釈が法の「発見」なのか「創設」なのか，という古い法哲学上の問いを想起しておくことは，無益ではないと思われる[18]。憲法の定める基本的人権の本質が何かについて，唯一の正解があり，裁判官はそれを「発見」するのだ，という立場に立つ場合には，事態はそれほど難しくない。もしドイツ連邦憲法裁判所がこの正解を「発見」したのであれば，彼我の基本的人権が本質的に同じものだとの前提に立つ限り，日本の最高裁もそれを取り入れるべきだということになろう。これに対して，裁判官は法解釈を通して法を創設する，という立場から眺めてみるなら(かような法哲学的争いに解決を与えることは本章の課題ではない。ここでは，それぞれの立場が提供する視座の違いが問題である)，事物の違う側面が見えてくる。ドイツ連邦憲法裁判所は，基本権についての新しい理解を有権解釈によって創出した。何故彼らは敢えてそのような自明でないことをしたのだろうか？

　まず想起されるのは，日本と大きく異なるドイツの裁判制度の存在である。ドイツでは，連邦通常裁判所，連邦行政裁判所，連邦労働裁判所等を頂点とし

---

[17] 言うまでもなく，基本権保護義務論が現在の日本の実定法を説明するのに適さないとしても，「あるべき法」の提唱としてその問題提起にどのような説得力が認められるべきかは，上記とは別の問題として評価されるべきである。

[18] 例えば参照，ミシェル・トロペール(南野森編訳)『リアリズムの法解釈理論』(2013年)。

た法律審の諸系列と並んで、憲法上の争いの解決を独占的に担う連邦憲法裁判所がこれらと独立に存在する、という構造が採られている。連邦憲法裁判所が事案について判断しうるためには、それが単なる法律問題ではなく憲法問題として構成され、適法な手続によって憲法裁判所へと持ち込まれなければならない。ここでは憲法裁判所は、自らの権限を拡大するためには、憲法上の争いとして扱われうる事項の範囲を拡大することが便宜に適うことになる。言い換えれば、憲法裁判所はかような組織・権限の配置によっていわば基本権の射程拡大への一定のインセンティヴを与えられている、と言いうるように思われる（また、そうであるが故に、逆に基本権の実体的内容が拡大を遂げた後は、それが憲法裁判所の権限の過剰をもたらす危険性に警戒が払われる）[19]。

実際に1951年の創設以来、ドイツ連邦憲法裁判所は1950年代を通して政治部門を含め他の国家機関との関係で自己の地位をいかに確立するかに腐心することになる。私人間効力という問題は、連邦通常裁判所など私人間の争訟を扱う法律審の判断に憲法裁がどこまで介入しうるかという裁判所間の権限問題と密接に関係する。加えるに、私法の一般条項の解釈という私人間効力論の中心問題は、法史的文脈から見て当時とりわけセンシティヴな論点であったことが指摘されている。民法の一般条項は、ナチス支配下で既存の法秩序をナチス的世界観から再解釈する上で重要な役割を果たしたが、戦後になると一転して、連邦通常裁判所によって「自然法の再生」が行われる際の舞台のひとつとなる。超実定的な自然法が法律解釈を規制する理念として通常裁判所によって持ち出されるのに抗して、憲法裁判所が自らの指導的地位を貫徹するためには、自然法ではなく実定憲法の中にこそ法秩序全体を指導する基本原理が含まれていることを弁証する必要があった、と指摘される[20]。

リュート判決の制度的・精神史的背景に関するこれらの議論は、その説明能力や射程についてなお慎重な検討が必要ではあるが[21]、ここに示される実体的

---

19) Vgl. Rainer Wahl, Die objektiv-rechtliche Dimension der Grundrechte im internationalen Vergleich, in: Detlef Merten, Hans-Jürgen Papier (Hrsg.), Handbuch der Grundrechte in Deutschland und Europa, Band 1, 2004, S. 745ff.
20) Vgl. Oliver Lepsius, Die maßstabsetzende Gewalt, in: Matthias Jestaedt, Oliver Lepsius, Christoph Möllers, Christoph Schönberger, Das entgrenzte Gericht, 2011, S. 159ff., 194-196.
21) この説明は、連邦憲法裁判所による憲法の射程拡大を後押しした可能性のある要因の指摘としてある程度までは説得的であるが、例えば連邦労働裁判所や連邦通常裁判所がなぜこの時期一定の

解釈の制度的文脈という観点は，我々の主題にも重要な示唆を与えるように思われる。私人間効力論について言われる無効力説・間接効力説・直接効力説という三説は，ここでは単純な並列関係にあるわけではない。私人間の争訟に対して憲法の基本権規定が何の関連性をも持たないのか，それとも憲法がここで何かを要求しているのか，という分岐点こそがこの文脈では決定的に重要である。もしここで基本権規定の私人間への効力が認められるのであれば，その際の理論構成や効力の程度は，これとの関係では二次的な問題にすぎないとも言える。換言すれば，無効力説と間接効力説・直接効力説との間には深い断絶が存在するが，間接効力説と直接効力説との距離は比較的小さい[22]，と考えることができる（だからこそそれは基本権保護義務論のような新しい立場からの再構成に対しても開かれており，実は間接効力説か直接効力説かという二者択一の枠組みで議論しなければならないこと自体が必ずしも自明でない）。この断崖を跳び越えるためにこそ，憲法裁判所は「価値秩序」論のパトスを必要としたのであり，その「基本権規定は対国家的防御権を超えた内容を持つ」という原理的立場は，私人間効力論を超えた射程を獲得するのである。

　日本における私人間効力論が置かれた制度的文脈は，これとは全く異なる。アメリカ型の付随的違憲審査制を採用し，法律上の争訟を裁定する裁判所が事案の解決に必要な限度で憲法判断を行う仕組みの下では，裁判所はドイツ連邦憲法裁判所のようには，自らの権限を確保するために事案を憲法問題へと構成する必要には迫られていない。むしろ裁判所は，無理に憲法論に頼らずとも，法律解釈が許す範囲で事案を自分たちの好きなように解決することができる。ここではドイツとは逆に，無効力説と間接効力説との差異はさほど決定的ではないと考えられる。裁判所が私法を適用して事案を解決する際に，そこでの私法規定の解釈を法律内在的な解釈として提示するか，憲法による影響を受けたものとして提示するかは，ある意味で説明の仕方の違いにすぎないとも言える

限度で直接効力説的な立場を取ったのかを説明せず（連邦労働裁判所については人的な要因として次註も参照），問題状況の多面的な解明の必要性はなお残る。

[22] 従って，直接効力説の主唱者にして連邦労働裁判所の初代長官であったニッパーダイ(Hans Carl Nipperdey)の研究者が，むしろ彼の直接効力説がリュート判決の登場を準備したという側面に注意を喚起するのは，基本的に正当であるように思われる。Thorsten Holstein, Um der Freiheit willen — die Konzeption der Grundrechte bei Hans Carl Nipperdey, in: Henne, Riedlinger(Hrsg.), Anm. 15, S. 249ff., bes. 260.

からである。裁判所は，自らの論証を補強するために憲法という論拠に言及するのが便宜だと思えばそうすればよいし，不要だと思えばしなくてもよい[23]。

これに対して，直接効力説の場合には事情がいくらか異なるように思われる。私法上の争いで当事者の一方が相手方に対する人権規定の直接効を主張するとき，それは相手方の主張する法律上の権利・利益を覆しうる一種の「切り札」として提示される場合が少なくないものと推測される(三菱樹脂事件の高裁判決[24]はこうした視角から理解することができる)。この主張を認めることは，裁判所が法律解釈を通じて事案を柔軟に解決する自由が，憲法によって一定の限度で制約されることを意味する(もっともこのことは，私人間における人権が「切り札」でなく制限に服することを認める場合には，大幅に相対化されようし，またこれはあくまで限定された形で人権規定から直接的な効果を導くことをも全面的に否定するほど強い理由ではないと考えられるが[25])。

このように考えると，日本においてもまた，無効力説・間接効力説・直接効力説という三説は単純な並列関係にあるわけではないことがわかる。しかしその関係はドイツとは異なる。ここでより重要なのは，当該事件で事案に適用される法条が何かであり，人権規定がその事案との関係で直接的な効力を持つか否かである。これに対して無効力説と間接効力説との差は相対的なものにすぎない。三菱樹脂事件は，〔B〕が雄弁に語るように，直接効力説に依拠して事案を解決した原審判決の立場を拒絶した点にこそ眼目を有する判決であり，裁判所はこれによって自らの法律解釈による事案解決のフリーハンドを確保するのである。その先で，裁判所の論証過程の中で憲法が一般にいかなる役割を果た

---

23) この際に日本の裁判所が法律解釈の次元での事案解決を好む傾向を示しており，これによって「日本国憲法の過小な配分」がもたらされている点については，第14章5を参照。なお，わが国で近年有力に主張されている新しい無効力説(後掲註34の文献等を参照)は，ここでかかる無効力説と間接効力説の間に決定的な差異を見出そうとする議論であり，論争的な問題提起としての意義は疑いえないものの，日本の問題状況に適合しているか疑問が残り，この意味で多分に観念的な印象を与える。むしろかかる対立軸の立て方自体は上述の意味で極めてドイツ的であり，新無効力説はあたかもドイツ的問題状況を前提としながらその中でドイツとは別の道を行こうとする議論であるかのようにも見える(従って基本権保護義務論とは，対極的な立場であるにも拘わらず実はある程度まで議論の前提を共有することになる)。結局のところ，新無効力説は自らが Schreckbild として描き出すドイツに無意識に影響されていないか，検討の必要があるように思われる。
24) 東京高判昭和43年6月12日判時523号19頁。
25) この意味では，直接効力説の復権の可能性を指摘する論者の今後の議論がどのように展開していくかが注視される。参照，石川健治「隠蔽と顕示」法学教室337号(2008年)40頁以下。

すべきかという問題は，三菱樹脂事件によってもその後の事件によっても未だ十分な解決を与えられておらず，これは先に触れた判例のこの点での一貫性のなさに現れているように思われる。

かくして我々は，冒頭に掲げたリュート判決のテクスト〔A〕と三菱樹脂事件のテクスト〔B〕の間に存在する距離の正体を，以前より明瞭に理解することができる。敢えて標語的に述べるなら，リュート判決は第一義的には無効力説をこそ否定した判決であり，三菱樹脂判決は第一義的には直接効力説をこそ否定した判決である。両者は，異なる文脈の中で，異なる問いを前に，異なる意味を持つものとして発せられた。「どちらも同じ間接効力説ではないか」，という捉え方は，この重大な差異を覆い隠してしまう。

(3) 「仮想空間」を超えて？

以上の検討は，従来の通説的見解の持つ明快さが，何を視野の外へと追いやることで成立していたのかをも，明瞭に浮かび上がらせるように思われる。仮に人権の理念が普遍的であるとしても，これを憲法上の権利へと実定化した諸規定が法秩序の中でいかなる機能・役割を担うことになるかは，国ごとに必ずしも同じではない。とりわけここでは，裁判所が基本権規定を解釈する際の制度的文脈が小さくない影響を及ぼすと考えられる。人権規定が私人間効力を有するか否かという問題は，諸個人の社会関係が不可避的に法によって形作られる中，この法の内容形成についてどの国家機関がいかなる発言権を有するか，という問題との関係をも考慮に入れて検討されなければならない。我々の伝統的理解が恐らくは半ば意図的に視界から排除していたのは，権利の問題が実は同時に権限の問題でもある，という洞察であるように思われる[26]。

我々の「間接効力説」——それはある面で三菱樹脂判決をリュート判決に引きつけて解釈する試みと言い換えることもできる——は，この点を大幅に捨象することで成り立っているために，恰も国境を超えて普遍的に通用する議論であるかのような外観を呈しながら，その実はドイツの法状況をも日本の法状況をも適切に説明することに成功していない。この点で従来の通説的見解の綻び

---

[26] 但しこの点への視角をも含む論攷として参照，棟居快行「私人間適用」『人権論の新構成』(1992年)1頁以下。

が徐々に認識されつつあることは，近年における私人間効力論の活性化の一因にもなっているものと推測されるが[27]，そこでの百家争鳴というべき学説状況は，むしろ問題状況をますます見通しがたいものにしているようにも感じられる。もし伝統的理解が上述の意味で一種の空中楼閣にとどまったと言いうるならば，その原因を根本的に克服しえない限り，その上に積み重ねられた議論もまた空中楼閣たることを免れない。そこでの議論は時として，「論者の拠って立つ憲法観・人権観」が様々に語られるためのヴァーチャルな「仮想空間」の観を呈するようにも感じられるところである[28]。

ここから脱するために考えられる方策のひとつは，わが国の私人間効力論を上記の三分論，就中「間接効力説」の軛から解放することであると思われる。そこでは例えば，広く私人間の法的争訟で判例が憲法をどのように用いている，もしくは用いていないかを内在的に分析するとともに，諸利害の適切な調整をもたらす上で憲法上の観点がいかなる場面でいかなる役割を果たしうるか，もしくは果たしえないかを探ることが課題とされえよう[29]。こうした試みは，憲法の規範内容の拡大によって憲法裁判所の権限を拡大するというドイツの問題状況とは逆に，むしろ裁判所の法律解釈による利害調整のあり方を学説が憲法上の観点を助けとして合理化し枠づける試みという意味を持つことになると思われる[30]。

ここで必要とされるのは，従来の普遍主義的思考をより文脈主義的な思考へと軌道修正することであるとも言えようし，あるいは様々な「憲法観・人権

---

27) リュート判決以後，約半世紀におけるドイツの憲法発展が，我々の長年の同床異夢を醒まさせる効果を持ったことは疑いえないように思われる。参照，芦部信喜「人権論50年を回顧して」『宗教・人権・憲法学』(1999年) 217頁以下。
28) 理論的次元での議論の活況と，解釈論上の実益の乏しさとの落差を指摘する例として参照，長谷部恭男『続・Interactive 憲法』(2011年) 10頁以下。西村裕一「社会的権力への懐疑」木村草太，西村裕一『憲法学再入門』(2014年) 178頁以下，180-182頁。
29) そこには，基本権規定が公序を設定するものとして私法上直接的な効力を発揮すべき局面があるかもしれないし (石川・前掲註25) も参照)，一般条項の解釈に指針を提供しこれを枠づけるべき局面も存在するかもしれない (日本の民法学における保護義務論の受容は，結局のところかかる方向性を志向するようにも見える。参照，山本敬三『公序良俗論の再構成』(2000年))。少なくとも，基本的人権全体について，無効力説・間接効力説・直接効力説のうちからいずれかひとつを選択しなければならない，という前提がどこまで妥当かは実は証明されておらず，局面に応じてより差異化された検討が必要になるものと推測される。なお，第14章註28)および対応する本文も参照。
30) 宍戸常寿「私人間効力論の現在と未来」長谷部恭男編『人権論の再定位3 人権の射程』(2010年) 25頁以下。同『憲法 解釈論の応用と展開〔第2版〕』(2014年) 94頁以下。

観」の飛び交う「大きな憲法論」から，具体的な諸問題の解決に密着した「小さな憲法論」への転換だとも言えるかもしれない[31]。この意味で，わが国で憲法の役割を正しく拡大するために，具体的にいかなる議論が有効でありうるかは，恐らく今後もなおしばらく模索が続けられていくことになると思われる。とは言え，ここには従来の学説上の議論のうち，かような解釈論上の洗練によっては汲み取られない「剰余」が取り残されはしないだろうか。もしそこに何か充たされないものが残るとしたら，その正体は何なのか。これが，本章に残された最後の問いである。

4　日本憲法学の「近代」

〔H〕「20世紀の社会的環境が近代的な人権の宣言された18世紀末のそれと様相を全く異にしていること，ここに，それに適応する新しい人権理論への強い要請が生じる最大の理由があろう」(芦部信喜)[32]。

〔I〕「私法と公法の二元論，したがって私的自治への憲法価値の不介入，という図式は，社会と国家を対置する「近代」像のもとでは，ごく自然に受け入れられてきた。しかし，そのような「近代」像は，実は，自明のものだったわけではない〔引用略〕。……〔フランス1789年人権宣言〕では，諸個人によって自然権の保全を目的としてとり結ばれる「政治的結合(＝ポリスという結合) association politique」……とは，国家であると同時に「社会」なのであった」(樋口陽一)[33]。

〔J〕「〔ドイツでは〕憲法は……全社会の基礎として社会内のあらゆる関係において妥当すべき法的価値をも宣言したものという性格を帯びることになる。後者の憲法観・人権観は，徹底すれば近代的な立憲主義の観念を逆転し，憲法・人権が権力をではなく，国民を拘束するものへと転化するモメントを秘めており，看過することのできない重大な意味をもつものと言わざるをえない」。「私がこ

---

31)　参照，棟居快行「「小さな憲法論」の試み」『憲法学の可能性』(2012年)15頁以下。
32)　芦部信喜「人権保障規定の私人間における効力」『現代人権論』(1974年)3頁以下，4頁。
33)　樋口陽一『国法学』(2004年)116-119頁。

こで提案したいのは，日本においては特殊ドイツ的な行き方に安易に与する前に，立憲主義の論理を貫徹する努力をしてみるべきではないかということである」(高橋和之)[34]。

　私人間効力をめぐる学説の議論にしばしば看取されるのは，その文体に籠もる一種独特のパトスの存在である。それは，技術性の高い醒めた法律論とは何か本質的な点で異なるものを含んでいる。ここに見られる「近代」ないし「立憲主義」という主題のうちに現れているのは，人権の古典的理念が現代的状況の中でなおいかなる意義を持ちうるかに関する政治哲学的な問いであるかもしれないし([H])，この際に我々が個人・社会・国家の関係をいかなる意味論的な枠組みで把握すべきかに関する憲法＝国制論的な問いであるかもしれないし([I])，また判例がしばしば自己言及的に先例の設定した枠組みへと自閉し，また教科書的な標準学説も同様に規格化された「通説」の再生産へと向かう傾向を有するのに対して，我々が潜在的には常に国家，憲法，人権といった根本概念に関する原理的選択の前に立っていることを想起しようとする論争的な問いかけであるかもしれない([J])。かような問題意識は，いずれもそれ自体としては疑いもなく正当である。原理的次元の問いを，日本社会に生起する具体的な問題との関係で主題化しうる点に，憲法論の有する魅力のひとつが存してきたとすれば，憲法学がかような諸問題をすべて自らのディスコースから消去する場合には，それは干からびて魅力のないものとなろう。

　とは言え，かかる原理的な問いかけが，私人間効力をめぐる議論の迷宮を解く上でいかなる意義を有するかは，反省の余地が残る。かような「近代」や「立憲主義」への遡行の背後には，基本的人権の本質に関する正しい理解こそが私人間効力に関する正しい憲法解釈を導くのであり，正しい憲法解釈を行うためには正しい「憲法観・人権観」に立脚しなければならない，という想定の存在が推測される。しかしながら，本章が確認したところの伝統的理解の破綻が我々に示しているのは，この意味での理論と解釈が相互に無関係ではありえないとしても，少なくともかかる理解が暗黙に想定するような形で単純かつ直

---

34)　高橋和之「『憲法上の人権』の効力は私人間に及ばない——人権の第三者効力論における「無効力説」の再評価」ジュリスト1245号(2003年)137頁以下，142, 144, 145頁。

線的に結合しているわけではない，という洞察であるように思われる。違憲審査制の下での憲法解釈は，各々の論者が有する「憲法観・人権観」に対して一定の自律性ないし固有法則性を獲得せざるを得ず(本章が主題化した制度的文脈はこれを規定する重要な要因のひとつである)，ここでは「近代」も「立憲主義」もそれだけでは直ちに我々の問題に答えを与えない[35]。憲法解釈論が今後精緻化と洗練を進めていくことが予測される中，この中に完全には吸収されない上述の「大きな」問題意識をどのような形で継承することができるかは，未だ十分には明らかになっていない。

　ここで問われるのは，日本の憲法論が自らのディスコースの構造をいかに再編することができるのか，という困難な課題であると考えられる。あるいは我々は成功しないかもしれない。従来の居心地の良い「仮想空間」が学説という小宇宙の中になお存続することになるかもしれない。その時，三菱樹脂事件は，それが判例法上の「転轍」をもたらしたが故ではなく，それが私人間効力をめぐる解釈論上の争いに終局的な解決を与えたが故でもなく，それが「近代自由社会」や「私的自治」についての言説を論証の中心に据えるものであるが故に，憲法学説が「近代」や「立憲主義」を語り続ける際の不可欠の対話の相手として，なお重要な地位を占めていくことになるものと思われる。

---

[35] より踏み込んだ検討として参照，林知更「憲法秩序における団体」(第14章)。また，ドイツのベッケンフェルデに即してこの問題を検討するものとして参照，同「国家学の最後の光芒？——ベッケンフェルデ憲法学に関する試論」(第4章)。

第16章

「国家教会法」と「宗教憲法」の間
―― 政教分離に関する若干の整理 ――

1 政教分離原則の動揺？

(1) 空知太神社事件最高裁判決

　最高裁判所は，2010年1月20日，北海道砂川市の市有地の上に神社が設置されていることの憲法適合性が争われた事件で，この市有地の無償での提供を違憲と判断した（以下，「空知太神社事件」，あるいは単に「本判決」という）[1]。憲法の定める政教分離に関する事件では，1997年の愛媛玉串料事件[2]に続いて二度目の違憲判決となる。空知太神社事件では，第一審（札幌地判平成18年3月3日平成16年(行ウ)第8号）・第二審（札幌高判平成19年6月26日平成18年(行コ)第4号）[3]でともに違憲判断が示されていたこともあり，憲法上の争点に関する最高裁の結論自体は予測の範囲内にあったと言えようが，その理由づけは大方の予想を覆すものであった。最高裁はここで，下級審とも従来の判例とも異なる新しい立場を提示したためである。

　この最高裁判決の特色は，大きく次の二点にまとめることができよう。第一に，判決は市の当該行為が憲法89条と20条1項後段に違反するものと認定し

---

[1] 最大判平成22年1月20日民集64巻1号1頁。以下，本判決を引用する際は，民集のページ数を括弧内で指示する。なお，同日に最高裁大法廷で同じ北海道砂川市の富平神社に関する事件（民集64巻1号128頁）について合憲判決が出ており（市有地上に神社が存在する事態を解消するために，神社の敷地を市が無償で町内会に譲与したことの合憲性が争われた），この事件と区別するため，以下では本件を神社名で「空知太神社事件」と呼ぶことにしたい。本判決についての簡単な時評的コメントとして参照，林知更「空知太神社事件最高裁違憲判決が意味するもの」世界803号（2010年）25-28頁。

[2] 最大判平成9年4月2日民集51巻4号1673頁。本件に関して参照，林知更「批判」法学協会雑誌116巻8号（1999年）1382-1400頁。

[3] 第二審の評釈として参照，林知更「判批」平成19年度重要判例解説（ジュリスト1354号）（2008年）14-15頁。

た。津地鎮祭事件[4]以来，これまで政教分離をめぐる争いで中心的な役割を果たしてきたのは，憲法20条3項の定める国(地方公共団体を含む。以下同じ)の「宗教的活動」の禁止である[5]。最高裁はこれを，同条の例示する「宗教教育」のように国が特定の宗教を宣伝・布教するような行為のみに限らず，国と宗教との間で関わり合いを生じる行為全般へと広く適用する姿勢を示してきた。他方，国が宗教団体に対して「特権」や「政治上の権力」を付与することを禁じた20条1項後段は，適用対象として想定される事例の範囲が極めて限定されると考えられたこともあり，従来の判例ではさして重要な役割を果たしてはこなかった。本件で，下級審が20条3項違反の有無を中心的な争点として違憲判断を導いたのは，これに照らしてもごく自然なことであったと言えよう[6]。

これに対して最高裁は，本件でこの20条3項に一切言及することなく，他のふたつの条文から違憲判断を下した[7]。とりわけ，最高裁が20条1項後段違反を認定したのは，これが初めてである。この際に判決は，89条を，「20条1項後段の規定する宗教団体に対する特権の付与の禁止を財政的側面からも確保し，信教の自由の保障を一層確実なものにしようとしたもの」と理解し，20条1項後段を原則的な規定，89条をその補助的・手段的な規定として，両者を連続的に位置づける(9頁)。従来，(津地鎮祭事件や愛媛玉串料事件のように)20条3項とセットで扱われることの多かった89条は，ここでは20条1項後段の側に引き付けられるのである。この意味で20条1項後段こそは，それ自体に対する論及は決して多くはないものの(直接的に検討の対象とされているのは，主として89条である)，判断過程の指導原理として[8]，実質的に本判決における主

---

[4] 最大判昭和52年7月13日民集31巻4号533頁。
[5] 参照，林知更「政教分離原則の構造」高見勝利他編『日本国憲法解釈の再検討』(2004年)125-127頁。
[6] 原審は本件を，神社を所有する町内会に対する市の便宜供与として構成したところ，町内会は「宗教団体」や「宗教上の組織若しくは団体」とは考えにくいため(89条に関しては参照，箕面忠魂碑・慰霊祭事件，最判平成5年2月16日民集47巻3号1687頁)，本来20条1項後段や89条の適用は難しい事例であった。
[7] かような転換が可能になったのは，最高裁が神社の氏子集団を町内会から自立した存在と認め，本件をこの氏子集団という「宗教団体」に対する便宜供与として再構成したためである。
[8] この際に，20条1項後段自体の解釈問題にほとんど立ち入ることなく，89条違反の認定から直ちに「ひいては憲法20条1項後段にも違反する」(8頁)との結論を導いているところから見て，本件は20条1項後段を，自立した一個の「ルール」としてよりも，一種の「原理」として理解している可能性も推測される。

役の座を20条3項から奪取したと見ることも，あながち不可能ではなかろう。

　第二に，本判決はこの政教分離違反に関する判断基準として，従来の判例で確立していた「目的効果基準」をあえて用いなかった。「目的効果基準」は，津地鎮祭事件最高裁判決で，20条3項違反の判定基準として初めて導入されたものであるが，愛媛玉串料事件で89条の判定基準であることも明示されていたものである。そもそも，最高裁が津地鎮祭事件でこの「目的効果基準」を導出するに際して用いた論理は，次のようなものであった。まず，政教分離に関する憲法の個々の条文の背後に，統一的な憲法原理としての「政教分離原則」の存在が想定され，かかる「原則」の本質が何であるかが問われる。それは，わが国の戦前における国家神道の経験などにも照らして，「信教の自由を確実に実現するため」に導入されたものであり，「国家と宗教との完全な分離を理想とし」たものと解されるが，他方で現実上は国家と宗教との関わり合いが不可避的に生じる場面も想定しうるため，分離を完全に貫くことは「社会生活の各方面に不合理な事態を生ずることを免れない」。このため結局のところ，「政教分離原則は，……国家が宗教とのかかわり合いをもつことを全く許さないとするものではなく，宗教とのかかわり合いをもたらす行為の目的及び効果にかんがみ，そのかかわり合いが右の諸条件〔引用者註・それぞれの国の社会的・文化的諸条件〕に照らし相当とされる限度を超えるものと認められる場合」のみを禁ずるのである。このような論理に従う限り，「目的効果基準」が，20条3項のみではなく，89条のように政教分離に関する他の規定にも広く適用される一般的な判断基準であると解することには，相当の理由があったものと言えよう。

　これに対して本判決は，この確立したはずの基準を89条にも20条1項後段にも用いることを拒否した。それでは，最高裁はいかなる論理で本件の違憲判断を根拠づけているのか。最高裁の判断の中身は，一見したところ実は従来の判例と大差ないようにも見える。89条の趣旨についても（「宗教とのかかわり合いが，我が国の社会的，文化的諸条件に照らし，信教の自由の保障の確保という制度の根本目的との関係で相当とされる限度を超える」場合のみが禁止される。9頁），またその判断方法についても（「諸般の事情を考慮し，社会通念に照らして総合的に判断すべきもの」とされる。10頁），従来の判例とほぼ同様の定式を繰り返しているか

らである(津地鎮祭事件と愛媛玉串料事件が同趣旨の先例として引用されている。10頁)。とは言え，この判断枠組みにおける諸考慮要素の意義と内容をもう少し立ち入って見てみると，やはり上記二判例との違いは無視しえないように思われる。本判決は，公有地を無償で宗教的施設の敷地に提供する行為を，「一般的には……89条との抵触が問題となる行為である」，としていわば違憲性の推定を働かせた上で(9頁)，例外的にこの違憲の疑いを覆し，あるいはその憲法上の有害性を緩和する可能性のある要因として，例示的にいくつかの考慮要素(建物の文化的・社会的価値，特別な歴史的経緯など)を挙げているからである(9-10頁)。この意味で，本判決では様々な考慮要素を積み重ねて初めて違憲の判断に到達しうる従来の判例とは「原則」と「例外」の関係が逆になっていると解することにも，相当の理由があると言うことができよう[9]。

以上の検討に照らすならば，本判決は，従来ほとんど無視されてきた20条1項後段の存在に着目し，これを梃子としながら，しばしば政教分離の要請を過剰に緩めるものと批判されてきた津地鎮祭事件以来の判断枠組みから離反し，少なくとも政教分離の要請の核心部分に触れるとみなしうる種類の事案には[10]，より厳格な判断枠組みを要求したものと理解することが，ひとまずは可能であるように思われる。そもそも，本件の事案を解決するためだけであれば，下級審のように従来の「目的効果基準」を用いても同様の結論に到達できたことを考えると，かかる離反は相当に自覚的な選択に基づくものと理解すべきであろう。

(2) 政教分離の複合的性格

ア もっとも，それでは本判決がこの問題領域における最高裁の厳格化に向けた転換点を意味するかというと，そう容易にも即断できないように思われる。まず，本判決は明示的な判例変更を行っておらず，「目的効果基準」を用いた

---

[9] 藤田宙靖裁判官の補足意見における目的効果基準への批判的指摘(15-17頁)を参照。
[10] もっとも，何がこの意味での核心部分に当たるかは，判決それ自体からは十分明らかでない。藤田補足意見は，本件が，「宗教性」と「世俗性」が同居しており両者の優劣の判断が微妙な事例とは異なり，ほぼ「宗教性」しか存しない事例である点で，「目的効果基準」の適用された津地鎮祭事件などとは区別されるものと論じる(17-18頁)。田原睦夫裁判官の補足意見は，国の宗教に対する「積極的な関与」と「消極的な関与」を区別し，前者には厳格な判断が必要であるとの見解を示す(22-23頁)。

先例はなお判例としての有効性を失っていない。そもそも本件の判断枠組みは，「宗教団体」の利用する宗教的施設への公有地の無償提供という限定された類型の事例を念頭に置いたものであって，同じ89条に関わる事件でも事案の特徴が異なる場合に，どのような判断が行われるべきかは，開かれたままにとどまっている(89条について目的効果基準を適用した愛媛玉串料事件はまだ効力を否定されていない)。更には，89条も20条1項後段も適用できず，専ら20条3項のみが問題となる事案は，完全に本判決の射程の外にある。この意味では，本判決が「緩やかな分離」から「厳格な分離」への転換点になると直ちに推断するよりは，むしろ20条3項と目的効果基準とを万能のごとくに適用する一元的な判断枠組みから離れて，事案の類型ごとに異なる判断枠組みを使い分ける方向へと最高裁が進みつつある徴候であると理解するほうが，今後の法発展への見通しとして恐らくはより穏当であるように思われる。

　　イ　かくして，本判決が我々に示唆するのは，憲法の定める政教分離が従来考えられていたよりも案外に複雑な構造を有しているのではないか，という問いである。もっとも，これは別にいま初めて浮上した問題ではない。例えば津地鎮祭事件最高裁判決の「政教分離原則」に関する説示を少し丁寧に読むと，(いまや悪名高い「制度的保障」のくだりを別にしても[11])必ずしも相互に整合するとは限らない複数の思考の端緒が，十分な論理の明晰さを欠いたかたちで渾然一体となって使用されていることがわかる。

　まず，津地鎮祭事件最高裁判決によれば，「憲法は，政教分離規定を設けるにあたり，国家と宗教との完全な分離を理想とし，国家の非宗教性ないし宗教的中立性を確保しようとしたもの，と解すべきである」，とされる。ここで「分離」と「中立性」は，一見したところ連続的なものとして引かれているが，両者は元来その語義に照らしても相当に異なる内容を持つものと理解するのが妥当であろう。「分離」の要請が，国家と宗教との絶対的な距離を問題とするのに対して，「中立性」の要請は，複数の宗教との間，あるいは宗教と無宗教との間における国家の関係のあり方を問題とするからである。従って，この両者が常に同じことを要求するとは限らない。例えば国家が諸宗教に平等な支援

---

11)　参照，石川健治『自由と特権の距離——カール・シュミット「制度体保障」論・再考〔増補版〕』(2007年)。

を与える場合，国家の宗教間の「中立性」の要請には抵触しないが，「分離」の要請を損なっている，ということも起こりうる。

　もし仮に，かように憲法上の政教分離が少なくとも二種の異質な論理を含むものであるとするなら，ここで必要なのは，憲法の諸規定の規範構造にも照らして，このふたつの要請の配分ないし相互画定を具体的に明確化していくことのはずである。ところが津地鎮祭事件最高裁判決は，この点を曖昧にしたまま，現代では完全な分離が不可能であることのみを根拠に，直ちに「政教分離原則は，国家が宗教的に中立であることを要求するものではあるが，国家が宗教とのかかわり合いをもつことを全く許さないとするものではな」いと結論し，政教分離原則の内容を大幅に中立性のほうへと解消してしまう。しかし，憲法自身が20条1項後段や89条においてまさに国家と宗教団体との距離に関する規律を置いていることに照らしても，議論がやや過度な単純化に陥ってはいないか，疑問とする余地は残るように思われる。たとえ完全分離が不可能でも，中立的であるか否かにかかわりなく，国家と宗教との間の距離になお憲法上超えてはいけない一線がありはしないか，という問題は，ここでは正面から問われはしない。

　他方，かように「分離」の要請を後退させるために用いられた論理自体も，必ずしも十分に説得的とは言えないように思われる。ここでは，「国家が，社会生活に規制を加え，あるいは教育，福祉，文化などに関する助成，援助等の諸施策を実施するにあたって，宗教とのかかわり合いを生ずることを免れえ」ず，ここで完全分離を貫くと「社会生活の各方面に不合理な事態を生ずることを免れない」，という点が主たる論拠とされる。これは，抽象的には一定の説得力を持った言明とは言えようが，かような論理が効力を持つのは，まさにこの「国家が，社会生活に規制を加え，あるいは教育，福祉，文化などに関する助成，援助等の諸施策を実施する」場合のみに限られる。ところが最高裁は，かような論理から導かれた「目的効果基準」を，これまで主に国家による習俗的行為や社会的儀礼の限界づけのために用いてきた。しかし，この両者は，本来性質的に別種の問題と解すべきではないのか。少なくとも，憲法上許されるべき国家と宗教との関わり合いには複数の類型が存在し，それぞれに固有の根拠づけと限界画定が必要であると考えたほうが，より事柄の性質に適った説得

力の高い議論が可能となるように思われる[12]。

　以上をまとめるなら，津地鎮祭事件以降ほぼ事実上の定着を見せた「政教分離違反の有無＝目的効果基準違反の有無」という一見わかりやすい等式は，本来より複合的なものとして理解されるべき憲法の規範的要請や，より差異化された扱いを必要とする複数の異質な諸問題を，その単純さによって覆い隠してしまう危険を併せ持っていた。これに照らすと，空知太神社事件における目的効果基準からの離反は，我々がかような津地鎮祭事件の呪縛を逃れて政教分離の構造をもう一度問い直すために，少なくともひとつの有益な契機を提供するものと言えるように思われる。

　ウ　もっとも，空知太神社事件の最高裁判決自体は，このような従来の政教分離原則の理解それ自体に対して，原理的な見直しを加えるものではない。むしろ，政教分離原則に関する抽象的考察に遡及することなく，あくまで89条と20条1項後段への根拠条文の変更を通して，明示的な論究や根拠づけなしに新たな判断枠組みを持ち込んでいる点に，本判決の特徴があるように思われる。このため，そもそも上述のような政教分離の複合的構造を具体的にいかに捉え，そのどこに本判決を位置づけたらよいのか，本判決のみをいくら内在的に分析しても十分明らかにすることは難しい。このように，目前の個別事例の解決を超えた意義と射程を恐らくは意図的に曖昧なままに残した判決を前にして，学説が「判例実証主義」に陥ることを避けつつなお果たしうる役割があるとすれば，そのひとつは，何らかの理論的視角からこれを位置づけ測定するための座標軸の可能性を探求することであろうと考えられる[13]。

　そこで以下では，現時点では筆者の研究の進展状況と時間的な事情から極めて不十分な議論しか行いえないことを承知の上で，上述の政教分離の構造に関する座標軸の試みとして，仮説的にその規範的内容を，制度・共同体・個人という三つの層へと整理してみることとしたい。これは，一定の歴史的関心を背景に持ちながら，しかし主として理論的視角からの再構成を試みるものである。

---

12)　参照，林・前掲註5)127-135頁。
13)　Vgl. Peter Lerche, Rechtswissenschaft und Verfassungsgerichtsbarkeit (2002), in: ders., Ausgewählte Abhandlungen, 2004, S. 529ff.

2 制度・共同体・個人

(1) 信教の自由

ア わが国で政教分離の目的として古くから挙げられてきたのが、信教の自由の確実な保障である[14]。これは、判例でも津地鎮祭事件から空知太神社事件に至るまで、一貫した態度であると言えよう[15]。もっとも、例えばイギリスなど国教制の国でも信教の自由は保障されているように、政教関係はそれぞれの国の歴史的諸条件に応じて多様であって、信教の自由の保障の程度とはある程度まで自律的であると見ることにも理由がある。それどころか、歴史的に見るなら、信教の自由の保障の方こそが、特定の時代の政教関係によって規定されてきた面すら存在している。そこで、この点を入り口として、政教分離の第一の層を検討してみることにしよう。

イ 憲法20条1項前段は、「信教の自由は、何人に対してもこれを保障する」、と定める。この規定の保障内容について、現在なお最も標準的な教科書とみなしうる芦部信喜『憲法』は、①信仰の自由、②宗教的行為の自由、③宗教的結社の自由という三つを含むものと説明する[16]。これはほぼ通説的見解と見てよいように思われるが[17]、何故この三つでなければならないのか、条文の文言に照らしても根拠は必ずしも明らかでない。この三分論が、信教の自由について合理的に思考する者なら誰でも到達する普遍的な考え方でもないことは、

---

14) 最も典型的には、参照、宮沢俊義『憲法II〔新版〕』(1971年)355頁。
15) 津地鎮祭事件最高裁判決は次のように述べる。「〔日本国憲法〕は、明治維新以降国家と神道とが密接に結びつき前記のような種々の弊害を生じたことにかんがみ、新たに信教の自由を無条件に保障することとし、更にその保障を一層確実なものとするため、政教分離規定を設けるに至ったのである。……このような宗教事情のもとで信教の自由を確実に実現するためには、単に信教の自由を無条件に保障するのみでは足りず、国家といかなる宗教との結びつきをも排除するため、政教分離規定を設ける必要性が大であった」。空知太神社事件では、政教分離の趣旨についての一般的な叙述は見られないが、「信教の自由の保障の確保という制度の根本目的」への言及が繰り返し見られる。
16) 芦部信喜(高橋和之補訂)『憲法〔第6版〕』(2015年)155-156頁。
17) ここでは代表して以下のものを挙げるにとどめる。佐藤幸治『憲法〔第3版〕』(1995年)490-491頁、野中俊彦他『憲法I〔第5版〕』(2012年)320頁〔中村睦男〕、高橋和之『立憲主義と日本国憲法〔第3版〕』(2013年)175-178頁、樋口陽一他『注解法律学全集1 憲法I』(1994年)388-390頁〔浦部法穂〕。

例えばアメリカや現在のドイツ(基本法4条の保障する諸自由はいまでは統一的な保護領域を形成すると考えられている[18])の状況などに鑑みても,明らかであるように思われる。

そこで,かような学説の起源を探ると,既に戦前の大日本帝国憲法下で,美濃部達吉の註釈書などに同じ枠組みを見出すことができる[19]。もっとも,かような解釈の対象となる大日本帝国憲法28条(「日本臣民ハ安寧秩序ヲ妨ケス及臣民タルノ義務ニ背カサル限ニ於テ信教ノ自由ヲ有ス」)は,単に「信教ノ自由」を保障するとしか規定しておらず,ここにもまた,条文の文言とその解釈との間には説明を要する飛躍が存在する。

そこで,当時の日本公法学にとって最大の「準拠国」であったはずのドイツの状況に目を向けると,1850年プロイセン憲法12条1文が,「宗教上の信仰(Bekenntnis)の自由,宗教団体への結社の自由ならびに家および公共の場における共同での宗教の実践の自由は,これを保障する」,と定めているのに突き当たる[20]。これが,この三分論が恐らく最も明瞭に条文化されている例と言えよう。一般にドイツの諸憲法は,宗教的自由の内容についてかなり詳細かつ具体的な規定を置いており,憲法によって条文の構造や表現に違いはあれども,この三つと実質的に等しい諸自由の保障は19世紀中葉以降の他の諸憲法にも見出すことができる(例えば1849年フランクフルト憲法144条,145条,147条3項[21];1919年ワイマール憲法135条,137条2項[22]。ボン基本法4条についても,かような伝統に則り,比較的初期には同様の三分論から説明する見解が見られた[23])。日本における戦前以来の解釈論は,これを標準的な枠組みとして模範にし,学説の

---

18) 邦語では差し当たり参照,ボード・ピエロート,ベルンハルト・シュリンク(永田秀樹他訳)『現代ドイツ基本権』(2001年)179-180頁。
19) 参照,美濃部達吉『逐条憲法精義』(1927年)393-397頁。同旨,同『憲法撮要〔改訂第5版〕』(1932年)173-175頁。佐々木惣一は,「信仰ノ自由」と「宗教的行為ノ自由」の二分論で説明する(宗教的結社の自由は後者に含まれるとする)が,実質的な内容に大きな違いはないものと思われる。佐々木惣一『日本憲法要論〔訂正第3版〕』(1932年)240-243頁。
20) Ernst Rudolf Huber(Hrsg.), Dokumente zur deutschen Verfassungsgeschichte, Bd. 1, 3. Aufl., 1978, S. 502.
21) Ebenda, S. 391.
22) Ernst Rudolf Huber(Hrsg.), Dokumente zur deutschen Verfassungsgeschichte, Bd. 4, 3. Aufl., 1991, S. 171.
23) Vgl. Hermann von Mangoldt, Friedrich Klein, Das Bonner Grundgesetz, Bd. 1, unveränderter Nachdruck der zweiten Aufl., 1966, S. 218-224.

レベルで継受した蓋然性が高いものと思われる。

　ウ　それでは，ドイツでは何故このように，わが国の新旧の憲法条文と比べても複雑な内容を持った保障を発展させるに至ったのか[24]。この問題は，宗教改革以降のドイツの政治構造の変遷と密接に関係している。宗教改革とドイツ農民戦争の後に締結されたアウグスブルクの宗教和議(1555年)で，カトリックとルター派の対立は，帝国内における両宗派の存在を承認しつつ，領邦君主にその領邦の宗派を決定する権限を認めることによって(ius reformandi)，各領邦の宗派的同質性を担保するかたちで調停が図られる。領邦の宗派と異なる信仰を有する住民には，他の領邦へ移住する権利が認められ，これは領邦の同質性を維持するための安全弁としての意味を与えられた。

　約1世紀の後に締結されたウェストファリア条約(1648年)は，かような枠組みを基本的に受け継ぎつつ，従来のカトリックとルター派に加えてカルヴァン派を新たに帝国法上承認する。もっとも他方で，ここでは三十年戦争の結果として生じた領邦内の宗教的多元性を一定の限度で承認せざるをえなくなり，領邦の宗派的同質性にひびが入る。以後，領邦の宗派に属さない少数派にいかなる宗教上の自由が認められるべきかという問いが，避けられないものとなっていく。ここで生じたのが，宗教の行使を私的なものから公的なものへといくつかの段階に区別するという方法であり，ここでは公認宗派に完全な宗教的自由が保障される一方，少数派にも私的領域における最小限の自由として家での祈禱(これが「良心の自由」の名で呼ばれていく)が認められることになる。

　その後の信教の自由の歴史は，より広い範囲の宗教に対して，より高い段階の宗教の実践までもが認められるようになっていく過程でもある。その終着点は，属する宗教に関わりなくすべての個人に対して，宗教的結社の自由や公的

---

24) Vgl. Gerhard Anschütz, Die Verfassungsurkunde für den Preussischen Staat vom 31. Januar 1850, 1. Bd., Neudruck der Ausgabe 1912, 1974, S. 183ff.; ders., Die Verfassung des Deutschen Reichs vom 11. August 1919, Neudruck der 14. Aufl., 1933, 1987, S. 618ff.; ders., Die Religionsfreiheit, in: ders., Richard Thoma(Hrsg.), Handbuch des Deutschen Staatsrechts, Bd. 2, Neudruck der 1. Aufl., 1932, 1998, S. 675ff. また，概観として参照，Axel Freiherr von Campenhausen, Religionsfreiheit, in: Josef Isensee, Paul Kirchhof(Hrsg.), Handbuch des Staatsrechts der BRD, Bd. VII, 3. Aufl., 2009, S. 597ff.; ders., Entwicklungsstufen der Religionsfreiheit in Deutschland, in: Zeitschrift für evangelisches Kirchenrecht 47, 2002, S. 303ff.; Ansgar Hense, Zwischen Kollektivität und Individualität, in: Hans Michael Heinig, Christian Walter(Hrsg.), Staatskirchenrecht oder Religionsverfassungsrecht?: Ein begriffspolitischer Grundsatzstreit, 2007, S. 7ff.

な礼拝の自由といった，かつて公認宗派にしか認められていなかった自由をも，等しく保障することである。1919年ワイマール憲法は，全ドイツに統一的なかたちでこれを規定することで，かような過程を完結させることになった。

　以上の概観によるならば，信仰の自由・宗教的行為の自由・宗教的結社の自由という三分論は，国教と非国教，もしくは公認の諸宗派とそれ以外との間の区別に立脚した政教体制の下で，体制側に属さない少数者にも認められるべき自由が段階的に拡大されてきた過程を体現するものであり，一定の歴史的諸条件の刻印を受けたものであると言うことが許されるように思われる。

　エ　かような三分論の枠組みが，政教関係や宗教状況に関する歴史的条件も憲法の条文構造も大きく異なる日本で継受され，母国ドイツでかような区分が解釈論上もはや放棄された後もなお通説にとどまり続けているのは，興味深い現象ではある。わが国で，信教の自由が人権宣言の起源であるとする説[25]にも後押しされて，その普遍的な性格がしばしば強調され，またこれが時に厳格な政教分離の根拠として援用されることにも鑑みれば，これと対照的な信教の自由論自体の古色蒼然たる風合いは，やや皮肉な感すら与えよう。

　いずれにせよ，かような考察は，普遍的・自然権的なものとしての信教の自由が厳格分離を当然に要請する，という明快な立場に対して，少なくとも一定の慎重さを求めるものと言うことはできるように思われる。上に見たように，信教の自由がこれを取り巻く政教関係とある程度まで相互規定的な関係に立ちうるのだとすれば，ここでまず問われるべきは，それぞれの憲法体制の下での両者の具体的な関係のあり方であると考えられる。

　ところで，日本国憲法下の政教分離の前史である戦前の政教関係が，国家神道という国教制に類似の体制であったことや，上述のドイツ流の信教の自由論が国教制や宗派公認制を前提として発展したことにも鑑みれば，日本国憲法下の政教分離を理解する前提としてまず押さえておく必要があるのは，国教制およびそれに準じる体制との関係である。そこで，次にこの点を駆け足で瞥見しよう。

25）　参照，イェリネック，ブトミー（初宿正典編訳）『人権宣言論争——イェリネック対ブトミー』（1995年）。

(2) 国教制とその解体

ア ある説明によるなら[26]、上述のように信教の自由の保障が拡大した19世紀のドイツは、また同時に国家と宗教との自律化が進展していった時代でもあるものとされる。確かにここでは、領邦の宗教的多元化とこれに伴う主要宗派の同権化によって国教制がますます実質を失っていった後も、公認されたキリスト教諸宗派の教会と国家との間の特別な結びつきは維持された。しかし他方で、国家が世俗的な性格を強めて、自らの精神的基礎をキリスト教に求めることを止めていき、また教会が世俗の権力への要求を放棄して、純粋に精神的領域へと退却していくことによって、両者は次第に相互の自律性を強めていく。この意味で、国家と宗教の区別（必ずしも直ちに分離を含意しない）が、この時期に信教の自由の拡大と相俟って徐々に進行したと見ることは、不可能ではない[27]。

とは言え、伝統的な国家と教会との結びつきがなお維持される限り、公認の宗派のみを他宗派・他宗教との関係で特権化し、国家の中立性を損なっているという批判を免れない。このことの是非が正面から問題とされるのが、ワイマール憲法の制定過程である。理論上、従来の政教関係の維持か、それとも完全な政教分離への転換か、というふたつの極が可能性として考えられたが、実際にワイマール憲法が採用したのは、両者の間の妥協であった[28]。ここでは一方

---

26) Vgl. Martin Heckel, Das Auseinandertreten von Staat und Kirche in Deutschland seit der Mitte des 19. Jahrhundert, in: Zeitschrift für evangelisches Kirchenrecht 45, 2000, S. 173ff. より広い文脈から、国制の全体構造の変化とも関連づけた説明として参照、Ernst-Wolfgang Böckenförde, Staat-Gesellschaft-Kirche, in: ders., Religionsfreiheit: Die Kirche in der modernen Welt, 1990, S. 113ff., 116-137. また、概観として参照、Ernst Rudolf Huber, Deutsche Verfassungsgeschichte seit 1789, Bd. 1, Nachdruck der 2. Aufl., 1900, S. 387-400; Axel Freiherr von Campenhausen, Staatskirchenrecht, 3. Aufl., 1996, S. 33-38; Bernd Jeand'Heur, Stefan Korioth, Grundzüge des Staatskirchenrechts, 2000, S. 37-41; Stefan Korioth, Die Entwicklung des Staatskirchenrechts in Deutschland seit der Reformation, in: Heinig, Walter (Hrsg.), a.a.O. (Anm. 24), S. 39ff., 44-54; Christian Walter, Religionsverfassungsrecht in vergleichender und internationaler Perspektive, 2006, S. 96-126.

27) 1850年プロイセン憲法が、12条で信教の自由を定める一方、14条でなおキリスト教が宗教行使と関わる国家の制度の基礎とされるべき旨を定めるのは、この時期の国家の両義的性格を示すものとしてしばしば言及される。

28) Vgl. Ernst Rudolf Huber, Deutsche Verfassungsgeschichte seit 1789, Bd. 6, revidierter Nachdruck der 1. Aufl., 1993, S. 864-873; Campenhausen, a.a.O. (Anm. 26), S. 38-43; Jeand'Heur, Korioth, a.a.O. (Anm. 26), S. 42-44; Korioth, a.a.O. (Anm. 26), S. 54-58.

では，国教制は否定されるものの，完全な分離が拒否され，これまで公認宗派の教会に認められてきた特別な地位がある限度で維持される（憲法は公法上の社団としての地位と教会税の課税権を規定する）。だが他方で，他宗派・他宗教の団体であっても，一定の条件さえ満たせば，新たにこれらの教会と同等の地位を認められるものとされたのである。このワイマールの妥協が，ボン基本法 140 条を通じて戦後の連邦共和国にまで継承されたのは，周知の通りである[29]。

かように，国民の大半がいずれかの宗派・宗教に所属し，これら諸宗派・諸宗教が教会ないし宗教団体として組織化されているところでは，政教関係は第一義的には国家と教会ないし宗教団体との関係として論じられることになる。ドイツでは，この法領域は長く「国家教会法」の名で呼ばれてきた。

イ かようなドイツにおける政教関係の展開と比較した際に浮かび上がるのは，大日本帝国下の政教関係の特異性であるように思われる。ここでは，国家と宗教の相互の自律化とは正反対に，新国家の精神的基礎を神道に求める可能性が模索され，国家神道として確立が図られる[30]。

もっとも，他方で 1889 年大日本帝国憲法は，その 28 条で「安寧秩序ヲ妨ケス及臣民タルノ義務ニ背カサル限ニ於テ」信教の自由を保障している。かような規定が，『憲法義解』も説くように，国教制や特定の宗教・宗派に対する優遇を定めた体制の下でも各人に等しく信教の自由を認めるものとして，ヨーロッパ諸国で確立してきたものだとすれば[31]，かかる規定の趣旨が真剣に受け止められる限り，神道が国教とされた場合でも，他宗教の自由はなお保護されるはずである。たとえ国家が神社と特別な関係に立ち，また国家の儀式等で神道が重要な役割を果たすとしても，他方で他宗教の信者には「神道を強制されない自由」が保障されなければならない。

ところが実際には，大日本帝国下では「神社は宗教にあらず」とされ，国家の祭祀を担う神社神道が他の宗教一般とは別次元の存在として位置づけられた

---

29) ここにおける国家と教会の関係に関する理解の変遷につき参照，Walter, a.a.O.(Anm. 26), S. 186-201.
30) 以下参照，村上重良『国家神道』（1970 年），末木文美士『日本宗教史』（2006 年）179-213 頁，宮沢・前掲註 14) 347-351 頁。島薗進は特に（皇室祭祀などを中心とした）この側面の重要性を強調する。参照，島薗進『国家神道と日本人』（2010 年）。
31) 伊藤博文（宮沢俊義校註）『憲法義解』（1940 年）58-60 頁。

ため，信教の自由の保障は，国家神道との関係では空転してしまう。神道が「宗教以上」[32]の国家の精神的基礎とされる限りで，その国民への強制に対する歯止めは外される。かように国家神道が，19世紀的な立憲主義の水準を大きく下回る自由保障をもたらしたとすれば，それは単なる国教制を超えた性格の故として理解されるべきように思われる。

　ウ　以上の考察に従えば，戦前の国家神道を克服する上でまず必要なのは，第一に神社神道を他と並ぶ宗教のひとつとして，宗教的自由に関する法的枠組みの内側に正しく位置づけることと，第二に世俗的存在としての国家を宗教から自律化させ，国家による宗教の濫用を防ぐことであると考えられる。国家神道の経験から直接に導かれるのは，恐らく以上の点にとどまる。あくまで比較憲法的に言えば，かような条件を満たした上で，国家と教会ないし宗教団体との関係をその先でいかに形成するかは，（例えば国教制[33]や，中立性に配慮しつつ相互の一定の結びつきを認めるドイツ型を含め）それぞれの国の歴史的・文化的諸条件によって複数の可能性が存在しているはずである。

　この点，戦後の日本は，占領軍の神道指令(1945年)や日本国憲法の制定(1946年)によって完全分離を採用することになった。これはまさに日本の歴史的状況の下で，国家の宗教的基礎からの自律化を果たすためにこそ，神道との分離の徹底が不可欠の手段だと考えられたためと推測される。厳格な政教分離は，信教の自由が論理必然的にこれを要請するからではなく，わが国の国制に関する憲法制定者の実定的な決断の所産として，尊重され擁護されなければならない[34]。

---

32)　宮沢俊義『憲法講話』(1967年)30-32頁。
33)　ベッケンフェルデは，現代の国教制についても，形式上歴史的な遺物を残しつつも国家の世俗化を達成したものという理解をとる。Böckenförde, a.a.O.(Anm. 26), S. 133. ヨーロッパの国教制の簡潔な概観として参照，Campenhausen, a.a.O.(Anm. 26), S. 386-392.
34)　「厳格な分離」か「緩やかな分離」か，という従来の争いの中でしばしば真の争点となっているのは，この国家の正統性基盤の宗教(特に神道)からの自律化の徹底をめぐる問題であると解する余地もあるように思われる。国家と宗教団体との組織上の分離とは別の次元で，例えば皇室祭祀などの形でかつての国家神道の要素がなお克服されずに残存していることの問題性に関する指摘として参照，島薗・前掲註30)。これは言うまでもなく天皇の位置づけの両義性とも表裏であり，戦後憲法体制の正統性という問題群の一部をなす問題である。
　　比較憲法的に見れば複数の制度形成の可能性もありうる中，日本に立憲国家の基本前提を創出するために敢えて強い選択を採用しなければならなかった，と言いうる面がある点で，この問題は憲法9条とも一定の類似性があるように見えるが，ここでは論点の所在を書き留めるにとどめる。

この政教関係の具体的な規律に際して関心の中心に置かれるのは，ここでも国家と宗教団体との分離である。憲法20条が，その冒頭の1項で，信教の自由と並んで，宗教団体への特権や政治権力の付与を禁じるのは，その重要性の表現であると考えることもできる。他方，20条3項が国による「宗教教育」その他の「宗教的活動」を禁じるのは，国家神道体制の下での国民教化の経験にも照らせば，これも国家神道の克服の文脈から理解することがひとまずは可能であろう。

(3) 基層としての「国家教会法」

ア 以上の概観から浮かび上がるのは，憲法の宗教に関する規律における，いわば「国家教会法」的な基層とでも言うべきものの存在であるように思われる。まず，政教関係に関する規律の中心をなすのは，国家と教会ないし宗教団体との関係をいかに形成するかであり，ここには国教制と完全分離という両極に加えて，ドイツ型のような中間形態の可能性が存在していた。次に，信教の自由の関心の中心をなしてきたのは，過去に（または現在も）国教制や宗教公認制が存在したことを前提に，この国教や公認宗教とは異なる他の宗教・宗派にどこまでの自由を保障するか，という問題である。この際に，宗教的結社の自由と宗教的行為の自由（これはかつては宗教団体による礼拝ないし儀式の自由と理解されていた[35]）の保障に鑑みれば，その中心に位置するのはここでも（個人権の要素の重要性はもちろん無視しえないとは言え）やはり教会ないし宗教団体の存在であろう。かくして，この両者に通底するのは，宗教が集団化と組織化への志向を持つという前提の下で，国家とこの組織された諸宗教・諸宗派との関係をいかに形成するのか，という問題関心であるように思われる。かかる基層の存在は，これまで見てきたところに照らせば，憲法の条文や伝来の解釈論の中に，現在でもなおその痕跡を残している。

イ もっとも他方で，現代では，かような基層からだけでは容易に答えを導けない憲法問題が重要性を増していることも，恐らく確かであろう。この点，一方で信教の自由の保障が，宗教の実践の伝統的形態であった礼拝行為を超え

---

[35] 1850年プロイセン憲法12条が定めるのは，「共同での宗教の行使の自由」である。前掲註20）を参照。Vgl. Anschütz, Die Verfassungsurkunde für den Preussischen Staat (Anm. 26), S. 212-219.

て，個人が自らの信仰に従って自己の行動を決定する自由を広くカバーすると理解されるようになり（保護領域の拡大[36]），他方で政教関係の憲法による規律が，国家と制度としての宗教団体との関係を超えて，国家と宗教一般との関わり合いを広くカバーすると解されるようになると（わが国では 20 条 3 項が，その「宗教的活動」の適用範囲の拡大によって，受け皿としての機能を果たす[37]），宗教をめぐる多様な諸問題が幅広く憲法論の俎上に乗せられる前提が作り出される。

そこで以下では，かかる諸問題の中から，共同体に関わる論点を政教分離の第二の層，個人に関わる論点を第三の層として取り上げ，駆け足でその位置づけを探るべく試みたい。

(4) 共同体をめぐる争い

ア 信教の自由が保障されることは，とりもなおさず社会の宗教的状況が流動化する道が正面から開かれることを意味する。諸個人は大手を振って，これまで所属していた宗教から脱退し，他宗教や他宗派に改宗したり，一切の宗教への所属を拒むことができる。世俗化を遂げた国家は，自らの正統性の基礎を宗教にではなく諸個人の自由の実現に求める以上，かような変化を押しとどめるべき立場にはなく，基本的には問題を諸個人の自由の行使から生じる社会の自律的なプロセスに委ねるしかない。

かような流動化から生じうるのは，単に既存の諸宗教・諸宗派の間の勢力関係の変化だけではない。宗教への関心の低下などから既存宗教が全般に地盤沈下したり，カルトなど新宗教の登場や，移民などを通した異文化圏からの宗教

---

36) ドイツ連邦憲法裁判所の判例の一節によれば，信教の自由には，「自らのすべての振る舞いを自らの信仰の教えに方向づけ，自らの内的な信仰上の確信に従って行動する諸個人の権利も含まれる」。BVerfGE 32, 98[106]．これによって，外面的には宗教中立的な行態も，それが信仰を動機とする限りで，保護の対象とされる道が開かれる。保護領域の拡大とその意義に関して参照，Jeand'Heur, Korioth, a.a.O. (Anm. 26), S. 75-81．もっとも，保護領域の拡大に対する近年の揺り戻しの動きに関して参照，Walter, a.a.O. (Anm. 26), S. 496-513．日本において，信教の自由の内容を狭く捉える伝統的見解（とりわけ礼拝を中心とした宗教的行為の自由の理解）がさほど問題とされないのは，そもそも従来の基本権論の論証作法において保護領域の画定がさほど重要性を持ってこなかったためとも推測される。

37) 前掲註 5) を参照。ドイツでは，明文はないものの，解釈で国家の宗教的中立性の要請が導かれる。差し当たり参照，Jeand'Heur, Korioth, a.a.O. (Anm. 26), S. 130f．理論的検討として参照，Stefan Huster, Die ethische Neutralität des Staates, 2002.

の流入によって，宗教的な多元化が昂進する可能性がここに浮かび上がる。例えば，西欧諸国における従来の諸宗教・諸宗派の対立が，キリスト教の支配的影響といった一定の共通基盤の存在をこれまで暗黙の前提としていたとすれば，ここではかような共通基盤それ自体の自明性が揺るがされうることになる。

　この点，歴史的に宗教によって供給されてきた文化的もしくは倫理的な共通基盤が，政治社会の存続にとって不可欠であると考える立場から見れば，かような事態は世俗化された国家が孕む構造的矛盾の現れとして捉えられることになろう。ベッケンフェルデの有名なテーゼ（「自由な世俗化された国家は，自らが保障することのできない諸前提によって生きる。これは国家が自由のために引き受けた大きな冒険である」）は，こうした見方の簡要な表現として理解することができる[38]。

　イ　国家は，宗教に対する中立性を義務づけられている限り，かような事態を前にしても，特定の宗教を正統なものとして支援することは許されない。しかし，宗教に歴史的起源を持ちながら，それ自体はもはや直接の宗教的性格を希薄化させた，文化や倫理，習俗や慣習などを，共同体の共通基盤として国家が保護しようとすることは許されないのか——上記の立場からは，これはある意味でごく自然な問いであろう。あるいは，社会の価値観の変化や多文化主義への対抗をそこまで強く意識せずとも，国家がかような共通基盤の枠内で自らも習俗や儀礼的行為を行い，人々の慣習や伝統を裏書きするにとどまる限り，国家が社会の宗教的な現状に対して直接的な影響を与えるものではなく，国家の宗教的中立性を害さない，という考え方は成り立ちうる。

　かような思考に従う限り，決定的な争点は，宗教と非宗教との境界線をどこに定めるかにあるものと考えられる。そして，津地鎮祭事件や愛媛玉串料事件などで，わが国で政教分離に関する最大の問題として争われてきたのも，実はこの点であったように思われる。そこで中心的な役割を果たすのは，「宗教的意義が希薄化し，慣習化した社会的儀礼」の境界画定をめぐる問いに他ならない。もっとも他方で，しばしばかような非宗教的な共通基盤なるものが，まさに戦前に国家神道体制の下で国家の精神的基礎として人為的に創出された経験

---

38)　Vgl. Ernst-Wolfgang Böckenförde, Die Entstehung des Staates als Vorgang der Säkularisation, in: ders., Recht, Staat, Freiheit, 1991, S. 92ff.; ders., a.a.O.(Anm. 26).

にも鑑みれば，ここで自然的なベースラインの存在を安直に信頼するのはナイーブというものであろう。かくして問題は，そもそも我々の共同体の基本的性格をいかに定義するかに関する，優れて政治性を帯びた争いとなる。

ウ この際に問題を難しくするのは，いったい何が宗教的で何が非宗教的かに関する判断が，各人の宗教的立場に応じて異なりうるという点である。例えば，神仏の習合した生活慣習に従って暮らす仏教徒には宗教性の希薄化した単なる慣習と映る行為が，キリスト教徒の目には明らかな神道上の宗教的行為と映る，ということは起こりうる。もし仮に，宗教的意識が人によって無限に多様でありうるという想定に立つ場合には，いったい何が宗教的かに関する中立的判断が容易には成り立たないことになろう。

また，翻って考えれば，そもそも倫理的・文化的な共通基盤がどこまで政治社会の存続にとって必要不可欠なのか，多文化社会もそれとして成り立ちうるのではないか，という疑問に対して，実はそれほど明瞭な解答が示されているわけではない。憲法に規範的な出発点を求める限り，憲法が明示的にコミットするのは，共同体の同質性ではなく，あくまで個人の主観的な自由である。このように考えると，事実的にも規範的にも決して自明でなく，イデオロギーや虚構性に感染する危険に対して脆弱な想定に，過大な負荷をかけるかたちで国家と宗教の関わり合いを正当化することには，可能な限り抑制的であることが望ましいように思われる[39]。

(5) 基本権の論理の伸張

先に見た信教の自由論の古層をもう一度思い起こすなら，信教の自由の発展は，すべての宗教・宗派に，私的領域における自由のみでなく，宗教団体を結成して公的に礼拝を行う自由までもが承認されていくプロセスであった。ここでは，宗教の行使の最高形態は，（例えば教会におけるミサなどの宗教的儀式のように）集合的かつ定型的なものとして捉えられているように思われる。

これに対して現代では，既存宗教の求心力が低下し，また宗教的多元性が増

---

[39] かような問題は近時ではしばしば「憲法の前提(Verfassungsvoraussetzungen)」の保護の問題として主題化される。その分析と批判として参照，Christoph Möllers, Religiöse Freiheit als Gefähr?, in: VVDStRL 68, 2009, S. 47ff., 51-64; ders., Staat als Argument, 2000, S. 256-271.

大することなどによって、諸個人によるより多様な形態による宗教的実践が、しばしば法的な紛争の中心的な主題とされるようになった（例えば「エホバの証人」の信者による輸血拒否や、イスラム教徒の女性によるスカーフの着用などを想起されたい）。他方、国家の側でも、社会国家の条件の下で社会の様々な生活領域に深く介入すればするほど、かような諸個人による多様な宗教的実践をはじめ、一般に宗教との接触面もまた増大することになると考えられる。

　ここにおける国家と宗教との境界画定をめぐる諸問題を前に、種々の対立する規範的諸要請が流入する。かつて国家と宗教団体の「分離」論が、主に多数派宗教と国家との関係を念頭に置いていたとすれば、今日の政教関係でしばしば問題となるのは、宗教的少数派に属する諸個人に自由な発展のための空間をどこまで認めるかである。例えば、公立学校の教室に宗教的シンボルを持ち込むことの可否をめぐる争いでは、宗教的シンボルの持ち込みを望む人間の積極的な信教の自由と、教室という閉鎖的な空間でかかるシンボルに強制的に直面することを望まない人間の消極的な信教の自由とが対立するのに加えて、学校という将来の公民を育てる公共空間の性格づけに対する国家の固有の関心の存在も指摘されている。また、別の例として、宗教系の私立学校に通う生徒に対する国家の支援が、間接的に宗教学校に対する利益付与を帰結するような場合を考えると、ここでは国家と宗教との「分離」の要請に対して、生徒の信教の自由や教育を受ける権利に対する保護の要請とが対立している。かように、ここではしばしば、相互に対立する様々な要請の調整が必要となる。こうした諸問題において、明快かつ一貫した基準を定立することの困難が語られる所以である[40]。

　このように、国家と宗教との多様な関わり合いは、国家と宗教団体との関係

---

40) クリスティアン・ヴァルター（Christian Walter）は20世紀後半以降のアメリカの問題状況を、「分離の壁（wall of separation）」という構想が維持しえなくなった後の混乱として描き出す。Walter, a.a.O.(Anm. 26), S. 128-161. ドイツでも、教室の磔刑像やベールなどをめぐる紛争が1990年代以降争点として浮上してきたことは周知のとおりであり、かかる錯綜した諸問題を前に、立法者の民主的決定の余地という論点が提起されるのも、理由のないことではない。Vgl. Stefan Huster, Der Grundsatz der religiös-weltanschaulichen Neutralität des Staates — Gehalt und Grenzen, 2004, S. 14-22; ders., Die Bedeutung des Neutralitätsgebotes für die verfassungstheoretische und verfassungsrechtliche Einordnung des Religionsrechts, in: Heinig, Walter(Hrsg.), a.a.O.(Anm. 24), S. 107ff.

の規律という「国家教会法」的主題の枠内には収まりきらない。そこでしばしば中心的な位置を占めるのは，個人の自由である。かくして例えばドイツでは，宗教に関する憲法の各論的領域を，伝統的な「国家教会法」から「宗教憲法(Religionsverfassungsrecht)」へと呼び改めようとする立場が，近年有力に主張されている[41]。伝統的な国家・教会関係は，かような問題領域全体のうちの一部分を成すにすぎない。この際にしばしば提唱されるのは，信教の自由を「宗教憲法」全体の指導原理として理解し，国家・教会関係に関する伝統的な規律を，この基本権を実効的に保障するための手段として位置づけ直そうとする立場である。

かような議論に読み取られるのは，信教の自由と国家・教会(宗教団体)関係との相互規定のあり方に対する，先に見た古層とは異なる現代的な再定義の試みであるように思われる。日本国憲法の下でも，「信教の自由が政教分離を要請する」という我々に馴染み深い命題は，あくまでかような意味での実定憲法解釈論上の体系的理解の試みのひとつとして，その意義と限界が測定されるべきであろう[42]。

かくしてここに，基本権主体としての個人をひとつの軸とした政教関係の第三の層が切り開かれる。しかし，ここではこれ以上その中身に立ち入ることなく，そのおおよその位置づけを確認しえただけでいまは満足することとしよう。

3　結びに代えて

(1)　意義と限界

このような三つの層への理論的な整理を下敷きにすることで，我々は第1節

---

[41]　問題状況について，差し当たり以下を参照，Christian Walter, a.a.O.(Anm. 26); ders., Staatskirchenrecht oder Religionsverfassungsrecht?, in: R. Grote, Th. Marauhn(Hrsg.), Religionsfreiheit zwischen individueller Selbstbestimmung, Minderheitenschutz und Staatskirchenrecht, 2001, S. 215ff.; Stefan Korioth, Vom institutionellen Staatskirchenrecht zum grundrechtlichen Religionsverfassungsrecht?: Chancen und Gefahren eines Bedeutungswandels des Art. 140 GG, in: Festschrift für Peter Badura, 2004, S. 727ff.; Gerhard Czermak, „Religions (verfassungs) recht" oder „Staatskirchenrecht"?, in: NVwZ 1999, S. 743f.

[42]　但しこの場合，既に津地鎮祭事件最高裁判決が示唆するように，かかる論理は厳格な分離を基礎づけるとは限らず，逆に個人の自由を保護するための国家と宗教の結びつきを容認する方向にも作用しうる。

で検討した津地鎮祭事件から空知太神社事件への最高裁の変化の意味を，もう少し精確に確定できるように思われる。

　津地鎮祭事件や愛媛玉串料事件で，事案の解決の決め手となったのは，主に共同体に関する第二の層に属する論拠であり，かような問題こそは，神道との関係も含め，日本社会の自己定義にも関わる重要な主題と見なされてきたように思われる。もっとも，この際に最高裁が用いた論理は，実際には奇妙な混乱を孕んだものであった。最高裁は，政教分離論の現代的な最前線である第三の層に言及し，国家が社会生活に介入したり自由を保護するために宗教との接触が不可避である旨を援用することで，緩やかな合憲性判定基準を導いたからである。かくして，ここではそれぞれの層が持つ固有の論理構造を曖昧にすることにより，汎用性が高い代わりに明晰さも欠いた，融通無碍な審査基準が生み出され，これが一般的な判断枠組みとして定着を遂げていくことになった。

　これに対して空知太神社事件の意義は，下級審の判断を覆し，事案をあえて国家の宗教団体に対する特権付与と再構成することを通じて，第一の層の論理が有する自立した意味を浮かび上がらせた点に求めることができよう。言うなれば，ドイツで「国家教会法」から「宗教憲法」への変化が語られるのとは逆に，津地鎮祭事件以降忘れ去られていた「国家教会法」的な基層の存在を再発見し，ここから事案の解決のための論拠を汲み取ることによって，政教分離に関するもう少し構造化された理解へと一歩を踏み出したというのが，本判決に対する（いくらかの希望的観測を込めた）ひとつの可能な理解であると考えられる。

　逆に，本判決の限界もまた，かような視角から評価することができよう。学説がしばしば諸外国の事例をも参照しつつ多大な関心を寄せる第三の層の諸問題については，その解決の指針を本判決から読み取るのは恐らく困難であり，かかる課題はなお大きく開かれたまま残されているように思われる。

(2)　事案との齟齬？

　もっとも，かような本判決の解釈論が，果たして本件の事案の性質に本当に適合的なものであったのか，若干の疑問は残される。本件神社を所有するのが，あくまで宗教団体ならぬ町内会であり，この神社自体もまた地域住民の集会場の一部に併設されたものであること，神社の氏子集団は，その組織についての

規約も存在せず，氏子の範囲も不明確で，総代や世話役も神道の信者ではないとも主張されることなどに鑑みると，本件でかかる不定形で曖昧な氏子集団を「宗教団体」と認定した上で，市の土地提供をこれへの「特権」付与と構成するのは，やや強引な感も拭い去れない。むしろ本件は，地域住民の行う習俗的性格をも併せ持った宗教上の交流に，市が歴史的経緯から一定の便宜を提供してきたことが，憲法の定める限界を踏み越えていないか，という問題として主題化したほうが，事柄の性質により適合的な可能性もあるように思われる（筆者の見解としては，仮にこのように解した上でも，原審同様に違憲とされるべきものと考える）。換言すれば，もしかしたら本判決は，上記の整理で言えば本来第二の層の論理によって扱うことによってこそ問題の本質を捉えうる種類の事案に対して，強引に第一の層の論理を当てはめて解決を図ることで，事案と憲法論との間に小さな齟齬を生じさせてしまってはいないのだろうか[43]。

もし仮に，かかる素朴かつ直観的な疑問にも一定の正当性が含まれているとしたら，一面で画期的でもある空知太神社事件から我々の目の前に浮かび上がるのは，国家と神道との関係という長年の懸案を前にして，津地鎮祭事件と同様，いまなお問題の基本的な捉え方自体に困難と揺れを抱え続けている，日本憲法論自身の姿であるのかもしれない。

---

[43] 「神道の宗教的行事と慣習的に行われる習俗の区別が付きにくいところから，どこまでが宗教かが問題になるケース」において，「欧米由来の宗教概念をどう見るかという問題が関わって」いる，との指摘にも照らすなら（末木・前掲註30）217-218頁），空知太神社事件の論理は，かかる積年の難問を回避して，憲法の明文上異論の余地のより小さい判断枠組を選択したものとも推測できるかもしれない。

終　章

戦後憲法を超えて

1　ふたつの戦後憲法と憲法学

(1)　戦後憲法の変遷

　こうして我々は，日本とドイツの憲法および憲法学を様々な側面から考察してきた。20世紀初頭以降，あるいは第二次大戦終結後だけ見ても，両国の憲法と憲法学は驚くべき変化を遂げてきており（我々の社会自体が例えば1946年と2016年とでは様々な面で大きく異なる以上，このことは当然とも言える），その変化の振れ幅や内部の多様性を考えるなら，この70年を一口に「戦後憲法」や「戦後憲法学」の言葉で語ることの正当性自体が疑われるほどである[1]。時期ごとに見返せば，国境を越えた同時代の共通性こそが強く目に入る局面もあるだろう。にも拘わらず，ここには同時に，時代の変遷を超えて人々の思考を規定する，それぞれの国に特有の磁場や思考の伝統とでも呼ぶべき何ものかの存在に行き当たらざるをえない。その正体が何かという問いに答えることは，残念ながらここではできない（「法文化」等の語を用いることは，複合的な要因に規定された差異に対して単にレッテルを貼りこれを実体化するにすぎない）。以下ではただ，これまでの議論の要約に代えて，この両国の差異をもうひとつ別の角度から切り出すべく試みることにしたい。それは，この他ならぬ「憲法が変遷し，発展する」という現象を憲法学的思考がいかに受け止めうるのか，という問題である[2]。

---

[1]　言うまでもなくこれは「戦後」という言葉の多義性に関わる。1945年から50年代末くらいまでの戦争直後の特定の時期を指して用いる狭義の用法に比べて，戦争後現在までを広く漠然と指す用法がわが国では一定の定着を見せていると思われるが，かような用法が体現する時代の変遷を超えた連続性の意識を何が規定しているかこそがここでの主題である。

[2]　以下本節の議論は，2015年9月14日に慶應義塾大学で行われた第1回日独憲法対話「憲法の発

ドイツ連邦共和国基本法（1949年）は，その「基本法」という名称が示唆する通り，戦後の東西分断の下で，将来統一を成し遂げるまでの暫定的な憲法として制定された。それから今日に至るまでの連邦共和国の発展と基本法の定着は，その制定時には到底予見されえなかったと言ってよい。基本法はやがて封印されたナショナリズムに代わる戦後国家のアイデンティティの柱とも目されることになり，冷戦終結後の統一ドイツにおいてもなお共和国の要としての枢要な役割を引き受けていく。ワイマール共和国が極右・極左への政治的遠心化によって崩壊を余儀なくされたのに対して，戦後の政党システムの安定は連邦共和国の発展を大きく支え，次第に政治的な多元化の波に洗われつつも，今なお安定した政権を可能としている。しかし中でも特筆すべきは，連邦憲法裁判所の創設とその地位の確立が，国政や法秩序の中で憲法規範の果たす役割を飛躍的に拡大した点であろう。憲法裁判所による解釈を通じた憲法の規範内容の拡大によって，それまで法律レベルで規律されていた行政法，民法など様々な法領域が憲法原理による統制に服するようになる。また法律を含めた様々な国家行為が広範に憲法裁判所の統制に服することで，憲法上の観点を顧慮することが政治過程でも重要な意味を持つようになる。かかる憲法の法的発展に対して，憲法学説は法実務と学問との共通言語としてのドグマーティクを形成し彫琢することで協働していく[3]。

　かようなプロセスを後から眺める時，憲法が静止したものではなく時代とともに変化する存在であるという洞察は，殆ど自明のようにも見える。「憲法発展」という表現がドイツでさほどの違和感なく受容されていると言えるとすれば，それはかような背景からは自然なことと言えよう[4]。そもそも，時代による社会の変化に法秩序が対応する際に，憲法が権限・手続および内容の見地か

展――憲法の解釈・変遷・改正」において，クリスティアン・ブムケ（Christian Bumke）教授の主報告に対する対照報告として「Das Konzept „Verfassungsentwicklung" — Aus japanischer Sicht」の題で報告した内容を基礎としている。報告の原型はドイツ憲法判例研究会編『憲法の発展――解釈・変遷・改正』（2016年刊行予定）に掲載される。

3) Vgl. Matthias Jestaedt, Phänomen Bundesverfassungsgericht. Was das Gericht zu dem macht, was es ist, in: Ders., Oliver Lepsius, Christoph Möllers, Christoph Schönberger, Das entgrenzte Gericht, 2011, S. 77ff.

4) Vgl. Brun-Otto Bryde, Verfassungsentwicklung, 1982. ブリューデは憲法改正と憲法変遷を包括する上位概念として憲法発展の概念を導入する。

らこれを制御する役割を多かれ少なかれ担う以上[5]、この際に憲法自体もまた変化を被る場合があることは容易に理解しうることである（この際に憲法改正のみではなく、むしろ憲法の解釈こそが柔軟な変化を可能とすることは、例えばアメリカ合衆国の200年以上の歴史が明瞭に示すところでもある）。もっとも、かような憲法発展に対しては、そこでの発展の駆動力となった国家機関の権限や正統性（例えば裁判所の違憲審査の民主的正統性など）、あるいは法発展の具体的内容の適切性（例えば基本権の客観法的内容をめぐる賛否など）に関して批判も存在しうる。こうした見地から、憲法発展が無軌道に陥らないようにこれを規範的に制御する必要性が主張され、この際に権限・手続の観点と並んで実体的解釈を嚮導する解釈方法論の観点が問題となりうること、後者において動態的発展を押しとどめるために制憲者意思説のような形で再び静態的思考が援用されることがあること、しかしそうした試みの有効性には疑問も提起されうることは、我々にとっても（ドイツのみならずアメリカの議論の紹介を通して）既知の風景に属しよう[6]。

これに対して、改めて日本の問題状況に身を置いて考える時、我々は日本憲法学がこの「憲法発展」という主題に対して恐らくはドイツと異なる独特のアンビヴァレンツを抱えていることを意識せざるをえないように思われる。このことが何を意味しているのか、少し立ち止まって考えてみることにしよう。

(2) 静止と発展のゼマンティク

ア　革命・復古・進化

「万物は流転する」以上、憲法もまた時代による変遷を免れないことは、陳腐な常識に属すると言ってもよい。ところが、この洞察を憲法学の概念枠組みの中でどのように受け止めたらよいかは、意外な難問を意味するように思われる。憲法学の古典的概念の小さからぬ部分は、むしろある時点における秩序像

---

5) 1950-70年代の立憲諸国における憲法の規範内容と違憲審査権の活動の拡大は、かような見地からその意義を評価することもできる。Werner Heun, Verfassungsrecht und einfaches Recht — Verfassungsgerichtsbarkeit und Fachgerichtsbarkeit, in: VVDStRL 61, 2002, S. 80ff. もちろんこの際に、価値観や生活スタイルの変化に伴う法のリベラル化に対して憲法がこれを後押しする形で関わるか、ブレーキをかける形で関わるかは、米独それぞれの堕胎判決の対照が示すように、国や文脈によって様々でありうる。

6) 例えば第4章のベッケンフェルデの議論の他に参照、Matthias Jestaedt, Grundrechtsentfaltung im Gesetz, 1999.

を静態的に固定化することに向けられているとも解しうるからである。「憲法が発展する」という考えは、歴史的に見て恐らくそれほど自明のものではない。

フランス革命に始まり19世紀を貫く憲法史の主題を簡単に振り返るなら、そこで中心的役割を果たしたのは「革命」と「復古」の対抗関係であるように思われる。「革命」が国民主権や人権といった新たな構成原理に従った政治社会の構造転換を意味するのに対して、「復古」は王権から見て正統な旧秩序の回復を目論む対抗的な試みを指す。この両者に共通するのは、どちらも暗黙のうちに静態的な憲法理解が想定されていると見られる点である。「革命」は、憲法制定によって自らを終結させ、新たな秩序を固定化しようとする（これを修正するには特別な手続によらなければならない）。「復古」もまた対抗的な自らの秩序像を憲法により固定化することで、立憲主義の要請を自らのうちに取り入れる。この両者が互いに主権の所在をめぐって争うという構造が19世紀の憲法史を規定したと理解しうる限りで、憲法が徐々に時間の流れとともに発展するという観念は、この枠組みの中に自らの位置を十分に見出すことができない。最終的な決定の審級としての主権の所在に着目しつつ、19世紀憲法史の中から生成した「市民的法治国家」の構造を概念的に写し取ろうとしたシュミットの憲法理論が、憲法の変遷や発展という主題を受け止めるのに適さないのは、以上の意味からも理解しうるところである[7]。

これに対して、静態的に理解された憲法の制定と改正という手段によらずに秩序が動的に生成し進化する、という観念により大きな位置づけを与えるのは、大陸とは異なる憲法史的伝統に属するイギリスであるように見える。バークのフランス革命批判は、この歴史的な「進化(Evolution)」の論理による「革命(Revolution)」の論理の批判として理解しうる面を有している[8]。またブライスはその「フレクシブルな憲法（軟性憲法）」と「リジッドな憲法（硬性憲法）」の区別によって、柔軟な歴史的進化を可能とする大英帝国の憲法を（ブライスが軟性憲法のもうひとつの重要な例として挙げる古代ローマ帝国と並んで）、革命の世紀に揺れる大陸型憲法に対置しようとする（そこでは、「フレクシブルな憲法」がいわば竹のようにしなって変化を柔軟に受け止めることができるのに対して、「リジッドな憲

---

[7] Vgl. Carl Schmitt, Verfassungslehre, 1928.
[8] 参照、エドマンド・バーク（半澤孝麿訳）『フランス革命の省察』(1997年)。

法」ではいわば堅い木が突然折れるように「革命」や「内戦」という極端な形で変化が現れざるをえない，とされる）[9]。

　この大陸型のリジッドな憲法もしかし実は憲法改正によらず変化する面がある（議会政の発展ひとつとってもこのことは自明と言えよう），という洞察をいかに理論的・概念的に受け止めるかは，ここではなお課題として残される。世紀転換期のドイツでラーバントやイェリネックが定式化した「憲法変遷」の概念[10]は，しかしかような難問を解決するというよりは，解決されるべき問題の所在を指し示すという性格をより強く有しているように感じられる（「憲法変遷」が説明を要する現象と映ったということ自体が，逆にどのような憲法観念が暗黙に共有されていたかを示唆するように思われる）。憲法の動態や変遷に軸足を置いて憲法理論を構想する試みは，ワイマール期のスメントを俟たなければならない[11]。

イ　憲法発展の時代

　もっとも，ここには更にもうひとつ別種の問題が付け加わる。リベラルで民主的な憲法にそもそも発展可能性があるということ自体が，20世紀前半の世界では必ずしも自明でなかったものと推測される。とりわけワイマール共和国では，左右の両極から19世紀的な自由主義の終焉が語られ，またシュミットのような有力な論者から議会主義の精神史的基礎の喪失が主張されていた[12]。ここで切実な問いは未来に向けた発展可能性よりむしろ，19世紀に生成した市民的法治国の憲法になお生存可能性が存するか，という問題であったように思われる。近代的諸原理を超えた新たな国制秩序への発展を志向する立場は容易にナチスへと接近しうるし，憲法秩序の本来的な動態性を認めつつなお共和国を擁護する立場は，苦しい試みを余儀なくされる[13]。

　従って，ワイマール共和国の崩壊とナチスの支配を経て，戦後の連邦共和国

---

9)　Cf. James Bryce, Flexible and rigid constitutions, in: Constitutions, 1905, pp. 3-94.
10)　Paul Laband, Die Wandlungen der deutschen Reichsverfassung (1895), in: ders., Lebenserinnerungen, Abhandlungen, Beiträge und Reden, Teil 1, 1980, S. 574ff.; ders., Die geschichtliche Entwicklung der Reichsverfassung seit der Reichsgründung (1907), in: ders., ebenda, S. 293ff.; Georg Jellinek, Verfassungsänderung und Verfassungswandlung, 1906.
11)　Vgl. Rudolf Smend, Verfassung und Verfassungsrecht, 1928.
12)　Vgl. Carl Schmitt, Die geistesgeschitliche Lage des heutigen Parlamentarismus, 2. Aufl., 1926.
13)　Vgl. Rudolf Smend, Bürger und Bourgeois im deutschen Staatsrecht (1933), in: ders., Staatsrechtliche Abhandlungen, 3. Aufl., 1994, S. 309ff.

で立憲国家が再生したとき、そこで重要な役割を果たしたのは、憲法改正の限界(79条3項)や「たたかう民主政」の諸規定に明らかなように、憲法の核心をなす自由な民主政をいかに左右の「革命」から保護するか、という問いであったように思われる。ここでも憲法は、あるべき秩序像を静態的に固定する役割が期待されるのである。

　以上の意味で、「憲法が発展する」という実は歴史的に決して自明でない観念を、もし戦後の連邦共和国で次第に違和感なく受け入れうるような状態が生じていったと言えるなら、それは連邦共和国の憲法秩序がいかに自明でないことを成し遂げたかの証左でもあるように思われる。そこでは、リベラルな民主政へのコンセンサスが定着するとともに、「革命」や「復古」の危険は徐々に現実性を失い、かような基盤の上で憲法が「進化」によって新たな形態を獲得していく。それは同時に、ドイツに限らず世界的に見ても、違憲審査制の普及と基本権保障の強化等によって、立憲国家の基本構造が大きな変化を遂げていく時期でもあった(1950年代以降、アメリカ合衆国でウォーレン・コートが平等保護や表現の自由の保障を拡大し、70年代以降フランスでも憲法院が基本権保障へと踏み出したことはよく知られる)[14]。以上の理解を我々にとっての座標軸とした場合に、このドイツとの対比で日本の問題状況にいかなる特質が見出されるかが、次に問われるべき問題である。

(3) 戦後日本の両義性

ア　憲法の未発展？

　まず指摘されるべきは、日本憲法学がこの違憲審査制と基本権保障の領域における欧米諸国の同時代の法発展を熱心に研究し、その果実を自らも共有しようと試みてきた点である。アメリカの影響が色濃い憲法訴訟論の領域[15]に加え

---

[14] 憲法とこれを司る憲法裁判所が法秩序全体にとって規定的な役割を獲得したこの時期のドイツの法発展を、いわば例外的な時代として歴史的に相対化する見解(とりわけ、近時欧州統合の進展で国内法秩序の自己完結性が崩れ、国内憲法の支配が崩れつつある点に関する指摘)として参照、Christoph Schönberger, Anmerkungen zu Karlsruhe, in: Jestaedt, Lepsius, Möllers, Schönberger, a.a.O.(Anm. 3), S. 9ff.; ders., Der Aufstieg der Verfassung: Zweifel an einer geläufigen Triumphgeschichte, in: Thomas Vesting/Stefan Korioth(Hrsg.), Der Eigenwert des Verfassungsrechts, 2011, S. 7ff.

[15] 代表して参照、芦部信喜『憲法訴訟の理論』(1973年)、同編『講座憲法訴訟 第1巻–第3巻』

て，アメリカ風の表現の自由論やドイツ風の私人間効力論(それに近年では比例原則や保護義務論等)などが織り成す学説のモザイク模様は，多くの教科書の叙述にもその現れを見出すことができる[16]。もっとも，最高裁判例がかような解釈論上の提案をごくわずかな部分しか採用せず，このため自ら憲法発展の推進力になろうとする学説と保守的で慎重な判例との間の対立ないし乖離がこの国の憲法的風土をある程度まで規定していることもまた，周知の事実に属しよう[17]。かような状況は，法秩序の中で憲法が果たす役割の全体としての小ささを帰結する。社会の変化に対する法秩序の対応が憲法によって制御される度合いが限定されているところでは，裁判所の憲法解釈の中に社会内部の対立に含まれる構造的・原理的問題が映し出される程度もまた限られ，従って社会の変化に対応して憲法が自ら変化する必要性もまた相対的に小さくなると考えられる[18]。

かような憲法の「進化」の欠損に加えて重要な意味を持つのは，わが国で今日に至るまで上記の「革命」と「復古」をめぐる問題連関が根強く持続したと考えられる点である。日本国憲法の成立を「革命」の擬制理論によって説明する宮沢俊義の8月革命説は，今日に至るまで教科書で標準的な学説として説明される[19]。他方，この意味での「革命」憲法が天皇制や軍隊など明治国家の核心部分の否定に立脚していることを不満とする立場からは，多かれ少なかれ「復古」的色彩を帯びた憲法改正案が繰り返し提案されてきた[20]。この「革命」と「復古」の対立――もっとも，天皇制の存続に体現される旧憲法と新憲法との連続性こそを重視する場合には，両者の緊張はいくらか緩和されようが[21]

(1987年)。
16) ここでも代表して参照，芦部信喜(高橋和之補訂)『憲法〔第6版〕』(2015年)。
17) 80年代後半の時点でのひとつの総括の試みとして参照，芦部信喜『憲法判例を読む』(1987年)。この関連では，2000年代以降における違憲審査の一定の活性化傾向をどう評価するかが問題となるが，①判例変更をなるべく行わず，いわば従来の判例による経路依存性の働く中での一定の軌道修正という性格が強いと思われること，②この意味での新傾向が顕著に観察される問題領域も比較的限定されていると見られる(最も顕著なのは国籍法違憲判決(2008年)，非嫡出子相続分違憲決定(2013年)，再婚禁止期間違憲判決(2015年)，それに定数訴訟などに見られる「法の下の平等」である)ことなどを考慮すると，未だ本文で述べたような状況を大きく変えるまでには至っていないと考えられる。
18) 第14章を参照。
19) 参照，宮沢俊義「八月革命と国民主権主義」世界文化1巻4号(1946年)64-71頁。
20) 80年代後半までの改憲論の整理としては参照，渡辺治『日本国憲法「改正」史』(1987年)。

——は，平穏な時期に脱イデオロギー化の潮流の中で休眠状態を迎えることはあっても，今日まで根本的には解消されなかったように見える(時代の変化に伴って，以前ほど強く「復古」的性格が強調されることは少なくなったにせよ，「戦後レジーム」の評価をめぐるイデオロギー的対立がなお改憲問題の背後に存在しているのは明らかであるように思われる[22])。この「法的意味」での革命やクーデターは，憲法論がその概念によって自らの世界をいかに意味的に構成するかに関わるが故に，ひときわ興味深いものと言える[23]。

　かような状況の故に，わが国の憲法論はしばしば独特の緊張やねじれを内部に抱え込むことになる。この「革命」と「復古」の対立という文脈では，憲法はある特定の歴史的瞬間に固定された静態的な秩序像を体現するものとして現れ，そうであるが故に一方からは擁護され，他方からは改廃の標的とされる。反面で，憲法が時代によりその姿を変えていくという「進化」の側面では，憲法の本来的に動態的な性格が正面に浮かび上がらざるをえない。この憲法の静態と動態の緊張は，左右それぞれの陣営で異なる形で顕在化するように思われる。まず右派について言えば，彼らが一方で改憲の必要性を主張しつつ，他方でいわゆる「解釈改憲」を容易に認めることで憲法規範の制約から自由に自らの望む法状態を(いわばその動態的発展によって)創り出そうとする場合には，その議論の首尾一貫性に対して我々の疑念を呼び起こさずにはいない(憲法の規範性がそれほどまでに緩いものであるなら，そもそもなぜ改正の必要があるのだろう？)。このことは，彼らが憲法の象徴的側面に大きな関心を寄せる一方で，その規範的側面に関する一貫したコンセプトを欠いている可能性を強く示唆する。

　しかし他方，左派(憲法学界の多数はこの陣営に属しよう)もまた彼らなりの緊張を内に抱えているように見える。憲法は，一面では例えば9条に典型的に現れるように，制定時の秩序像を静態的に固定化するものとして，これに対する改

---

21) 参照，尾高朝雄『国民主権と天皇制』(1947年)。
22) 現時点で最もアクチュアルな保守派の改憲構想である自民党の「日本国憲法改正草案」(2012年)に対する批判的分析としては参照，奥平康弘，愛敬浩二，青井未帆編『改憲の何が問題か』(2013年)。
23) 以上は抗事実的な法学的意味体系の世界の問題であり，歴史上の体制変動をかようなカテゴリーで捉えようとした場合に時に説明の困難な事柄に直面しうるのは別の問題である。明治維新に関する興味深い議論として参照，三谷博『明治維新を考える』(2012年)，同『愛国・革命・民主——日本史から世界を考える』(2013年)123-232頁。

変の試みから擁護されるが，他面で例えば人権諸規定に典型的なように，解釈による発展に開かれた文書でもある。違憲審査制や人権の領域で考える場合には比較的自然にも映る「憲法変遷」もしくは「憲法発展」の観念を，憲法の本質自体に関わるものとして正面から採用することに対して少なからぬ学説が躊躇を抱いてきたとしたら，それは「憲法変遷」論が(それが記述的な概念としてでなく規範的な概念として用いられた場合に)9条の規範性を掘り崩す試みの正統化に用いられる危険とも無関係ではなかったように思われる[24]。人権論の領域を中心とした「平時」の議論では普段さほど意識されないこの古層が，いわば一種の「非常時」に(例えば近時の「革命」[25]ないし「法的意味でのクーデター」[26]論にとりわけ顕著なように)再び強く意識に上りうることは，我々のよく知るところでもある。かかるふたつの側面の緊張は，解釈方法論にもその反映を見出す。人権論の領域では，特に表現の自由などに顕著なように，いわば開かれた解釈が行われ，アメリカ法の継受を中心に比較法的知見を動員することで，文言や制定史だけからは想像できない種々の法理が導出されるのに対して，9条に関して学説の採用する解釈は，文言と制定史により重きを置いた厳格で伝統的なスタイルを固持するもののように思われる[27]。9条論の刷新を試みる近年のいくつかの議論に特徴的なのは，人権解釈で用いられるようになったいわば新しい文体を9条論にも導入する点にあると考えられる[28]。が，その試みの成否は，なお慎重に見守る必要があろう。

　この意味で，同じく静態的憲法理解と動態的憲法理解が対立するとしても，

---

24) 「憲法変遷」論については深く立ち入れない。石川健治「憲法変遷論評註」藤田宙靖，高橋和之編『憲法論集 樋口陽一先生古稀記念』(2004年)757頁以下，の存在を摘示するにとどめる。
25) 石川健治「96条改正という「革命」」朝日新聞2013年5月3日。
26) 石川健治「インタビュー 集団的自衛権というホトトギスの卵——「非立憲」政権によるクーデターが起きた」世界2015年8月号58頁以下。
27) もっともこの解釈方法論の分裂は，9条論の方法論的保守性自体に由来するというよりは，憲法解釈論にとってのフロンティアとしての人権論の領域が(いわばヘーベルレのいう第五の解釈方法としての比較法の導入を含め)多様な文体とアプローチを併呑することで，伝統的な解釈方法の枠を踏み越えた点に由来する部分が大きいとも考えられる。かような一種の多言語状況もまた，法学的言語のインテグリティを維持しつつ解釈の発展をもたらすことに基本的に成功したと見られるドイツと異なる点であるように思われる。
28) 方向性は異なるものの，例えば人権論と通底する政治哲学的文体で論じ切る長谷部恭男『憲法と平和を問いなおす』(2004年)，動態性の観念を大胆に導入しようとする山元一「9条論を開く——〈平和主義と立憲主義の交錯〉をめぐる一考察」水島朝穂編『立憲的ダイナミズム』(2014年)73頁以下，を参照。

そのあり方はドイツと日本で恐らくは大きく様相を異にしている。日本の特徴は，19世紀から20世紀前半のいわば革命の世紀のゼマンティクと，20世紀後半の戦後立憲国家の発展のゼマンティクとが，相互に緊張を孕みつつ共存する点に求められうる。憲法の発展という主題に関する以上のようなアンビヴァレンツは，日本の戦後憲法が長く背負い続けた負荷が憲法に関する我々の思考をどのように制約しているか，そのあり方の一端を示唆するように思われる。憲法の自己同一性を構成し，時代に応じて揺らぐべきではないその核心部分が何であるかについておおよそのコンセンサスが存在し，その基礎の上で，憲法が法規範として果たす役割やその規範内容をいかに発展させるかについて合理的な議論が成り立つ（またこの発展を規制するコードとしての法解釈の言語についても合意が存在する），という条件は決してどこでも自明に成立するものではない。憲法の正統性に対するコンセンサスの不安定と憲法の規範的側面の相対的な未発達というこの戦後日本の問題状況は，ドイツと異なる日本の憲法学的思考の特性を生み出す上で与って力あったものと推測される。が，それを支える論理とはどのようなものだったのだろうか？

　　イ　正統性の学としての憲法学？

　その特徴のひとつは，憲法学の課題にとって正統性の次元に属する問題が比較的大きな比重を占め，それが合法性の次元の議論のあり方をも時に大きく規定する，という点に求めることができるものと思われる。戦後憲法の価値決定を実効的に現実化するという関心こそは，憲法理解における静態と動態，厳格な解釈と開かれた解釈との共存ないしは棲み分けにひとつの説明と正当化を提供するし，また学説は現実の運用や判例と対立する自らの解釈論上の主張を基礎づけるために，原理的次元の論拠に遡求する必要に迫られてきた。換言すれば，ここでは憲法理論と憲法解釈とは相互に密接に結合し，そこでの憲法理論はしばしば普遍主義的で価値的・実体的な性格を帯びる（「立憲主義」もしくは「人類普遍の原理」）。かような特質はまた，比較法や憲法史・思想史，法・政治哲学，政治学的方法など，近代憲法の本質の究明に向けた多様な研究アプローチをあくまでひとつの学の内に包含しようとする日本憲法学のあり方をもある程度まで説明するように思われる。

　これは，学問と実務との共通言語としてのドグマーティクが中心的地位を占

めるドイツ憲法学とは大きく異なる憲法学のあり方であると言うことができる。合法性の次元に軸足を置き，実務と密接な関係に立つ戦後ドイツ憲法学のあり方は[29]，一面ではドイツ独特の法学的伝統に支えを持つと思われるが，他面では憲法へのコンセンサスや憲法裁判所の役割の確立など戦後の社会的・制度的背景の産物でもあろう（この点でワイマールとの差異は顕著である）。かような実務への近さが，時に判例の後追いと体系化へと自閉する危険をも併せ持つこと，そこでの解釈論上の課題の変容に伴って，かつて体系形成に有効な指針を示した理論的視角が有効性を喪失することがありうること（国家論の衰退），ここになお新たな理論的視角を探ることで，実定法に対する学問としての自律性を回復する動きが登場しうること，しかしこの際にもこの合法性の領域が持つ自律性を前提としつつ，これを反省的に考察する審級を学問内部に分化させる方向性が有力な傾向として観察されることを，我々は既にいくつかの論点に即して検討してきた。ここでもし「憲法発展」という視角が一定の意味を持つとしたら，それはこの学説も自ら担い手の一翼となって行われた法の発展的形成のあり方を反省的次元で意識化し制御すべく試みる際に，その切り口のひとつとしてであると考えられる。

この意味で「憲法の発展」という論点のうちにもまた，ドイツと日本それぞれにおける憲法と憲法学のあり方の差異が明瞭に映し出されているように思われる。

2 戦後憲法を超えるために

(1) 「憲法」の問い直し

こうして我々は，ドイツと日本をめぐる長い思考の旅を終えて，再び出発点に帰ってきた。今では我々は，自分たちの国が有する固有の相貌を以前よりも明瞭に認識することができる。そこで，これまでの考察から我々の憲法と憲法

---

[29] フランスとの対比でこの点でのドイツの特性を浮かび上がらせる議論として参照，Christoph Schönberger, Der „German Approach", 2015, S. 3-18. シンポジウム（前掲註 2））の席上でシェーンベルガー教授からは，法実務との関係での法学の地位を insider/outsider という軸で特徴づけるなら，日本はその outsider 的特質においてフランスと一定の共通性を有するのではないか，との指摘を受けた。

学を先に進める上でいかなる示唆が導かれるかが，本書に残された最後の問いである。

これは，思いのほか難しい問いであると言える。ドイツの憲法と憲法学が，日本とは異なる知的伝統の上に異なる社会的・制度的背景を前提として成立しているとすれば，これを単純に日本で模倣し移植することは，恐らく本質的な意味で我々の問題にとっての助けにはならないからである。むしろ，ここで他国との対決が意味を持つとしたら，それは我々自身が抱える本当の問題が何であるかを認識するための手がかりを与えてくれる点にこそ求められるものと思われる。

戦後ドイツを観察する者の目にとりわけ強い印象を与えるのは，国家諸機関の活動を統制し規律する上で法規範としての憲法が果たす役割の拡大と定着である。「憲法の規範力」（コンラート・ヘッセ）の確立こそは，戦後の連邦共和国がもたらしたこの領域での最大の成果であると言ってよい（それが他面で学知としての憲法学の与件をいかなる形で変えたかを，我々は考察してきた）。ここでは，この際に憲法の役割が肥大化し，他の諸領域に固有の論理が圧迫される危険（政治の法化や，法秩序の憲法化による各法分野の自律性の縮減など）に対する警戒や批判も提起されており，何が憲法の適正な役割かをめぐってはなお議論の余地が残ろう。が，ドイツのみでなくアメリカ合衆国やフランスなどを視野に入れても，政治過程を規律・合理化し法秩序を統制する上で憲法が担いうる機能は，少なくとも日本社会で一般に考えられているよりもはるかに大きい，というのが比較法的知見の教えるところであると思われる。この憲法の法的役割の故にこそ，時代の変化に伴う新たな課題に対応する上で憲法を修正し発展させる必要性が生じるのであり，逆に憲法の法的意義が限られていて，政治的象徴としての面がより強い場合には，その象徴的価値に人々のコンセンサスが存在している限りで，これを改める必要は法的には比較的小さいものと考えられる。換言すれば，「憲法を改正する必要があるか」等の問いに答えるためには，その前提としてまず「憲法にいかなる役割を担わせるべきか」という問いに答える必要がある。

日本の問題状況を特徴づけるのは，憲法の正統性の次元の争いを十分に解決できない反面，その結果として政治ないし社会の領域における憲法論議がしば

しば憲法の規範性に関する首尾一貫したコンセプトを欠く(法的論点が党派政治的に道具化されさえする)[30]点にあると考えられる(この正統性と合法性の両方に9条問題が棘のように突き刺さっていることは改めて指摘するまでもない)。ここに20世紀後半から現在まで大きな発展を遂げた上記の立憲諸国と比べた日本憲法の「遅れ」ないしは「不幸」を見て取ることは,不自然な見方ではないと思われる。

憲法と名付けられた文書はそれ自体では紙切れにすぎず,いわば楽譜が演奏によって初めて音楽を生むように,それを動かす人々の実践によって現実の「憲法」となる,という既に触れた見方に従うなら,上記の立憲諸国と比べてある意味で特殊な[31]日本の「憲法」のあり方を規定しているのは,楽譜よりも演奏の次元,すなわち憲法典の条文自体よりはむしろそれを動かす実践——社会や政治の憲法論議のあり方から国家諸機関による解釈・運用まで——の方であると考えられる。もしこの点にこそ我々の「不幸」の原因があるとすれば,これを見直すことなしに憲法典の条文を取り替えることが事態の改善にどれだけ寄与しうるかには,合理的な疑いを提起することができる(それは喩えるなら,勉強の方法に根本的な問題を抱えた受験生が,参考書を換えさえすれば成績が上がると信じるのとどこか似ていなくもない)。「改憲か護憲か」というこの国の憲法論議を長く規定してきた対立軸は,この意味で問題の本質を捉えず生産的な議論を妨げる誤った問いの立て方であると考えられる。議論をいつの間にかかような枠組みへと収斂させてしまう構造こそが問われなければならない。

自由な社会を作る上で憲法が本来果たしうるはずの潜勢力に照らしても,我々は実践の総体としてのこの意味での「戦後」的な「憲法」のあり方——左右両派を含め憲法についての我々の思考や議論を今なお制約する枠組み——を克服する必要があるものと思われる。ここで問われるのは,憲法の正統性へのコンセンサスをいかに安定させ,その基盤の上で憲法の規範性をどのような形

---

30) とりわけ2010年代の日本政治の中でひときわ強く顕在化した問題であると思われる(自民党改憲草案や96条改正論などの改憲構想,安全保障法制と9条解釈の変更,定数不均衡問題の停滞や臨時国会の召集拒否をめぐる争いなど論点は数多く,これらに通底するのは,憲法による政治の拘束を自己の便宜のために緩める志向が顕著に見られる点である)が,ここではキーワードの摘示のみにとどめる。

31) 但し,参照対象を西欧・北米以外の諸国にまで拡大した場合に,日本のかようなあり方がどの程度まで「特殊」と言えるかについては,結論を留保する。

で展開すべきかにあると考えられる。このために何が寄与しうるのか，条文の改正がいかなる意味で有意味でありうるか，あるいは事態をより悪化させうるかは[32]，更にもう一段検討を必要とする問題である。この点で言えば，従来の憲法学の多数派は，全体としては必ずしも「憲法」を制定時の姿で固定しようとしたわけではなく，むしろ9条以外の少なからぬ論点では他の立憲諸国の憲法発展に主に解釈を通じてキャッチアップすることを目指してきたのであり，この意味でも真の対立の所在は「改憲か護憲か」ではなく，我々の実践の総体としての「憲法」のうちどの部分をいかに変えるか，その内容と方法にあるものと考えるべきである。もちろん議論は開かれており，重要なのは論点の混淆による議論の混乱や国内政治的文脈に過度に拘束されることによる視野狭窄を避けつつ，本質的な問題を正しく定式化することであろう。我々の「戦後憲法」をいかに乗り越えることができるかは，なお未完の課題であり続けているように思われる。

(2) 憲法学批判を超えて？

この意味での「戦後憲法」を反省的に見直すということは，憲法学にとって，これと相互規定的な関係に立つ自らの学問のあり方を改めて検証することとも表裏をなすものと考えられる。上述のような憲法状況の歪みをもたらした主たる責任が，戦後の憲法原理の転換を知的に消化することに成功しなかった右派の側にこそあることが確かだとしても，このことはリベラル派の憲法学がかような場の歪みによる影響から自由でありえたことを意味するわけではない。が，これについては本書は既に多くを語ってきた。

戦後ドイツとの対比が浮かび上がらせるのは，日本の憲法状況の未熟さの反面として（またこれにしばしば野党的スタンスから関わり体制内化を免れたことの帰結として），憲法学が学問的な多様性と豊かさを保持することに成功してきたと

---

[32] 著者自身の見解を手短に述べれば，憲法の正統性の基礎について幅広い国民のコンセンサスを形成することができるか，憲法の果たすべき法的役割について説得的かつ信頼しうる構想に支えられているか，制度が期待された機能を実際に発揮する見込みがどの程度あるか，等を尺度とした場合に，これまでに提起されている憲法改正論の多くは事態を悪化させる危険が大きい，と考えている（とりわけ背後のイデオロギー的動機を隠さない政治的動きが，国民の政治的分断を深めると同時に憲法の規範性を後退させる危険が憂慮される）。

いう事実であるように思われる。他方ここでは，この意味での「豊かさ」が逆に，異なる次元の考慮が解釈論に介入することを通じて合法性の次元の議論としての未徹底さを時に露呈させる危険を免れないこともまた，いくつかの論点に即して見てきた。学問的に未徹底な部分を抱えた議論がその正統性次元での政治的機能の故に存続するという事態は，憲法学から学知としての活力を奪うものであり，「戦後」的問題状況が我々の知を足枷として制約する危険から自らを解放するためにも，我々がまず必要とするのは徹底した憲法学批判の作業を一度通過することであると考えられる。ドイツの学問的蓄積とそこでの発展のあり方は，現代において憲法学を営もうとする際に踏まえるべき水準のひとつを示すことで，この批判の作業のために格好の座標軸を提供してくれるように思われる。

　こうした批判の作業を積み重ねていった後に何が我々を待ち受けているかは，しかし未だ見通せない問題である。日本憲法学もまた，ドイツ連邦共和国の憲法学が判例実証主義的な形態で経験したような，日常的実践としてのナイーブな実証主義による枯渇に直面しないという保証はない。それはまたドイツのみならず他の立憲諸国でも観察されている事態でもある(現代の法学者を「自らの信仰を失いながら職を維持する聖職者」に擬する評言はとりわけ強い印象を与える[33])。しかし，いま現に生じつつある変化に鑑みても，恐らく我々の退路は既に断たれている。これまでの「戦後憲法」と戦後憲法学が永遠に続くと考えるのは幻想以外の何ものでもあるまい。この意味での「成熟」を遂げることにいつの日か成功した時我々は，かつて憲法学の最良の部分が体現してきた学知としての輝き——その核心が何であるかは，各人の投げかける問いに応じて答えが異なりうる[34]——を現代の条件の下でいかに保持することができるか[35]，という彼の地で立てられる問いの持つ切実さを，自身の問題として引き受けることになるものと思われる。

---

33) Cf. Olivier Jouanjan, Histoire de la science du droit constitutionnel, in: Michel Troper, Dominique Chagnollaud(dir.), Traité international de droit constitutionnel, t. 1, 2012, pp. 69–111, 110. ジュアンジャンがその論攷の末尾で引用するのはロベルト・アンガー(Roberto Unger)の言葉である。
34) この際に，異なる文脈を有する異国からの視線は，伝統が様々な読み直しの試みに対して開かれていることを我々に示唆する。Cf. Olivier Beaud, La puissance de l'État, 1994; Olivier Jouanjan, Une histoire de la pensée juridique en Allemagne, 1800–1918, 2005.
35) Vgl. Schönberger, a.a.O.(Anm. 29).

初出一覧

序章　複数の憲法，複数の憲法学
　書き下ろし

I　憲法学の変容
第1章　危機の共和国と新しい憲法学――カール・シュミットの憲法概念に関する一考察
　権左武志編『ドイツ連邦主義の崩壊と再建』(岩波書店，2015年)
第2章　国家論の時代の終焉？――戦後ドイツ憲法学史に関する若干の覚え書き(1)(2・完)
　『法律時報』77巻10号(2005年)，同巻11号(同年)
第3章　「政治」の行方――戦後憲法学に対する一視角
　岡田信弘，笹田栄司，長谷部恭男編『高見勝利先生古稀記念　憲法の基底と憲法論』(信山社，2015年)
第4章　ドイツ――国家学の最後の光芒？：ベッケンフェルデ憲法学に関する試論
　『法律時報』81巻5号(2009年)
第5章　国家理論からデモクラシー理論へ？――憲法学の変遷とその意義をめぐって
　書き下ろし

II　デモクラシーの諸相
第6章　議会制論の現在
　『法学教室』321号(2007年)
第7章　政治過程における自由と公共
　阪口正二郎編『シリーズ自由への問い3　公共性――自由が／自由を可能にする秩序』(岩波書店，2010年)
第8章　政党法制――または政治的法の諸原理について
　『論究ジュリスト』5号(2013年)
第9章　憲法原理としての民主政――ドイツにおける展開を手がかりに
　長谷部恭男，安西文雄，宍戸常寿，林知更編『高橋和之先生古稀記念　現代立憲主義の諸相』(有斐閣，2013年)

III　多層的秩序の憲法理論
第10章　連邦と憲法理論――ワイマール憲法理論における連邦国家論の学説史的意義をめぐって(上)(下)
　『法律時報』84巻5号(2012年)，同巻6号(同年)
第11章　ドイツにおけるヨーロッパ憲法論――EUと憲法理論
　中村民雄，山元一編『ヨーロッパ「憲法」の形成と各国憲法の変化』(信山社，2012年)
第12章　連邦・自治・デモクラシー――憲法学の観点から
　宇野重規，五百旗頭薫編『ローカルからの再出発　日本と福井のガバナンス』(有斐閣，2015年)

IV　日本憲法学の行方
第13章　戦後憲法学と憲法理論
　全国憲法研究会編『憲法問題』18号(2007年)
第14章　憲法秩序における団体
　西原博史編『岩波講座憲法2　人権論の新展開』(岩波書店，2007年)
第15章　論拠としての「近代」――私人間効力論を例に
　書き下ろし
第16章　「国家教会法」と「宗教憲法」の間――政教分離に関する若干の整理
　『ジュリスト』1400号(2010年)

終章　戦後憲法を超えて
　書き下ろし

あとがきと謝辞

　本書は，2005年から2015年までに著者が執筆・公表した論攷のうち主要なものを選び，また新たにいくつかの章を書き下ろして，全体を体系的に配列したものである。扱われる具体的論点は多岐にわたるが，その全体は一貫した問題意識に支えられており，ただの論文集ではなくひとつの統一性を持った作品となるよう心がけた。この意味で本書は，著者の約10年間の研究と思考に対して現時点での決算を試みるものと言うことができる。そこで最後に，本書の考察が生まれた背景について一言しておきたい。

　本書の核をなす考えが胚胎したのは，2004年から2006年にかけての著者にとって最初のドイツ留学の時に遡る。当時の私は，自分の最初の研究（東京大学法学部に提出した助手論文「政治過程の統合と自由——政党への公的資金助成に関する憲法学的考察」）を学術誌に連載し終えたばかりであった。この助手論文は，政党助成制度の合憲性という問題を入り口に，ドイツ憲法学が政党という国家と社会の間にある存在をいかに捉えようとしてきたかを題材として，憲法学の理論的発展の一断面を大きく描き出そうと試みたものである。ドイツを研究対象に選んだ理由のひとつは，端的に言えば面白かったからだ。一番面白かったのはやはりSchmittやSmendらワイマール共和国の憲法学であったが，戦後の彼らの弟子たちも劣らず面白かった。師が示した理論的な可能性を彼らが戦後の新しい与件の下でいかに展開し，またここに自らの着想をいかに付け加えていくかは，当時の私にとって堪らなくスリリングであった。何より，かように自国の過去の学説との対話を通して内在的発展を遂げてきたように見えるドイツ憲法学史との取り組みは，様々な外国の影響が無構造に流れ込んでくる傾向のある日本の学問状況の中で足場となるような，信頼に足る座標軸を与えてくれるのではないか，と考えられた。当時の私は，この意味でのドイツ憲法理論を更に深く学ぼうと，彼の地に旅立ったのだった。

　初めてのドイツの地で目にした憲法学の姿は，私の予想とは違っていた。そ

れは一言で言えば,「面白くなかった」。ワイマールもその弟子たちの時代も既に遠く過ぎ去り,そこにはかつての私を興奮させたものはあまり多く残っていないように感じられた。が,ではドイツ憲法学の水準が低下したのかというと,そうとも言い切れない。そこにはワイマールや日本を遥かに上回るある種の成熟と洗練,いわば強固な合理性というべきものの存在が感じ取られたためである。しかし,もし成熟が面白さを喪失させるとしたら,それはどういうことなのか? 何より痛感されたのは,日本からドイツを見ている時はどうしても自分の興味に触れるものを選択的に摂取する傾向が生じるのに対して,現地に身を置くと日本では見えなかった様々なものが否応なく目に入ってくることである。そこにあるのは,日本憲法学とは一見して明らかに異なる特質を持つ憲法学であるように思われた。このドイツ憲法学の現在にまで至る歴史的変遷が何を意味しており,このドイツと日本との違いをもたらしている深層の要因とは一体何なのか。自分の知らなかった「新しいドイツ」との出会いは,それまでの自分が研究の際に暗黙に前提としていた想定が何であったかを,改めて意識化し問い直すことを私に強いた。それは同時に,それまで自分にとって自明であった「日本」(「戦後日本」と言い換えてもよい)が実はいかに自明でないかを,距離を置いて見つめ直すプロセスでもあったと言うことができる。こうした壁にぶつかって苦闘している中,ドイツでの受け入れ教授から Frieder Günther の『Denken vom Staat her』や Christoph Möllers の『Staat als Argument』といったモノグラフィーの存在を教えられ,読み進めるうちに,ここで扱われる主題の中に自分の抱える問いへの手がかりが存在しているのではないか,と感じるようになった。自分の直面する問いを何としてでも言語化しなければならない,との思いが抑えがたくなり,まずは手近な方法として上記 Günther の著書の書評論文を書いてみることを思い立つ。書いているうちに構想は拡大し,初稿を書き上げた後も数ヶ月をかけて繰り返し再考を重ねて筆を入れ,2005年秋に『法律時報』に2回連載で掲載していただいた。本書の第2章がそれである。それは,自分にとってひとつの学問的転機となっただけでなく,それを書くことが自分に何物にも代え難い成長をもたらしてくれたという意味で,最初の作品である助手論文と並ぶ大事な仕事となった。

2006年春に帰国してからは,この留学で得られた新しい着眼点を更に深く

追究し，これを一歩一歩確かめながら様々な論点に即して展開するとともに，既に親しんでいたはずのワイマールから戦後の憲法理論をこの新しい観点からもう一度読み直す仕事に取り組むことになる。帰国後の日本は，大学や学術を取り巻く雰囲気も以前と一変しており（2004年の国立大学法人化と法科大学院制度の導入も大きい），社会に向けて目に見える成果や貢献を求める圧力が強まる一方で，自らの学問を成り立たせている基礎を深く問い直すという，多くの前提の上に立脚した時間のかかる仕事には，必ずしも好意的でないと感じさせられることもあった。こうした中，自分を勇気づけたのは，ドイツでの新しい学問的動向である。2000年代に学界の前線に登場した研究者たちの中には，上述のようなドイツの憲法および憲法学の発展やその特質を改めて批判的に問い直し，新たな学問的可能性を模索する動きが生じていた。それは，留学の時に自分が抱いた問題意識とも響き合うものがあるように感じられたし，何より憲法学に学知としての魅力と面白さを取り戻そうとする意思を感じさせられた。遠く離れた彼らの仕事を読みながら，自分もまた私なりの形で日本という国を相手に同じことをしようとしているのだ，と自分に言い聞かせた。そこで常に自分の頭を離れなかったのは，憲法学という学問は一体何のために，何を明らかにするものなのか，という根本的な問いである。

　今，本書を編むためにこの過去10年間の自分の論文を読み返していて感じるのは，そこで展開されている着想の少なからぬ部分は既にこの2005年論文の中に凝縮された形で示されている，ということである（第2章の特に3,4）。逆に言えば，あの濃密な2年間に徹底して考え抜いたことを，いわば種子の状態からここまで育て上げるために，10年もの時を必要としたことになる。本書を世に問うに当たって，この10年が決して無駄な時間ではなかったことを願うとともに，無力ながらも一途だった若き日の自分自身に対する義務を何とか果たすことができたことに，深い安堵感を覚えてもいる。一休みして，また新しい景色を見るために次の段階に進めることを，今，心から楽しみにしている。

　なお，旧稿は収録に際して，趣旨を明確にするために，一部表現を改め，また若干の加筆を行った。その後に発表された研究に網羅的に言及することは断念した。読者の宥恕を願う次第である。

本書は著者にとって最初の書籍となる。お世話になった多くの方々すべてのお名前を挙げることはできないが，それでも特に何人かの方々にはここで感謝の意を表したい。東京大学で助手として研究生活を開始した際の指導教授である高橋和之先生は，特にそのお仕事を通じて，研究者として持つべき知的廉直性，率直であることへの勇気など，その後の研究者人生に残る多くの財産を与えて下さった。助教授として最初に奉職した北海道大学でお世話になった高見勝利先生は，誠実に粘り強く学問に取り組む日々のお姿から，研究者として生きるとはどういうことなのかを身を以て教えて下さった。東京大学助手の時期に教えを受けた日比野勤先生，長谷部恭男先生，阪口正二郎先生から与えていただいたものも本当に数知れない。石川健治先生は，研究の道を歩み始めてから現在まで，著者にとって常に特別な存在であり続けており，その直接・間接の学恩の大きさに対して感謝を表現しうる言葉を知らない。伊藤洋一先生は，著者が自らの視野を拡大すべく苦闘する際に，その溢れる学識をいつも惜しみなく分け与えて下さっている。修業時代をともにした方々，とりわけ淺野博宣氏と宍戸常寿氏がいなければ，現在の自分は今とは違ったものになっていただろう。その他，北海道大学と東京大学における過去・現在の同僚の先生方，共同研究や研究会等でお世話になっている方々にも，心からの感謝を申し上げたい。

海外生活があまり得意ではない著者の，それほど順風満帆とはいかない研究滞在の間に感じたこと・考えたことが，本書の核となっている。特に決定的な意味を持った最初のドイツ滞在では，受け入れ教授のStefan Korioth先生から暖かいお世話と貴重な学問的示唆を受けた。当時講座の助手だったThomas Osterkamp氏と夫人のJana Osterkamp氏の現在まで続く暖かい友情がなければ，自分はドイツを好きになってはいなかっただろう。Christoph Schönberger先生が折に触れ与えて下さる学問的示唆は，現在の著者にとって何にもまして貴重なものである。書き下ろし部分の執筆を含めた本書の最後の作業は，著者が現在研究滞在中のパリで行われた。2004年のミュンヘンから始まった旅に，2016年のパリで一応の区切りをつけることができたことになる。Olivier Beaud先生の暖かいお世話の下，日本とドイツを異なる知的伝統の国から改めて距離を置いて見直したことが，本書に良い影響を与えてくれて

いることと思う。

　本書が成るにあたっては，岩波書店の伊藤耕太郎氏，中村壮亮氏，白戸千夏子氏から大変にお世話になった。中でも，白戸氏からいただいたお手紙が本書を作る上での大きなきっかけになったこと，中村氏が数々の作業を万端の気遣いをもって実行して下さったことは，特に感謝を込めて記しておきたい。

　最後に，父母と妹に感謝し，本書を彼らに捧げたい。

　　2016 年 4 月

　　　　　　　　　　　　　　　　　　　　　　　　　　　　林　　知　更

人名索引

ア 行

淺野博宣　162, 172
芦部信喜　4, 11, 45, 80, 87–90, 92, 93, 112–115, 118, 216, 310, 330, 331, 341, 349, 391, 392, 402, 422, 423
アーベントロート, ヴォルフガング　51
新井誠　322
蟻川恒正　353, 370
アルニム, フォン　208
アルント, アドルフ　107
アンガー, ロベルト　431
アンシュッツ, ゲルハルト　120, 165, 226, 227, 258, 260, 265, 404, 409
安念潤司　76, 79, 331, 332, 354, 355
飯島淳子　310
イェシュテット, マティアス　41, 148–153, 155, 198, 199, 205, 240, 241, 273, 288, 291, 294, 295, 309, 418, 419
イェッシュ, ディートリッヒ　56, 125–128, 130
イェリネック, ゲオルク　20, 72, 117, 120, 123–125, 141, 144–146, 148, 166, 227, 250, 254–257, 261, 265, 271, 276, 277, 279, 305, 405, 421
石川健治　2, 10, 82, 112, 113, 118, 119, 142, 162, 168, 173, 174, 181, 182, 256, 311, 312, 320, 331, 332, 341, 348, 389, 391, 399, 425
イーゼンゼー, ヨーゼフ　70, 220, 223, 246, 247, 277, 361
伊藤博文　407
伊藤正己　351
イプセン, ハンス・ペーター　53
ヴァイツ, ゲオルク　251
ヴァール, ライナー　41, 43, 66, 67, 78, 80, 81, 83, 122, 133, 224, 281, 283, 287, 288, 299, 339, 347, 365, 387
ヴァルター, クリスティアン　406, 407, 410, 413, 414
ヴェーバー, ヴェルナー　39, 51, 53, 57, 58, 101, 232
ヴェーバー, マックス　109
ウォーリン, シェルドン　190
ヴォルフ, ハンス・ユリウス　127
ウォーレン, アール　224, 422
宇賀克也　311
浦部法穂　402
エスマン, アデマール　146, 245
エーター, シュテファン　247–249, 273, 296, 298, 304
エームケ, ホルスト　22, 38, 53–56, 58–60, 64, 65, 94, 122, 128, 199
エルツェン, ピーター・フォン　53, 54
大石眞　163
太田匡彦　188
大橋洋一　163, 322
大山礼子　163
岡田与好　348
奥平康弘　353, 370, 424
尾高朝雄　3, 85, 90, 216, 341, 424
オーリウ, モーリス　108, 146

カ 行

カイザー, ヨーゼフ・H.　53
カウフマン, エーリッヒ　19, 23, 50, 86, 91, 113, 261
カレ・ド・マルベール, レイモン　142
川崎修　86
川島武宜　112
木下智史　351
木村草太　321
ギュンター, フリーダー　22, 47–49, 53, 60–63, 66, 69, 71, 73, 77, 95, 119, 126, 204, 285, 287, 366
ギールケ, オットー・フォン　120, 254
キルヒハイマー, オットー　53
キルヒホフ, パウル　70, 220, 223, 277, 281, 289
クヴァーリチュ, ヘルムート　55, 56
グジー, クリストフ　18, 44, 122, 357

久野収　141
クライン，ハンス・フーゴー　57
栗城壽夫　62, 336
グリム，ディーター　22, 80, 203, 250, 296, 302, 346, 358, 359
クリューガー，ヘルベルト　54, 57
クリーレ，マルティン　58, 60, 229, 233, 365
グレーヴェ，ヴィルヘルム　53
黒田覚　5, 87
グローテ，エヴァルト　36
ゲイ，ピーター　17
ケーギ，ヴェルナー　90
ケットゲン，アルノルト　53
ケルゼン，ハンス　19, 23, 24, 38, 86-88, 92, 113, 117, 145, 146, 148, 160, 161, 241, 257, 293, 299, 304, 340, 341
ゲルバー，カール・フリードリッヒ・フォン　21, 71, 90, 97, 108, 117, 141, 145, 149
ケルロイター，オットー　50, 51
小嶋和司　170, 171, 335
小山剛　321, 332, 370
コリオート，シュテファン　17, 38, 48, 61, 64, 65, 71, 164, 262, 263, 286, 406, 410, 414
コンスタン，バンジャマン　31

サ 行

ザイデル，マックス・フォン　250-252, 295
斎藤　誠　324
齊藤正彰　276
サヴィニー，フリードリッヒ・カール・フォン　99, 154
阪口正二郎　79, 133, 162, 189, 332, 333
佐々木惣一　403
佐々木毅　195
佐藤幸治　310, 402
サンスティン，キャス・R.　349
シィエス，エマニュエル・ジョゼフ　164, 167, 228
ジェイ，ジョン　317
シェルスキー，ヘルムート　232, 237
シェーンベルガー，クリストフ　8, 10, 17, 40, 71, 72, 98, 125, 126, 142, 149, 150, 152, 154, 159, 165, 241, 274, 298, 303, 422, 427, 431
塩野宏　311

宍戸常寿　79, 107, 371, 391
島薗進　407, 408
シャルプフ，フリッツ・W.　217
ジュアンジャン，オリヴィエ　41, 142, 146, 431
シュタイン，ローレンツ・フォン　129
シュテルン，クラウス　66
シュトライス，ミヒャエル　17, 44, 45, 62, 94, 160, 208, 231, 278
シュナイダー，ハンス　53
シュヌーア，ローマン　52, 53, 55, 56
シュミット，ヴァルター　63
シュミット，カール　16, 17, 19-40, 44, 47-58, 61, 65, 66, 68, 72, 73, 87, 89, 91, 94-98, 100, 102, 103, 105, 110-112, 114, 120-122, 129, 135, 137, 144-146, 148, 151, 160, 167, 174, 215-217, 223, 228-230, 236, 240, 265-272, 285, 287, 298, 299, 310, 319, 335, 337, 338, 340-342, 357, 363, 420, 421
シュミット＝アスマン，エバーハルト　163, 188, 240, 362
シュリンク，ベルンハルト　67, 94, 108, 133, 150, 403
シュルツェ＝フィーリッツ，ヘルムート　49, 70, 223, 277, 288
シュンペーター，ヨーゼフ　216
ショイナー，ウルリッヒ　54, 56, 60, 61, 246, 249, 271
シルヴァニ，フォロウド　193, 208, 209, 211
末木文美士　407, 416
杉原泰雄　161, 217, 218
スメント，ルードルフ　4, 5, 18-24, 35, 38, 44, 47, 48, 51-59, 61, 64-66, 68, 72, 73, 87, 89-91, 94-96, 99, 103, 104, 106-110, 114, 116, 120, 122, 137, 148, 151, 168, 260-265, 268-272, 285-287, 323, 335, 337, 338, 340, 421

タ 行

高田篤　46, 81, 310
高橋和之　81, 82, 143, 161, 162, 173, 186, 187, 212, 218, 242, 311, 333, 346, 349, 367, 372, 393, 402
高見勝利　62, 85, 113, 161, 162, 185, 212,

218, 242, 322, 341
只野雅人　143, 322
田原睦夫　398
ツァイドラー, カール　57
ツヴィルナー, ヘニッヒ　54
鶴見俊輔　141
ディ・ファビオ, ウド　71, 171, 305
デュヴェルジェ, モーリス　88, 106
デュギー, レオン　142, 146
デューリッヒ, ギュンター　52
デーリング, カール　57
ドゥウォーキン, ロナルド　338
トゥルーテ, ハンス＝ハインリッヒ　188, 309
トクヴィル, アレクシ・ド　77, 115, 251, 295, 313, 352
トーマ, リヒャルト　120, 168, 228, 258
ドライヤー, ホルスト　103, 110, 205, 238
ドラート, マルティン　51
トリーペル, ハインリッヒ　87, 90, 258, 265, 297
トロペール, ミシェル　386

ナ 行

ナヴィアスキー, ハンス　52
中村睦男　311, 402
成田頼明　311
西尾勝　312
西村裕一　391
ニッパーダイ, ハンス・カール　388

ハ 行

パウリ, ヴァルター　141, 357
バーク, エドマンド　420
長谷部恭男　77, 185, 324, 330, 332, 391, 425
バッホフ, オットー　52, 130
バドゥーラ, ペーター　61, 71, 361
ハネベック, アレクサンダー　273, 274, 298, 304
ハーバマス, ユルゲン　106
ハミルトン, アレクサンダー　317
原田一明　163
バルテルミー, ジョゼフ　117
ハルテルン, ウルリッヒ　74-76, 78, 283, 295

ピエロート, ボード　133, 403
樋口陽一　5, 40, 45, 78, 114, 115, 117, 160, 170, 185, 216-218, 323, 330, 331, 333, 341, 342, 345, 350-352, 368, 369, 371, 392
ビスマルク　11, 18, 20, 21, 39, 85, 90, 97, 122, 139, 149, 226, 244, 247, 249-252, 255, 257-266, 268-270, 272, 274, 278, 295, 298, 299, 306, 313, 314, 317, 318, 320
日比野勤　105, 106, 165
フィンリー, モーゼス　184
フォイクト, アルフレート　53
フォスクーレ, アンドレアス　73, 80, 128, 309
フォルストホフ, エルンスト　38, 39, 49, 51, 53, 57, 58, 60, 65, 97-103, 108, 111, 232, 237, 239
藤田宙靖　398
フーバー, エルンスト・ルドルフ　18, 22, 24, 35, 36, 38-40, 49-51, 53, 114, 229, 252, 259, 354, 403, 406
ブムケ, クリスティアン　418
ブライス, ジェームズ　420, 421
フリーゼンハーン, エルンスト　52, 53
ブリューデ, ブルン＝オットー　81, 205, 222, 223, 240, 304, 418
ブルンナー, オットー　121
フレンケル, エルンスト　53, 232
プロイス, フーゴー　296, 318
ブローム, ヴィンフリート　130
ヘーゲル, G. W. F.　129
ペータース, アンネ　240, 286, 303
ペータース, ハンス　52
ベッケンフェルデ, エルンスト＝ヴォルフガング　16, 22, 40, 47, 52, 53, 55, 57, 59, 66, 94, 95, 111, 117, 120, 121, 123, 124, 126-139, 150, 188, 205, 219, 220, 223, 225, 226, 228-231, 233-241, 307, 318, 359, 364, 365, 394, 406, 408, 411, 419
ヘッセ, コンラート　22, 54-56, 58, 59, 61, 63, 94, 95, 104, 106, 134, 203, 205-207, 232, 247, 271-274, 286, 428
ベネディクト, マイケル・レス　298
ヘーベルレ, ペーター　56, 58, 65, 69, 226, 285, 425
ヘラー, ヘルマン　19, 21, 23, 87, 88, 121,

127, 129, 148
ヘルツォーク, ローマン　222, 228, 236
ペルニース, インゴルフ　285, 286, 291, 300
ヘーン, ラインハルト　50
ヘンケ, ヴィルヘルム　57, 66, 364
ヘンニス, ヴィルヘルム　53, 54, 61, 104-110, 114, 231
ヘンネ, トーマス　81, 107, 383
ボー, オリヴィエ　27, 34, 93, 143, 274, 298, 431
ボアロン, ソフィー　322
ボイムリン, リヒャルト　54, 59
ホイン, ヴェルナー　81
ホーウィッツ, モートン・J.　351
ボダン, ジャン　295
穂積八束　165
ホフマン, ハッソー　61, 338
ホルシュタイン, ギュンター　86, 91

マ 行

マイネル, フローリアン　19, 39, 40, 103, 232
マイヤー, オットー　260-263, 279
マイヤー, フランツ・C.　284, 287, 300
マウンツ, テオドール　53
巻美矢紀　348
松井茂記　77, 92, 162, 332
松本和彦　350, 358
マディソン, ジェームズ　317
真渕勝　312
マルクス　106, 216
丸山眞男　174, 180, 182, 183, 191
マンゴルト, ヘルマン・フォン　52, 226, 403
三谷博　424
美濃部達吉　141, 160, 166, 403
宮沢俊義　3, 85, 87, 88, 92, 112, 117, 141, 160, 169, 216, 340-342, 402, 407, 408, 423
ミュラー, フリードリヒ　58, 352
棟居快行　82, 390, 392
村上重良　407
村上淳一　112, 352
村西良太　172
メラース, クリストフ　19, 39, 41, 65, 66, 69-71, 73, 82, 120, 122, 128, 132, 136-138, 144, 148, 149, 152, 153, 163, 171, 172, 188, 189, 210, 237, 241, 274-276, 278, 288-291, 296, 300, 304, 315, 320, 363, 367, 412
メーリング, ラインハルト　123, 129, 223
毛利透　81, 162, 163, 190, 195, 218
森政稔　87, 182
モルロック, マルティン　69, 149, 193, 194, 197, 206-208, 211, 288
モンテスキュー　164, 169

ヤ 行

山本敬三　391
山元一　9, 83, 143, 333, 425

ラ 行

ライプホルツ, ゲルハルト　50, 54, 91, 201, 207
ラーバント, パウル　21, 71, 72, 85, 86, 90, 97, 108, 117, 124, 141, 145, 149, 165, 252-258, 265, 271, 279, 297, 298, 421
ラーレンツ, カール　36
リッター, ヨアヒム　233
リッダー, ヘルムート　51
リット, テオドール　108
リュート, エーリッヒ　107, 376, 381
リンケン, アルフレート　223, 239
ルソー, ジャン=ジャック　77, 92, 115, 129, 164, 179, 217, 305
ルップ, ハンス・ハインリッヒ　55, 56, 126
ルナン, エルネスト　104
ルーマン, ニクラス　311
ルンプフ, ヘルムート　53
レーヴェンシュタイン, カール　4, 53
レプジウス, オリヴァー　21, 36, 62-66, 69-71, 149, 150, 154, 239, 241, 278, 336, 387
レルヒェ, ペーター　57, 68, 75, 133, 172, 272, 401
レンスマン, ティロ　8
ロック, ジョン　169

ワ 行

渡辺治　423
渡辺康行　46, 94, 336, 364
和仁陽　33

林　知更

1974年生．東京大学法学部卒業，東京大学大学院法学政治学研究科助手，北海道大学大学院法学研究科助教授などを経て，現在，東京大学社会科学研究所教授．
専攻は憲法学，国法学．
主な著作として，「政治過程の統合と自由——政党への公的資金助成に関する憲法学的考察(1)-(5・完)」国家学会雑誌115巻5・6号(2002年)1-86頁，116巻3・4号(2003年)33-116頁，同5・6号(同年)66-153頁，同11・12号(同年)1-86頁，117巻5・6号(2004年)1-77頁など．

現代憲法学の位相——国家論・デモクラシー・立憲主義

2016年5月18日　第1刷発行

著　者　林　知更（はやし　とものぶ）
発行者　岡本　厚
発行所　株式会社　岩波書店
　　　　〒101-8002　東京都千代田区一ツ橋2-5-5
　　　　電話案内　03-5210-4000
　　　　http://www.iwanami.co.jp/
印刷・理想社　カバー・半七印刷　製本・松岳社

© Tomonobu Hayashi 2016
ISBN 978-4-00-061127-5　　Printed in Japan

憲　　　　　法　第六版	芦部信喜 高橋和之補訂	A5判　462頁 本体　3100円
憲法という作為――「人」と「市民」の連関と緊張	樋口陽一	A5判　304頁 本体　4400円
学問／政治／憲法――連環と緊張	石川健治編	A5判　292頁 本体　3800円
憲　法　の　円　環	長谷部恭男	A5判　278頁 本体　4000円
統治構造の憲法論	毛利　透	A5判　404頁 本体　5700円
憲法的思惟――アメリカ憲法における「自然」と「知識」	蟻川恒正	四六判　336頁 本体　3600円

――――――― 岩 波 書 店 刊 ―――――――

定価は表示価格に消費税が加算されます
2016年5月現在